SHICHANG YINGXIAO ANLI FENXI

市场营销案例分析
（第四版）

主　编　林祖华　范庆基
副主编　刘　玉　徐　芹　夏雁军

中国教育出版传媒集团
高等教育出版社·北京

内容提要

本书是高等学校经济与管理类核心课程教材之一。

全书共 9 章,主要内容包括:市场营销概述,市场营销分析,市场营销战略,产品策略,价格策略,渠道策略,促销策略,市场营销组织、计划与控制,市场营销的应用与创新。本书既有教学引导案例,又有课堂讨论和课外思考案例,利教便学。本书案例具有典型性、时代性、适用性和实用性等特点。

本书既可以作为高等学校市场营销课程的配套教材,也可以作为相关从业人员的参考用书。

图书在版编目(CIP)数据

市场营销案例分析 / 林祖华,范庆基主编. -- 4 版.
北京 : 高等教育出版社,2025. 1. -- ISBN 978-7-04
-063463-1

Ⅰ. F713.50

中国国家版本馆 CIP 数据核字第 20247CC065 号

策划编辑	林 荫	责任编辑	金 越	封面设计	张文豪	责任印制 高忠富

出版发行	高等教育出版社	网　址	http://www.hep.edu.cn
社　址	北京市西城区德外大街 4 号		http://www.hep.com.cn
邮政编码	100120	网上订购	http://www.hepmall.com.cn
印　刷	上海新艺印刷有限公司		http://www.hepmall.com
开　本	787mm×1092mm　1/16		http://www.hepmall.cn
印　张	17.75	版　次	2003 年 7 月第 1 版
字　数	431 千字		2025 年 1 月第 4 版
购书热线	010-58581118	印　次	2025 年 1 月第 1 次印刷
咨询电话	400-810-0598	定　价	42.00 元

本书如有缺页、倒页、脱页等质量问题,请到所购图书销售部门联系调换

教师教学资源服务指南

关注微信公众号"**高教财经教学研究**",可浏览云书展了解最新经管教材信息、下载教学资源、申请教师样书、下载试卷、观看师资培训课程和直播录像等。

下载教学资源

电脑端进入公众号点击导航栏中的"教学服务",点击子菜单中的"资源下载",或浏览器输入网址链接http://101.35.126.6/,注册登录后可搜索相应资源并下载。

申请教师样书

点击导航栏中的"教学服务",点击子菜单中的"云书展",了解最新教材信息及申请样书。

下载试卷

高教财经教学研究公众号目前提供基础会计学、中级财务会计、财务管理、管理会计、审计学、税法、税收筹划、税务会计课程试卷下载。点击导航栏中的"教学服务",点击子菜单中的"免费试卷",下载试卷。

观看教师培训课程

高教财经教学研究公众号上线了"路国平谈中级财务会计教学""黄中生谈高级财务会计教学""池国华谈财务报表分析教学""刘海生谈管理会计教学""李越冬谈审计学教学""智能投资在线课程""Python量化投资在线课程"等课程。点击导航栏中的"教师培训",点击子菜单中的"培训课程"即可观看教师培训课程和"名师谈教学与科研直播讲堂"的录像。

联系我们

联系电话:(021)56718921　　　　　高教社本科会计教师论坛QQ群:116280562

前　　言

党的二十大报告强调：我们要坚持以推动高质量发展为主题，把实施扩大内需战略同深化供给侧结构性改革有机结合起来，增强国内大循环内生动力和可靠性，提升国际循环质量和水平，加快建设现代化经济体系。加强市场营销理论研究，加快市场营销实践发展，在当下具有重大现实意义。为适应新形势发展的新要求，我们对《市场营销案例分析》（第三版）进行了修订。

《市场营销案例分析》（第四版）的主要特色有：

（1）增加课程思政内容。立德树人是学校的根本任务。在本次修订中，我们结合本课程的教学内容和大学生的心理特点，在每一章的学习目标中增加了课程思政的内容，融入了思政元素，希望通过教学帮助学生开阔视野、陶冶情操，形成正确的世界观、人生观和价值观，努力培养更多德智体美劳全面发展的社会主义建设者和接班人。

（2）完善体系。延续第三版的框架结构，本书共分绪言和九章：绪言帮助读者对市场营销案例教学有一个总体了解。第一章至第九章按照市场营销专业"市场营销学"课程教学计划安排相关内容，每章分为四个部分，首先介绍本章理论教学要点，然后介绍教学引导案例、课堂讨论案例、课外思考案例，分别为教学和学习提供了相应的案例。这样设计的目的是让读者能受到市场营销理论与实践两方面的训练。

（3）更新内容。结合新形势，本书对第三版的大多数案例进行了更新和替换，更加强调时代性，所选案例大多是最近几年才发生的，具有新鲜感；突出典型性，大多数案例是国内外知名企业的经典案例，具有一定的代表性。

（4）便于教学和实践。第四版的案例继续坚持适用性和实用性的原则，便于老师教、学生学，与教学具有同步性；本书案例源于实践，背景真实，资料丰富，具有较强的可操作性。

本书在编写过程中参考了国内外学者的市场营销学相关著作、教材，参阅了有关报纸杂志、互联网及有关企业的资料，在此对相关作者深表谢意。本书获扬州大学2023年校出版基金和精品本科教材建设工程项目资助。

本书由林祖华、范庆基担任主编，刘玉、徐芹、厦雁军担任副主编。参加修订的编写人员有：林祖华、范庆基、刘玉、胡婷、张鹏、张秦、袁党梅、曹峻玮、谢峰、徐芹、夏雁军、张怀宇等。

由于编者水平有限，书中缺点和错误在所难免，敬请各位读者批评指正，并提出宝贵意见，以便再版时修改。

编　者

2025 年 1 月

目 录

目　录

绪　　言

自从哈佛商学院在 1921 年首创案例教学法并取得明显效果以来，案例教学已成为全球工商管理教学的流行模式。我国一些高校的市场营销学教学长期以来存在着重理论轻实务、重传授轻参与的问题，很多学生只能被动地接受书本上的理论知识，这对于市场营销学这门实践性、应用性很强的学科来说，无疑是纸上谈兵，很难让学生及时消化、融会贯通、学以致用，同时，也很难激发起学生的学习热情。市场营销学教学必须重视案例教学。

市场营销学是一门建立在经济科学、行为科学和现代管理理论基础之上的应用科学，它反映了市场经济条件下，各类组织营销活动的客观规律性。它是现代企业了解市场、分析市场、进入市场，并按照市场发展变化的规律性组织企业营销活动的科学。随着我国社会主义市场经济体制的逐步建立与完善，面向市场、以顾客需求为导向来从事市场营销活动，已成为一切营利性组织和非营利性组织的共同需要。研究市场营销的理论和运用，已不仅仅是工商企业和经济部门的事，而变成包括文化、教育、卫生、科技在内的各行各业都在探讨如何针对目标市场的需要，组织好本单位的工作。目前，不仅是经济类院校，很多非经济类院校也都开设了市场营销学课程。

一、市场营销案例教学的引入

市场营销案例教学的引入，是我国市场营销学教学改革的必然要求。

市场营销学于 20 世纪初创建于美国。20 世纪三四十年代，市场营销学才引入中国，我国现存最早的教材，是丁馨伯先生编译并由复旦大学于 1933 年出版的《市场学》。中华人民共和国成立前，由于长期战乱及半封建半殖民地经济发展水平的限制，其研究和应用有很大的局限性。中华人民共和国成立后，高校课程设置一度照搬苏联的经验，在忽视流通与市场的经济影响下，经济管理类院校也都停开了"市场学"这门课程，市场营销学的研究在中国大陆基本上中断。1978 年，我国实行改革开放，计划经济体制开始被打破，市场在资源配置中的基础性调节作用逐渐得到发挥，企业直接面对市场，成为独立的经营主体。这样，市场营销学开始引起我国政府部门、学术界和企业界的重视。

案例一词源于英文 case，是指对某一组织以及该组织具体现象的客观描述或介绍。案例的分析与研究，最早源于医学。医学上对具体病例的诊断和治疗进行记录，以供进一步治疗或推广于其他病例和医疗的诊断。实践证明，这种案例研究已成为一种行之有效的方法，推动了医学的发展。后来，案例研究和分析方法逐渐应用于管理学、军事学、法学和经济学等众多学科，成为这些学科研究的一种重要分析方法。

把案例分析作为一种教学方法引入课堂，为美国著名学府哈佛商学院在 1921 年首创。哈佛大学是世界上最为著名的学府之一，被誉为制造"职业老板"的工厂，其最著名的教学手段之一就是案例法。哈佛的案例教学法一问世，就显示出其强大的生命力和吸引力，特别是在培养应用型、实战型人才方面具有独到的功能和效果，受到美国企业界、教育界的重视、支持和欢迎，一些资金雄厚的大基金会也纷纷大力相助。20 世纪 60 年代，美国著名的福特基金会赞助哈佛大学 100 万美元用于案例库的建设。从此，哈佛大学有了强有力的财力保证，案例库的建设得以走上正轨。

案例教学法是哈佛商学院的传家宝，案例分析被普遍地应用于大多数课堂的教学中。有的教授在一些高年级综合性课程中，甚至把案例教学当作主要的教学方式。如 Garvin 教授指出：案例教学在整个教学中要占 90%，只有一两门课可以不用案例，其他都用案例，比如他的课，共 30 学时，只有 2 个学时的讲授，28 个学时用于案例教学，他在一堂 105 分钟的战略管理课上，只用 15 分钟时间讲授 20 张 PowerPoint，然后就开始进入案例讨论。研究生在两年中要学完 1 000 多个案例，并且必须参与案例的采集和编写。

哈佛商学院的案例主要来自商业发展中的各种经济事件。它的范围非常广泛，随着课程内容涉及面的扩展，各种各样的案例都有，包括用人、广告、策划、营销、管理、预测等。每个案例描写的都是工商业企业将要遇到的真实问题，有的案例似乎是从一个将军的角度叙述整个战局，有的则像是记录一个战士模糊片面的印象。有时案例故意不给应有的信息，有时又故意多给一些，案例的结尾总是问你："你说该怎么办？"这些案例的制作和设计，既有哈佛大学的教授，也有该校的学生和毕业生，还有其他有关的研究者，企业也普遍以入选哈佛大学案例库为荣。

哈佛独创的这种实战型课堂案例教学法，在培养学生营销和管理的动手能力方面取得了惊人业绩。美国许多大企业家和政治家都在这里学习过。

哈佛商学院案例教学的成功，极大地推动了案例教学在全世界的发展。纵观我国市场营销学教学和研究的发展历程，我国市场营销学经历了从引进、传播、普及到应用的过程，市场营销观念已逐渐深入人心。但是，我国市场营销学案例教学开始并不久，案例库的建设正逐渐走上正轨。

二、市场营销案例教学概述

市场营销案例教学，是指教学者以既定的市场营销案例为直接对象，运用相关的理论知识和实际经验，对案例材料进行剖析研究，揭示案例中各现象之间的内在联系和本质，从而帮助学习者加深对理论在实际中运用的理解，寻求有效的市场营销手段、方法和技巧的过程。显然，案例教学既是学生对自己所学知识的综合运用过程，又是激发和强化头脑思维的过程，更是学习新知识和不断提高自身分析问题和解决问题能力的过程。市场营销案例教学的最终目的就是要使学生从被动听课、记笔记的消极型学习方式转变为参与分析决策的积极型学习方式，并能在理论与实践相结合的关键点上培养学生管理与创新的实际能力。因此，市场营销案例教学在市场营销课程的教与学中具有十分重要的意义。

（一）市场营销案例的搜集和编写

市场营销案例的搜集和编写是搞好市场营销案例教学的前提和基础。如果没有市场营销案例的搜集和编写,市场营销案例教学就成为无源之水、无本之木。

1. 确定案例材料的来源

案例材料的来源一般主要有两个途径:一是直接来源,二是间接来源。

直接来源是指以案例编写者的直接经验为基础编写的案例。这种案例要求作者亲身参加实践,了解营销活动的具体情况,获得第一手资料,一般来说可信度较高。但作为学校的教师和学生,能亲自参加企业营销活动的机会是不多的,因此,我们还必须求助于间接来源。

间接来源是指对企业进行调查搜集案例素材或者从报纸杂志等新闻媒体中搜集他人已撰写的案例材料。这种材料来源广泛且众多,给案例编写带来了选择上的便利,并且这些案例能见诸传媒,一般较为典型,容易被人们所接受,质量也较高。

在案例搜集过程中还必须注意以下几个问题:一是明确调查对象。调查对象应符合案例编写的要求、目的和主题,调查对象要有良好的合作意向,愿意配合,积极提供素材。二是调查态度必须真诚。调查前需要说明调查的意图,让对方明白这种合作将对双方有利,便于调查的顺利进行。三是必须保守秘密。商业秘密和一些不宜公开的企业竞争秘诀,还有涉及企业营销失败的案例,应该采取加工处理的方法,消除其疑虑,如更改企业名称等方法。

2. 编写案例

编写案例是指根据一定的使用目的,对所收集到的大量案例材料,进行认真的取舍,加工整理成一个完整的案例。

案例的编写一般出于两个目的:一是为企业从事市场营销活动提供示范,无论是经验还是教训;二是为了教学,即主要作为一种教学方法。

搞好案例的编写,必须明确案例编写的原则。本书的案例编写主要遵循以下原则:一是配套性。案例编写必须与财经专业和工商管理专业的核心课程及重要的必修课程,以及市场营销学课程本身的知识点相配套。二是客观性。案例编写必须实事求是,客观如实地反映营销实际,给学生提供一个客观的分析对象。三是典型性。案例必须反映现时代企业市场营销的内在规律,能说明一定的问题,引人深思,具有一定的指导意义,选择的企业一定要有代表性,有一定的影响力。四是适用性。编写的案例一方面要适合我国国情,另一方面要适合教学,适合学生讨论、思考和参与。

搞好案例的编写,还需明确案例的体系结构。案例的编写既不同于文学创作,也不同于新闻报道,其结构有其自身的习惯性格式,一般来说,主要由标题、正文、结尾三大部分构成,此外有些案例可能还有注释、图表、附录等附件。

(1)标题。案例标题是对所描述的营销实践活动最具概括性的归纳和揭示。一般有单一标题和复合标题(即主标题加副标题)两种形式,可根据实际情况选择其中的一种,对于标题一般不要太浪漫,太过于文学化,必须注意新颖性,用词精练、恰当,能起到画龙点睛的作用,既让人对该案例有一个方向性的了解,又能吸引人们对该案例产生阅读的兴趣。

(2)正文。正文是案例的主干内容。一般包括背景资料、基本案情、问题思考、分析要点等多方面。正文的编写要求事实清楚,真实客观,线索明朗,言简意赅。简洁的行文便于学生抓住主要问题,并有兴趣阅读下去。正文的展开一般有两种方法:一是时间顺序法,即按照市场营销活动的先后顺序展开,这种方法使来龙去脉一清二楚,营销活动的内在关联性较强。二是逻辑顺序法,即把企业较为凌乱的事实经过归纳、整理后按市场营销理论的逻辑顺序组织起来,这种展开方法便于学生将理论与实践相对照,便于学生对营销实践作理论上的深层次的思考,也便于案例分析报告的编写。

(3)结尾。案例结尾可以有多种形式,主要依据案例的具体内容和编写人的写作风格而定。可以是精辟的总结和归纳,可以是意犹未尽的戛然而止,也可以是有针对性地提出一两个发人深省的问题。但一般来说,案例的结尾最好不要作主观评述,应该给学生留下更大的思考空间,避免案例编写者的主观倾向影响了读者的自我判断。

总之,营销案例的编写没有固定的模式,必须防止案例公式化的倾向,只有多样化的案例才能使我们的案例教学更生动和活泼。

(二)市场营销案例分析的程序和方法

市场营销案例收集和编写完以后,可以进入案例分析过程。组织课堂案例分析是市场营销案例教学的中心工作。需要指出的是,在案例分析之前,要做好一定的准备工作,教师应帮助学生选择合适的、可供分析讨论的、与教学知识点相衔接的案例。同时把案例要分析、讨论的中心课题提出来,便于学生围绕这一主线,带着问题去思考。

1. 市场营销案例分析的程序

(1)阅读案例,发现问题。在分析案例之前,首先必须认真细致地阅读案例,清楚明白地掌握事件的前因后果,然后从中发现可供分析的材料和依据,发现可供探究的问题。

(2)确定重点,切入思考。在阅读案例、发现问题的基础上,接着对案例中的营销事例进行解剖,从纷繁复杂的影响因素中找出主要矛盾,确立重点,从重点问题切入思考、深入分析,这样可以节省时间、少走弯路。

(3)深入分析,得出结论。这是案例分析中最重要也最关键的一步。它要求学生全面开动脑筋,充分运用所学知识,对案例中所反映的现象和事实进行全面、系统、透彻的分析和研究,经过归纳、对比、总结,做到由表及里,由此及彼,透过现象看本质,探索营销规律,得出明确且正确的结论。

2. 市场营销案例分析的方法

关于案例分析的方法,应具体问题具体分析,不同的角度可以有不同的分析方法,如经验分析法、问题探究法等,这里我们主要介绍以下两种分析法:

(1)综合分析法。即对案例所反映的所有问题进行全面系统的分析,主干分析与辅助分析、正向切入与逆向推导、正面论述与反面印证等方法交叉使用,相辅相成,勾勒出完整、立体的场景和运作顺序,有利于学生把握全貌。

(2)专题分析法。即针对某一问题进行切入性的深层分析,这样可以突出重点,集中目标,通过一个具体案例的剖析,就可以把有关问题的来龙去脉、因果联系、难点所在、关键环节等说透、说清,从而使阅读该案例的人对某一专题问题有一个深入的了解。

三、借鉴哈佛——案例教学的案例

(一)学生罗伯特·雷德哈佛案例教学经历自述

第二天所用的案例是我们在哈佛商学院要用的总共大约800个案例中的第一个,正躺在我的书桌上等着我去阅读、分析和讨论。我看了一眼题目——美国电报电话公司和墨西哥,内容并不长,大约有15页。实际上内容长短并不重要,因为哈佛商学院教学案例的挑战性不在于阅读,而在于在课堂上就案例发表自己的见解。在课堂上,每个案例是通过教授和全班同学讨论的形式来完成的。学生们必须在课前阅读和分析每个案例,在课堂讨论时说出自己对案例的分析和看法。课堂讨论的进程由教授掌握,使全班同学的想法达成某种程度的一致,或者至少得出案例本身所能阐明的几个结论。

我拿起案例资料开始阅读,内容引人入胜,我不知不觉就读完了。中心议题是 AT&T 公司(美国电报电话公司)的一位经理要决定是否在墨西哥建立一个答录机生产厂。该案例所涉及的伦理问题包括:① 使一些美国人失去工作机会;② 剥削第三世界廉价劳动力;③ 在一个充满贿赂和腐败的环境中如何定义行为的适当性。我认为前两项不成问题,在第三世界国家投资建厂,给那儿的工人提供比当地平均水平较高的工资和较好的工作条件没有什么不对。只是对第三项,即如何应对当地的做法,我没有清楚的具体想法。

我又将案例资料阅读两遍,并在旁边空白处及白纸上做了详细的笔记,花费大约半个小时考虑所附的 3 个思考题。有一个问题是这样的:这位经理选择在墨西哥建厂,他应该就工资水平、工人福利、废料管理、童工问题、雇用工人时性别上的要求以及贿赂问题作出什么样的决定?这使我忽然想到一个问题:如果教授让我做开场发言怎么办?尽管可能性并不大,精确地讲被叫的概率是 1/92,但是我并没有冒险的心情。我早就听说过被叫起作开场发言是商学院生活中带有传奇色彩的一个事实。如果说毕业后拿到高薪工作的前景是吸引数千名学生在商学院拼搏两年的"胡萝卜",那么被教授叫起作开场发言的潜在威胁就是那"大棒"。有人告诉我,大部分课是由任课教授叫起一名同学作开场发言开始的。这位同学要作 5 至 10 分钟的发言,总结案例中的几个要点,为理解案例提供一个分析框架,还要为解决案例所描述的问题提出行动方案。

接下来他可能不得不对其他同学的发言中的指责进行反驳。他发言得分的情况在很大程度上取决于其他同学的反应。我想起两种对付被教授叫起发言的方式:一是每天晚上都认真准备每个案例;二是偶尔认真准备一下,抱着侥幸的心理,希望教授不叫到自己。鉴于这是第一堂课,我决定认真准备,制定一个详细的发言提纲。半小时后我才将提纲列出,准备输入电脑。

小组学习在哈佛商学院也是一个很重要的传统。学习小组的成员通常是在深夜或者早晨上课前聚在一起讨论。在这种讨论会上大家互相启发,确保案例中的要点不被遗漏。

参加过学习小组讨论,大家对于明天的案例做了非常充分的准备。第二天,走进教室,环顾四周,发现每个人的座位前都摆放了一个白色姓名卡,整个教室看起来像联合国的一间大会议室。

8 点 30 分整,我们的教授走进教室。他站在教室前部的中央,扫视了一眼,全场鸦雀无声。突然他吼叫道:"让冒险历程开始吧!从今天起我们有许多事情要干,但在我们开始之前,我要求在座诸君为自己热烈鼓掌,因为你们大家都做了十分出色的事情今天才能坐在这里,你们应该得到鼓掌欢迎!"这句话打破了大家的沉默,教室里响起了雷鸣般的掌声。

教授接着向我们介绍了他的背景、课程的有关情况,以及哈佛商学院的一些情况。他风度极佳,讲话极富有感染力。然后,他开始谈论我们的情况,时而引用一些同学们在调查问卷上填写的内容。"你们中有一名同学,"他说道,"在问卷上写了一句妙语,现在我愿意与在座各位一同欣赏它。"他开始引用原话:"我喜欢挑战、成长和激励。"他一边说一边迈步登上台阶走向"警示线"。"请推动我……"教授做了一个戏剧性的停顿,才接着说道:"使我发挥自己最大的潜力。"他停在一位坐在"警示线"中间的同学面前,"克拉克先生,"教授问道,"在 MBA 生涯中的第一堂课由你作开场发言算不算是一个足够的挑战?"可怜的克拉克同学几乎要昏过去了,此时大家哄堂大笑。教授的讲话完美无缺,就像 CBS 电视台大腕主持人大卫·莱特曼主持晚间电视节目一样,真是棒极了。

克拉克努力使自己镇静下来,结果作出了一个很不错的案例分析发言。他得出的结论是:在墨西哥建厂是正确的,条件是 AT&T 公司要确保那些墨西哥工人的工作条件和该公司在美国的工厂工作情况大体一致。教授对他的模范发言表示感谢,然后问大家有什么要补充。至少有 7 名同学举起手,争先恐后地要求发言。两位同学曾告诉我,一旦开场发言结束,那个作开场发言的同学在角落里颤抖的时候,其他同学争夺发言机会的战斗就开始了。不管发言内容是多么中肯贴切或者是纯粹的迂腐空话,只要发言就能得到课堂参与分。尽管教授一再言明课堂参与分不是根据发言次数而定,同学们仍然极力争取尽可能多的课堂发言机会,以使自己在同伴中脱颖而出。

同学们争夺课堂发言机会的表现因人而异。有的人审时度势,制定了一套什么时候发言、怎样发言,以及发言频度的策略。有的人在发言时首先肯定其他同学的正确见解,然后指出不足,提出自己的意见。有的人采取"鲨鱼战术",如果有同学的发言不妥或显得可笑,他就唇枪舌剑,将对方批驳得体无完肤,用打击别人的方式来为自己得分。最终,每位同学的名誉和彼此之间的关系在很大程度上取决于课堂讨论时的表现。造成这一现象的关键是课堂参与情况在每门功课的最终得分中占多达 50% 的比例。

教授对几个关键讨论的进展把握得游刃有余。这个案例产生不一致的地方相对较少。在墨西哥建厂实际上对美国人的工作并不构成威胁,它能给所在国带来的好处也是不言自明的。唯一产生争执之处是当地的腐败问题。一个拉美同学说,当地腐败盛行,如果 AT&T 公司想在当地建厂,就不得不入乡随俗。另一个同学援引《国外腐败行为法案》说,如果 AT&T 公司在当地有任何失检行为,它将在美国陷入麻烦。这个问题把同学们分为两个阵营:实用主义者认为小规模的行贿是可以接受的,只要通过它能实现建厂的目的。理想主义者认为任何行贿行为都是不可忍受的。还有几个人从实用主义角度支持理想主义者,认为一旦有向当地官员行贿的行为,那么将来就面临更多被敲诈的可能风险。

课堂讨论一直持续将近 4 个小时,每个人都发过言,我本人持实用主义和理想主义相结合的态度,作了几次不太重要的发言。最后教授通过告诉我们实际发生的事情结束了当天的案例分析:AT&T 公司在墨西哥建了一个厂,极大地推动了当地经济发展,该工厂的生产力水平很快就超出预期的目标。在工厂兴建之前,AT&T 公司向所有当地有关官员表明了该工厂绝对不会行贿的立场。这一原则得到坚持,腐败问题从来没有成为一个问题。教授最后说我们大家做得很好。我们用鼓掌的方式结束了第一堂讨论课,大家对第一个作开场发言的同学也表示了祝贺。

（罗伯特:《哈佛第一年:商学院的真实经历》,中国建材工业出版社 1998 年版。）

（二）海尔案例在哈佛

1998 年 3 月 25 日,美国哈佛大学迎来了一位特殊的客人。他就是来自中国海尔集团的总裁张瑞敏。海尔集团以海尔文化使被兼并企业扭亏为盈的成功实践,引起了美国工商界与学术界的极大关注。哈佛商学院搜集到有关信息后,认为"这简直是奇迹",经过缜密研究,决定把海尔兼并原红星电器厂并迅速使其壮大的事实编写成案例,作为哈佛商学院的正式教材。

这一天,"海尔文化激活休克鱼"的案例正式进入课堂与学生见面。张瑞敏总裁应哈佛商学院的邀请前来参加案例的研讨,并当堂指导学生。上午9点,教授林·佩恩——一位精干的女士高兴地见到了海尔案例的主人公张瑞敏先生。下午3点,上课时间到了,学生们陆续走进教室。

张瑞敏总裁步入课堂,U形教室里座无虚席。讨论开始了。"请大家发挥想象力,回到1984年,那时,张瑞敏先生面临的挑战是什么?"佩恩教授意在启发每个学生研究企业时首先研究其文化背景,包括民族文化、企业文化。

学生们主要来自美国、日本、拉美国家及中国。其中有2/3的人举手表示曾到过中国大陆。

"铁饭碗,没有压力。"来自中国的一位学生首先发言。

"没有动力,每个人缺乏想把事情做好的动力。"

发言一个接一个,学生们从各个角度理解这个对他们来说在思想观点上很遥远的中国。

教授及时把讨论引向深入:"请大家把讨论推进一步,什么是海尔成功的因素?你若是处在张先生的位置上,你怎么决策?"

"张先生注重管理,抓了质量与服务。他认为人最重要。他用不同方法来建立危机感,砸毁了不合格的库存品。我可能不会做得这么好。"一位美国学生的发言使大家都笑了。

"张能改变公司文化,干得好奖励,干得不好要反省。"中国的陈小姐说。

"张先生用先进的管理理念改变了职工的思想。如果让我把东方文化中的精华传播到西方,我不知道我能否做到、做好。但张先生做好了,这是他成功的原因。"另一位美国学生说。

发言从一开始就十分激烈,一个人话音刚落,一片手臂便齐刷刷地举起来。有的同学连举几次手也没有得到教授的点名,急得直挥手。

"我觉得张先生在自己的企业里给员工创造了自由的环境。"

"原红星厂是休克鱼,说明这条鱼很晕、很固执,要把人的思想从晕改变为不晕,让这条鱼活起来,很难,但海尔做到了,很神奇!"

……

原定发言讨论1小时,但在热烈的讨论中不知不觉一个半小时已经过去了,仍然有很多学生要求发言。课堂时间是有限的。佩恩教授抓紧时间,把这堂课的"伏笔"亮了出来:"我们荣幸地邀请到了海尔总裁张瑞敏先生。现在,由他来讲解案例中的有关情况并回答大家的问题。"

张瑞敏总裁走上讲台。

"作为一个管理者看哈佛,哈佛是神秘的。今天听了案例的讨论,我的感觉不像是上课,而像是在海尔召开一个干部会议。"学生们听了这风趣的语言都开心地笑了。来自中国的这位企业家很幽默,他们开始被张瑞敏吸引了:"大家能在不同的文化背景下对海尔的决策有这样的理解,我认为很深刻。要把一条休克鱼激活,关键是要给每个人创造一个可以发挥个人能力的舞台。这样,就永远能在市场上比对手快一步……"

学生们开始提问,从红星电器厂干部的削减办法、效果谈到如何解决两个品牌的整合,从扭转人的观念谈到改变公司文化的措施。问得尖锐,回答得精彩,以至下课时间到了,教授不得不让学生停止提问。

"我非常高兴地通知张先生,海尔这个案例今天第一次进入课堂讨论后,我们将要做进一步修订、核对,然后放在我们学院更多的课堂使用,定稿后,由我签字确认,把案例交到学校案例库,作为正式教材出版。哈佛的案例是全美商学院通用的。美国以外的国家选用哈佛的案例做教材也相当多,因为哈佛始终是以严谨的治学态度对待每一个案例的编采、写作。这样,将会有更多的 MBA 学生和经理们看到海尔的文化,我相信他们一定会从中受益的。"佩恩教授真诚地说。

第一章　市场营销概述

本章导读

在商业模式快速迭代的时代,信息过剩导致注意力稀缺,移动互联网是加速进化的推手。即使在风口中的企业也不无焦虑,今天一举圈住用户的模式、内容,明天一早起来可能就被另一个更大的声量夺去。

● 当万物皆媒的时代来临,IP不只代表一种新的话语体系与故事叙述方法,还需要从泛娱乐形态快速渗透到新商业生态各个维度,成为超级IP。一个真正的超级IP具有持久的内容创造能力,因差异化的魅力人格而自带流量。三只松鼠是一个从诞生之初就具有拟人化色彩和娱乐属性的IP,公司不需要花钱请明星代言人,三只松鼠的形象本身,就为后期形成IP产业链提供了延展空间,公司必须把它天然的优势最大化,打通动漫全产业链。

● 共享汽车行业的盈利问题一直是业界关心的话题。通过近两年的创业实践,晚于对手起步的GoFun出行,迅速成长为共享汽车行业的领导者,并在车辆规模、市场占有率、用户APP活跃度等核心指标上斩获行业第一。更重要的是,GoFun出行正在破解困扰行业的盈利难题,同时还在谋求打造一个集社会化资源的共享汽车的终极形态。共享汽车的盈利"命门"在于——抓住"90后",就抓住主要客群!

● 最近,蜜雪冰城"住在"了抖音热搜。抖音搜索"蜜雪冰城"关键词,弹出"蜜雪冰城社死现场""蜜雪冰城主题曲""蜜雪冰城甜蜜蜜"等十几个相关话题,其中单个话题的播放量超过了55亿次,累计播放近百亿次。在一系列活动配合下,仅仅在6月,蜜雪冰城的话题在抖音热搜榜中已经出现了六七次。考虑到这家公司此前不为人知的低调风格,取得这样的成绩,完全依托时而有序、时而失控的状态下话题本身不断自我繁殖的能力。元素还是那些元素,资源还是那些资源,一年前的不温不火和一年后的风生水起,这种迥异的背后一定源于它做对了某些事情,无论是有意的还是无意的。无论如何,这场狂欢迟早会谢幕,但有些经验需要沉淀下来。

学习目标

(1)深入解析我国经济发展存在的机遇与潜在挑战,突出其重要性与迫切性,激发学生强国、爱国的热情,有效传承中华文脉,提升自身的责任感与使命感,培养经世济民、德法兼修的职业素养。增强对社会主义社会经济体制的理解。

（2）理解市场营销在新时代下对高质量发展的重要作用，树立营销强国理念。

（3）强化责任和担当，培养利用市场营销奉献社会、创造人民美好生活的意识和信念。明确营销的本质是以顾客为中心，培养"人民至上"的意识。

第一节　理论教学要点

一、市场营销与市场营销学

市场营销是企业最基本的职能，在企业全部生产经营活动中占据十分重要的地位。

市场营销是指在变化的市场环境中，旨在满足顾客需要、实现企业目标的商务活动过程，包括市场调研、选择目标市场、产品开发、产品定价、渠道选择、产品促销、产品储存和运输、产品销售、提供服务等一系列与市场有关的企业业务经营活动。

市场营销学由英文 marketing 翻译而来，marketing 一词在英语中有双重含义：一是指一种实践活动，即主要由企业等组织所进行的营销活动；二是指一门科学，即以市场营销活动为研究对象的科学。在英语中这个词用在不同场合有不同含义，在中文里则需要加以区别，前者可译作"市场营销"或"营销"；后者可译作"市场营销学"或"营销学"。从 marketing 的双重含义可知，市场营销学研究对象主要是企业等组织在市场上的营销活动及其规律。具体地说，它主要是研究卖方的产品或劳务如何转移到消费者或用户手中的全过程。

二、市场营销学的性质与研究方法

市场营销学是一门科学，且是一门应用科学，既包括宏观营销学又包括微观营销学。

20 世纪 50 年代以前，对市场营销学的研究主要采用传统的研究方法，包括产品研究法、机构研究法、功能研究法。20 世纪 50 年代以后，市场营销学从传统市场营销学演变为现代市场营销学。研究方法主要是现代科学方法，包括管理研究方法、系统研究方法及社会研究方法。其中管理研究法是教学重点，管理研究法即从管理决策的角度来研究市场营销。从管理决策的角度来看，企业营销受两大因素的影响：一是不可控制因素，诸如人口、经济、政治、法律、物质、自然、社会文化等因素；二是可控制因素，美国著名营销学家麦卡锡将此归结为著名的 4p's，即产品（product）、价格（price）、地点（place）、促销（promotion）。菲利普·科特勒在 1984 年又提出了一个新的理论，即所谓"大市场营销"战略，即在营销组合的 4p's 之外，还应加上两个"p"，形成 6p's 战略，这两个"p"一是指权力支持（power）；二是指公共关系（public relation）。

三、市场营销理论的形成与发展

市场营销学作为一门专门研究市场营销理论的经济学科，它创立于美国，是发达商品经济的产物。市场营销理论的发展大体上经历了四个阶段：萌芽阶段（20 世纪初至 20 年代末）；应用阶段（20 世纪 20 年代至 40 年代末）；变革阶段（20 世纪 50 年代初至 70 年代初）；

发展阶段(20世纪70年代初至今)。

四、市场营销观念

市场营销总是在一定的市场营销观念的支配下进行的。市场营销观念就是指从人们对客观市场环境的认识产生的一种组织市场营销活动的指导思想。它在一定的社会经济环境下形成,也会随着这种环境的变化而变化。纵观市场营销观念的演变过程,它大体上分为五个阶段:生产观念(production concept);产品观念(product concept);推销观念(selling concept);市场营销观念(marketing concept);社会营销观念(societal marketing concept)。

市场营销观念在经历了生产观念、产品观念、推销观念、市场营销观念、社会营销观念五个阶段之后,继续随着实践的发展而不断深化和丰富。特别是20世纪80年代以来,出现了许多新的营销观念与理论,如关系营销、绿色营销、服务营销、网络营销、微博营销、知识营销、文化营销、CS营销、整合营销(4C营销)、基准营销、非营利组织营销等,这是全方位营销创新的表现方式及发展趋向。

五、市场营销在现代经济中的作用

(一)对宏观经济的作用

第二次世界大战后,许多国家如日本的经济发展经验表明,市场营销观念的转变和贯彻是经济迅速发展的一个重要原因。我国改革开放40多年的成功经验也表明市场营销在现代经济发展中发挥着重要作用,市场营销可以解决生产与消费的矛盾,开拓市场,不断满足生活消费或生产消费的需要,有效地促进经济总量的增长。尤其在当前通过市场营销可以不断扩大内需;可以加快新产品的开发和研究,促进科技成果转化为生产力,充分发挥科技作为第一生产力在经济中的作用;还可以促进第三产业的发展;等等。

(二)对企业发展的作用

现在很多企业面临的最大的困境是市场问题,而市场营销恰恰可以解决企业产、供、销的矛盾,为企业不断开拓市场、创造更多价值;市场营销可以为企业成长提供系统的策略方案,通过市场营销战略、营销组合策略的决策和系统实施,来达到企业迅速成长的目标;市场营销可以促进企业不断开拓国际市场,拓展更大的市场空间,营造有影响力的跨国公司;等等。

第二节　教学引导案例

　案例1-1　玩转超级IP

一、背景资料

什么是IP? IP,Intellectual Property,知识产权,是指权力人对其所创作的智力劳动成果所享有的财产权利,一般只在有限时间内有效。

从迪士尼、熊本熊、国际创意工作室、同道大叔、逻辑思维到奇葩说、Papi酱、芈月传、鹿晗……IP浪潮席卷全球,这不仅仅是互联网领域的革命,更是未来商业的游戏新规则。IP以独特的中国速度在快速成长。IP从泛娱乐形态快速渗透到新商业生态各个维度,正深化为不同行业共同的战略方法,甚至是一种全新的商业生存方式,即IP化生存。超级IP颠覆了旧商业模式,提倡的是IP化生存:一切商业皆内容,一切内容皆IP。

如果说IP更像一个产品、一个原创专利,那么超级IP则是自带流量、可扩展开发的人格化IP。而恰恰是这种直击人心的创意设计,更能带来外界对其所属品牌、产品的共鸣和喜爱。

超级IP,简单来说就是指具有可开发价值的IP,它是万物互联时代个人化或个体化的"新物种",特指具有长期生命力和商业价值的跨媒介内容运营。通俗来说,一个事物,能够持续产生优质的内容,并且通过人格化的形式,来影响我们的生活方式,而且这种影响一定是稀缺价值,别的事物无法轻易替代,我们才认定其为超级IP。

二、基本案情

2020年的开端,突如其来的新冠疫情给线下商业带来巨大冲击,而三只松鼠联盟小店无疑也面临着巨大挑战。如何在疫情下实现逆势生长,开辟新渠道、寻找新商机,已然成为零售破局的关键。

针对该情况,小店平台迅速展开区域作战模式,战队每日与店长进行专项沟通,依照门店及所在地的实际情况,帮助店长尽快顺应疫情冲击,引导店长利用社群营销模式将门店打造为可移动的零食店。

通过可移动的零食店,顾客线上下单,店长自助配送。而这些外送订单的产生,则归功于店长对社群的日常经营与维护。引导顾客添加微信好友、朋友圈宣传推广、福利群频繁互动……通过此类行为,不少店长在疫情前已拥有了一部分相对稳定的社群,少则100人,多则5000人。

疫情期间,社群营销的优势显露,店长通过微信朋友圈运营,缩短与顾客的物理距离,通过会员体系、自主配送服务等,刺激社群顾客下单。

(一)社群资源:获取社群资源,运营社群资源

当年10月刚开业的安徽合肥的豆芽店,其店铺微信的好友迅速增至4500名。那么,她是如何在短时间内获取这么多社群资源的?

首先,豆芽在店铺收银台周边张贴了微信二维码,到店顾客通过扫码添加店铺微信,即可立享购物优惠。但豆芽深知,只有长期运营维护这些微信好友,才能保证社群资源真正发挥价值。

因此,她又推出顾客凭借店铺微信好友的身份,可常年享受专属9.6折优惠、定期享受特价/秒杀价商品,或是拥有多次到店抽奖、参与有奖游戏机会等专属VIP会员活动。此外,豆芽也会不定期推出朋友圈抽奖、有奖竞答等活动,增强微信好友黏性。

(二)精细化运营:了解用户需求,用好社群资源

疫情期间,豆芽无奈地将门店营业时间缩短至11:00—18:00,原来的近万元日销售额也骤降。在战队的经营指导下,豆芽通过运营朋友圈,将顾客引导至微信查看优惠信息、挑选产品与服务。

通过销售数据及主人朋友圈,豆芽发现疫情期间,面包、螺蛳粉、自热火锅等代餐类产品销量看涨,了解到宅家顾客的饮食偏好及需求后,豆芽便在朋友圈进行每日宣传,重点推介此类产品。同时,关注社群动态,主动与顾客互动,从顾客现实需求角度出发,为顾客提供适时的产品推荐,也是豆芽运营微信好友的方式。

（三）附加价值：优化便民服务，提升附加价值

顾客通过微信下单助手下单后，通常很多店长会即刻打包好货品，并在第一时间完成配送。疫情期间，安全是经营首位。为了提升外卖效率，很多店长都会选择定时、定点配送，有些店长还会在配送前、配送中附加部分动作，提升销售转化。

例如安徽滁州的店长大锤会在配送前，再度进行一波朋友圈宣传，告知配送路线，提升在配送中的服务价值，无疑更能增强顾客黏性。同时，还能刺激沿线的主人顺势下单。

辽宁鞍山的店长笑行，在配送前会再贴心地询问顾客是否需要其他便民服务，例如帮顾客买菜、买水果等。笑行表示，有部分顾客有时候原本没打算买零食，但为了顺便请他帮忙配送水果，会连带着一起下单。

坐标江苏宿迁的店长阿莉，在疫情期间，她新建了一个针对顾客的外卖福利群，不定期推出各类优惠活动。即使该群仅 100 多名顾客，但店长阿莉仍坚持每日进行关于产品推荐等方面的朋友圈宣传，尽心尽力去服务好每一位顾客，吸引顾客进群。在为顾客配送订单时，店长阿莉还会顺路满足顾客的额外需求，例如帮顾客买一杯奶茶。这类提升了附加价值的服务方式，为顾客提供超越预期的服务，能让顾客们感到物超所值。

通过前期豆芽店长的优秀经营案例分享，不少店长已经开始着手行动，学习、借鉴甚至直接复制其经营策略；也有一些店长汲取经验，意识到此前自己在社群维护方面的不足，决定日后精心运营社群资源。而要想玩转社群运营，也要不断尝试新的营销玩法，微信下单助手、群接龙拼团等，是很多店长正在尝试且具成效的营销方式。

三、问题思考

超级 IP 的打造和运营是怎样一个过程？哪些先行者正在成为先锋？

四、分析点评

（一）超级 IP 如何打造

法则一，以用户原点来定义 IP 属性，匹配消费目标。前提是企业要有自己的价值观，且与 IP 的价值观能够相互背书，从而实现用户的有效转化。否则就是将 IP 视作简单的营销，导致本末倒置。

法则二，要有内容的持续生产和打动人心的能力。今天所有的商业必须是内容，所有的产品必须是内容，所有的品牌必须是内容，所有的人格必须是内容。内容已经成为定义商业模式、商业逻辑的起点。好的内容新鲜有趣，有化学反应，能被用户感知，进而打动用户。想要让内容主动发酵，意味着要有足够的创意能力，且高质量地完成，进而产生放大与裂变效应。杜蕾斯的高完成度是通过高标准的社会化内容体系来保证的，它像一个勤奋的段子手，具有强大的内容力，话题自带势能，自我生长，生生不息。

法则三，企业要有足够的耐心持续积累。不是找"奇葩说"来加持就变成"奇葩说"。IP首先要耐心孵化，建立持续输出内容的能力；其次是差异化，与其更好不如与众不同；三是自带话题，形成更好的势能价值。依循这一逻辑，通过故事、新技术、魅力人格体完成分发，与用户的良好关系和流量才能实现。

（二）IP 如何管理

首先，讲好品牌故事，让 IP 成为文化符号。目前年轻人使用短视频类社交 App 较多，品牌可以运用这些平台塑造能够表现真实年轻人的生活场景,比如职场、恋人、节日等。一方面,故事内容只用来调侃热点,供观众娱乐消遣,并没有产生价值、使用户有收获;企业希望用户对IP忠诚,就需要在好的故事里让用户跟角色一同成长。另一方面,建立IP与人的互动需要将IP人格化,这点毋庸置疑,但动物形象IP的人格依然需要带有动物属性,如果动物形象IP完全人格化,用户会认为,这其实是一个戴了动物面具的人类而已。未来的消费将基于全新的内容场景、全新的人格、全新的信任代理和信用连接。数据成为能源,人际交互成为土壤。这轮关系里,故事叙述的方式本身会决定调性,会决定品牌,也会决定能不能实现传播的价值。

其次,立足当地,打造可持续产业链。人类在现实世界的层面上创造与现实世界平行的虚拟世界,即文化世界,文化世界由各类符号材料所构建。由此,品牌在IP符号的进化过程中,要注重创造"虚拟文化"这一符号;同时,在现实世界中注重地域性,与多领域建立连接,打造具有地方特色的IP,以此来推动形象IP的成长。中国目前缺少品牌类的超级IP来提高中国品牌的国际影响力,企业对IP的深入研究和打磨,能够为品牌源源不断地注入活力,引领中国企业成为世界级的品牌符号。

最后,走好传播之路,发挥企业家带头作用。作为企业创始人或者领导者,因为互联网传播环境的改变,一言一行自带故事,自带势能。企业家作为超级IP,必须体现在公司的宣传收益、传播收益、品牌知名度的提升上,但这知名度是不是美誉度,还需要产品、服务和用户口碑来说话。

(三) 做IP先行者

目前故宫IP、媒体IP、IP元宇宙等已成为IP营销领域的牵头羊,比如下一代互联网对优质内容资源的关切引发了IP元宇宙热潮,IP元宇宙,即以高价值IP为主要特征的元宇宙,元宇宙与IP融为一体,逐渐呈现出一种生命理性。能够成为超级IP还是归结于两点,一是以用户为中心,二是内容的持续生产能力和打动人心的能力,也就是说,在价值观甚至在独特的态度层面有没有与用户形成非常好的连接。超级IP的构成要素可以是具备地位的某个品牌,比如茅台酒;也可以是产品的某个生产环节,比如郎酒的洞藏、梦之蓝的手工班;还可以是某个品牌持续、独特的营销推广活动;甚至可以是一个人,比如中国酿酒大师季克良……这类IP之所以超级,是因为他们已经形成了一种独特的现象和竞争力,并在一定程度上拥有了一批追随者。想要成为先锋,需全面总结行业IP化打造成就,深度挖掘和系统传播超级IP产品,沉淀与推广超级IP打造经验,引导行业从渠道驱动转向消费驱动。

案例1-2　GoFun出行:破局共享汽车盈利之困

一、背景资料

互联网+无处不在,互联网+的创业、创新,总是在解决某一个传统行业痛点的时候及时出现。在打车行业资本大战偃旗息鼓,滴滴一家独大之后,在共享出行领域,"互联网+共享经济/重服务"的模式正在重构出行方式,刮起了一场更大风暴的创业、创新和资本大战。

共享汽车不盈利,而且可能持续不盈利是一个公开的秘密。共享汽车的业务与商业模式并不复杂,就是"分时租赁"。在"Autopros2018决策者移动出行科技大会"上的嘉宾、听众,都是共享汽车的行业中人,他们参会的目的,是想解决痛点——基于重资产、重资源、重运营的特点,共享汽车运营平台很难降低成本、提高效率,特别是,目前行业中车辆成本在总成本中的占比普遍都在 30%～40%,甚至更高,另外,如果不能取得充分的停车位、充电桩等社会资源,以及持续降低运维等方面的成本,那么很难实现盈利。

二、基本案情

无论是上一场打车市场的血战,还是当下这场共享汽车的混战,都围绕着一个关键点:出行。GoFun 出行仅用 2 年的时间就迅速成长为共享汽车领域的领头企业。

(一)进入"风口"

谭奕担任 CEO 的首汽智行,隶属于首汽集团。首汽集团在国内汽车服务业中占有重要的地位。

首汽集团前身为 1951 年由周恩来总理亲自命名成立的首都汽车公司,其后在不断发展中,成为交通部一级客运企业、中国旅游协会副会长单位、中国道路运输协会副会长单位、中国旅游车船协会会长单位。

首汽集团主营业务涵盖汽车客运、汽车销售与维修、汽车租赁、成品油销售四大业态。最近几年,首汽积极进行国企改革和供给侧结构性改革,探索传统国有企业转型升级的路径,确立了"实业＋互联网＋资本"的发展模式,形成了以首汽租车、首汽约车、新能源分时租车三个平台为主体的首汽移动出行产业格局。而其中的新能源分时租车,正是以首汽智行为公司实体,GoFun 出行为品牌的新能源共享汽车服务平台。

"首汽智行及其 GoFun 出行品牌创立于 2015 年,而我是 2016 年 11 月加入公司,并在其后担任了 CEO。"谭奕表示,这是其职业生涯的一次重大转型和决定。

此前的近 20 年中,谭奕有过无数骄人的职业履历。根据谭奕的表述,20 世纪 90 年代初期,其从医学专业毕业后,被分配到一家医院工作,"医学培养了我逻辑思维。"谭奕表示,尽管此后所有的工作和医学没有关系,但他并不后悔自己当初的专业选择。

1993 年,尚在医院工作的谭奕在报纸上看到了一份宝洁在华公司的招聘启事。根据谭奕的回忆,彼时正值宝洁大规模启动在华投资和市场开拓战略时期,谭奕认为这是一次改变自己命运的机会,于是向宝洁投递了简历。"我没有想到,去宝洁面试的竟然有 600 多人,有幸的是,我被录取了。"

在宝洁,谭奕正式开启了职业经理人之路。其后的多年中,谭奕又在不同的行业进行职业切换,大部分不是 500 强就是著名的跨国公司。这些公司包括摩托罗拉、可口可乐、欧莱雅、菲利普莫里斯、利洁时公司,等等。这些公司大多为快消品行业,而谭奕也因为接触不同快消品行业,逐渐积累了丰富的市场营销方面的经验,在有些公司,谭奕甚至还创造了一些全新的营销打法。

以其在利洁时公司的工作段为例。利洁时公司系通过历史的投资与收购发展起来的全球公司,其公司麾下特别重要的一个品牌就是杜蕾斯。根据谭奕的说法,他当初进入这家公司就是负责推动杜蕾斯的营销,而该品牌当时的困境是,根据相关广告法规规定,类似杜蕾斯这样的产品不被允许在公众传媒渠道上进行宣传。于是,谭奕领导团队开启了一段至今令大众印象深刻的社会化营销。

"可以说,杜蕾斯的社会化营销就是从我手里开始的,至今的那些知名篇章,都是出自我们当时的团队之手,而杜蕾斯也由此收获了大量的消费者,并建立了一个较别致的品牌定位。"谭奕表示。此后,谭奕在利洁时公司也处理过多个运营中的难题,个人也因功绩进入了掌握公司在中国区域最高战略和决策的 10 人管理委员会。在该管理委员会中,中国籍高管只有 3 人,谭奕为其中之一。

事实上,作为职业经理人,经过多年的付出和努力,在一家全球公司中获得如此地位,完全不用再去一线拼杀,但谭奕却开始重新思考人生。根据谭奕的说法,他一直希望给公司导入互联网的思路和战略,但是由于公司具有长期的运营和组织惯性,很难撬动彻底变革。"我喜欢挑战,没有挑战,我感觉好像血被凝固了。"

谭奕最终决定放弃优厚的待遇,离职创业。

谭奕创业的第一个项目是老年电商,但是很快就遭遇了滑铁卢。"垂直电商的成功取决于高频率的消费交易,但老年客群肯定不是。"谭奕认为,这一次创业虽然未能成功,但让他明白了互联网商业的游戏法则。

其后,受前谷歌、微软全球副总裁李开复的鼓励,谭奕加盟了一家叫"小鱼儿"的智能科技公司,在该公司经过一段时期的观察,谭奕向"小鱼儿"提供了从 B2C 转向 B2B 的战略意见,之后便离开公司,并加盟了当时的"美丽说"(后被蘑菇街收购,并实现上市)。在"美丽说"期间,谭奕远赴英国剑桥攻读 EMBA,并拿到了学位。

至此,无论是在传统行业经验,还是互联网经验,以及更高阶的知识准备上,谭奕都提升了自己的格局。"在学完剑桥 EMBA 课程后,我一直在思考,我已经积累了传统、互联网行业经验,下一步应该做什么、能做什么?"

偶然的机会,金沙江创投的朋友找到了谭奕,向其推荐了位于安徽芜湖的一个共享汽车项目。和过去一样,谭奕认为不投入这个行业工作,仅凭 PPT 无法了解行业,更无法了解产业内的运营规则。于是,谭奕用了 9 个月的时间,在芜湖项目中亲身了解和揣摩共享汽车的业务和发展模式。

然而,谭奕发现,芜湖项目的经营理念,与其长期在 500 强公司接触到的合规和健康发展理念有严重的违背,于是谭奕对继续留在这家公司产生了动摇。

巧合的是,谭奕的一位可口可乐前同事正在首汽集团担任高管,而该集团经过与罗兰贝格 6 个月的联合市场调研后,在 2015 年正式成立了新能源分时租车业务事业部门。于是在前同事的保荐之下,谭奕进入首汽集团,并被任命领导 GoFun 出行品牌的发展。

"自此,我从昔日 500 强高管及互联网创业者,最终转向了国企体系。不过,进入首汽集团后,我发现这是一家具有开放思维和行动力的国企,而集团对我们充分授权和赋能,各业务部门和一些创业型公司没什么不同。"谭奕表示,这是 GoFun 出行品牌发展起来的根本。

(二)强势"超车"

相比市场友商,谭奕接手的 GoFun 出行,在 2016 年只有区区 700 台车在试运营,而且市场也主要局限于北京及周边地区。GoFun 出行以此体量根本无法和友商相比。不过,谭奕却带领 GoFun 出行实现了在行业中的反超,对于公司近两年来的战略和运营,谭奕借助 SWOT 方法进行了分析和思考。

关于优势项,谭奕认为主要有两点:第一,母公司首汽集团本身就是一个大平台,该体系中,不仅具有酒店、餐饮、娱乐等全国化体系,另外,还有充沛的资金体系,而推出的新能源分时租车属于集团战略新业务,集团为之投入资源支持;第二,GoFun 出行是汽车服务商,不是主机生产商,对于主机生产商不仅不构成竞争,而且是产业链关系,只要主机生产商生产新能源汽车,都可能被 GoFun 出行采购。

不过,《经理人》查阅启信宝发现,在首汽智行的股权中,除了首汽集团及首都旅游集团两家合计占有 56% 的股份之外,大众汽车、奇瑞汽车,也分别占有 20%、10% 的股份。这是否意味着 GoFun 出行和大众汽车、奇瑞汽车具有相关的商业限定,比如只能购买、运营这两家公司的汽车?

"在合资首汽智行时,我们的明确定位是开放型公司,而在选择股东时,如果汽车商有商业捆绑要求,就不能被接纳为股东,而大众汽车、奇瑞汽车表示持开放意见,因此我们选择了这两家公司作为战略股东。"谭奕表示,接纳两家汽车商,目的是共同将资源集中,做大市场利基,而在购置新能源汽车时,GoFun 出行按照公司自己的需求。"我们的平台上有多达十多个品牌的新能源汽车,可供用户选择。"

关于劣势项,在谭奕看来,行业中的每个公司都存在人才短板。"共享汽车作为新兴行业,发展至今也就 2 年,因此各公司一方面在招揽人才,另一方面也在抓紧建立内部培训机制。"谭奕表示,市场上各公司的人才短缺问题是正常的现象,但 GoFun 出行在人才策略上,从招聘到培训已经建立了自己的做法。"首先,我们招聘的时候,主要看候选人学习能力,以及对共享汽车的理解和思考;其次,人进来之后,我们内部专门设置了一个课程叫作'领导力发展课程'。"

谭奕解释说,截至 2018 年 9 月,GoFun 出行已经布局了 65 座城市,公司会定期召集各辖区管理人员回总部进行一次会议,该会议上,由各负责人分析自己遇到的问题、解决方案,然后进行交流。"通过这样的知识、经验交流,逐渐形成了我们对共享汽车产业发展,以及 GoFun 出行的发展的认识,同时也不断提升了各负责人的能力。目前已经举办了四期。我们对'领导力发展课程'的定位是共享汽车行业中的'黄埔军校'。"

关于威胁项,在谭奕看来,GoFun 出行不对标任何友商,最大的威胁是,能不能实现盈利。"如果不能实现盈利,说明我们的业务、商业模式就有问题。"谭奕表示,自己在 2018 年 11 月对外公开的盈利预期,是大概率事件。

至于如何盈利,谭奕表示,就是解决行业普遍存在的"重资产、重资源、重运营"难题。其中最大的痛点又在购置大量汽车的重资产问题上,因为固定资产增加,随之就会出现大量损耗、折旧、维护、保险费及其他衍生费用,等等,另外在新能源汽车的电池续航升级技术推动和用户诉求之下,平台需要不断投入巨资,要么更换电池,要么就是淘汰旧车换新车。

根据易观统计,截至 2018 年 9 月,GoFun 出行拥有的车辆已经达到 3 万多辆,这对 GoFun 出行的固定资产的购置、管理和运营提出了严峻的考验。

"我们首先是将资产变轻。"谭奕解释,基于集团内的资源能力,首汽智行不将汽车资产挂在自己的账目上,而是在集团内部和关联财务公司采取融资租赁形式,"但是,这对资金管理就提出了较高的要求,不过集团内部有这样的成熟经验和管控能力。"谭奕表示,至于汽车的保养、维护则委托给第三方,GoFun 出行把注意力完全集中在运营和效率管理上。

共享汽车的第二个盈利问题,就是线下网点。

根据易观的统计,截至 2018 年 9 月,在线下网点的城市布局上,GoFun 出行以 65 座城市的优势排名第一,其次为 EVCARD、摩范出行、PonyCar 及一度用车。GoFun 出行能够在行业中取得优势,与其战略选择有关,从城市布局结构来看,GoFun 出行重视二三线城市的市场开发。谭奕告诉《经理人》,基于汽车保有量在各城市的相关数据分析,二三线城市对共享汽车的需求更大,同时相比超级城市,在获取资源的成本上相对要低,因此在需求和成本的平衡中,GoFun出行在广袤的二三线城市"作战",更容易提升资源效率。当然,谭奕也表示,这不代表GoFun出行回避一线超级城市,在北上广深,GoFun出行也正在持续扩大自己的"地盘"。

共享汽车的第三个盈利问题的本质是使用周转率。

关于共享汽车的使用周转率,《经理人》无法获取,但从易观有关App活跃用户规模,以及GoFun出行的相关运营情况还是能看出一点端倪。在2018年9月的App活跃用户规模上,GoFun出行达到151.03万人,超出第二名EVCARD近2倍。这意味着GoFun出行的车辆在使用周转率上居行业第一。

另外,以易观截取的杭州市未来科技城周边运营网点的租车活跃度为例。GoFun出行在7—10点、17—19点,呈现早晚通勤用车高峰。同时,在中午12—13点,由于部分上班族选择驾车外出就餐,出现租车小高峰。此外,在10—17点,白领在外出商务活动时也会选择GoFun出行,租车活跃度浮动比例在4.5%左右。

在谭奕看来,使用周转率是共享汽车的一个盈利"命门",只有最大程度提升使用周转率,才能不断产生现金流,进而提升业绩和利润空间。

"近两年中,我们用数据和实际的情况证明,共享汽车不是一个伪需求,在当前城市化进程中,它是一个实实在在的刚需。作为共享汽车平台,我们无论是在市场中车型的投放,还是提供多元化服务,都要最大化地去贴近用户需求,和他们产生更多的共鸣。"谭奕透露了GoFun出行破解使用周转率的秘诀,"GoFun出行APP从1.0升级到4.0,根据用户的实际用车需求进行了大量的优化,重构用车流程,拓展网点布局。通过在运营大数据上的不断积累,得出更加准确的用户画像和行为分析,并以此进行反向指导,帮助设计产品功能和调整运营规则。"

GoFun出行的用户大数据究竟如何进行所谓的用户画像和行为分析呢?谭奕表示,经过大数据的累计,发现GoFun出行平台的用户50%以上为"90后",且"90后"用户占比从2017年到2018年上半年增长了20%。

GoFun出行的平台大数据结果,和易观对行业的分析基本一致。易观认为"90后"用户多为大学生及刚步入职场的年轻人,他们一方面受经济能力制约尚未购买私家车,抑或消费观念超前,以使用替代购买;另一方面他们追求便捷即时的高品质出行,对共享汽车需求较大。

可见,共享汽车的盈利"命门"在于抓住"90后",抓住"90后"就是抓住主要客群!GoFun出行通过运营实践、累计大数据,并利用互联网手段进行反向指导决策,在破解使用周转率的问题上,作为科学管理和运营的基础。

关于机会项。根据普华永道思略特的一份关于分时租赁的报告,当时分时租赁从业企业多达400家。然而,该行业发展是否会复制共享单车由盛转衰的历史呢?

根据谭奕的理解,共享单车的成长有两个原因。第一,共享经济的热度由共享单车推到顶峰,投资市场在其中发挥了"烧钱"的作用;第二,相比共享汽车,共享单车的进入门槛较低,稍有资金的创业者都可以进入,由此形成了无序竞争的局面。

"当然,我们需要感谢前一段时期共享单车的疯狂投资和创业行为,他们提供了一种教训和市场教育,这让共享汽车行业从一开始的发展就显得比较理智。"谭奕表示,目前在融资方面,无论是轮次还是金额,远没有当时共享单车时期那样疯狂,各个平台都必须将注意力放在自己的运营效率上,"这对行业健康发展至关重要!"

谭奕表示,GoFun出行除了继续提升自己的管理和运营能力之外,目前已经在全新的GoFun出行4.0版本中融入了区块链技术,并计划未来将其作为共享C2C的底层技术支持。

"目前大部分区块链技术的企业并没有发挥其底层技术的应用,即公链和私有链的信用传递,我们希望通过这项技术在共享出行行业实现去中心化,实现汽车的多边共享。"谭奕表示,区块链的价值在于构建了信任的"桥梁",以有效的方式来验证交易的另一端究竟是谁,进而明晰所有权、使用权和各类风险的责任划分。共享汽车的信任机制建立在用户和平台之间,在区块链的加持下,可以鼓励社会上更多的闲置车辆加入共享汽车,改善共享汽车重资产运营的弊端,提升汽车的使用效率。

"我们希望能够跟保险、政府、公安机构、银行支付体系,包括汽车厂商打通,让大家都上链,实现个人信息的去中心化,实现信用权利和认证,早日实现多边的共享。我们对未来的商业模式正在不断尝试,GoFun出行还将满足更多细分人群的需求,以大数据算法为基础,以区块链和网格化的运营服务为支撑,实现更多品类车型和人群的匹配,到那时共享汽车将会迎来真正的春天,而今天只不过是一个美好的开始。"谭奕表示。

按照谭奕的思路,GoFun出行不仅仅满足于现行的运营模式,还将发展成一个集社会化资源的分时租赁共享汽车业态,这或许真是共享汽车的一个终极形态,我们拭目以待。

三、问题思考

（1）共享汽车的未来会不会走向一家独大,甚至是垄断市场的局面?
（2）如何找到合适的盈利模式?

四、分析点评

（一）探寻最令人满意的盈利模式

根据付费对象的不同,盈利模式可以分为2B和2C两个方向。2C模式,就是向用户直接收费,比如汽车的租赁费用和押金。由于共享汽车的刚需较大,又是利用移动互联网作为连接,随着汽车、单车App的流量越来越大,衍生出其他的功能也并非不可能,比如增加社交属性,供用户交流、分享骑行体验,提升平台的活跃度,进而组织骑行活动和赛事,向参与的用户收取服务费。另外,还可以增加电商属性,向用户销售骑行所需要的周边产品等等。2B(G)模式则是向企业和供应链收取费用。最常见的就是利用App上的用户流量,面向所有与汽车相关的企业售卖广告位。同时也可以帮企业代售产品,从而收取中介费和销售提成。此外,还有一种盈利模式,是共享汽车玩家们普遍使用的,那就是将用户缴纳的押金作为资金池,进行二次金融操作,但这会有一定的风险。

（二）满足多元化的消费者需求

不同的车企提供不同层次、不同风格的车型,大大保障了共享汽车企业提供产品的丰富程度,也扩大了企业面对的消费者人群,多元化的车型选择可以让企业满足更多人对车的需求。此外可以成立共享汽车俱乐部,发展会员,一传十、十传百,慢慢的普及开了也是很可观的一笔收入,会员可以优先提供技术指导、安装充电桩、提供维护保养支持,等等。投放车身和车载广告也是一项盈利模式,即像出租车那样,在车身上张贴简单的海报广告宣传,在车载 LED 上滚动播出广播宣传。现在购买、使用新能源电动汽车、投建充电桩会得到国家的资金补贴,这也是行业的发展趋势。

(三) 成熟的后勤保障体系

依托车企自身打造的成熟的后勤保障体系,可以大幅降低维护成本,从而降低消费者的使用费用,提升共享汽车企业自身的竞争力。对消费者来说,如此完善的保障体系,免去发生事故之后烦琐的处理手续,更无后顾之忧,消费者也会更愿意主动使用共享汽车,甚至放弃私家车,转而使用环保且方便的共享汽车。总之,成熟的后勤保障体系可以满足消费者回避操作失误心理的需求及使用快速便捷的需求。

对于企业来说,一个完整的保障体系不仅可以为消费者提供更好的服务,也可以催生出一套完整的产业,甚至为其他公司或企业提供相关服务,为企业带来额外利润。与此同时,更完善的保障和维护能够有效地打造品牌形象,让消费者更加深刻地体验到企业理念,提升企业凝聚力,消费者也会对企业充满信任,从而满足消费者对安全保障、心理修正尺度的需求。

(谢慧敏:《决战共享单车之王》,《经理人》2017 年第 2 期;吴敬敬:《共享汽车运营模式选择研究》,《经济与管理科学》2019 年第 8 期;沈伟民:《谭奕:破局共享汽车盈利之困》,《经理人》2019 年第 1 期。)

 ## 案例 1－3　蜜雪冰城火爆背后

一、背景资料

元素还是那些元素,资源还是那些资源,一年前的不温不火和一年后的风生水起,蜜雪冰城这种迥异状况的背后一定源于它做对了某些事情,无论是有意的还是无意的。

二、基本案情

前段时间,蜜雪冰城住在了抖音热搜。

抖音搜索"蜜雪冰城"关键词,弹出"蜜雪冰城社死现场""蜜雪冰城主题曲""蜜雪冰城甜蜜蜜"等十几个相关话题,其中单个话题的播放量高达 55 亿次,累计播放近百亿次。

(一) 没推火的黑马

2019 年 11 月 22 日,蜜雪冰城发布了一支主题曲;2020 年 5 月底,这支歌曲拥有了宣传片。作为蜜雪冰城营销宣传负责人,王伟龙当时有意将这支宣传片硬推一把。

"即便硬推,也没有推火。"王伟龙说。过了一年,宣传片以黑马之姿成为爆款,这让王伟龙自己都感到意外。

虚拟世界中,爆款的产生是门玄学。比如这支动画,从内容中你很难找到它成功的线索。旋律采用公共版权作品《Oh! Susanna》,虽然有不少翻唱版本,比如许冠杰的《今朝有酒今朝醉》和粤语儿歌《齐齐望过去》,但都未形成眼下的热度;歌词是蜜雪冰城沿用多年的 Slogan,没有任何增加和删减;被网友们昵称为"雪宝"并被做成各种表情包的可爱主角,事实上并不叫"雪宝",它们是蜜雪冰城的吉祥物,一个叫"雪王",一个是雪王的女朋友"雪妹"。

所有元素并非首次出现,连动画也已经制作完成一年。它在 6 月的异军突起让不少人疑惑,同时也激起了人们分析的兴趣。但王伟龙坦言,此前看到过许多对这个案例的分析,但并不准确。

"比如有些人说我们提前就知道这支主题曲动画会火,这是假的。"王伟龙说。

(二)内容:没有二创,能算爆款?

2020 年尝试硬推宣传片没有成功,团队立马改变了思路:用线下包围线上。

"我们和外部咨询公司一道分析了《小苹果》等所有火爆的歌曲,它实际上是小单元重复的逻辑。在不断重复的情况下,它会带动消费者在脑子里循环往复,传唱率就高了。"王伟龙说。

断言、重复、传染,勒庞在《乌合之众》中提出这三大传播手段,其中的"重复"被广告业广为使用。无论早期的脑白金、后续的王老吉还是新近的 BOSS 直聘,都将这一技巧运用得淋漓尽致。

有趣的是不止蜜雪冰城,最近很多广告都凭借其脍炙人口的歌曲广为流传,助推企业获得预期之外的曝光。比如《热爱 105 度的你》在抖音上疯传,而它事实上是屈臣氏蒸馏水的推广曲。

音娱行业研究机构小鹿角智库在《2021 年中国音乐营销发展研究报告》中提到,BGM、翻唱、二创等音乐类短视频的广泛传播推动了大量爆款歌曲出现。而蜜雪冰城主题曲热度的激增,很大程度上就源自 BGM、翻唱、二创。

如果梳理爆款歌曲在抖音上的崛起路径,便可以发现这样的规律:它们普遍沿着"造梗—爆梗—接梗—引发潮流—流量收割"这一路径发展。

(三)渠道:线上线下互相导流

对餐饮品牌而言,线上平台集聚流量,再导向线下门店是常态。但蜜雪冰城刚好反过来,他们的策略是将线下流量集中引向线上,实现两者的强力互补。

蜜雪冰城能够这样做,旗下拥有近万家实体门店是不容忽视的因素。与此同时,3 元冰淇淋、4 元柠檬水、8 元霸霸奶茶……基于超低客单价商品的薄利多销策略也为它带来了更高的复购。而庞大的门店规模和高频的用户复购,让门店无形中成为可以反复触达目标消费者的空间媒体。

在蜜雪冰城内部,线上平台被分为三类:一类账号包括双微、抖音、快手、视频号,团队会安排专人运营和制作内容;二类账号保持账号日常同步传送,但没有专职人员维护;三类账号仅保证在平台上有官方认证账号即可。

在所有平台中,抖音被选定为主要的流量收口。显而易见,这个决定基于流量。某种程度上说,蜜雪冰城在抖音上获得的超高流量并非一时崛起,而是长期抖音运营的结果。

从 2019 年开始,王伟龙就安排了 4 人团队专职运营抖音账号。虽然中间走了不少弯路,但结合新品上市、节点营销、抖音挑战赛等玩法,先后发起的"摇奶茶赢福袋""蜜雪冰城情侣证""万家蜜雪广告屏帮你告白"等活动,为其积累了近 200 万名粉丝。

除了流量之外,王伟龙还补充了其他两方面原因:"首先,抖音基于短视频,互动性强,能玩起来;其次,我们的员工、加盟商、粉丝都很喜欢玩抖音,它具有集体参与的条件。"

以近万家门店为基准,算上几千名直接发薪的内部员工、1 万名左右的加盟商,以及接近 10 万名的门店员工,蜜雪冰城能够调用的人力资源堪称"十万铁军"。

这 10 万名人力虽是资产,但要调动他们也非易事,选择的流量收口必须是他们习惯使用的,否则公司就要支付大量衍生教育费用。基于综合考虑,抖音脱颖而出。

（四）策略：失控中的惊喜

在确定流量收口后,蜜雪冰城也在 KOL、自有 KOC 和扶植支持等三个层面制定了具体策略,持续刺激话题热度,力图让流量价值被最大化地释放出来。

在 KOL 方面,将 KOL 作为支点撬动庞大的公域流量,蜜雪冰城主要做了三方面工作：首先,鼓励头部创作者将优质内容同步分发至自己的抖音账号。其次,吸引音乐、剧情、美食、颜值等各类别头部 KOL 参与创作。最后,参考目标人群和传播内容等两大维度筛选腰部 KOL。

在自有门店抖音号运营方面,蜜雪冰城麾下的近万家门店、"十万铁军"派上了用场。通过现金或赠送礼物等方式,有组织地安排内部员工、加盟商和门店店员参与抖音创作,壮大话题内容。

其中,蜜雪冰城(金辉环球广场店)、蜜雪冰城(步行街东门)等自营门店抖音号已经拥有逾 10 万名粉丝,完全达到小型 KOC 的水平。前者发布的主题曲舞蹈和后者制作的电音版主题曲,都获得了不错的互动效果,让门店的自有抖音号沉淀为品牌与用户持续沟通的固定触点。

而在流量运营方面,蜜雪冰城积极通过转评赞、DOU＋加热、埋点 POI(Point of Interest,通过该组件可定位至商家)等方式,维持热度、激励创作热情,并以此不断衍生创造话题。

当然,即便有着缜密的策略,也挡不住线上世界"不按规则出牌"的魅力,尤其是当用户们都玩嗨了。话题"蜜雪冰城社死现场"就是失控的产物,它在抖音和微博上已经获得了超千万关注。

最初,只是少数用户以为在门店前演唱主题曲,便能免费获得饮品。但当唱完后,他们发现自己面对的只是尴尬的店员,店员告诉他们没有这项活动。"社死"的戏剧性被拍下来并上传网络,最后引来一大拨效仿者。这种集体围观名场面的情况,以前只在海底捞"对所有的烦恼说 bye bye"中看到过。

话题热度上来了,只能想对策。运营团队反馈给公司,公司立马向门店发出内部通知,要求配合支持这个由粉丝自己发起的活动："大家毕竟唱了一首歌,你就送一支冰淇淋或者一张代金券,这样不至于空手而归。"在近万家门店中,有四分之一被安排参与这项活动。

运营团队甚至"将错就错"地推出了衍生活动：对于不好意思在门店唱歌的粉丝,蜜雪冰城发起了在父亲节对父亲唱主题曲的活动,完成任务并发布短视频的用户能收到邮寄的礼物。

在一系列配合下,仅仅在 6 月,蜜雪冰城的话题在抖音热搜榜中已经出现了六七次。考虑到这家公司此前不为人知的低调风格,取得这样的成绩,完全依托时而有序、时而失控的状态下,话题本身不断自我繁殖的能力。无论如何,这场狂欢迟早会谢幕,但有些经验需要沉淀下来。

三、问题思考

在运营环境复杂多变的背景下,蜜雪冰城做出了哪些策略的支持?

四、分析点评

在复杂多变的情境下,蜜雪冰城成为黑马的一系列成功都离不开其各项策略的支持：二创、抖音与"十万铁军"。

（一）二创制造爆款

二次创作在一定程度上会对产品的宣传起到促进作用,虽然同样运用到了"重复"的创作技巧,但蜜雪冰城有两点不同:第一,不同于采用饱和攻击的广告投放策略,铺天盖地地推送,强制形成重复效果。而蜜雪冰城拥有上万家门店,再加上它对抖音等线上渠道的善用,增加了受众,增强了宣传效果。第二,蜜雪冰城采用的旋律具有受众基础,这让它直接跨过冷启动阶段,天然具有传唱优势。

（二）线上线下相互引流策略

蜜雪冰城团队采用线下包围线上的宣传思路进行引流,线下门店已然是巨大的流量池,其更迫切需要的不是引流,而是用一个收口整合分散在各地的渠道和用户,从而集中提高用户忠诚度并形成品牌合力。因此,确定线上流量收口成为策略成败的重要一环。长期经营积攒下的粉丝,也成了这次爆款发酵初期的杠杆。

（三）达人路径实现内容种草

从这个案例中,可以发现"头部 KOL＋本地红人＋自有 KOC＋扶植支持政策"构成了正循环:KOL 拍摄搞笑短视频创造话题、吸引注意力并激发情绪,门店和店员等自有 KOC 快速跟进和呼应用户,总部根据变化敏捷推出各项对策、创造衍生话题。

大多数人看到的是热闹的表象,但抽丝剥茧后会发现看似偶然背后潜藏着一些必然。如果没有近万家门店、"十万铁军"发挥作用,要复制爆款谈何容易;要是没有流量收口抖音的选择、运营策略拟定和对策安排执行的正确和敏捷其中的任何一环,效果都会大打折扣。

（王水:《蜜雪冰城火爆背后:二创、抖音与"十万铁军"》,《销售与市场（管理版）》2021 年第 8 期。）

第三节 课堂讨论案例

案例 1－4 "熊本熊",振兴地方经济的二次元萌物

一、背景资料

随着经济的飞速发展,各大城市的综合实力在不断地增强。各城市在发展的同时,都注重彰显地域文化特色,形成独特的城市魅力。在当代,城市吉祥物因其独特的、充满活力的形象而深受广大市民的欢迎,在城市的文化宣传上有着重要的价值。

熊本熊,是熊本县为振兴经济、提高关注度而创造的官方吉祥物。自熊本熊推出后,熊本县获得了很大的经济效益。熊本熊成为继 Hello Kitty 之后,第二个走出日本国门的世界级吉祥物。随之,日本涌现出一批地方吉祥物。

然而,继熊本熊之后出现的地方吉祥物,无一能够获得超越熊本熊的经济效益。

二、基本案情

在众多的地方吉祥物中,熊本熊无疑是最成功的一个。它的出现使原本以农业为主体,缺乏丰富旅游资源的熊本县成为日本的热门旅游地区,带来了巨大的经济效益。

（一）诞生和形象

因途经熊本车站的九州新干线于 2011 年全面通车,为避免旅客在九州新干线通车后忽

略位于中间知名度较低的熊本县,县政府自 2006 年起就计划针对日本近畿地方、中国地方加强宣传,提高地方知名度。因此,委托当地出身的知名编剧小山薰堂构思宣传熊本县。小山薰堂经过再三考虑后,决定与好友设计师水野学合作,设计一个名为"くまもとサプライズ"的活动,以能让人联想到"熊本"的"熊"作为角色造型,制作一个地方吉祥物来行销熊本的土产、特色。2010 年 3 月,熊本县政府正式发布宣传熊本熊,其英文名为"Kumamon",读音上结合"熊本"(Kumamoto)与熊本地方方言"人"(Mon)的发音。因此,"Kumamon"又有"熊本人"的含义,可见,熊本熊从最初就强调"熊本熊"来自"熊本县"的概念。

熊本熊在外形上使用了熊本县的地标建筑——熊本城的主色调黑色,并在两颊使用萌系形象经常采用的腮红,红色也蕴含熊本县"火之国"的称号,既代表熊本的火山地貌,更代表当地众多的红色美食,极具地域特色。在神态上,为体现它的呆萌可爱,肢体语言经过了精心编排,如经常使用的抬脚动作,参考自米老鼠,"捂嘴"也成为其招牌动作。

(二) 运营模式

熊本熊现在是熊本县营业部长兼幸福部长,是日本首个拥有公务员身份的地方吉祥物,还有专属办公室,位于熊本鹤屋百货店本店东馆 1 楼的"熊本熊广场"。现在,代表熊本县的棒球队、足球队、篮球队等纷纷使用熊本熊作为宣传形象;在游戏制作上,熊本县推出了熊本熊"制作熊本特产",受到了广大民众的欢迎。2018 年熊本县宣布由广告代理公司 Asatsu-DK、日本大型电视节目制作公司吉本兴业(Yoshimoto Kogyo)与 Ireton Entertainment 成立动画制作委员会,开始制作熊本熊动画,2019 年面向日本国内及欧美国家、中国台湾地区和中国香港地区已正式播出。在互联网上,熊本熊的官方博客和推特始终同步在线,推特上还不定时透露下次"熊出没"的地点和线索,推送新的活动企划,继续保持熊本熊的热度。

随着熊本熊的爆红,越来越多的企业想使用这一地方吉祥物形象,因此在形象授权方面,熊本县规定,本地企业产品可以免费使用,其他县市的企业若想免费申请,只要满足在生产过程中选用熊本县产的原材料进行生产加工即可。代表性的案例有:日本有名的果蔬饮料——Kagome 野菜生活蔬菜果蔬汁(カゴメ野菜生活 100 デコポンミックス)、卡乐比薯条三兄弟(カルビーのポテトチップス,其中使用的海苔产自熊本县)。熊本县生产的工业产品也可以免费使用熊本熊形象,例如,本田技研工业(其母体工厂位于熊本县大津町)生产的摩托——HONDA GIORNO 50 X MONKEY Z50 熊本熊系列。

凭借熊本熊的超高人气,通过让更多的企业无条件或达到一定条件免费使用形象,熊本县把更多的当地产品推送到日本各地,带来了大量的经济收益,同时也为熊本熊带来了更大的关注度。如今的熊本熊已经走出日本,登上世界舞台,日本熊本县知事蒲岛郁夫宣布自 2018 年 1 月 8 日起,海外企业也可以申请使用熊本熊形象,与日本企业不同的是,为保护熊本熊的知识产权不被滥用,海外企业在申请时,需要支付企业零售价的 5% 到 7% 不等作为版权使用费,该费用将用于打击盗版熊本熊形象与各类相关活动开支。

(三) 经济效益

熊本熊推出不到三年,其认知度已经是日本第一,在日本的成功可与 Hello Kitty 和米老鼠相提并论。日本地方经济综合研究所的调查显示,九州、关西和首都圈地区的居民对熊本县的印象分别从 2011 年的第 6 位、第 6 位和第 7 位,上升至第 2 位、第 3 位和第 5 位。此外,民众前往熊本县观光旅游的意愿也大幅提升。仅推出第一年,熊本熊就为熊本县带来 12 亿美元的经济效益,包括观光和产品销售,相当于 9 000 万美元广告和宣传的效果。熊本熊官方授权商品的历年销售额节节攀升。

"熊本熊"自 2010 年 3 月 12 日诞生至 2020 年 3 月 12 日,已成功为一个默默无闻的农业县城带来累计近 592.08 亿元人民币的销售额。

(四) 一个好的地方吉祥物需要好运营

根据 2013 年日本权威调研机构 RJC 形象代言人排名结果,"熊本熊"在公众形象认知、品牌传播效果等综合评分排名中超过麦当劳位居榜首。

为强化"熊本熊"与城市品牌的联系,吸引游客前来旅游消费,熊本县政府于 2013 年耗资 4 600 万日元兴建面积约 200 平方米的熊本广场,实现熊本熊虚拟形象落地化城市品牌建设。

根据目前熊本县官网发布的相关数据显示,截至 2020 年,"熊本熊"诞生相关商品的累计销售额超 9 891 亿日元,合计人民币 592.08 亿元。2020 年"熊本熊"授权的商品销售额达到 1 698 亿日元,约合人民币 101.64 亿元,暂时达到最高值,且已经达到连续 9 年正向增长。

2021 年 3 月 6 日,根据日本熊本县发布的最新数据显示,2020 年"熊本熊"的周边产品销售额达到 1698 亿日元。

(五) 熊本熊的成功之处

在如今已经泛滥的日本地方吉祥物中,熊本熊可以算是最成功最完美的例子。他成功的原因包括以下三个方面。

首先,拟人化的熊本熊给人一种亲近感,这是日本吉祥物文化的一个普遍特征。所谓拟人化,不是简单模仿人类的言行,而是真正把它作为一个人物形象来设计。例如,其在官方主页上的自我介绍:熊本熊,男,熊本县公务员,生日 3 月 12 日,出身熊本县,好奇心旺盛又顽皮,兴趣是熊本体操。熊本熊有自己的个性,虽然套着大大的玩偶装,但是他的内在是一个健全的人,我们可以从他身上找到与自己相似的优点、缺点,所以才倍感亲近。

其次,偶像式的营销手法让熊本熊获得巨大的曝光度。熊本熊有一支专业的策划团队。这支团队前前后后为熊本熊策划了许多活动事件,例如去大阪出差而失踪、寻找腮红、参加红白歌会、在天皇和皇后面前表演体操、成为浪客剑心的熊本熊、为熊本地震募集赈灾善款、举行 10 岁生日会等。这些活动并不是单纯地推广吉祥物,而是按照当红偶像的设定进行运营。

最后,熊本熊的形象授权免征版税。形象授权所征收的版税是二次元形象经营者很可观的一笔收入,熊本熊却反其道而行,只要产品中有熊本县产的产品,或者工厂坐落在熊本县,就可以免费申请到熊本熊的形象授权。这个做法很大胆,但是非常有效。不但让熊本熊红遍整个日本,而且让熊本县的产品远销各地,达到"双赢"。

三、问题思考

(1) 熊本熊的成功之路对我们有哪些启示?

(2) 如何将一个成功的地方吉祥物在线下零售店的运营中,变成对顾客拥有长尾吸引力的零售店?

四、分析点评

日本地方吉祥物的推广符合日本政府发展观光旅游产业、振兴经济的国家战略,也为振兴地方经济发挥了一定作用。但是如今的地方吉祥物已经发展至瓶颈,如何推陈出新取得新的进展是必须解决的问题。我国一些城市也存在城市吉祥物,如南京麒麟、洛阳牡丹仙子、青岛海尔兄弟等。但是与日本的地方吉祥物相比,我国的城市吉祥物仅代表城市形象,没有生命力,没有个性,不能把城市的名声和特产推销出去。因此,研究日本地方吉祥物能够为我国城市吉祥物发展提供一定的借鉴,从其成功经验和存在问题中探索符合我国国情的城市吉祥物发展道路。

(一)打造专属形象

IP实质上就是一个蕴含了特定意义的象征性符号,打造IP必须对其形象及其内在价值进行精准定位。熊本熊简单的配色更容易抓住受众的注意力,使其产生深刻的印象,继而产生共鸣;中性的表情降低了人类的心理防线,使之更易被人接受,同时也为受众提供了更多想象和再创造的空间。与地域特色相结合是熊本熊最大的特点,熊本县为其设定人物性格和背景故事,使其走近民众生活。

(二)经营推广

熊本熊团队合理利用新媒体及时性、交互性等特征,迅速在以国外的脸书、推特,国内的新浪微博为代表的新媒体社交平台注册了官方账号,每天固定更新,及时推送熊本熊的生活、工作日常,不断提供新鲜的表情包与动图,在各大社交平台上收获了大量粉丝。并与粉丝间保持着极强的互动联系,取得了极高的人气。熊本熊还会在线下出席各种活动,宣传特色文化,拉近与群众的距离;团队也会设计有趣的营销活动,吸引线上线下的群众一起参加。此外,团队积极开发各类周边衍生产品,如文具、T恤、钥匙扣、徽章、冰箱贴,根据吉祥物的不同装扮开发"盲盒"等。粉丝群体越来越大后,团队投资制作动画,开设线下主题店,与更多的企业合作进行推广,充分融合当地文化,融入大众的日常生活。

可见,存量"长尾"客户的维护和挖掘是抓住客户的一个重要突破口。企业需要借助互联网技术,实现数字化营销,不断推动营销、获客、服务、风险管理等全面变革,提升客户体验。

案例1-5　中国李宁的国潮生意

一、背景资料

《百度2021国潮骄傲搜索大数据》报告显示,国潮在过去十年关注度上涨528%,2021年国潮领域十大热搜分别是数码、服饰、美妆、影视、国漫国游、音乐、文学、美食、文化遗产、大国科技。

在2018年的纽约时装周,中国李宁走上了舞台,用新东方美学与中国哲思理念征服国际秀场,在国际上正式确立"国潮"的地位,此后李宁的跑鞋曾一度被炒至千元,让不少消费者调侃"以前没钱买李宁,现在没钱买李宁"。

中国李宁在"国潮"领域究竟是如何一路生花的?

二、基本案情

从李宁到中国李宁,从一家体育运动品牌到代表新国货的时尚潮牌,李宁的国潮生意取得了阶段性的胜利,而它的成功也为国内其他品牌的国潮化提供了一个参考样板。

（一）国潮＝中国经典＋新潮新派

先从国潮说起，所谓国潮，目前并没有统一的定义，根据蔡钰在《怎样用国潮讲中国故事》中的解释，她认为，国潮产品是带有经典中国元素的流行消费品，"国潮"这两个字本身就已经是一个极简的方法论：国是中国经典，潮是新派。

所谓中国经典，指的就是大众熟悉的传统文化符号，比如毛笔书法、唐诗宋词、京剧脸谱、宫廷纹饰等经典元素。而新派可以是新潮包装或者新潮品类。一个产品要赶上中国国潮这趟车，经典和新派得同时有。

国潮产品分为四个类型和阶段：

第一种，国潮1.0，国形＋潮形：用经典文化形态与新潮形态混搭，新潮的产品形态负责功能价值，传统文化符号负责让消费者感到新奇、有趣，比如泸州老窖香水、Q版林黛玉盲仔、三星堆形状的雪糕等。

第二种，国潮2.0，国形＋潮魂：中国经典的形态，新潮产品的内核，激发用户的情感认同。比如《哪吒之魔童降世》，这部电影借用了哪吒的传统设定，但放弃了哪吒反抗父权的精神内核，讲了一个古怪小孩破除世界刻板印象，寻找自我的故事。

第三种，国潮3.0，国魂＋潮形：传统内核开始搭载新潮新派的形态。中国元素不再停留为表层符号，当成点缀和手段来使用，而是下探到了中国情怀，这个情怀既可以是民族骄傲，也可以是美好的寓意。比如故宫淘宝和故宫文创推出的金榜题名圆珠笔、必定夺魁文件夹……这些新潮的小玩具带着传统皇家的祝福，深受消费者喜爱。

第四种，国潮4.0，国魂＋潮魂：目前还没有看到具体的产品，不过蔡钰认为将来应该会有，尤其是在未来的数字资产和服务业态里，一定会有经典和潮流更彻底的融合。

（二）李宁的"国魂＋潮形"

如果想要成为一个合格的国潮品牌，起码要具备"国形＋潮魂"的产品形态；成功的国潮品牌，必然是"国魂＋潮形"。可要想实现从"国形＋潮魂"到"国魂＋潮形"的转变，绝非易事，但李宁做到了。

正如李宁在财报中表示，业绩的增长主要得益于品牌有效地将中国元素与自有体育基因相融合，唤起了年轻消费者对国货品牌的情感与共鸣。

2018年之前，李宁曾经几次尝试让品牌和产品更加潮流，但都空有"国形"而没有"潮魂"。比如将品牌口号"一切皆有可能"变成了"让改变发生"；为了拥抱"90后"，提出了"'90后'李宁"……可由于缺乏清晰的品牌定位，加之战略上的冒进，李宁不仅流失了大量老客户，还因设计时尚感不足没有吸纳新用户，直接导致李宁走入了历史上最低迷的时期。

2011—2014年，李宁进入了长达4年的下滑期，净利润分别为3.86亿元、−19.79亿元、−3.92亿元、−7.81亿元。要知道，在2010年，李宁营收曾逼近100亿元大关，净利润11.08亿元。

转机出现在2018年纽约时装周。由于阿迪达斯和耐克都没时间为时装周设计新品，让李宁捡了个大便宜。在时装周上，中国李宁一改此前的严肃呆板，设计了以"悟道"为主题的系列鞋服，"番茄鸡蛋"的红黄配色，加上胸前大大的"中国李宁"字样，瞬间点燃了国内和国际市场。

至此，李宁的"国潮时代"拉开了序幕。之后3年，李宁公司带领中国李宁先后走上巴黎时装周、纽约时装周等全球各大潮流平台，抓住国潮消费大趋势，抓住年轻人的消费心理，从体育运动品牌向轻奢潮牌转型。

2021 年上半年,李宁公司营收大增 65％,达到 102 亿元,净利润暴增 187％,达到 19.62 亿元,用业绩证明了自己。现在回顾起来,李宁当日和今时的走红,其实是偶然中的必然。

1. 品牌重塑,点燃国潮情绪

为了与以往"李宁"的品牌形象做区隔,2017 年,李宁便孵化了"中国李宁",大大方方地贴上了"中国"标签。其品牌意义在于让李宁完成品牌化重塑,赢回"70 后""80 后",占领"90 后""00 后"。"李宁"品牌代表着李宁的过去,"中国李宁"引领着李宁的未来。

而"中国李宁"这四个字,承载了国人太多的情结,所以当消费者看到在街头巷尾常见的国货出现在时装周现场,被世界潮流殿堂认可时,便产生了一种解恨式的共同体骄傲,以及强烈的民族自豪感。

由此可见,光有国的部分当然还不能叫国潮,那是经典复刻。"国潮"和"国"在情感体验上的区别是:"国"所代表的是一种被传统文化长期熏陶、升华,或者说是规范和驯化出来的情感模式。而"潮"需要的是直接点燃人们当下的情绪,不能再那么曲折、委婉,要以最低的理解成本,在最有效的位置一次给足,效果更及时、更直接、更刺激。

2. 重仓研发,兼顾潮流与运动

上市以来,李宁研发费用率一直维持在 2％～3％,2015 年走出经营危机后,李宁更是将重心放在了产品研发上,将运动与时尚结合起来,以新潮的方式与消费者建立新的关系。

创新型产品能够给消费者带来更好的穿着感受。但相比穿着感受,更重要的是让消费者感知到企业在不断改进自己的产品——这种感知会促进消费者的购买决策。2019 年李宁超轻 16 系列跑鞋销量近 70 万双,售罄率 70％;音速 7＋韦德之道全城系列篮球鞋销量超 78 万双,6 个月售罄率 80％。

基于产品不断创新,李宁的护城河越来越宽,打开了新的成长空间,品牌力逐渐被深化和巩固,据 C－BPI 数据,2019 年李宁在运动服饰品类中的品牌力已超越阿迪达斯,位居国内第二,仅次于耐克;运动鞋方面,李宁位居国内第三,仅次于耐克和阿迪达斯。

2020 年,李宁联手敦煌博物馆跨界推出"溯敦煌·拓系列",在敦煌举办了盛大的主题派对,将一个动人的故事贯穿整场走秀。在走秀结束第二天的天猫超级品牌日,交易额突破 1 亿元,打破国内服饰行业"双 11"的单日销售纪录。

2021 年秋冬时尚秀,李宁以《孙子兵法》中的"风林火山"为灵感,将四个意象演绎为视觉图案融入设计中,并融入少数民族的设计元素,是对中国传统哲学概念的具象化表达。

依托长期对原创设计的坚持和沉淀,以及海外时装周系列推广,中国李宁在国潮崛起的风潮中把握住了先机,站稳了国潮领军者的位置。

3. 渠道升级,创新消费体验

从渠道类型来看,李宁目前主要有线下经销商、电商、直营渠道,2020 年三者营收贡献占比分别为 45％、29.1％、24.7％。在 2017 年,直营渠道贡献的营收超过 30％,在国潮化调整期间起到了重要作用。

通过直面消费者,李宁提升业绩和效率,更加清楚了解消费者的需求,保持对市场的敏感,这也为后来中国李宁的爆发埋下了伏笔。

同时,李宁还通过升级门店,打造沉浸式购物体验,带给消费者与众不同的国潮感受。2021 年 5 月 29 日,中国李宁宽窄巷子概念店在成都著名城市地标宽窄巷子正式启动,这也是目前全国面积最大的中国李宁店铺。概念店在保留原有建筑风格的基础上采用中式榫卯结构,将四川民俗民风、宽窄巷子古风等特色元素与中国文化、城市文化、中国李宁运动潮流文化有机结合。

业内人称,这种新的门店业态,摆脱了单一的购物功能,集产品首发、产品展示、产品体验、休闲娱乐等于一体,代表了一种新型生活方式,将李宁品牌更深度融入消费者潮流生活中,让门店成为潮流坐标和网红打卡地,强化渠道在品牌建设中的地位。

三、问题思考

(1) 李宁业绩的增长主要得益于什么元素?
(2) 国潮未来的道路应该怎么走?

四、分析点评

李宁业绩的增长主要得益于品牌有效地将中国元素与自有体育基因相融合,唤起了年轻消费者对国货品牌的情感与共鸣。

在5G、物联网、人工智能、大数据等新技术的加持之下,企业的商业模式创新也会更加多元。可以预见的是,中国李宁所掀起的国潮热,只是一个开始,未来会诞生更多新的消费主张,也会铸就更多的国潮品牌。

不过值得注意的是,要想让"国潮热"澎湃不息,就要呵护好这份文化自信。"国潮"二字所承载的意义,远不止跨界融合的商业创新。对企业来说,如果只是堆砌文化符号,不挖掘核心价值,没有对文化的敬畏、对品质的坚守,既无法恰当传递出潮流理念,也与"国潮"的文化内涵相去甚远。在国货品牌弯道超车的路上,我们需要多一点这样的文化自觉。

(徐梦迪:《中国李宁的国潮生意》,《销售与市场(管理版)》2021 年第 10 期。)

案例 1-6 谢馥春:香了两百年

一、背景资料

人们总谈商业模式,但大多数时候,它不过是成功者的总结陈词。重要的是,好方法是否可以复制? 从糟糕经验里是否能得到教训?

二、基本案情

天下香粉,莫如扬州。说扬州香粉,就不能不提谢馥春,它是中国第一家化妆品企业。1830 年至今的近两百年间,谢馥春凭借着一次又一次的技术革新,在时代的雨打风吹中虽一度几近凋谢,但总能复而回春。

清初,谢家祖辈由安徽歙县逃难到了扬州。道光十年,配药伙计谢宏业离开藏药铺,在江苏扬州下铺街自立门户成立了谢馥春。为何取名谢馥春?有两个说法。其一是说"谢"在汉语中有凋落衰败的意思,这是商家之大忌,所以取名叫"馥春","馥"与"复"谐音,加个"香"字,与香料相配,再与"春"字相连,便有了回春之意。另一种说法是,使用了他家的香料,就能永葆青春。天遂人愿,无论时代环境和化妆品市场怎样变化,谢馥春始终都在行业里占据着重要位置,被誉为"中华首妆"。清朝末年是谢馥春生意最为红火的时期,在当时,谢馥春是全扬州名声最大的香粉品牌,甚至一些其他省市的达官显贵也都知道它的名号。

人怕出名猪怕壮,随着不断发展壮大,名声大噪的谢馥春很快就迎来了同行觊觎的目光。1913年,谢馥春遭遇了中国第一例商标侵权案。当时,在扬州香粉行里,谢馥春一枝独秀,残存的小香粉店无法与之抗衡,纷纷干起了假冒伪劣的勾当。谢馥春最受欢迎的产品是香粉和梳头油,为了防止假冒,谢馥春便用五支竹筒为商标放在柜台上,号称"五桶为记",象征着五路财神迎门,大吉大利。不过这个行为并没有遏制住假冒伪劣之风,在扬州城中,许多香粉铺子随后也学习谢馥春的做法,将竹筒摆于柜台,顾客一时难以分辨谁才是真正的谢馥春。

囿于当时没有保护知识产权的理念,很多商家都在明目张胆地冒用。于是,谢馥春发起申诉,经官府审理,明令其他商家禁止使用"五桶"商标。此后,谢馥春就在黑漆木牌上打出红色"五桶为记"商标,还在一侧用金字告示:"本店城内仅此一家,此外并无分铺,请认清辕门桥谢馥春老铺五桶为记商标,庶不致误。本号主人谨白。"

未过多久,波澜又起。从辕门桥至徐凝门二里长的大街上,一下子又冒出13家"谢馥春"香粉店来。一时间,令人真假难辨。谢家第四代家主谢箴斋为此四处游说、好言相劝,但仍有很多家不愿更名,甚至声称:你叫你的谢馥春,我叫我的谢馥春,各做各的生意,井水不犯河水。

无奈之下,谢馥春只好广泛搜集证据,一纸状书从县府、省府一直告到北洋政府。直到1915年,大理院才作出了裁决:"责成十三家店铺具结悔过,严禁冒踅,并赔偿其名誉损失,不得冒用'谢馥春'牌号。"这样,谢馥春商标才维权成功,这也成为中国最早的一件化妆品商标侵权案。回到扬州,谢箴斋立即将大理院的裁判书复制后嵌在镜框内,高高悬挂在店堂里。

一波三折。扬州城内后来又相继出现了"射馥春""塮馥春""谢复春"等相似名称的多家香粉铺,很多目不识丁的消费者难以辨别,这极大损害了谢馥春的利益和声誉。谢箴斋再无他法,只好致力于改善产品,以质取胜,以期在广大用户中取得信誉。

1912年2月,美国政府为庆贺巴拿马运河开通,定于1915年2月举办"巴拿马太平洋万国博览会"。谢馥春作为中华香粉业巨头被官府、民间共同举荐,加上其也有为中华物产增光、开拓海外市场的战略考虑,就主动报名参展。谢馥春祭出"香、粉、油"三宝,一路过关斩将,顺利通过层层选拔。

功夫不负有心人,经谢箴斋多次实验改进后的谢馥春香件及香粉荣获巴拿马银牌大奖,获同类产品最高殊荣,奠定了化妆品国际品牌地位。同年,谢馥春香粉、香件还获得了国民政府农商部国货展览会铜奖,引起了国内外的密切关注。谢馥春的名号传遍海内外,那些冒名产品才最终难以经营,无奈关店。

1922年,谢馥春香粉、香件获江苏省第二次地方物产展览会铜奖。此后,谢馥春产品风靡东南亚和华人世界,牢固确立了中华首妆的地位。

(一)香粉店,命途多舛

据可查的政府资料记载,到1949年新中国成立时,谢馥春产业规模已有店内流动资金合华中币(建国前期,由中共临时政府发行的一种货币)22亿元、房产31处、田地2 400余亩。

1949年11月,扬州15家香粉店联合成立了香粉业同业公会,推选谢箴斋为理事长,而当时扬州的香粉业中谢馥春的营业额占 96%。在新中国成立初期,谢馥春一直都是扬州香粉业中利税最高的商家。抗美援朝期间,谢箴斋捐了半架飞机。然而不久,谢箴斋错误判断国内的形势,没有跟随时代的进步,完成观念和经营上关键嬗变。眼看风雨飘摇,这个百年老字号此时走到了命运的关键节点。

全国掀起了公私合营的浪潮后,"谢馥春香粉店"改制为"公私合营谢馥春香粉店",接着又先后更名为"公私合营谢馥春日用化工厂""地方国营扬州日用化工厂"。

1980 年 2 月的一天,扬州的东关街上人群簇拥,他们议论纷纷,指手画脚。时隔数十年,久违的"谢馥春"终于再次挂牌经营。看热闹的人群之中,就有谢馥春第五代传人谢崇德。他静静伫立,久久凝视着"谢馥春"招牌上的三个大字,终于发出一声长长的叹息。

进入 20 世纪 80 年代,在改革开放政策的引领下,一批老字号企业纷纷复出,部分老字号传承人也开始重操祖业,谢箴斋的儿子谢崇德和谢崇光重返谢馥春。

返厂后,两人狠抓经营和技术,在转变思路的同时,改良了鸭蛋香粉、冰麝头油、雪花膏、蛤蜊油、驱蚊油、珍珠霜等一批产品。这些新品一上市就深受广大顾客青睐。

1987 年,实行了厂长责任制的谢馥春全年工业总产值为 850 万元,利益税 282 万元,利润 55 万元。当年扬州市化妆品行业总产值为 1 028 万元,仅是谢馥春就占据了总份额的 82.6%。

谢崇德退休后,其女谢澄安接替父亲进入谢馥春工作。为了提高谢馥春的知名度,谢澄安借助《红楼梦》中描写的扬州香粉典故,邀请红学家来厂考察,还在谢馥春挂牌成立了"红楼梦化妆品研究室"。1991 年,谢馥春化妆品被作为国礼馈赠给时任朝鲜领导人的金日成。

(二) 老字号,与时俱进

进入 21 世纪后,国内外知名化妆品品牌纷纷抢占中国市场,谢馥春一度面临窘境。2001 年企业生产开始逐步萎缩,到 2003 年时已经陷入歇业清算的状态。

祸不单行,2004 年,谢馥春纯手工制作的鸭蛋粉因生产条件不达标等原因,失去了国家有关部门的生产许可资格。恰在此时,谢馥春门市部的鸭蛋粉也已全部售罄,这意味着有着百年历史招牌的鸭蛋粉将首次退隐"江湖"。

面对激烈的市场竞争,谢馥春进行股份制改制,2005 年 10 月成立了"扬州谢馥春化妆品有限公司"。谢馥春希望依靠新的技术手段,不断改良产品和包装,并全方位发展以拓宽渠道,意图使谢馥春这一老字号重获新生。

2006 年,谢馥春被商务部评为首批"中华老字号";2007 年,被认定为全国重点保护品牌;2011 年,谢馥春获得江苏省非物质文化遗产殊荣。一连串的荣誉为谢馥春带来了极高的流量,加大了对品牌的宣传。谢馥春重新进入普罗大众的视野,生意也愈渐红火。2012 年,谢馥春的网店粉丝已突破 100 万名,产生了巨大的销量。

2015 年 12 月 15 日,江苏谢馥春国妆股份有限公司成功在新三板挂牌上市。这标志着谢馥春已经一扫往日阴霾,重新大步前行。

谢馥春挂牌新三板,不但增加了知名度,还展现出财务与公司治理上的优质形象,也为未来打开融资渠道创造了良好的条件。在保持对新产品研发和对经典产品革新的同时,这家百年老字号,在新时代里通过资本新方式焕发新生机,顺着时代潮流稳步向前。

作为中国第一家化妆品企业,谢馥春老字号还紧跟潮流,借助直播等创新营销形式,让妆容一新的"娘娘"与年轻用户畅聊,推介新品,拉近与年轻用户的距离。

2020 年 6 月,谢馥春拓展线上渠道,出资 255 万元成立美妆电商公司。同年 8 月,携手《诛仙》手游,推出三款联名定制彩妆,以游戏中角色碧瑶、陆雪琪为创作灵感,将传统扇形作为设计元素,打造"仙界同款"妆容,此举深得消费者好评。谢馥春正在探寻一条属于自己的"互联网＋"道路,将传统手工艺与互联网文娱相结合,如今已经取得了良好的效果。

如今,恰如谢宏业为谢馥春命名时所愿,它在历经炎炎酷暑、瑟瑟秋风、凛凛寒冬的四季更迭后,周而复始,谢而复春,继续散发自己的芬芳。

三、问题思考

(1) 除了技术和情怀,还有哪些我们常常忽视,却又着实重要的东西?

(2) 老字号品牌在未来发展道路中应注意些什么?

四、分析点评

除了技术和情怀,我们还应该关注赋予产品本身的意义和品牌的价值。

(一) 实现意义共有

店铺体现着很强的个人色彩。有些店铺以引导消费者为主,自信地认为他们可以引导、教育消费者,使其接受店铺的风格。有些店铺以猜测消费者为主,根据自己对商业街顾客需求的猜测来组织备货。在以服务为核心的市场营销逻辑下,零售商在接近顾客真实需求的过程中,无论是以引导消费者为主,还是以猜测顾客为主,都只能为消费者提供价值建议,并通过零售店的备货具体地展现出来,最终的价值实现还是要通过消费者才能完成。在这个意义上,零售商与消费者是价值的共同创造者。

(二) 品牌色彩显著度

品牌名、标识、符号、标语、徽章等可视品牌元素在消费者视觉系统中激起的反应强度称品牌显著度。品牌显著度有利于消费者对某种品牌的快速识别。品牌色彩是品牌识别符号的重要组成部分,具有直接的视觉识别效应。随着色彩经济及色彩市场开发的日趋成熟,色彩的价值不断凸显,逐渐成为一种新的生产力。在服装领域,色彩作为服装中最为关键的构成要素,贯穿服装生产中的每个环节,与消费者产生情感共鸣,已成为服装品牌可持续发展的动力之一。市场调研数据表明在不增加成本的基础上,合适的色彩设计能提高产品 10%～25% 的附加价值。

(三) 在守正创新中谋未来

老字号要获得新发展,就不能孤芳自赏、拘泥于过往,而应在守正的基础上创新,重新赢得市场。但是,求变并不能舍本,老字号创新应当在保留核心技艺与品质的基础上,以消费者需求为导向,以现代科技为辅助手段,在产品、服务等方面为消费者提供更丰富优质的体验。开发文创产品是近年来比较热门的做法,通过将非遗手艺与百姓需求和现代元素相结合,运用现代工艺生产出价格更亲民、功能更实用、更贴合新一代消费者偏好和趋势的产品。有关部门也要因地制宜研究制定本地老字号发展新规划,积极营造老字号创新发展的良好环境,营造消费新生态,打造消费新高地。

商业模式并非直接复制粘贴就可以与企业自身发展相适应,企业一定要结合时代发展并与时俱进,在关注技术与情怀的同时,为顾客说好品牌故事,提升品牌传播力以吸引更多顾客,为企业的可持续健康发展打下坚实的基础。

第四节　课外思考案例

 案例1-7　为什么中国式营销不管用了?

一、背景资料

中国经济依靠数量增长已到极限,必须转入质量增长。一天喝几瓶水有极限,但水的质量增长无极限;一天吃几顿饭是固定的,但吃饭的价格增长无极限;吃方便面的数量在下降,不是经济危机吃不起方便面了,而是生活方式变化不愿吃方便面了。

二、基本案情

很多策划人都在为中国式营销唱赞歌,认为中国市场有其独到的地方,必须用中国式营销打天下才对。这种理解表面上看是对的,但其实存在几个严重的误区,甚至可以说我们提倡的中国式营销已经不再适用。

(一)"广告＋渠道"不再适用

中国式营销的第一个误区就是对营销的理解有偏差。我们不妨从企业界非常流行的"营销制胜,渠道为王"这个口号说起。这句话不符合逻辑,因为渠道是营销的一部分,而不是与营销并列的概念(就像水果与苹果一样)。很多人误以为营销就是做市场宣传,而市场宣传就是做广告,所以才会把营销和渠道并列来看。

就算是把营销与市场宣传画了等号,"营销制胜,渠道为王"这个概念也有其局限性,这个口号仅适用于做主流市场(即大众化市场)的大企业,对于做次主流和非主流市场(小众化市场)的中小企业来说,如果也按照这个原则去做,就会走进死胡同。

那么市场营销到底是什么?

从30多年前发达国家进入丰饶经济时代开始,整个社会进入了小众化消费时代,现代市场营销工作始终围绕着以下四个重点:市场细分是前提,产品创新是核心,战略设计是主线,战术监控是关键。

市场细分是前提。在小众化消费时代,如果没有进行市场细分,企业就不知道为哪部分人服务,产品就无法定位,只能是市场上什么畅销就去做什么,又回到大众化消费的老路上去了。

产品创新是核心。如果一个企业的产品没有任何创新,就靠抄袭模仿,那就没有给客户做出任何贡献,甚至可以说是无价值产品(大众化消费时代之前的短缺经济时代例外)。绝大多数中国企业在做新产品时,从来不做产品定义,市场营销就成了销售这个环节的附属产物,市场部成了给销售部"打杂"的后勤部队。

战略设计是主线。战略设计是为实现企业的总体目标服务的。一个企业没有清晰的市场营销战略,各部门就有可能各自为政,营销工作也会失去方向,企业的目标就停留在"想法"或"梦想"这个阶段,总也实现不了。

所以市场营销部门必须担负起企业战略设计的任务,负责牵头完成以营销战略为核心的企业战略设计,并通过大量的市场调研数据、翔实的竞争分析资料、深入细致的客户访谈来做出理性的判断,为公司战略设计奠定基础,从而避免决策层拍脑袋做决策。只有做到这个层次,市场营销部门在企业中的核心地位和战略价值才能体现出来。

战术监控是关键。再好的战略如果不能"落地"也是毫无意义的。必须把战略进行层层分解,使之成为可以操作的很多动作,比如"提交××""检查××""完成××"等。除此之外,每个动作还要有完成时间、责任人、考评标准和考评人等。

对照一下就会发现,大多数中国企业都不做市场细分,也没有几个企业把产品创新纳入市场营销的范畴,而战略设计更不是市场部的主要工作。我们所能看到的市场营销工作其实只是一个——战术执行(产品促销)。

这种初级的营销模式导致了这样一个必然的结果:中国市场上产品同质化极其严重,各品牌之间几乎没有差异化定位可言,大家只能靠广告和渠道去赢得竞争。

在温饱型消费者占据主导地位的大众化消费时代,这个问题并不突出,但是随着中产阶级占主导地位的小众化消费时代的到来,问题就开始出来了,因为大家用的招数是一样的,唯一的决胜办法就是拼"体力",即看谁能坚持到最后。

(二)永远被忽视的战略

中国式营销存在的第二个误区是重战术、轻战略,大家把精力都用在了"招"和"术"上,而忽视了对营销战略的掌控。战略的缺失是目前很多成功的中国企业都普遍存在、却没有觉察到的根本问题。

据说当年通用电气的杰克·韦尔奇来中国演讲时,台下的中国企业家听了他的演讲感到有点失望,好像没有取到真经,没有什么新意,就对杰克·韦尔奇说:"你所说的这些原则都是一些我们已经知道的常识而已!"

杰克·韦尔奇回答说:"你说得对,这些原则你们都知道,但是只有我做到了。"

战略探讨的是企业未来3～5年的发展问题,而不是今年和明年的生存问题;是从完整产品的角度去寻找差异化,而不是简单地去生产同质化的产品;是强调品牌的特色和个性,而不是强调产品的功能和价格;是通过低调的、悄悄的"落地工作"来寻找创新的源泉,而不是通过高调的、张扬的"舞台表演"来促销产品。

企业战略明确以后,需要花很长的时间来进行市场调研、新产品定义、新产品研发等工作,所以产品开发路线图要考虑未来2～3年的总体规划。

跨国公司在战略设计完成后再强调执行是有道理的,但对于基本上没有战略的中国企业来说,目前大谈执行还为时过早,因为制约国内企业发展的首要问题是战略设计,只不过此战略非彼战略,很多人对战略的理解有偏差,把想法和追求当成了战略,所以误以为自己的企业有战略。

(三)营销模式不合时宜

中国式营销的第三个误区是过分单一的营销模式,不管企业规模大小,不管企业所处的发展阶段,大家几乎是在用相同或类似的营销模式。

其实,广大的中小企业要比大企业早一步理解小众化时代的特征,及早进行了营销升级。一旦中小企业把目光从大众化市场转向小众化市场,能理解丰饶经济时代的特征,就很容易找到属于自己的蓝海,避开与大企业的正面冲突,能静下心来为一个规模较小的小众群体服务,进而建立自己的根据地,争取成为小市场上的龙头老大。

我们把企业的发展分成生存期、发展期和成熟期三个阶段。

在生存期,营销工作的重点就是让自己活下来,就是简单的销售工作和客户攻关。小企业没有市场基础,也没有成功的客户,很难赢得新客户的信任,所以要靠销售人员去说服客户,甚至靠各种关系来提高可信度。

等到企业有一定的业务量了,就要尽快进入稳定阶段,这个阶段的重点是探索和固化经营思路和模式,把成功的经验总结出来。目标客户是谁,他们为什么需要我们,我们在哪方面优于竞争对手,哪些销售方法是可行的,等等,使之成为可以复制的体系,让更多的销售人员萧规曹随,从而事半功倍。

到了发展期,企业初具规模,要想做大做强,就要超越自己,甚至否定自己,实现从偶然成功到必然成功的转化。这时候重点是战略规划,把企业未来 3~5 年的战略梳理出来,明确先做什么,后做什么,互相之间有什么逻辑关系。

进入成熟期之后,大企业病开始出现,企业效率下降,成本上升,扯皮推诿现象逐步严重,企业逐渐变成了"内向型"企业,对外部市场的变化越来越不敏感,对客户的需求越来越忽视,而对企业内部的政治变得越来越感兴趣,不求有功、但求无过。

这时候的重点就是激活企业的创新精神,让大家一致对外,把精力重新放在市场和客户上,并通过各种制度、流程和监督检查来协调各个部门之间的配合,通过知识管理来提高各个产品线、各个事业部、各个地区的协调能力,让大家分享成功经验,互相帮助,形成"帮别人就是帮自己"的企业文化,从而提高整个企业的组织智商,减少重复劳动。

(四)产品没有核心竞争力,一味迁就客户

中国式营销的第四个误区是把用户当成上帝来侍候,因为产品没有差异化价值,只能一味地迁就客户、乞求客户,这违背了利益平等交换的基本原则。

把用户当成上帝来侍候,这里其实存在两个问题:一是理念错误,二是无法操作。

在市场经济环境中,企业与用户是利益的平等交换,市场营销的目的是为客户创造价值,而不是把产品卖给客户。只要你的产品有独到的价值,能解决用户的问题,就无须求着客户,双方的地位就是平等的。

与其在陪吃陪喝陪玩上使劲,不如在产品创新上下功夫,这才是营销的根本。

但是如果你的产品没有独到的价值,或者说不清楚与同类产品的差异,就不得不求着客户,祈求客户的施舍,形成不平等的交易关系。

用户是伙伴。如果企业想再进一步,最多可以把用户当作恋人来对待,只要企业真心实意地为客户着想,去揣摩恋人没有说出来的需求,为客户创造实实在在的价值,客户必然会信赖你、喜欢你,并成为企业忠诚的伙伴。

三、问题思考

中国式营销的本质是弱势营销,"营销制胜,渠道为王"仅适用于做主流市场的大企业,对于立足小众化市场的中小企业来说该如何改革中国式营销?

四、分析点评

中小企业在进行营销活动策划时,应当准确分析市场实情,挑选出合适的目标市场,并针对市场条件制定出对应的营销策略及科学的营销规划。

(一)蓬勃兴起的互联网平台为中小企业创新商业模式提供了重要支撑

互联网时代企业竞争因素是产品个性化、品牌、质量、优质服务及用户体验等,这就使得中小企业必须进行商业模式创新,才能更好地满足市场及客户的需要。首先,互联网平台使中小企业接入互联网基础设施获取服务变得更加便利,中小企业创新商业模式的门槛大大降低;其次,互联网平台上集聚了数量庞大的企业和用户,可以让中小企业实现与用户的无缝对接,实现多方共赢;此外中小企业利用互联网平台可以更精准地掌握市场动向以便及时应对市场变化,凭借商业模式创新来实现企业可持续发展。

(二)中小企业组织结构简单,对市场变化的适应性强

中小企业由于组织结构简单,管理层次少,决策权比较集中,经营灵活,对市场的反应更加敏捷,能够及时对企业经营方向、产品结构、战略执行等方面做出调整或创新,因此更能适应互联网时代多姿多态、千变万化的消费需求。其次,中小企业一般人数较少,沟通和交流顺畅,思想更加活跃,创新意识强,这与很多大企业内部复杂的层级关系形成了鲜明的对比,因此中小企业进行商业模式创新更具有得天独厚的条件。

(三)中小企业具有贴近市场、靠近用户的优势

一般来说,与大企业相比,中小企业与用户的关系更为密切,在一定程度上,用户和中小企业可以直接进行信息沟通,用户可直接向企业提出自己的个性化需求,企业则可根据自身能力给用户提供定制服务。互联网的发展使中小企业更容易与自己的目标用户进行信息互动,从而给用户提供极致的体验,这使中小企业针对目标用户进行的营销更加集中和有效,在这方面中小企业比大企业拥有更多灵活性和竞争优势。

中小企业的发展与市场营销策略密切相关,只有制定出科学的营销策略,才能在当前激烈的市场竞争中求得发展。国内的中小企业必须了解自己的内在条件,同时结合外在环境的变化,仔细分析自身的优势和劣势,建立科学合理的营销管理系统,打造高质量的企业营销团队,制定切合实际的营销战略,不断提升自己的营销水平,促进企业经济效益稳步增长。

(高建华:《为什么"中国式营销"不管用了?》,《销售与市场(渠道版)》2017 年第 3 期;金焕民:《中国式营销到了重开新篇的关头》,《销售与市场(管理版)》2018 年第 11 期;卢芯宇:《中国小微企业市场营销管理的现状及对策》,《吉林省教育学院学报》2023 年第 39 期。)

案例 1-8　线上线下融合发展,智慧物流助力实体百货

一、背景资料

中国乃至全球零售业的变革正在发生。相较三年前一边倒的 O2O 论调,当下,人们开始更多地思考实体店的价值。与传统零售不同的是,新零售的发展是基于全新的移动技术的发展,以及用户行为模式的变化的。技术改变零售是一个大趋势。对商家而言,如何找到对的消费者,从而提高零售业态中的需求浓度颇有挑战性。线上线下融合不是线下简单复制线上,而是两者在消费的不同阶段扮演不同角色。

未来不存在 O2O,而是 OinO(Online integrated with Offline),即线上线下的协同融合。

二、基本案情

从传统渠道到网络渠道,从 O2O 到 O+O,从对立走向融合,这绝不是一系列概念的炒

作,而是零售业发展从量变到质变的过程。新零售概念是零售业态里新的共识,马云提出的新零售并不是一个完善的理论,更进一步如何走,还需要探讨。但每一次零售终端的变化不仅对零售业本身,对整个商业体系都影响巨大。新零售相当于一个篮子,马云往里装东西,将来别人也会装东西,它正在发生,将来也会有修正和遗漏,对于零售业是一种再出发。

零售组织像生物一样,有它自己的生命周期。新零售和传统零售最显著的不同,就是大数据的应用和线上线下的融合。这次再出发的航班,走在最前面的依然将会是电商。正是这些电商首先意识到仅依靠线上发展会有短板,同时,他们又拥有长期积累的大数据,掌握着战略客户群体(年轻消费者),并且带有求新求变的基因。因此新零售对一些传统零售来说将会是一场恶战,如果在电商转型中没有保持优势,在新零售中又会落后。

(一)实体零售困境

中国连锁经营协会秘书长彭建真认为,宜家等实体门店的困境代表了绝大多数中国线下实体门店面临的尴尬局面,那就是如果消费者生活方式的变化无法逆转,门店客流下降的趋势就难以止住。分析中国线下实体门店受到的影响因素,彭建真认为主要有两个方面。

其一,是消费者习惯的变化,即购物在往线上迁移;其二,部分直播平台和线上拼购平台长期采取低价吸引流量策略,对零售行业健康发展的生态造成了影响。

受上述因素的影响,近两年来,线下各个业态零售企业经营状况表现低迷。

根据门店公告和媒体报道的不完全统计,仅 2022 年开年以来,宣布关店的零售企业覆盖了近 8 个业态,其中商超类关店品牌有 10 个、百货类 5 个、餐饮类 4 个、美妆类 3 个、服装类 2 个、家居类 1 个、影院类 2 个、奢侈品类 1 个。关店数量从 1 家到上千家不等,有的甚至直接宣布破产倒闭。分析关店原因发现,大致围绕在"业绩不佳、经营不善""资金链断裂""品牌战略调整""线下往线上转型"等几个方面。

除了关店,百联咨询创始人、零售电商行业专家庄帅表示,疫情对实体零售的影响还在于刺激了很多新品类商品的出现。实体连锁企业放慢了开店步伐,甚至关闭了一些亏损的店铺,但是增加了一些其他品类的商品,例如,海底捞自热火锅和预制菜、茶饮企业出现瓶装饮料等。另外,包括按摩仪、扫地机器人、空气净化器等都可以看成一种新增长。值得注意的是,这些新类型商品的出现,也对线下企业提出了更多新要求,比如相关技术能力、搭建供应链水平、全渠道布局能力等。

(二)线下优势再挖掘

零售业态下,不同渠道触达的客户群体不同,比如白酒、奢侈品的销售策略往往是线上销售以低价位产品为主,线下提供优质服务。"然而,无论是以线上的低价还是线下的服务,每一种渠道都只能部分满足顾客需求,今后零售商与客户的联系方式不能只有一种,应该线上线下同时满足。"清华经管学院市场营销系副教授郑毓煌表示。

曾经在与电商的价格战中丧失优势的传统零售,在新零售中迎来了"第二春":在消费升级的背景下,消费者对价格的敏感度降低,转而更加关注产品价值、服务,因此线下店的角色发生了改变,不单是产生利润的终端,还是打造品牌形象,增强客户体验的终端。

线下店如何吸引消费者?快时尚 ZARA 或许能给我们一些启示:当规模优势不可追求时,转而追求个性化,通过准确的产品定位,利用大数据进行定制,不仅自身得到高利润,客户也得到高价值,通过短周期内不断推出新品,调动人喜新厌旧的情绪,消费者光顾店面的频率也就变高,黏性也就增强。

在新零售时代,场景化成为行业核心竞争力之一。消费者买的不是简单的产品,而是价值。比如宜家打出"售卖的不是家居,而是生活方式"的口号,通过创造一个个家庭场景来体现产品的价值;又比如中国消费者本来没有嚼口香糖的习惯,绿箭、益达等品牌通过宣传"嚼口香糖可以清新口气,防止蛀牙,使你更受欢迎"对消费者进行潜移默化的教育,让产品的价值能更好地被消费者理解、接受。

曾经,线下店用会员卡的模式来获取消费者信息,但这些数据往往沦为"鸡肋":会员年龄大、多为单次购买、客户没有被激活、使用的比率不高……怎样把消费者偏好转化成数据,将每天进店人数、购买人数、购买金额、男女老幼的比例等这种日复一日、年复一年的庞大数据做好管理,并从中提取相对应的信息是数据应用的基本。而随着智能化购物设备的普及,新零售时代的店铺已融入更多科技元素,已逐步实现门店数字化与智能化改造。

但得到数据只是第一步。"数据本身没有价值,重要的是如何很好地去利用它。很多互联网企业不知道如何应用,而亚马逊早已经利用先进的分析技术进行交叉销售和及时推荐,这对人才提出了更高的要求。"郑毓煌说。

(三) 从大卖场到百花齐放

2016 年大卖场的倒闭速度触目惊心,更多的传统零售开始摒弃大卖场模式,无论是转向高端超市、社区便利店还是大型会员店,都是一种好的转型方式。"零售的目标群体应该分类,不单是规模变小,而且是趋于高端。曾经消费者青睐的沃尔玛是物美价廉的一站式购物,但进行客户细分时,发现高端群体应该有一个属于自己的超市,这就涌现了好市多、山姆会员店和华润万家旗下的高端超市,就是为了迎合这种不单追求低价格,并且要高价值的需求。"张磊楠表示。

如今高效率的物流压缩了等待的时间,但永远无法得到完美的解决,这给深入社区的便利店提供了机会。"便利品的特征是高密度的分销,便利是第一要义,因此便利店需要有很强的选品能力,SKU 控制得很少,但又保持较高的利润。所以,无论从产品特征还是消费者习惯的转变,做到经营业态的多元化,甚至定制,和社区融为一体,还可以与消费者建立情感联系并产生互动,这种增值服务是大超市不具备的。"张磊楠说。

这种广义的社区可以是居民区,可以是 CBD,也可以体现在线上。越来越多的新产品涌现出来,消费者在没有使用经验的情况下,更倾向于倾听舆论领袖的评论和信息分享,最后作出判断。零售更多的是针对选购品,是个复杂的购买行为,因此在新零售业态下,线上虚拟社区交互对群体的影响特别大,母婴、美妆等细分领域都是新的机会。

(四) 新融合:从 O2O 到 O+O

沃顿商学院市场营销学教授大卫·贝尔提出,线上线下的融合不是 O2O,而是 O+O。这种融合的核心是线上线下再加智能物流。不管哪样的企业未来都必然走向这样的趋势——线上不落地不行,线下没有互联网工具也不行,没有高效快速的物流体系,没有时效成本也是不行的。目前真正能够把线上线下零售完美结合的企业少之又少,相反二者还经常被摆到对立面上。在电商时代,有些传统零售企业对电商态度十分敷衍,有的线上款式少,有的只是用来甩货,所以线上线下融合都不成功,客户没有从线上得到更多价值。

线上购物的便利,使得越来越多的消费者习惯于线下试、线上买,线下吸引顾客的就不单是产品,还是好的业务组合,这就需要传统零售去分析消费者有哪些不可或缺的需求和现有业务可以进行交叉销售、横向合作。比如中石油和麦当劳总是开在一起,因为他们服务共同的客户群体,电影院、购物中心和美食广场结合在一起,给人提供一站式的高品质的生活服务。

线下做体验店,线上做平台。在这方面,海尔等家电行业已经做得比较成熟了。手机行业也正在向新零售进军,原本只在互联网渠道销售的小米等开始疯狂布局线下,线上线下逐步打通,基本做到了线上线下同质同价。

正如马云之前所说,"纯电商时代很快会结束,未来的十年、二十年将没有电子商务这一说法,只有新零售这一说法。线下的企业必须走到线上去,线上的企业必须走到线下来,线上线下加上现代物流合在一起,才能真正创造出新的零售形态"。零售业发生的变化不是一蹴而就的,一些先行者已经在实践中去摸索更适应未来的零售形态。这其中的得与失都能给从业者以启示。

三、问题思考

随着新零售概念的提出,线下店重新成为商家必争之地,百货业或迎来寒冬后的回暖,百货业该如何创新转型?

四、分析点评

前几年,百货行业貌似已进入寒冰期,有大量承载一代人记忆的百货商店接连闭店后退市,让不少人感叹"百货时代结束了",只能无奈唏嘘。然而,衰落的背后也蕴藏着转型和机会,有人退市也有人在坚持创新。风暴下的百货行业,从未停止过尝试转型、创新的脚步。

(一)积极推进线上线下融合,实现全渠道发展

当前,百货业"线上+线下+移动App"融合发展已成为实体零售业转型的重要方面,全渠道发展不仅能够减弱网络零售的冲击,也能增加实体店消费者对百货企业的忠诚度,更满足了网购人群移动端购物的需求和趋势。我国百货业布局线上可从以下两个方面进行:一是自建网上商城。实现百货企业自我管理、自我营销,有利于增加品牌影响力,但需要耗费大量的人力、物力和财力;二是入驻第三方电商平台。一方面可以降低渠道的建设成本,另一方面可借助平台的市场影响力增加流量,但在一定程度上会受到网络零售的约束,也会逐渐依赖第三方平台,从而降低了品牌影响力。

线下门店仍然是百货业最主要、最基础的销售渠道,实体门店实现了与消费者面对面的接触,方便为客户营造良好购物环境,提供人性化的服务,以提高消费者的购物体验感。我国实体百货店完善线下实体店,既要注重店面环境的设计,注重员工服务素质的提升,也要引入新技术。

(二)打造智慧物流体系,提高配送效率

实体百货店可以根据自身经营情况选择两种方式:一是自建智慧物流体系,即百货企业根据信息化的供应链,自设仓库,使用诸如智能机器人分拣、无人机配送等技术提高配送效率。这样可以增加对商品配送的掌握能力,且不受第三方物流配送时间和空间上的限制,但需要有较强大的资金实力;二是选择第三方智慧物流公司合作,这种不需要花费高额的成本自建物流体系,节省了大量的人力、物力、财力,但受第三方物流的限制较多。

(三)推进新技术的运用,提升消费者的服务体验

消费持续升级的背景下,新时代消费者更加追求全方位购物体验,这就促使实体百货店运用科技创造全新的购物体验。智能机器人、增强现实(AR)、虚拟现实(VR)等新科技的使

用,不仅为实体百货店节省了人力成本,还增强了与消费者之间的互动,在提高消费者购物体验的基础上促进了消费,成为实体百货店提高自身竞争力的重要手段。新技术的运用可从以下几方面入手:一是增加虚拟试衣镜的使用,既提高效率,也能够增加消费者好奇心理,刺激消费;二是开发智能穿搭机器,消费者可在机器上浏览店内商品的不同搭配,同时辅以穿搭性格、场合等消费者关注的焦点,从而增加捆绑销售;三是引进智能机器人,既可以当店员服务顾客,也能够用于结算,高效工作的同时节省人工成本。

行业境遇正在倒逼着企业转型,其中的一些机会和创新可以让商业起死回生,但如果不懂得正确把握机会,同样会失败。各种商业模式都是有生命周期、时效性的,如果创新之后一成不变,成果最终也会被人拿走,只有时刻保持对于新鲜、时尚、消费、人群等变化的敏感度,才能在常变常新中长久生存下去。

(亢樱青:《解码新零售:一场走向融合的"革命"》,《商学院》2017年第1期;李庆:《网络零售对我国百货业转型发展的影响及对策》,《商业经济研究》2020年第1期;哀佳、石丹:《实体门店,如何重塑线下体验?》,《商学院》2022年第7期。)

案例1-9　如何取悦年轻人市场?　这家小酒馆这样做营销!

一、背景资料

年轻消费群体已经崛起,"90后"已经逐渐成为消费市场的主力,他们将影响中国未来10年甚至更长远的消费市场。被Z时代钟爱的小酒馆在近年来发展迅速,特别是被年轻人喝到上市的平价小酒馆海伦司,它是如何野蛮成长的呢?

二、基本案情

截至2022年1月底,海伦司在北京、上海、广州、深圳、武汉、成都等155个城市已有直营门店772家,公司计划在2022年完成1 000家直营门店的"小目标"。海伦司小酒馆的店面数以千为单位计算,颠覆了我们对行业的原有认知,也远远拉开了其与竞争者如苏荷酒吧、贰麻酒馆等品牌的距离。

一个有趣的对比是,同样是以售卖饮料为主营业务,在某些城市海伦司店面数已和大名鼎鼎的星巴克比肩。2021年11月底海伦司在武汉和长沙分别有82家和54家店面,星巴克在这两个城市的店面数是90家和57家。

海伦司在新消费浪潮下不断成长,并于2021年9月10日在香港交易所挂牌上市。总结其原因,一方面在于精准挖掘长期被忽视的消费群体,并设计与之匹配的场景、格调及运营模式,形成了强大的吸引力;另一方面,以运营模式为支撑的低价但高毛利率特点,为其盈利和扩张提供了保障。

酒吧的消费者是怎样的一批人? 长期以来,酒吧经营者、大众或许都形成了刻板印象——年轻人,时髦甚至有点不安分,家庭富足或自己有较高收入。在这样的认知下,酒吧被定位为少数人的高端消费场所。

传统酒吧定位于年轻人,但又忽略了最重要的两个年轻人群体——大学生和收入普通的初入职场者。所谓定位,本质上就是产品、服务、价格与用户需求、消费的匹配。选择比努力更重要,在酒吧行业整体追求高定价高毛利时,海伦司抓住低价的市场空白,打造面向大学生和初入职场者的线下社交平台,形成全新的细分市场。

海伦司的核心魅力就是年轻人可以用较低的价格获得一个充满氛围感的社交空间。课后或下班后的小酌,节假日与朋友相聚共饮,已是当代年轻人的日常画像。小酒馆既是一个喝酒的场所,也是一个由头、一个媒介、一个社交符号,约人去海伦司不只是为了喝酒,更是聊天聚会,在一个休闲场所进行沟通交流。作为大学生或刚进入职场的人,图书馆、教室、公司是严肃场合,大排档、传统酒吧环境又过于嘈杂,一个消费平价且非正式的消遣场景恰好满足年轻人的需求。

海伦司招股书中显示,酒馆行业的收入规模在 2019 年已超 1 000 亿元。这一数据说明主打低度酒、定位半熟人社交的酒馆,在夜间经济政策的助推下,已打开其需求端增长空间。比如在长沙著名的解放西路酒吧一条街,传统酒吧人均消费 200 元左右,以高利润来维持生存,开台费和高消费已众所周知,收入有限的年轻人多不会踏足,而人均消费 50 元左右的海伦司为普通年轻人提供了新选择。

海伦司在 2019 年陆续推出果啤和奶啤,一方面迎合年轻女性对低度酒的需求;另一方面,在包装与酒品的颜色上下功夫,以低度数、高颜值吸引年轻人尝试。

高颜值产生的溢价效应不仅能让年轻人驻足,颜值经济的兴起为品牌带来更多可能。海伦司在店面设计上有自己的风格,主打东南亚异域风情、欧洲花园风、欧洲爱丁堡三类,木质桌椅与红黄等暖色调灯光,与消费者日常环境不同的风格可以带来新奇感,同时风格的统一化也利于视觉的传播和推广。消费者进酒吧与进奶茶店、咖啡店的心理期望不同,后者可能是为了打卡或食物本身,而前者更多的是和朋友相聚,因此社交场景氛围感的营造非常重要,个性化的装修风格和标准流程、稳定的产品品质都是加分项。

年轻人对自由的社交空间的诉求,可以在海伦司被满足。进入海伦司,随着夜深,人越来越多,店内音乐系统的传感器实时反馈到氛围控制中心,随即自动调节店内的背景音乐音量大小,以达到遮盖邻桌交谈声量,同时不影响同桌好友聊天的效果。其背后是海伦司的可视化智能音乐管理系统,这套系统能够实时控制全国范围内任一门店的背景音乐,在统一曲库中标注曲目的情绪标签,在不同节点或时间播放,以数字化的技术加持线下店面的发展。

三、问题思考

更好地取悦年轻人,就能更好地赢得市场。品牌如何取悦年轻人,不被抛弃?

四、分析点评

企业不能使用同一种营销方式,试图将三代人一网打尽,而应认真考虑和分析,三代人之间的微妙差异。

(一)策略 1:要让他们激动

用感动来博取年轻人的好感是不可行的了,应该要让他们激动。将人物个性作为元素融入营销。将顾客按不同的个性分类,将不同特色的产品与顾客进行匹配,向不同个性的顾客推出不同特色的产品。以愉悦年轻人为核心的经济理念已经被大多数年轻消费者认同、共情,所以无论是实体商品还是虚拟体验,无论是线上还是线下,只要能在其中得到情绪放松、心情愉悦,他们都是愿意尝试并为其买单的。

（二）策略 2：要互动多功能

当代年轻人并不只满足于当观众,有效的互动比起广告会更有说服力。例如设计线上照片分享的活动,让网友上传自己富有创意的照片,获得了极大的成功。以当代年轻人经常提到的"Emo"一词为例,当下这个时代焦虑、PUA、内卷围绕在打工人的周围,会在极大程度上增加年轻人的心理压力,特别是疫情后时代尤为明显,从而出现了"反 Emo""反内卷""反 PUA"营销方式,通过反讽的形式,达到一个正向的鼓励作用,跟消费者迅速建立联系和共情。

（三）策略 3：吸引年轻消费者

设计一款产品,其店内所提供的商品与道具,都是该公司旗下的品牌,让其他品牌完全无机可乘。正所谓物以稀为贵,限量版永远是大家争破头都想要的。在年轻消费者的消费理念中,追求独一无二的产品不仅是对生活品质的一种追求,也是对生活仪式感的展示。在追求品牌的同时,年轻人对价格也额外敏感,因此不少企业以大量折扣的营销手法吸引年轻消费者。

如果企业还是想要用狂轰滥炸的广告来打动年轻人,那将注定以失败收场。企业应深入了解他们,制定一套完善的沟通机制和定价策略,从而抓住年轻人群体的商机,更好地取悦年轻人,才能更好地赢得市场。

（崔德乾:《Z 世代的新消费场景红利》,《销售与市场(管理版)》2022 年第 4 期;孙丰国、彭锦函.海伦司:《颠覆认知与野蛮成长》,《销售与市场(管理版)》2022 年第 5 期。）

第二章 市场营销分析

本章导读

市场营销分析主要包括市场营销环境分析、消费者市场及其购买行为分析、组织市场及其购买行为分析和市场营销调研与预测。这些都是企业开展市场营销活动的重要基础工作,是企业营销活动最基本的前提和出发点。

- 我国互联网消费信贷产品处在不断丰富与多元化的阶段,互联网公司利用场景优势和对线上客户的触达优势,在消费信贷产品创新上做出不少有益的努力和探索。京东通过互联网建立自身的支付系统,简化了办理金融业务的流程。阿里推出的"蚂蚁花呗"在线授予一定的消费额度,让消费者享受先消费后还款的便捷。

- 在全民大热的北京 2022 年冬奥会和冬残奥会上,陪伴中国运动员 275 次登上领奖台的安踏,为多达 22 支国家队打造奥运会比赛装备,全面助奥将其产品及品牌再次"打响"。一时间,"满屏"皆安踏。全民"体育热"持续发酵下,安踏作为体育领域的潜力"国品一哥"或在 2022 年迎来高光时刻。面对外界的关注和市场竞争,安踏接下来又将面临哪些挑战?

- 四年一度的世界杯作为一个全球性事件,吸引到数以亿计的消费者关注,不少品牌早就嗅到了商机。它们或赞助赛事,抢占消费者心智;或全渠道借势营销,吸引世界杯流量;或借助事件营销,为企业带来四两拨千斤的效果。在本届卡塔尔世界杯中,14 家顶级赞助商中便有 4 席来自中国,分别为万达、海信、蒙牛和 vivo。除了直接纳入世界杯赞助体系外,品牌们围绕夺冠热门球队和知名球星的营销动作则早已展开。世界杯比赛精彩纷呈,反转事件迭出,而借助世界杯这个大 IP 做营销的品牌们,又有什么样的出彩表现呢?

学习目标

(1)正确认识并深刻把握百年未有之大变局下营销环境的复杂性,提升拥抱机遇、应对挑战的能力。

(2)辩证看待国内外政治形势的深刻变化,将人类命运共同体理念根植心中,明确中国企业的社会责任,合理布局参与国内国际两个市场。

（3）树立法治意识，熟悉营销的相关政策、法律、法规等，自觉践行社会主义核心价值观，培植诚信、公正、德法兼修的职业素养。

第一节 理论教学要点

一、市场营销环境分析

（一）市场营销环境分析的意义
市场营销环境分析的意义是趋利避害。

（二）微观市场营销环境分析
微观环境包括企业内部其他部门、市场营销渠道企业（供应商、中间商、代理商等）、市场（消费者市场、生产者市场、中间商市场、政府市场、国际市场）、竞争者（一般竞争者、产品形式竞争者、品牌竞争者）、公众（金融公众、媒体公众、政府公众、市民行动公众、地方公众、一般群众和企业内部公众）。

（三）宏观市场营销环境分析
宏观环境包括人口环境、经济环境、自然环境、政治法律环境、科学技术环境、社会文化环境。

二、消费者市场及其购买行为分析

（一）影响消费者购买行为的因素
影响消费者购买行为的因素主要有文化因素、社会因素、个人因素和心理因素等。

（二）消费者购买决策过程
消费者购买决策过程由以下几个步骤组成：引起需要、寻找信息、评价方案、决定购买、购后行为。

三、组织市场及其购买行为分析

（一）组织市场的构成
组织市场由产业市场（生产者市场）、中间商市场和政府市场构成。

（二）生产者市场分析
（1）影响生产者购买决策的主要因素：环境因素、组织因素、人际因素、个人因素。
（2）生产者购买决策过程：认识需要、确定需要、说明需要、物色供应商、征求建议、选择供应商、签订合约、绩效评价。

（三）中间商市场分析
（1）中间商的购买类型：购买全新品种、选择最佳卖主、寻求更佳条件。
（2）中间商的主要购买决策：包括配货决策、供应商组合决策和供货条件决策。其中配货决策是最基本最重要的购买决策。

（四）政府市场分析
（1）政府市场采购原则：公开、公平、公正，勤俭节约，计划。

（2）政府采购方式：招标、竞争性谈判、邀请报价、采购卡、单一来源采购等。

四、市场营销调研与预测

（一）市场营销调研

（1）市场营销调研的类型：探测性调研、描述性调研、因果关系调研。

（2）市场营销调研的内容：产品调研、顾客调研、销售调研、促销调研。

（3）市场营销调研的步骤：确定问题与调研目标、制订调研计划、搜集信息、分析信息、提出结论。

（4）市场营销调研的方法：确定调查对象的方法包括普查和典型调查、抽样调查；搜集资料的方法包括固定样本连续调查、观察调查、实验法、询问调查。

（二）市场需求预测

（1）估计目前市场需求：总市场潜量、地区市场潜量、行业销售额和市场占有率。

（2）市场需求预测方法：购买者意向调查法、销售人员综合意见法、专家意见法、市场试验法、时间序列分析法、直线趋势法、统计需求分析法。

第二节　教学引导案例

 案例 2 – 1　兴起的消费信贷

一、背景资料

我国互联网规模越来越大，在互联网金融快速发展的过程中，大学生使用互联网信贷工具进行消费的人数逐年增加，不规范的大学生消费信贷操作所引发的校园贷等相关事件成为人们关注的焦点。

二、基本案情

2023 年春节后首个工作日召开的国务院常务会议要求合理增加消费信贷，释放出促进经济稳步回升的积极信号。在这之前，政府部门也多次提及推动降低个人消费信贷成本等多项举措。在扩内需、稳经济的政策指导下，金融机构纷纷加码消费信贷。一方面，传统金融机构如银行等已经加大了消费信贷投放力度，通过利率优惠券、抽奖等活动抢占"开门红"市场。另一方面，互联网巨头也在积极准备，京东小贷和腾讯旗下的财付通小贷纷纷完成增资。

面临激烈的市场竞争，消费金融公司作为聚焦个人消费信贷的持牌机构，该如何应对？

光大科技创新总监、中国社科院研究员王硕对《中国经营报》记者表示，消费金融公司应不断创新产品和服务，吸引客户，提升市场竞争力。同时，针对不同的客户群体，消费金融公司应提供个性化的解决方案，扩大客户群体。此外，消费金融公司还应与其他有实力的公司开展合作，共同扩大市场份额。

（一）促消费举措频出

此前，政府部门多次提及金融机构促消费的举措。2022 年 7 月 21 日的国务院常务会议支持金融机构对受疫情影响的个人消费贷款采取更灵活的安排。2022 年 8 月 18 日国务院常务会议要求,发挥贷款市场报价利率指导作用,支持信贷有效需求回升,推动降低企业综合融资成本和个人消费信贷成本。

从数据表现来看,个人消费信贷仍有刺激空间。据中国人民银行统计,2022 年全年人民币贷款增加 21.31 万亿元,同比增长 1.36 万亿元。住户贷款增加 3.83 万亿元,其中,短期贷款增加 1.08 万亿元,相较 2021 年全年的 1.84 万亿元低 0.76 万亿元。

王硕表示,利率下调对整个消费信贷行业具有明显的促进作用。随着利率下行,有助于客户降低成本,扩大客群,进而带动消费信贷规模的持续增长,对经济增长和业务发展均具有良好的推动作用。

在冰鉴科技研究院高级研究员王诗强看来,利率下调有利于降低消费者借贷利息费用成本,刺激更多消费者分期消费,特别是对利率敏感的中产阶层。此外,利率下调会刺激消费者通过分期付款的方式购买品质更好的汽车、家电等耐用消费品。

利率下调的同时,银行、消费金融公司不良资产处置的渠道也得以拓宽。

2023 年初,第二批不良贷款转让试点工作开启,在原试点机构范围的基础上,新增了政策性银行、部分城农商行、消费金融公司等。

在业内人士看来,这拓宽了中小银行和消费金融公司等金融机构处置不良资产的渠道,有助其优化资产负债表,释放信贷空间,更好支持实体经济。

政策利好的刺激之下,不少银行、互联网巨头旗下小贷公司加紧对消费信贷领域的布局。其中,中国银行、农业银行、工商银行、建设银行四家国有大行的消费贷产品利率均已低至 4% 以下。

此外,京东小贷完成了增资,注册资本从 50 亿元增至 55 亿元,增幅达 10%。腾讯旗下的财付通小贷也进行了小幅度增资,由 100 亿元增至 105.26 亿元。

有分析指出,互联网小贷密集增资透露出短期内互联网公司仍然看好小贷业务,在京东、腾讯率先小规模增资后,未来可能会有其他互联网公司跟上步伐。

(二)合作共赢成发展趋势

消费金融市场竞争激烈,特别是银行积极布局消费金融业务,对消费金融公司而言更是直面竞争。

王诗强指出,消费金融公司无法吸收存款,只能通过发债、银行贷款、股东借款等方式从金融机构处获得资金支持。相比银行等传统金融机构,其资金成本较高,贷款利率较高。因此,银行的积极布局对消费金融公司客群将产生一定影响,使得后者倾向于服务下沉客户。而互联网巨头旗下的小贷公司由于拥有强大的流量支持,对消费金融公司也会带来一定的挑战。

不过,银行积极布局消费金融公司也增加了其与消费金融公司合作的机会。王诗强指出,特别是中小银行,更愿意与消费金融公司合作,开展联合贷业务,或者为消费金融公司提供资金支持。综合来看,银行的积极布局对持牌消费金融公司是一把双刃剑。同理,互联网巨头积极布局消费信贷业务,对于消费金融公司的影响也很多元。

面对银行、互联网巨头的竞争,消费金融公司应该如何行至下一阶段?王诗强指出,消费金融公司可以积极与两者合作,比如引进银行、互联网巨头作为战略股东,签订战略联盟协议等,寻求更大的发展空间。

此前,成都银行发布公告显示,四川锦程消费金融有限责任公司拟启动第二轮增资扩股工作,引入新投资者。湖北消费金融股份有限公司也曾引入玖富(JFU)作为新的战略投资者。

王硕指出,未来整个行业将在规范运营的前提下,呈现差异化、精细化的新发展趋势。一是金融系消费金融公司加快入场。二是专注细分领域的消费公司业绩将更加突出,如平安汽车消费金融,专注于围绕汽车生态开展布局,成效显著。三是科技赋能消费金融公司成为新趋势。一方面,消费金融将高度依赖科技开展获客、风控等;另一方面,如马上消金等也开始将风控、认证等科学技术对行业输出,未来科技型消费金融公司将大有可为。

"展望未来,在消费金融增长强劲的势头下,市场的竞争也将日趋激烈,具有以下优势的消费金融机构将更容易脱颖而出。"王硕指出,一是在场景流量方面的优势,有客户或者有场景,如电商系的消费金融平台。二是在风控能力方面的优势,消费金融核心在于风控,谁能够更好运用信息技术识别风险,谁就更有优势。三是资金成本的优势。随着利率上限的设定,谁的资金成本更低,谁将取得更大的竞争优势。

王硕表示,面对新的市场环境,消费金融公司应积极开展差异化竞争。一是围绕客群的特点,发挥其灵活运作模式,积极与场景方对接,带动场景消费信贷业务发展。二是通过构建差异化风控和定价策略,锚定长尾客群。三是积极与银行等金融机构合作,发挥其在引流、风控等方面的优势,形成合力。

(三)消费信贷仍有文章可做

2023年春节假期,全国消费市场活力足、暖意浓,各地线下消费加快恢复,线上消费保持旺盛势头。在消费市场迎来新年"开门红"后,春节消费继续释放长尾效应,文旅消费行业抓住元宵节契机,再掀消费热潮。

节日经济红火是消费市场强劲恢复的生动缩影。2022年12月召开的中央经济工作会议将"着力扩大国内需求"作为2023年重点工作任务,提出要把恢复和扩大消费摆在优先位置。当前,各项相关工作正在加紧推进,业界亦在建言献策。

谈及如何合理增加消费信贷,经济学家庞溟认为,应当明确和加力扶持文旅、出行、住宿、餐饮等消费场景逐步复苏的行业和新能源汽车、绿色家电等国家政策侧重的领域。

与此同时,消费金融机构也需做好调整从而把握机遇。对此,庞溟建议,一方面,金融机构应持续加大对消费行业重点领域与薄弱环节的支持力度,继续支持实体经济和企业纾困,特别是对消费行业小微企业、个体工商户的帮扶;应通过发挥存款利率市场化调整机制重要作用和释放贷款市场报价利率改革效能,进一步推动实体经济综合融资成本、企业贷款成本、个人消费信贷成本稳中有降,呵护居民部门信贷需求和广大人民群众的合理金融需求。另一方面,应进一步加快消费贷款投放,优化信贷结构,推动信贷总量增长,务求实效、毕尽全功,确保金融服务的普惠性、可得性,坚持以市场主体需求为导向。

三、问题思考

随着互联网金融的快速发展,移动支付因其快速且便捷的特点日益为人们所熟知,且在日常生活中被广泛使用。"蚂蚁花呗"以"这月买,下月还"等便利性受到了广大消费者,尤其是大学生消费者的喜爱。而目前大学生消费信贷中存在着诸多问题,例如大学生存在不良消费观念、高校缺少对校园借贷的监督、家庭缺少对理性消费的引导、消费信贷产品参差不齐、信贷平台缺乏严格监管……应如何对大学生信贷消费行为进行正确的引导?

四、分析点评

随着我国互联网金融行业的蓬勃发展,再加上大学生群体消费需求的增加,消费信贷会成为当代大学生的主流消费趋势。我们应当针对大学生信贷的特点和问题所在,对大学生信贷消费行为进行正确的引导。主要应该做好以下几点。

(一)大学生树立正确的消费观念

首先,大学生自身应该加强相关金融知识的学习,树立信用观念和诚信观念,合理消费并每月及时还款。其次,学会正确的理财方式,树立合理的消费观念。部分大学生存在过度消费倾向,且没能意识到目前消费信贷行为对于个人信用及生活的影响。大学生应该在每月生活费的基础上,合理控制花呗使用金额,逐渐减少过度消费,减少日常消费过程中对于花呗等信贷产品的依赖,理性认识到花呗对于个人生活产生的影响。最后,理性选择自己的消费信贷平台,树立风险防范意识。面对校园内的校园贷等行为,应该及时举报,保持清醒,抵制不良信贷消费行为。

(二)高校加大信贷风险普及力度

除金融专业的学生之外,学校也应该面向其他专业的学生开设有关消费信贷风险的课程,帮助学生了解基础信贷知识,并组织该科目的考试竞赛等,开设有关信贷消费的讲座,从而帮助大学生树立健康的消费观念,识别常见的信贷消费陷阱。针对学校内部出现的非法广告,学校应该及时阻止其传播,避免学生上当受骗。与此同时,学校也要开展相关诚信信贷的课程,建立个人诚信档案,减少大学生内部的不良信贷行为。

(三)家庭引导学生养成正确消费观

从家庭方面来看,家庭成员也要主动防范家庭信贷风险,倡导合理的消费观,避免养成盲目追风、攀比消费等错误的消费观念。与此同时,家长应该及时了解子女不同时期的消费心理和消费动态,对子女的日常消费和生活费使用情况进行了解,从而减少其不良消费信贷行为的倾向。

(四)社会加强监督规范信贷平台运行

(1)金融监管部门加强监督。

(2)金融法律制定机构完善相关法律法规。

(3)信贷平台建立严格贷款审核标准。

 案例 2-2　安踏,"国品一哥"在晋升路上

一、背景资料

安踏体育用品有限公司(以下简称安踏,02020.HK)正从晋江小厂向体育"国品一哥"的路上进发。面对外界的关注和市场竞争,安踏接下来又将面临哪些挑战?

二、基本案情

全民"体育热"持续发酵下,安踏作为体育领域的潜力"国品一哥"或在 2022 年迎来高光时刻。

2022 年,安踏以营收、净利润高速增长及更高的消费者认可度,继续保持领先优势。

2022 年 3 月 30 日,安踏发布的 2021 年年报显示,安踏在 2021 年实现总营收 493.3 亿元,同比增长 38.9％;实现股东应占溢利(包括分占合营公司亏损影响)77.2 亿元,同比增长 49.6％;经营溢利 109.9 亿元,同比增长 20.1％,其中,安踏分部收益 240.1 亿元,同比增长 52.5％;斐乐分部收益 218.2 亿元,同比增长 25.1％。

在全民大热的北京 2022 年冬奥会和冬残奥会上,陪伴中国运动员 275 次登上领奖台的安踏,为多达 22 支国家队打造奥运会比赛装备,全面助奥更是将其产品及品牌再次"打响"。一时间,"满屏"皆安踏。

(一) 2022 年的成绩单

安踏正在打破中国体育用品市场上耐克和阿迪达斯的"双雄"格局。

"将在 2022 年完成对耐克的超越。"体育"国品一哥"安踏在 2022 年伊始如此说道。可在国内外新冠疫情反复影响消费的情况下,安踏的底气在哪里?

安踏方面对《商学院》记者表示,集团"单聚焦、多品牌、全球化"的发展战略正确。自 2015 年安踏收入突破 100 亿元以来,集团用了 6 年时间将收入增长到 500 亿元。6 年来收入年复合增长率达到 28.17％,增速领先行业。到 2021 年安踏集团全年收入同比增长 38.9％,达到 493.3 亿元,连续 10 年位列中国体育用品企业收入第一。而李宁营收首破 200 亿元,特步国际营收首破 100 亿元。

在市场占有率方面,据欧睿信息咨询的统计数据,2021 年中国运动鞋服饰市场份额名列前茅的企业排名中,除了耐克中国稳居第一占比 25.2％,安踏集团则是同比上涨了 1 个百分点至 16.2％,位居第二,超越了占比 14.8％的阿迪达斯中国。而这一数据在 2020 年的排名则是耐克中国 25.6％、阿迪达斯中国 17.4％、安踏 15.4％和李宁 6.7％。

安踏交出的漂亮答卷从侧面显示了以安踏、李宁为代表的体育"国品"开始回归消费者业务,然而作为先来者,且在中国市场耕耘几十年的耐克和阿迪达斯等国际品牌的累积也不可忽视。咨研机构 Euromonitor 数据显示,从 2004 年开始,中国运动品牌市场的前两把交椅就被耐克和阿迪达斯两大国际品牌牢牢占据。国产运动品牌连续十七年难以打破耐克和阿迪达斯构筑的"双雄"地位。有网友提出,本土品牌安踏真的超越了在世界享誉已久的阿迪达斯了吗?

对此,香颂资本执行董事沈萌在接受记者采访时表示,安踏 2021 年的成绩斐然主要在于,其 2021 年通过东京奥运会的赞助营销,极大推动了自己的销售规模。2021 年的东京奥运会上,37 岁的老将吕小军漂亮地赢得了男子举重 81 公斤级冠军,而吕小军穿着的是安踏研发的单只重量达 1 千克的"吨位级"举重鞋,这双通体金黄色的举重鞋在吕小军夺金并打破奥运会纪录的当天迅速引爆舆论并被网友称为"黄金战靴"。这股热潮也迅速带动了安踏当年产品销售的一路狂奔。2021 年东京奥运会品牌营销榜数据显示,安踏营销排全行业第二,在运动品牌中则位列第一。

沈萌指出,在 2022 年,安踏得益于北京冬奥会的举办,极大刺激了品牌体育用品的消费。更多消费者选择安踏而非阿迪达斯,一方面是由'国潮'概念掀起的情绪化消费;另一方面是近年来的新冠疫情导致职业体育赛事规模缩减,不利于进行体育商业化营销,并且近年阿迪达斯自身在技术研发和创新上表现不足。安踏可以在中国超越阿迪达斯,甚至可以超过耐克,但这不意味着安踏就领先了阿迪达斯和耐克,毕竟在自己的主场,存在诸多场外非商业因素。这些因素有利于本土品牌的业绩,而不利于外国品牌的表现。

服装行业分析师马岗表示:"从营收方面看上去是消费者更喜欢安踏而不是阿迪达斯,但从市场占有率来说,安踏的业绩有相当一部分归属于直营销售的业绩,而阿迪达斯在中国的直营相对较少,因此也导致其市场占有率不算很高。"马岗指出,走直营零售这条路是安踏实现其千亿销售业绩目标的必经之路,同时要辅之不断收并购品牌的第二条路,两条路并举前行。

(二)从晋江小厂走向"国品一哥"

耐克、阿迪达斯两大运动品牌几乎占据了中国运动鞋服市场的半壁江山,如今以安踏为首的体育"国品"对国际品牌呈追赶之势。

安踏从当初晋江小厂成长为如今的体育"国品一哥",此前更有李宁(2331.HK)的珠玉在前,安踏是如何实现弯道超车的?

1987年,初中毕业的丁世忠拿着父亲赞助的1万元和600双自家的鞋子来到北京,在这里,丁世忠看到质量相差不大的鞋却因为品牌不同而价格相差数倍。或许是从那时起,丁世忠就在心里埋下了品牌意识的种子。

1991年,丁世忠带着卖鞋赚的20万元回到晋江成立了安踏,并说服了父亲和哥哥,以生产自己品牌的产品为主,代工为辅。彼时,正逢1990年李宁斥资250万元重金拿下北京亚运会火炬接力的独家赞助权,李宁牌运动衣,声势如火如荼。

前辈的成功经验让丁世忠的品牌意识种子生根发芽。1999年,丁世忠拿出80万元签下了中国奥运冠军孔令辉,并斥300万元在央视投放广告,迅速扩大了品牌影响力。2000年,孔令辉斩获悉尼奥运会冠军,而安踏的年销售额也从2000万元猛增至2亿元,突破亿元大关。

2001年,北京申奥成功及中国男足获得世界杯出线权等事件"撕开"了中国运动鞋服市场的一个口子,体育产品的消费需求飞快扩容。借此机遇,中国体育品牌纷纷"破壳而出"迅猛成长。2004年,主要布局中高端市场的李宁率先登陆港交所,而品牌定位下沉市场的安踏在2007年也紧随其后成功上市,接着特步(2008年,1368.HK)、361°(2009年,1361.HK)、匹克(2009年,已退市)先后登陆资本市场,迅速扩张。

然而,各品牌的过度扩张造成产品同质化严重,经营效率高低不同,同时也导致了市场需求供过于求,此番现象在北京奥运会结束后愈加凸显。欧睿数据显示,2008年,中国运动鞋服市场规模增速达32%,到2009年这一数据暴跌至11%,2012年和2013年,甚至出现了负增长。多米诺骨牌效应下,整个行业最严重的渠道库存危机,最终在2012年爆发。

不同的是,早在2010年,丁世忠就看到了大批发模式的问题并开始转型零售,通过带领高管走遍全国500座城市,进行零售落地、终端问题研究等,安踏在这一时期完成了从品牌批发商到品牌零售商的转型。马岗指出:"这让安踏在6个月的时间,使其绝大多数门店的库存恢复到健康水平,这使得当时国内体育用品行业的三年调整期间内,安踏的终端加盟商存活率超过80%。"同时,这一步也让安踏在市场份额上超过了前辈李宁。转型零售这步也是安踏2020年提出的DTC模式(绕开经销商,直接面向消费者的销售模式)的雏形,该模式在2021年对安踏的营收贡献极大。

2009年,安踏花费3.3亿元从百丽国际接过亏损的斐乐(FILA),开始从多品牌战略寻找新的增长点。

2011 年,安踏提出"回归时尚"并重塑了斐乐的品牌形象,进行本土化营销。从 2014 年,斐乐开始逆袭实现盈利并于 2016 年成为安踏的业绩引擎。安踏 2020 年财报显示,安踏集团总营收同比增长 4.7% 为 355 亿元,净利达 51.26 亿元,取得历史最佳绩。其中斐乐持续五年保持了双位数以上的正增长,俨然成为安踏的第二增长曲线。

安踏认为,从品牌来看,安踏与斐乐两大主力品牌收入均站上 200 亿元级别,形成两大增长引擎双轮驱动,放眼世界体育用品行业,目前同时拥有两个收入 30 亿美元以上品牌的企业,只有安踏集团和威富集团(VF)。

在盘活斐乐后,安踏开启了收购之路。其先后收购了迪桑特、斯潘迪、可隆体育等十几个国际品牌。安踏表示,以迪桑特、可隆体育为代表的户外品牌群,将作为集团面向未来的第三增长曲线强势崛起。通过多品牌布局,2017 年丁世忠在安踏上市十周年庆典上说道:"现在真正唯一有办法覆盖多种品牌、多种渠道的,在服装行业只有安踏,我们可以从高端的新光天地一直到县级以上的城市。"

(三)未来发展之困

安踏的多品牌及全渠道战略无疑将其推上"王座"。丁世忠曾公开表示:"单聚焦、多品牌、全渠道"策略将持续驱动安踏未来多条增长曲线。然而,被市场称为安踏增长曲线第二极的斐乐增速正在放缓,安踏会在多品牌协同问题上忧虑几何? 张书乐指出,多品牌并举的弊端在于很难有效控盘,毕竟并购之后,消化吸收都是难题。

安踏发布的 2021 年年报显示,2021 年斐乐上半年营收同比增速 51%,但下半年直接降到 6.8%,受下半年影响,斐乐 2021 年同比增速 25%。2019 年其全年增速则为 73%。2020 年新冠疫情严重期间也仍增长 18%,可见其增速已放缓。关于斐乐的未来,安踏曾在财报会议中透露:其一,2021 年预估斐乐能保持较快增长,所以费用投入较大;其二,对预算已经做出新的调整。

在马岗看来:"斐乐的增速放缓也是正常,每个单品牌都会遇到'天花板',而之后如何让品牌获得持续的新增长,是安踏需要思考的挑战。"马岗指出,这从侧面显示了安踏多品牌的核心理念必然面临着多品牌之间如何协同的难题,很多品牌是单品牌遇到瓶颈,再进行多品牌和多赛道的布局,然后不断用不同品牌触达不同细分场景的消费受众,扩大这个品牌的整体市场占有率,以此削减竞争品牌,属于产品线业绩的抢夺。而斐乐的降速只是一个表面现象,主要是因为安踏的 DTC 模式进驻使得安踏主品牌业绩显得增长可观,但扣除 DTC 模式本身,安踏纯批发的增长并不理想。

对于斐乐的增速放缓,沈萌指出:"安踏包括斐乐都是通过营销推动销售增长,关键是缺少了能够保护竞争优势的研发和创新护城河,一直是在通过不断开辟新的消费者群体,特别是下沉市场消费者来保证自己的高成长空间,而不像外国品牌是靠技术研发和不断创新开辟新的产品市场。这种依靠不断开发新消费群体的模式,很容易就会遇到需求饱和或消费力断流等问题。"

从安踏 2021 年财报可以看出,其 2021 年研发投入为 11.3 亿元,占比仅为 2.3%,但反观行业"双雄"阿迪达斯和耐克,其研发费用占比则接近 10%。而研发往往是各大品牌吸引以"Z 世代"为代表的年轻一代的发力点。如研发不足,年轻的浪潮袭来,安踏又该如何能乘风破浪?

马岗指出,在国产品牌中,安踏实际上是最注重产品研发的,其研发投入占比一直在国产品牌中遥遥领先,同样安踏也是国内最早建立运动科学实验室的企业,所以研发投入的问题或许是值得所有国产品牌反思的问题。不过,安踏接下来能否整合斐乐的经验,并利用国际化收购突破多品牌协同难题走通国际化,以及克服研发上的持续投入增加等牵制,或许是安踏在 2022 年及未来面临的核心问题。

三、问题思考

安踏的成功核心因素有哪些?年轻的浪潮袭来,安踏该如何乘风破浪?安踏接下来能否整合斐乐的经验,并利用国际化收购突破多品牌协同难题走通国际化?

四、分析点评

安踏成功的核心在于两个因素,第一是安踏专注于"单聚焦、多品牌、全渠道"的战略模式,足够专注地坚持在产品上持续投入;第二是安踏在体育营销上的持续投入,使品牌和中国体育建立了很强的绑定。安踏有望成长为体育界的"国品一哥",根本上得益于中国庞大的运动消费品类的市场需求,此外,安踏在战略上有效地和阿迪达斯等国际品牌、李宁等国内友商之间形成了一定的差异化,让其更好地挖掘出了市场潜力。而安踏通过并购之类的方式,正在逐步改变自己品牌力偏中低端的状态,多品牌方式也有机会令其进击中高端市场和多维度挖掘各细分垂直领域的市场潜能。

安踏是中国典型的国产运动品牌,安踏从 2009 年开始收购品牌斐乐,同样作为经典的国产运动品牌李宁也早在 2005 年就开始并购。2012 年之前,李宁一直是中国运动品牌的领头人,而安踏自收购斐乐开始快速发展并在 2012 年成为"中国第一体育品牌"。安踏和李宁 2021 年年报显示,两者营业收入分别为 493.3 亿元、225.72 亿元。同年李宁营业收入增幅为 56.1%,高于安踏的 38.9%。在净利方面,安踏为 77.2 亿元,其中斐乐毛利达到 153.94 亿元,占安踏总品牌的 50.63%,李宁为 40.11 亿元,可见安踏对斐乐的收购是成功的。

为发挥收购的协同作用,安踏应持续关注社会责任,在这一点上,安踏始终坚持积极的社会责任理念,坚持外部并购重组与内部资源整合并重,制定并购重组和整合战略,在并购后的发展战略中积极地承担了企业社会责任,较好地平衡了地方政府、债权人、供应商及员工等各方面的利益。安踏在 2019 年第一次发布了 CSR,有了社会责任的助力,安踏对斐乐的收购业绩更上一层楼。2019 年斐乐在安踏总收益中占比 73.9%,在 2020 年疫情期间安踏仍然不失成长性,收益同比增加了 56.1%,增长远超其他国产品牌,而且是同行业唯一获得 2019 年"企业社会责任金奖",以及 2022 年"国品之光"称号的企业,其中品质、创新、社会责任发挥了关键作用。安踏的社会责任无论在实践还是在成果上,都具有代表性、普适性。

企业社会责任与跨国并购绩效是一种良性循环,其中声誉是中介因素。企业通过社会责任满足各方利益相关者的需求,形成企业声誉。这种声誉是企业提升销量、获得政策优惠、降低成本的基础,最终会变为绩效的反馈,继而会让企业为保持核心竞争力而再次对社会责任进行投入,形成良性循环。

(陈茜:《李宁 VS 安踏:向左走,向右走》,《商学院》2021 年第 7 期;李婷,朱耘:《安踏,"国品一哥"在晋升路上》,《商学院》2022 年第 5 期;简冠群,冯浩文:《企业履行社会责任对并购绩效影响分析——以安踏收购斐乐为例》,《新会计》2023 年第 5 期。)

案例 2 - 3　世界杯营销：这次的变化有点大

一、背景资料

　　无论是粉丝经济、元宇宙玩法还是情绪营销，背后都展现了消费者的变化。每逢重大赛事，吉祥物经济必不可少。奥运会"一墩难求"的热潮退了，被中国网友称为"饺子皮"的世界杯吉祥物"拉伊卜"，被卡塔尔小王子的表情包带火了。

二、基本案情

　　2022 年 11 月 21 日卡塔尔世界杯正式开赛。

　　不同于以往啤酒小龙虾的盛夏世界杯，这一年的暖气火锅套餐为球迷们带来了全新的体验。据国际足联预计，本届卡塔尔世界杯将会吸引全球超过 50 亿名观众，创下收看人数的新纪录。

　　在顶级体育赛事中，一件小事就能带来巨大的流量，很多品牌都不会错过这场盛世狂欢。今天为大家盘点本届世界杯营销的三个新变化。

　　（一）广告营销：从偶像经济到追星共鸣

　　品牌借势世界杯营销有两种方式：成为世界杯官方赞助商；签约国家队或明星球员。

　　品牌要成为世界杯官方赞助商，需经过国际足联的严格考察，并且需要强大的支付能力。所以，更多品牌选择签约球队或球星来借势世界杯这个大 IP。

　　2018 年俄罗斯世界杯，蒙牛签约梅西为品牌代言人。在蒙牛发布的世界杯广告中，梅西躺在草坪上，旁白说："我不是天生强大，我只是天生要强。"

　　不可否认的是，无论是激励还是搞怪，这个广告是通过梅西的影响力来带动品牌的知名度，是以偶像的力量为主线的内容营销。

　　而在 2022 年的世界杯营销中，相比以明星为主的传播方向，从粉丝视角制作的内容更能引起球迷们广泛的共鸣。

　　伊利推出短片《中国球迷准备行为大赏》，通过展示各行各业的球迷为观看世界杯所做的准备来展示热爱的力量。让宠物穿上阿根廷队的蓝白球衣，女生做出桑巴风的美甲……咖啡师、牙医、中医等不同职业的消费者都在用自己的方式迎接世界杯，让球迷回忆起自己追星的经历。

　　热爱是不分职业的球迷对世界杯的尊重，是不分地域的人们对足球的感情，更是伊利的品牌宣传关键词之一。通过情感共鸣，伊利四两拨千斤地引发了用户自发二次传播。

　　明星的影响力有一天会结束，但球迷自己的故事却会一直延续。借势营销，不如就用故事让消费者看到自己，用自身力量激励自己。

　　（二）平台营销：从新媒体到元宇宙

　　虽然球迷们都想去现场看比赛，但由于种种限制，绝大多数中国球迷只能在深夜里看转播。2018 年世界杯，央视网、优酷、咪咕形成三足鼎立的新媒体直播阵营。优酷依靠阿里巴巴的平台优势，结合天猫、支付宝、淘宝等近 30 个 App，围绕世界杯主题，打造了线上线下衣食住行的 24 小时沉浸式体验，实现了产品、用户的深度融合。

对于四年一届的世界杯来说,媒介的变化是跳跃式的。上一届世界杯短视频刚刚崭露头角,这一届就变成了抖音的"竖屏时代"。

消费者比以往更加挑剔,720P的分辨率已经不能满足观看比赛的需要,为此,抖音为用户打造了"免费无广告无延迟4K直播体验",抖音体育官方账号粉丝已经从150万名涨到1447.9万名(截至2022年12月7日)。

除了传播形态发生变化,科技的发展也创造了新的互动体验。上一届世界杯咪咕提出线上线下全场景体验布局,这一届则打出元宇宙这张牌,实现交互新体验。

通过"5G+全体育"的沉浸式体验,咪咕打造了首款以世界杯为主题的元宇宙——星际广场。在这个场景中,用户可以使用专属虚拟分身形象与他人互动、直播观赛,甚至可以在竞技场天空游玩,逛云上商城等。

咪咕同时实现了AudioVivid(音频解码标准)和HDRVivid(高动态范围标准)的双Vivid国产标准首次商用м落地,打造了更加丰富的色彩画面,甚至连球员的面部表情都十分清晰,为用户提供"视觉+听觉"的全方位沉浸体验。

当然,就目前的体验效果来说,元宇宙的建设还有待进一步完善。使用元宇宙技术观看世界杯虽然是一次试水,但据报道,国际足联已经提交了2026年世界杯元宇宙及加密相关商标的申请,体育产业元宇宙化的趋势正在形成。

(三)赛中营销:从为了赢到不怕输

卡塔尔队成为世界杯92年来首个揭幕战失利的东道主,小组赛第一轮阿根廷队1:2不敌沙特阿拉伯队成为第一个大冷门,日本队爆冷连胜德国队和西班牙队,只能说,竞技体育除了反转还是反转。

每一个反转都是流量,每一个流量品牌方都想抓住。

面对赛场的意外情况,快速反应的品牌方努力抓住每一个可以用来宣传品牌的机会。而如何抓住球迷情绪,正是品牌方在赛事营销中需要注意的问题。毕竟,球迷的情绪,除了想赢,还有怕输。

在2022年的世界杯比赛期间,饿了么推出"猜球赢全年免单"活动,用户可以在饿了么App内用吃货豆支持自己喜欢的球队,竞猜正确的用户将有机会兑换到饿了么全年外卖免单等奖品。在阿根廷比赛失利的第二天,饿了么还对所有支持阿根廷球队、支持梅西的用户每人发放了20元的红包,总计发放额度超600万元。

不仅如此,饿了么官方公关文案也展示了极强的共情力:"足球的最高舞台上总是会有昂扬的前进,但再超绝的天赋也不意味着总是胜利。"不少消费者称:"这次的爆冷公关太让人有好感了。"

除了饿了么为输掉的队伍加油,乐视TV对于部分球迷砸电视泄愤的现象开启了"你砸电视我来换"的情绪营销。无独有偶,京东也喊出了"电视砸坏怎么办,京东家电0元换"的广告语,帮助球迷实现"电视自由"。

从为了赢到不怕输,品牌总能在观众情绪爆发的时刻抓住时机。比赛的紧张感也好,结果的遗憾或喜悦也罢,抓住消费者的情绪才是带动品牌破圈的关键。

无论是粉丝经济、元宇宙玩法还是情绪营销,这些成功案例的背后展现了消费者的变化。性格越来越自我,情绪越来越细腻,悦己型消费的他们喜欢出其不意,却也容易被尴尬到"脚趾抓地"。

不断变化的营销方式对品牌或是平台有明显的助力效果,然而,更重要的是赛事结束后,品牌们如何留存用户,如何给用户带来良好体验,否则带来的流量还会对品牌产生反噬作用。

三、问题思考

消费者变化在世界杯营销中体现得淋漓尽致,品牌们是如何留存用户,给用户带来良好体验的?

四、分析点评

四年一度的世界杯如约而至,不仅掀起了球迷的狂欢,巨大的商业价值也使其成为众多品牌角逐的焦点,而品牌们也纷纷搭乘这一流量快车,各施其招,各展其彩,主要把握了以下几点。

(一)定制产品,增加品牌曝光量

产品是品牌与受众最直接、最广泛的接触点。在此次世界杯营销中,诸多品牌以产品为媒介,利用创意包装、限定产品、趣味玩法等设计巧妙"刷脸",定制产品成为品牌增强曝光度的重要手段。一方面,相较于常规产品,带有世界杯元素的定制产品具有差异性,能够给消费者更强的视觉冲击与新鲜感。另一方面,部分定制产品的创意玩法能够借助世界杯的热烈氛围吸引受众积极参与,并引导受众使用社交媒体完成二次传播,从而带动品牌出圈,触达更广泛的消费人群,增加品牌曝光量。

(二)强化场景,制造消费需求

营销在本质上是一场注意力争夺战。在信息巨量化时代,用户的注意力被高度分散,流量争夺愈加白热化。场景营销通过精准定位目标用户、挖掘用户数据、预测用户偏好,将营销目的与消费者生活场景相融合,用"润物细无声"的方式吸引目标群体主动观看广告,实现广告投放的最大价值。

(三)引发情绪,触动球迷心弦

集体记忆是一个社会群体共享往事的过程和结果,球迷们也有着关于世界杯的集体记忆。多个品牌从球星谢幕、世界杯精彩片段等记忆点出发,以怀旧、致敬、调侃等方式,以情动人,使用户沉浸在世界杯的氛围之中,从而引发用户情绪共鸣,建立起品牌与用户沟通的情感纽带。

(四)科技赋能,颠覆传统体验

为拓宽传播渠道,品牌方借助数字化技术探索世界杯营销新路径,不断挖掘新可能。品牌依托科技打破时空局限,实现用户虚拟在场,以新模式、新思路、新形式颠覆观赛体验。科技为品牌与用户之间的互动提供了最佳窗口。

(五)球场行话,撩拨用户心智

多家公司在本届世界杯营销中将品牌理念、产品卖点等信息与球场行话相融合,跳出传统广告的热血模式,用具有趣味性的手法传递信息点,引发了受众共鸣。一方面,球场行话能够增强文字与画面的生动性,为受众提供愉快的情绪价值,使用户放松警惕,拉近品牌与用户的距离。另一方面,球场行话是世界杯元素在生活中的体现,能够让品牌紧跟热点,增大传播密度。

(六)品牌联合,实现价值延伸

品牌联合如同奇妙的化学反应,看似普通的双方组合在一起,便可能创造出特别的景象,带来更大的力量。品牌联合这一营销策略通过共享渠道、共享创意设计等资源,降低传播成本与传播风险,既能提升品牌在消费者心中的好感度,又能拓展新市场,可谓珠联璧合,相得益彰。

(王巧贞、杨思敏、袁奕等:《世界杯营销:乱花渐欲迷人眼》,《销售与市场(管理版)》2023年第1期;杨思敏、袁奕、孙丰国:《世界杯营销的六大逻辑》,《销售与市场(管理版)》2023年第1期;牛艺颖:《世界杯营销:这次变化有点大!》,《销售与市场(管理版)》2023年第1期。)

第三节　课堂讨论案例

 案例 2-4　中国制造:从美特斯邦威到 Shein

一、背景资料

从美特斯邦威到 Shein,看中国服装产业链极简史,中国制造究竟强在哪儿?

二、基本案情

作为一个估值几百亿美元的独角兽,Shein 太低调了,仿佛是一夜之间冒出来的,其实 Shein 的故事很长,是 20 多年来,中国服装供应链不断优化、品牌商业模式不断创新的漫长的故事。

如果你是 20 世纪 90 年代的一家品牌服装公司的老板,你的企业基本上会包括以下几个核心部门:首先,你需要有一家生产服装的工厂,事实上,大部分服装企业都是从服装厂甚至是裁缝店发展起来的。其次,作为时尚行业,最核心的是设计研发等相关部门。还有一个当时必不可少的销售部门,管理直营门店或经销商渠道。

这就是一种集设计、生产和销售于一体的实体型经营模式,听上去像个大公司,其实都是广东、福建、江浙一带的民营或集体小服装厂,是"前店后厂"的原始全产业链模式。

当企业积累完原始资本后,纷纷遇到一个问题:作为时尚行业,新就是财富,快就是生命,而这个产业链显然太长了。

于是,这个中国最早走向完全市场竞争的行业,开始了全产业链的变革。

(一)要不要工厂?

与整个产业链冲突最大的是工厂。

制造业有规模效应,一个只生产衬衫或裤子的工厂,效率大概率比什么服装都生产的工厂高;但销售门店却最喜欢服装品类丰富,买了衬衫的消费者,再买一条裤子的概率更大。

那品牌到底应该只生产衬衫,还是消费者需要什么就生产什么呢?

还有更大的冲突,工厂的投资周期长,占用资金大,增速却是有限的;而销售常常会出现爆发式增长,需要快节奏小批量地推新品,也需要投入大量资金。

企业的战略方向,到底是偏向成本至上的制造,还是节奏至上的设计销售?有限的资金,到底是投向长周期的工厂,还是投向快速增长的销售渠道?

在接外贸订单时,服装厂发现,国外的品牌几乎都没有工厂。品牌养工厂,或者工厂自创品牌,都是"不经济"的事情。于是,有一些服装企业变成纯粹的代工厂,有一些服装企业则砍掉工厂。

在服装产业链上品牌和专业代工厂第一次分道扬镳。

美特斯邦威品牌的前身是董事长周成建建立的服装小工厂,创立美特斯邦威品牌之后,周成建的选择是砍掉工厂,生产环节100％外包,只保留几个核心环节,转型轻资产。

这个战略选择让美特斯邦威在一众休闲品牌中脱颖而出,2006—2011年公司营收的复合增速达到38％,并在2011年达到99.45亿元的营收,实现1％的市占率,成为当时国产品牌服装行业的绝对龙头。

当然,生产外包只是让美特斯邦威变"轻",下游销售的直营变加盟,才是营收增长的核心驱动力。大部分服装品牌都会选择一定比例的外包生产,但对于直营模式还是加盟模式,却有不同的选择。

(二) 直营还是加盟?

直营还是加盟,消费者很难区分,但商业模式完全不同,直营模式需要把产品卖给最终消费者;而加盟模式中,加盟商才是客户,把产品卖给加盟商就算完成了销售,有些品牌甚至连售后都外包了。很明显,加盟模式可以快速把产品推向全国市场,最大限度地利用有限资金实现高速增长。

但加盟模式的问题也很多,品牌不直接接触客户,对消费者需求的反应过慢,加盟商发展过快,能力参差不齐,导致渠道库存积压,频繁打折又损害品牌形象,导致客户流失,加上电商的冲击,从2012年开始,中国服装全行业进入痛苦的去库存阶段,元气大伤,其典型就是美特斯邦威的盛极而衰。

服装产业链中,设计和销售的可切分度远不如工厂,所以更多的公司又回到直营店模式,只是对销售环节进行改造,其中最有特点的,当数海澜之家。海澜之家独创了一种类直营模式,所谓类直营就是加盟商成为甩手掌柜,只负责出钱(保证金、店面租金、装修费用),店完全交给海澜之家以直营的方式负责经营。

这一模式下,加盟商不需要有经验,不承担滞销库存,只是一个理财渠道,发展速度自然加速;品牌也能保证对门店和货品的控制。

类直营本质上还是加盟,事实上,现在很少有全国性品牌完全用直营的方式,更多是考虑如何用较"轻"的模式去控制渠道。

至此,整个服装产业链,上游砍掉了,下游变"轻"了,接下去,就要对最核心的设计研发部门动手了。

(三) 从设计团队到买手制

淘宝兴起后,服装业就变成了一个门槛很低的行业,特别是女装,女生天生没有品牌忠诚度,一个女装新品牌只要树立自己的风格,就不难找到消费者。

日益专业化的产业链对创业者也更友好,上游有各种高度细分的成熟供应链,下游网店销售渠道门槛很低,最大的瓶颈反而变成了设计研发环节。

大品牌可以养一个庞大的设计团队,但中小品牌没有能力也不需要,他们更多的是创始人对美的个人感觉,有强烈的个人风格,对消费需求的变化更敏锐,更适合买手模式,养一个设计团队反而太"重"了。

　　在买手模式下,小品牌通过各种渠道收集最新的时尚款式,选择其中的流行元素进行组合和改款,再与外部的设计工作室合作制版。有了样品后,并不着急生产,先挂到网上预售,分析消费者喜好,选择其中有销售能力的款,再联系代工厂批量生产发货。

　　此时,生产外包了,渠道变"轻"了,就连核心的设计团队也改成合作了,那品牌商到底还能干点啥呢?

　　品牌商还剩下三大核心作用。

　　第一,运营品牌。

　　第二,商品的研发与商品流的控制。

　　第三,现金流的发起者并承担滞销风险。可是,一个叫南极人的品牌说:"要提高效率,品牌商的第三个作用,我不要。"服装产业链演变到这儿,大多是国外现成的商业模式稍加本土化改造,可接下来,就是完完全全的本土化创新了。

(四) 立足设计师红利的 Shein

　　在分析 Shein 之前,还是要回头再谈一谈海澜之家,谈一谈这个品牌为什么总是给人很土的感觉。

　　商业模式是一环套一环的因果循环报应,前面说,海澜之家让上游供应商承担库存风险,那就必然要让上游供应商参与设计环节,同时也能降低自己的设计成本。这个模式看似聪明,却隐藏着一个致命的矛盾。

　　下游渠道只承担销售任务,不用"背库存",自然倾向于备货充足,款式越多越好,最终失去了反馈消费倾向的动力;但上游供应商要承担滞销的风险,自然只愿意设计经典款和大众爆款,结果导致海澜之家成为充满县城审美的"土味国牌"。

　　谁承担风险,谁才能真正负责,所以,服装企业的核心竞争力仍然要回归设计,任何商业模式都不能避开这一环节。

　　在买手模式下,新款研发成为核心驱动力,但买手模式的组织太松散,不利于管理。Shein 早期也大量采用买手,但后期组织架构重新回到传统设计团队——但是 Shein 对设计流程进行了工业化的改造。传统的服装设计,极度依赖设计总监的个人眼光,而 Shein 依靠的是中国的设计师红利。

　　Shein 的设计师基本上都是纺织学校毕业的大专生,他们坐在电脑面前,每天出新款的速度极快,大量积累经验后,就能达到传统设计师几倍的工作效率。Shein 的设计师更像是一个设计工人,流水线就是公司功能强大的情报收集系统和设计辅助系统。

　　支持这个设计体系的是两个更强大的体系。

　　一个是投放和测款系统,利用页面巨大的流量进行测款,从每天要上线的几百款新款中,根据消费者的反馈,安排生产计划。

　　每天上新几万款 SKU,这背后又需要柔性供应链的支持。

　　柔性供应链,听上去非常高大上,实际上,高大上的智能工厂成本太高了,真正能做到低成本柔性生产的还是服装小作坊,老板娘就是员工,没有管理费用,没有社保不交税,还没有上下班的概念,有活就开工。

　　但这一类企业普遍存在资金不足、交易成本高、质量难以控制的问题,Shein 的解决方法是缩短账期,加强资金扶持,加大考核力度,建立长期稳定的合作关系,甚至借钱入股给优秀的供应链,帮助他们更新设备。

其实上面这些方法,不少淘品牌也在做,但做不好,因为供应链管理太花钱了,国内线上服装销售那一点可怜的毛利根本支持不了。

最终,Shein的"设计师红利—独立网站海量试款—高毛利的跨境电商—柔性供应链"就成为一个完美的商业闭环。

三、问题思考

从美特斯邦威到Shein,中国制造的优势是什么?

四、分析点评

中国制造的优势已经从人口红利、体制红利、基础设施优势,进入供应链优势的阶段。亚当·斯密在《国富论》中以别针厂为例解释分工的重要性:一个工人独自生产别针,一天的产量只有几十个;可如果让每个工人只做其中一个流程,那么最后,每人每天可以生产几百个。亚当·斯密说,别针厂这么做,不是政府要求的,而是他们发现这么做效率更高。

供应链的本质是分工,怎么效率高就怎么分工,每一个行业都不一样,有一些行业,比如化工,上下游一体化就比分工效率高。前文列举的这些企业告诉我们,中国制造业的供应链优势不是靠顶层设计,而是无数参与者不断往各个方向用真金白银试错的结果——之所以叫"试错",是因为大部分尝试都以失败告终。

所以,中国制造业的核心竞争力,是来自底层的创新精神——当然,也离不开鼓励创新的社会环境和对创新的制度化保护。

(人神共奋:《从美特斯邦威到Shein,中国制造强在哪儿?》,《销售与市场(管理版)》2021年第11期。)

 案例2-5 蜂花翻红背后的秘密

一、背景资料

这个时代的年轻人,偏爱有灵魂、有情感、有温度的品牌。

二、基本案情

眼睛微眯、双手交叠在身前、身着西装的老人站在镜头前,生疏地拍摄抖音视频,低调质朴的形象和活跃的平台属性形成强烈的"反差萌",仅33秒的视频就获得近60万次的点赞。作为蜂花的高管,顾文锦以这样的方式完成了他的短视频首秀,促使他参与这一活动的原因正是此前蜂花的骤然爆红。

(一)"哭穷"另类出圈,蜂花意外翻红

2021年11月初,一则有关"为了蜂花不倒闭也是拼了"的话题悄然出现在抖音热搜榜,迅速点燃了网民们的好奇心,围绕该话题进行热烈的讨论,问得最多的便是"蜂花还没倒闭吗?""蜂花是什么品牌?""真的有这么穷吗?"等问题。话题不断发酵,讨论声量超过3.8万条,一时间,加油声、支持声和质疑声从四面八方涌来。

从国内第一代洗护分离产品的提供者,到如今重现江湖,传统蜂花的发展历程可谓升腾跌宕。蜂花创立于1984年,瞄准当时国内日化洗护市场的空白,果断对其前身上海合成洗

涤剂五厂的传统产品进行战略转型,从洗涤用品过渡到日化用品。20世纪90年代初,蜂花品牌知名度达到顶峰,甚至出现一瓶难求的现象。到20世纪90年代中期,宝洁旗下的飘柔、海飞丝、潘婷等,以及联合利华旗下的力士、夏士莲、清扬、多芬等外来品牌和国内好迪、霸王、拉芳等品牌相继出现,加剧了内地日化用品市场的竞争,使得蜂花处于"内忧外患"的境地。蜂花市场份额急剧萎缩甚至开始出现亏损,销售额也从1亿多元跌至7000多万元,企业裁员超过300人。为此,蜂花不得不断臂自救,将业务集中到护发素领域,到2011年,蜂花护发素已经达到3万多吨的销量,约占全国全年护发素消费总量的35%。然而,随着蜂花主流客户群体年龄的增长,蜂花面临着被边缘化的尴尬处境。

直到此次"哭穷",蜂花才得以再次出现在大众视野中,在Z世代面前华丽亮相。趁此机会,蜂花迅速开展流量转化举措,直播带货、董事长与粉丝互动、在抖音账号与粉丝留言交流等齐上阵。从2021年11月13日开始,蜂花直播间的主播连续直播184小时,累计销售额突破千万元,直播间人气超过80万人,一天的销售额比过去一周的销售额还可观。

热度带来的结果是喜人的,然而,联想到此前鸿星尔克从爆红到迅速冷却,两个品牌相同的爆红逻辑让我们不禁思考:这样的热度能否持续下去?

(二)热度退去,流量难以维系

几乎每次这样的热点爆发时,都会有良心国货商家呼吁广大消费者理性消费,而不是野性消费。站在热度退去的时间节点,我们看看这种爆红的热度红利和野性消费能否真正持续下去。

蜂花的百度搜索指数在2021年6月还处于300左右的水平,在2021年11月中旬井喷式地增长到12 000多,后来又回落到600左右;直播间人数在舆论发酵到顶点后10多天也从700万人下降至4万人左右,可见互联网的一时曝光很难吸引消费者的长久关注。尤其是这个网络平均热度不超过7天的互联网快消时代,仅靠一时的关注真的能实现"翻盘"吗?

无独有偶,鸿星尔克、白象食品等老国货品牌都曾享受过红极一时的"困扰",当流量的浪潮退去时,会不会留下它们"裸泳"?品牌整体发展生态有没有得到改善?我们关心互联网热度带来的短暂销售增长机会,更要关注热度过后品牌是继续故步自封还是重获新生。

老国货品牌的可持续发展之路,需要在"品牌初心"与"现代新玩法和新消费偏好之间"寻找一个平衡点,不能过分依赖流量扩大市场。诚然,爆红能够让市场发现默默做事的品牌,但如果企业一味将自身的衰败归咎于互联网时代的冲击也是不可取的,切忌以偏概全地对待发展困境,忽略自身存在的问题。"国货热"已经出现,"蜂花们"能否抓住这一风口,充分利用好互联网这一销售契机,是抓住新一代年轻人的关键。

(三)让品牌成为讲述者

智妍咨询发布的报告显示,2019年中国网上零售额达到10.6万亿元,这意味着越来越多的消费者选择在网上进行购物,而疫情的席卷更是将这种线上购物的习惯推向高潮。作为线上消费新形式,社群营销和直播电商新奇的消费体验和互动形式让人无法自拔。

此外,依托于互联网,现代营销中的社交属性日趋凸显,"90后"和"00后"消费者尤为热衷分享和接受特定社群内的信息输入。小红书正是抓住年轻消费群体的这一特征,专注于用户经验分享和交流,将自己定位成生活方式平台和消费决策入口,成立6年便斩获过亿名活跃用户,其中"90后"占据绝大部分。

随着人口结构的变化,"90后"已经接过消费的大旗,成为当仁不让的消费主力军。老国货品牌们在"70后""80后"当中享有较高的知名度,但是在如今的消费主力群体中鲜为人知。

老国货品牌在网络营销方面不如新兴品牌活跃,但老国货品牌可以借着互联网的东风,抓住年轻消费者的特征,进行自我营销。除了开设电商平台店铺和直播带货等基础行动外,更要重视社群营销的作用,为消费者提供能够分享和交流心得、解决疑惑和反馈意见的平台,以此来提高用户黏性和忠诚度。

小米在这方面的尝试就值得借鉴。小米较早搭建起"米粉社区论坛"即"小米社区",品牌发烧友在此获得新产品信息和产品使用支持、交流手机等产品的使用感受,甚至在小米品牌发展前期,"米粉"们在社区内的产品意见为小米产品的优化升级起到极大的贡献作用。到现在小米社区已经更新到3.0版本,继续为小米品牌粉丝提供聚集地。

好的品牌形象会"说话",事实上,大多数老国货品牌不缺好产品,但极度缺乏好的"说话人"。体现在品牌形象上就是这一类老品牌普遍缺乏深刻的品牌形象,品牌与产品之间存在严重割裂感。

蜂花品牌虽然在护发素市场占有率很高,但是许多消费者对它的品牌印象并不深刻。在品牌形象塑造方面,IP营销是适逢其时的选择之一,这里的IP区别于其本意知识产权,多指为大众熟知且能够广泛传播的价值符号。通常,IP发展的最佳状况就是IP自带流量,能够无限延展,持续为企业带来收益。

(四)抓住国货复兴潮,巧用消费者爱国情怀

《百度2021国潮骄傲搜索大数据》显示,"国潮"在过去10年间的搜索热度上涨528%,关注度为"洋货"的3倍,其中"90后"和"00后"的贡献过半。于老国货品牌而言,应当抓住这个声势浩大的国货复兴关键时机,巧妙利用消费者对于国货的天然本土爱国情怀,将老国货品牌打得更响些。

在品牌文化建设方面,国货品牌不如一些外国品牌游刃有余,例如,耐克在企业文化输出上几乎做到了极致,"Just do it"的企业口号传播范围极广,通过广告、赞助相关赛事等营销活动,不断强化其企业文化在消费者心中的印象,进而使得消费者愿意为其高附加值、高溢价产品买单,甚至出现"抢鞋"等消费现象,品牌文化的力量不容小觑。

蜂花"倒闭"热点事件的源头之一就是蜂花的曝光度过低引起网友猜测,这种猜测虽然为品牌带来了热度,但归根结底是品牌没能对消费者进行鲜明且令人印象深刻的品牌文化输出,才造成这场"美丽的误会"。

三、问题思考

对于老国货品牌,应如何抓住未来的成长机会,跟上中国消费者的步伐?

四、分析点评

对于老国货品牌来说,利用品牌形象化和联名等方式打造属于品牌的个性化IP,为企业设计表里如一且一以贯之的品牌形象,提高产品和品牌之间的融合度,增强品牌的"说话"能力,无疑是最合适的选择。国家实力的不断增强给消费者带来民族自豪感和文化自信心的高涨,区别于21世纪初对于外国产品的狂热崇拜,现下国货风潮正席卷国内外,"中国制造"

正成为新风尚。

老国货品牌深厚的历史文化底蕴和品牌情怀不能直抵人心,很重要的一个原因是老国货品牌低调的行事风格。纵观诸多老国货品牌,坐拥丰富的文化资源却不会利用,导致消费者对其品牌文化知之甚少,品牌热度日渐式微。

老国货品牌可积极开展文化营销,让品牌文化为企业经济发展赋能,经济发展又能反哺文化输出,强化自身的文化价值符号,充分释放老国货品牌的文化积淀。

案例 2－6　你的大众消费品如何满足中产的小众情怀?

一、背景资料

情绪是即时状态,情感是日常状态,情怀才是高级状态。

二、基本案情

鸿星尔克的大火,给营销人上了生动的一课。

(一)传统营销观念被彻底颠覆

我们以往重复的说教,推广的技巧,传播的口号,都比不上品牌真诚的行动和善举,当一个品牌在大是大非面前,能够及时伸张正义,很容易形成一股营销的力量。在用户时刻在线的今天,品牌的每一个行动和善举都会被关注的粉丝发现,发现之后,会自发动员和主动分享,形成一种大规模的动员力量,在社交媒体上引起情绪发酵,直到迎来一次短时间内的大爆发。

传统营销观念被颠覆的根源有两点。

一是传统媒体早已失去了中心化优势,取而代之的是社交媒体,社交媒体的双向沟通和实时互动,把用户的情绪推进一个爆点。用户的情绪代入感实现了资源动员,一波接一波地把共振的情绪点燃,接二连三地出现一个又一个爆点。这种爆点是无法规划和预设的,全是网民情绪爆发带来的力量。

二是用户时代的到来,在过去相对封闭的环境下,用户的发言权被压制,即使有个别用户可以发言,由于无法形成高效的相互连接,也是碎片化的,无法形成组织力量。今天移动互联网和数字化的基础设施完善,用户通过共情的连接,瞬间就能编织成一张能量之网。

(二)情绪构建弱关系网络

引发情绪的背后,都有藏都藏不住的真实感受,情绪能唤醒人们内心最深处的触动,它的功能就像燎原的星星之火,让人感受到温暖的光,点燃的那一刻,消费者也被带入了真实的生活。很多时候,人们的消费行为都是片刻性思考、情绪涌动、潜意识、习惯思维等瞬间共同作用下做出的。有些因素,往往当事人事后分析都不一定想全乎,消费决策只是在此情此景此时此刻的情绪反应。

情绪是人们表达情感的即时状态,代入感和同理心瞬间激发,可以达到短期发酵和快速引爆的效果,鸿星尔克抗洪捐助就是如此,它的行为触动了广大网民的情绪,找到了一种能够共情、共鸣、共振的东西,得到了网民大量的真实互动反馈,这种效果不是设计和提前准备好的,是在时空演绎中爆发出的情绪能量。

站在品牌商的角度,我们想要充分理解互联网的情绪,就要忘掉以往的营销套路和技巧,真诚地感受,与用户在情绪状态之中交流碰撞,情绪共振,感受性情,寻找共识,逐层进化,生根发芽。

(三)情绪之上是情感

情绪只是短期的一种情感状态,特点是来得快,消失得也快,只有通过网络连接把情绪变为关系,之后通过日常的情感交互,把弱关系发展成强关系,才是关系的常态。

与用户建立强关系,除了要具备一定的硬件支撑,比如产品和场景,还需要情感来进行软件赋能。因为情感的升级,就是和用户的距离越来越近,进而发生共同故事的过程。场景共情中,人和产品的价值才会逐渐放大,不断升华。

情感的建立,不只是品牌关系的一个维度,还要通过硬件支撑和软件赋能来共同完成,在时空演绎之中,产品是情感深化的社交道具,被赋予精神的"粮食"。情感会在不经意间唤起一起走过的人生故事,就像抗洪期间购买鸿星尔克一样,用户买的不是产品本身,而是对善举的回报,对救灾的纪念。此刻,关系深化的这个瞬间,情感认知替代了信任。

(四)把情感上升到情怀

情怀的使命是放大关系网络的社会价值,其实现需要情绪汇聚和情感交互,其后再合体升华。情怀是一个动态过程,在人情交互过程中,是一种逐渐展现觉悟的能力。有情怀的人都有大爱,情怀总是给我们"远在天边,近在眼前"之感,"远在天边"是一种博大的普世情怀,"近在眼前"是与我们没有心理距离,关乎着我们的价值观念,影响着我们的行为理念。一旦成为有情怀的品牌和个人,他的一言一行都是无私的,都不再是为了品牌或者自我,而是在拿自己的人格和人生做赌注,输了就是社交话题,赢了就是传奇,几乎没有又赢又输的中间状态。

三、问题思考

鸿星尔克是如何实现消费者从情绪到情感,再到情怀的转变,给营销人上好生动的一课的?

四、分析点评

情绪能成为网络热点,原因是很多人的精神状态和他们相通,即时的情绪状态与用户发生了关系,放大了传播效果,即时的情绪状态成为构建弱关系网络的一把利器。情感一旦持续交流,弱关系就会转化为强关系。情感交互是品牌与用户关系的日常状态,两者形成一体化关系之后,用户成为品牌代言人,更愿意贡献出自己的人脉关系资源。情绪是即时状态,情感是日常状态,情怀才是高级状态。鸿星尔克直播间一系列真诚的举动和言论,引发了网友对公司董事长的好奇心,公司董事长被广大网友称为"有情怀的人"。

鸿星尔克因为情绪事件赢得了声誉,在短时间内改变了用户认知,扭转了用户立场,给品牌赋予了新的价值,但只有把情绪转化为一种常态化关系,再通过持续的运营升级迭代,才能够真正成为国人的情怀。

(牛恩坤:《给营销人上了生动的一课》,《销售与市场(管理版)》2021年第9期。)

<h1 style="text-align:center">第四节　课外思考案例</h1>

 案例 2-7　市场调研拆穿了消费者的谎言

一、背景资料

从老人的角度看,使用大字体的老人手机,就等于向别人承认了自己年纪大、老眼昏花。

二、基本案情

市场调研是随着市场经济的不断发展和完善而发展起来的。企业进行经营活动需要科学的决策和管理,而科学的决策和管理主要依托有效的信息,要获取信息则需要开展市场调研。目前,随着市场竞争日趋加剧,企业面临更大的生存压力,通过市场调研工作掌握准确且及时的市场信息便显得越发重要。

20 世纪 40 年代的一个案例,让市场调研人员意识到消费者会说谎。当时为了适应人们生活的快节奏,雀巢公司率先研制出了速溶咖啡并投入市场,着力宣传它的优点,但出乎意料的是,购买者寥寥无几。

厂商请调研专家进行研究。先是用访问问卷直接询问,很多被访的家庭主妇回答说,不愿选购速溶咖啡,是因为不喜欢速溶咖啡的味道。

但这个是真正的答案吗?

调研专家实施了口味测试,试饮中,主妇们大多辨认不出速溶咖啡和豆制咖啡的味道有什么不同。

显然,消费者说谎了。

(一) 为什么说谎?

为了寻找真正的原因,调研专家改用了间接的方法进行调查。

他们编制了两种购物单,一张上写的是速溶咖啡,另一张上写的是新鲜咖啡,除此之外其他各项均相同。然后把清单分给两组家庭主妇,请她们描写按购物单买东西的家庭主妇是什么样的妇女。

调查发现,两组妇女所描写的两个家庭主妇的形象截然不同。她们认为购买速溶咖啡的家庭主妇是懒惰的、邋遢的、生活没有计划的女人;购买新鲜咖啡的则是勤俭的、讲究生活的、有经验的和喜欢烹调的主妇。

原来,速溶咖啡被人们拒绝,并不是由于产品本身,而是由于人们的动机,即都希望做一名勤劳、称职的家庭主妇,而不愿做被人谴责的懒惰的主妇。

(二) 消费者不知道真相

很多调查是基于这样一个基本问题开始的:请问您需要什么?

而实际上,很多消费者并不能准确地表达他们的动机、需求和其他思想活动,当他们努力想要告知调查者他心中所想时,其实有时候也不完全了解自己的真正需要。

一个人没调闹钟,早上 6:00 突然醒来。人们就问他为什么会那么早起床?他的大脑皮层就会产生各种各样的原因去解释他的行为:为了早上起来读英语;为了赶一个工作上的报告;等等。其实真正的背后原因可能是一阵风吹过,或者是一只蟑螂走过把他惊醒。

乔布斯曾表示:"消费者并不知道自己需要什么,直到我们拿出自己的产品,他们就发现,这是我要的东西。"

(三)消费者故意撒谎

实际经验告诉我们,很多时候被调查者显然是故意撒谎。有时是因为问题涉及的内容过于敏感,有时是因为答案会导致被调查者外在形象受损。

曾经有家手机厂商设计一台老人用的手机,调研了大量老年人对手机的功能需求,包括大字体、紧急呼叫、语音留言等,可当这台为老年人量身定做的手机面市以后,却得不到老年人的认可。

原来从老人的角度看,使用这款手机就等于向别人承认了自己年纪大、老眼昏花。

2016 年美国大选中,美国主流媒体就大选结果进行大量的民意调查,尤其是摇摆州,因为摇摆州的票数直接影响到大选的走向。几次民调结果显示摇摆州的群众大部分支持希拉里。

但是正式投票时,摇摆州的群众却纷纷倒戈,将票投给了特朗普。原因是民意调查时摇摆州的群众碍于面子(因为如果表示自己支持特朗普将会遭到周边人的冷漠对待),做出了与正式投票截然相反的票选行为。这就是正式大选结果与民调完全相反的背后根源。

(四)行为发生时刻和调查时刻的区别

消费者发生行为时的状态,和仅仅是处于调查阶段的状态是不同的。调研过程中,被调查者往往受到心理学上已知影响的干扰。当其意识到调查正在进行、自己正处于旁人的观测之中时,被调查者的反应和做出的选择往往会与真实情况产生偏差,这一现象被称为霍桑效应。

中央电视台曾用问卷的方式对一个区域做节目收视率调查,很多被调研者在"经常看的节目"中,会倾向于选择新闻联播、经济半小时、今日关注、百家讲坛等栏目。但真实的统计却发现,娱乐、体育、电视剧节目的收视率被明显低估,而"正统类"电视节目的收视率并没有问卷调研结果那么高。

事后,不少调研者提及,在接受调研的过程中,他们会认为自己应该多看一些"正统类"电视节目。这是"霍桑效应"导致的结果。

(五)样本不具有代表性

传统的市场调研使用的"实地调研＋问卷发放"模式,是一种基于样本的统计分析方法,即通过局部样本特性去判断总体特性。这时必须让样本具有一般意义的典型性,分析结果才具有参考价值。不然即使抽取样本量很大,也具有较大的误差性。

1936 年的美国总统大选是样本问题的一个典型例子。那年的美国总统选举在民主党的罗斯福和共和党的兰登之间举行。当时,美国的《文学摘要》杂志是预测总统大选结果的权威媒体机构,其对过去历届的选举结果几乎都预测准确。这次,他们依旧运用过去传统的做法——大规模的样本调研统计。

根据电话簿上的地址,杂志社发出了 1 000 万封信,并回收了 200 万封。这样本的规模是空前的,可谓是花费了巨大的人力和物力。根据他们的调查统计结果,兰登将以 57％对 43％的投票数战胜罗斯福。可是,最后的选举结果令人大跌眼镜,罗斯福以 62％对 38％的票数大获全胜,连任总统。

原因是样本选择范围的不均衡。20 世纪 30 年代,能用得起电话的都是美国的中上流阶层,他们大多是共和党的支持者。而绝大多数支持民主党的中下层选民没有被杂志社纳入样本中,导致了预测失败。

所以,如何才能不被消费者的谎言糊弄?

(六)观察消费者的决策行为,洞察隐形需求

消费者会撒谎,但行为是决策结果,具有可参考性。关注消费者的购买决策,将行为结果与消费者的回答进行对比,就可以判断消费者是否撒谎。如果两者相同,则证明消费者做出了诚实的回答;如果不一致,则以消费者的决策行为为准。

日本电通传播中心的策划总监山口千秋曾为三得利公司的罐装咖啡 WEST 品牌做市场调研,通过前期市场销售数据将 WEST 咖啡的目标人群定位中年劳工(比如出租车司机、卡车司机、底层业务员等)。当时品牌方对咖啡口味拿捏不准,味道是微苦好,还是微甜好?

于是按一般调研公司的做法,请了一批劳工到电通公司办公室里,把微苦、微甜两种咖啡放在同样的包装里,请他们试饮,大部分人都表示喜欢微苦的。

但山口千秋发现办公室并不是顾客日常饮用咖啡的场所。于是,他把两种口味的咖啡放到了出租车站点、工厂等劳工真正接触的场景,结果发现微甜味咖啡被拿走的更多!真相是:"害怕承认自己喜欢甜味后,会被别人嘲笑不会品味正宗咖啡。"

(七)找准消费者烦恼,戳中痛点

人们对痛点往往很敏感,戳中痛点,离真相就不远了。心理学家表明,痛点、抱怨往往能够反映消费者真实的想法。因此,询问消费者不要正面问问题,因为当你要求消费者正面描述某个产品或服务的时候,他往往无法真实表达。你需要询问他对于产品和服务的不满,当你这样问时,他们就会开始抱怨,而这种抱怨,最终会让你找到你想要的答案。

如果你是海飞丝市场部工作人员,直接问消费者,没头屑有什么好处,消费者会冷眼无语地看着你,因为即使他知道也很难表达出来。

但是如果你问消费者,有头屑会有什么痛点和烦恼,消费者自然就会告诉你,最大的问题就是尴尬。如果有头屑,别人靠近你的时候,你会感到相当尴尬,还从不敢穿黑衣服。所以,海飞丝早期的广告直戳消费者内心的心声——去除头屑和尴尬。海飞丝许多广告创意由此诞生。

(八)以消费者视角,将自己代入与消费者相同的情境中

有的时候,调研人员自己就可以充当被调研者,将自己代入消费者角色去看待问题,这样也能挖掘到消费者内心的心声。

如负责某二锅头品牌策划的创作部经理曾经遇到一个难题,究竟如何将二锅头的品牌植入受众身上。他没有急着去调研,而是将自己代入,自己去亲自尝试产品,最后他发现二锅头这种烈酒喝起来就是痛快,自己的感受在那一瞬间是快活的。

同样,曾经很火的一句广告语——孤独的人总是晚回家,原创作者本身就是一个孤独的人,他自己有意识地记录自己一天的行踪,结果发现自己一个星期绝大部分时间是晚归的,后来他自己也醒悟过来,确实是自己害怕每天下班面对空空的家,十分无聊,所以选择晚归。他有意识地观察与他同类的其他人,大家都有类似的习惯。因此"孤独的人总是晚回家"这句话是一群孤独的人的真实写照。

三、问题思考

在市场调研过程中如何保证信息真实可靠?

四、分析点评

1. 问卷调查中的数据质量控制

问卷调查中数据的真实性是需要重点关注的事情,如何提高数据的准确性和真实性显得尤为重要。问卷调查中数据质量的控制,可以考虑以下几点。

(1) 提出足够的测量选题,通常提供的选题是最终问卷选题数的 2 倍。

(2) 预试删除不佳的题目:通常可以通过专家评估、内部试测等方式排除不佳的题目。例如内部试测中某一选题答者答案一致性很高(标准差接近 0),代表本题在被访者之间没有区别能力,则可考虑删除此题。

(3) 选取内部一致性高的题目。

(4) 建立正式的调查问卷:删除不良的选题后,就可进行最后的排版。通常问卷前会有一段文字来说明问卷标题、研究内容与目的、调查单位、感谢词、填卷说明等等。

(5) 若不满意,回到第 1 条,重复以上内容直到满意为止。

2. 问卷设计的 14 个要点

(1) 题目要符合研究假设的需要。

(2) 题目不宜过长,应以精简、易于阅读为原则。

(3) 问卷设计的用字不能含糊要明确,用字要浅显易懂,不要超出答题者的理解能力。

(4) 问题不能超出填答者的知识或能力。

(5) 任何一个备选答案皆不能有多重意义,相互之间不能有包含关系。

(6) 一个问题不能有两个以上的观念或事物。

(7) 问题尽量以封闭式而非开放式的方式来提问。

(8) 问题不应涉及社会禁忌与个人隐私。

(9) 题目应尽量保持客观中立的原则,若将自己的主观意见加入问题中,而设计出引导性的语句,将会造成填卷的偏差。

(10) 避免引诱回答或暗示回答:例如,您赞不赞成抽烟? 正确的问法应该是,谈谈你对抽烟的看法?

(11) 通常将一般的、易于回答、熟悉的问题放在前面,以避免填答者一开始就拒答。

(12) 使用反向题目(防止填答者的草率与恶意回答)。

(13) 使用同质题目。

(14) 量表尽量少使用打分项目,多使用语气词。

(七叔:《我的市场调研是这样拆穿了消费者的谎言》,《销售与市场(渠道版)》2017 年第 3 期;张媛:《基于应用能力培养的市场调研课程教学改革探索》,《新课程研究》2023 年第 8 期。)

 案例 2 - 8　"内卷"与"躺平"交织,这届年轻人要什么?

一、背景资料

数字化技术正在推动组织关系、用户关系翻天覆地地变革,管理者如何赋能员工,技术如何赋能组织,一场转型大考正在上演。

二、基本案情

互联网人的"内卷"仍在翻滚,疯狂加班的脚步稍有停歇,但依旧扭转不了根深蒂固的"加班文化",以及普遍的加班现实。

加班是表象,其背后隐藏的是创业之初同心共济的拼搏,是高速发展时的张力基础,甚至是业绩停滞时的焦虑,也是组织管理的冗浊和顽疾。

在不同时代、不同阶层、不同年龄,甚至相同条件下的不同人,对于加班或者不加班,都有着不同的需求。而"为钱加班"是其中最朴素至简的道理。

如今,取消"大小周""996"等制度之所以能引起社会巨大的反响,是因为加班文化带来了太多的讨论和困扰,且出现了"拿钱也摆不平"的"逆流"。其中,年轻人的自我意识无疑起到了重要作用。

放到大的经济环境中,互联网进入存量时代,大厂们滑向更低效率的"内卷",不仅引爆长期以来的加班话题,而且凸显出组织管理在新时代的新考验——如何留住年轻人? 如何激活个体? 如何重构组织与个体之间的关系?

今天,曾经代表新生力量的互联网,已然成为难以撼动的庞然大物。在千差万别又本质如一的互联网职场当中,更应该俯首叩问:这届年轻人要什么?

(一) 凌晨 4 点,互联网大厂灯光不灭

互联网曾经流行过这样一个梗——程序员问科比:"你为什么这么成功?"

科比:"你知道洛杉矶凌晨四点是什么样子吗?"

程序员:"知道,一般那个时候我还在写代码,怎么了?"

科比:"……"

这是段子,也是悲哀。奋斗当然是一件值得敬佩的事情,但下班不应该成为如此艰难的事情。

现实却是,尽管有了反抗"996"工作制度的"996ICU"群体意志,有了腾讯强制下班、字节跳动和快手取消"大小周",但互联网大厂的疯狂加班现象仍然触目惊心。阿里的"996 福报论"早已声名远扬,腾讯日前才表示建议取消"996","京东 996"更是引出新"兄弟论",此前字节跳动、快手、华为等互联网大厂也实行"大小周"制度,加班已然成为互联网人的常态。

在部分"互联网民工"眼里,加班到半夜十一二点,竟然算是加班并不严重的现象。

在字节跳动工作 2 年的前员工肖申(化名)告诉《商学院》记者,内容团队的加班现象并不严重,偶尔加班最多就是半夜 12 点。但是技术团队的加班是出了名的严重,因为业务高速发展,对应的就是打工人的疯狂输入。"现在(技术团队)晚上 12 点前睡觉,没在群里回消息会被大家当成笑话,'内卷'还是很严重。"肖申无奈道。

另一位在字节跳动工作的"90 后"萧然(化名)也表示,当看到取消"大小周"的邮件时还是兴奋的,因为单周那一周确实感觉没休息的样子。

某网约车平台工作人员张歌(化名)说:"目前'大小周'比较普遍,我的前公司是一家创业公司,基本周末都会加班,上 6 天班是常态,偶尔会到通宵。不过现在的公司团队不会这么狠,最多加班到晚上 11 点左右,但是上班整个人也是处于一种紧张的状态,是绷紧的。所以通常回到家就会很累。"

在腾讯工作了一年的前员工阿竺(化名)提到,当时自己的工作是有值班的,分为早晚

班,早班是早上 6 点到下午 1 点,晚班是下午 3 点到晚上 10 点,中间有 1 个小时吃饭,但是吃饭也要盯着电脑。

对于当代职场人,尤其是互联网职场人来说,加班已经是常态。在由中经报智库、《商学院》、中国经营者俱乐部发起的《新青年职场生态调查》调查结果也显示,只有 14% 的人表示基本不会加班,39% 的人加班情况比较严重,26% 的人偶尔加班,21% 的人加班非常严重。

另据脉脉《2021 职场人加班真相调研报告》显示,近半数职场人加班加得很灵活。灵活机动的加班,意味着工作时间与私人时间并不分明。随时随地、Boss 随意,职场人的时间在所谓的弹性工时中,被隐性加班吞没。

(二) 加班费"真香"

值得一提的是,对于互联网大厂纷纷给员工"减负",除了欢呼也有担忧。其中最直接的问题就是加班费。

中国安能集团人力资源专员安阳(化名)告诉《商学院》记者,自己了解到在互联网大厂的朋友,绝大部分是靠加班活着,"加班费真的'很香'"。他认为,当代年轻人的核心永远都是赚钱,其次才是精神层次的需求。为了赚钱,年轻人真的是可以"996""007"的,就像那句话:"只要人民币给到位,当牛做马真的无所谓。"

取消"大小周""996"等工作制度,确实会影响收入。此前字节跳动有三分之一的员工反对取消"大小周",也反映出他们认为加班费"真香"的态度。

肖申给《商学院》记者举例:"以月薪 3 万元的普通程序员为例,取消'大小周'会降薪7 000 元左右,所以前段时间字节跳动做的内部调研显示,有三分之一的人反对取消'大小周'。"

当然,也有能够适应取消"大小周"的例子。萧然表示,其实已经有点习惯"大小周","被压迫"惯了,"虽然少了些钱会有些肉疼,但个人觉得工作主要还是为了个人成长和追求,取消'大小周'可以有更多的时间进行自我提升。"然而,认为取消"大小周"影响不太大的萧然,从工作 3 年多的某"传统大厂"跳槽到字节跳动,已经是一位年薪百万元的"90 后"了。

取消"大小周""996"等工作制度之后,工作量就会减少了吗?不少大厂员工不仅要痛心即将失去的加班费,还要担忧可能到来的隐性加班。

在字节跳动实习生晨宁(化名)的眼中,在工作量不变的情况下,取消加班,每天的任务可能更重,周末想申请加班(有双倍工资),申请程序却很复杂。

"我也不希望公司取消加班。"京东前管培生陈语(化名)指出,因为工作量很大,干完活企业才会给你钱。但取消加班了,工作量没有变,就相当于又需要额外的时间去处理这些相关工作,还不赚钱,相当于亏钱,就像程序员那种一年工资少十几二十万元的情况很正常。

对此,肖申认为:"取消'大小周'我认为并不是资本的让步,而是最近在反'996'和提倡'躺平'的大环境下,资本对用人成本综合权衡后的策略调整。"

总之,如果不执行"996""大小周"制度,强调速度的互联网大厂也少不了加班。反而是有了"大小周"制度之后,才有了相应的加班报酬保证。如今互联网大厂纷纷"减负",但在薪酬和工作量的平衡之间,依然需要磨合。

(三) 加班文化绑架了谁?

有意思的是,在犹如蚂蚁窝一般忙碌有序的互联网大厂当中,也并不是所有的加班都是有效加班,其中困着不少被"加班文化"绑架的职场人。

《新青年职场生态调查》显示,加班普遍存在,但到底为什么要加班?49% 的人表示主要是想完成工作任务,接下来依次是领导要求加班(22％)、同事都在加班(11％)、有加班费(6.9％),另外还有6.9％的人明确表示不同意加班。

无效加班不仅消磨员工的意志和热情,也损害公司的资源和利益,是一门"双输"的生意。

在受调研者中,有过半数的人认为出现无效加班情况的原因是领导能力不够,没做好安排,还有27％的人认为是公司制度问题,仅有22％的人认为是自己对工作不熟悉。

《2021职场人加班真相调研报告》则指出,57％的延长"营业时间"都是用来去"救火"。"效率低下""分内工作没完成"紧随其后。而且,"获取加班费"位居所有原因之末,不再成为加班的动力与理由。

"为了钱加班"一定是最朴素的劳动道理,但职场上衍生出的无效加班、表演式加班,无疑会将更多人绑架到加班文化中来。

苏宁员工江南(化名)直言,公司的考核方式有很多,但是前一段时间,在苏宁正常运转的情况下,其考核方式最奇葩的是按照员工的加班时长来算的——当你的工作时长,或者你下班比较早的时候,人事就会找你谈话,领导也会找你谈话。

江南还有着更加令人哭笑不得且心酸的故事——公司强制加班但没有加班费,本应使得江南离开,"但是因为加班时间过长,没有时间找下家,没有准备跳槽或者离职的时间和空间,现在还是离不开"。

对于目前国内互联网公司"大小周"普遍的加班文化,张歌直言:"公司就不应该有'大小周'这种东西,单位时间的产出不能靠累积时间去处理。'大小周'还是说明效率低。"

张歌认为:"长时间的工作实际上会把人'工具化',就是马克思主义里面说的把人异化成工具,然后人就不是人了。但是个体的力量是有限的,这种事还得靠国家,毕竟现在'内卷'太严重了。"

(四) 留住员工的"肉体"

在自愿加班和表演式加班中间,还有一层暧昧地带,那是企业拿福利说话的舞台,既闪耀着企业的人性化关怀,又暗藏心机。在互联网企业,大大小小的福利也有了另一层意外的作用——留住员工在办公室的"肉体"。

陈语告诉《商学院》记者,京东会提供三餐、打车费报销等福利,比如工作到晚上六七点,就想吃个晚饭再走,京东食堂整整有5层,可以以远低于外卖的价格吃到优质的餐饭,到晚上9点半就可以报销打车费。

"所以互联网公司提供这种福利其实相当于在变相诱惑你加班。"陈语表示,京东加班的小时数是可以积累的,日后可以用于调休。所以在此情况下大多数人是愿意加班的,既有福利又有调休。

除了京东晚上提供餐饭、9点半下班报销打车费,苏宁也在餐补上下功夫:餐补是12元,晚上8点以后下班加12元,一共是24元;腾讯上班早于7点和下班晚于22点打车都可以报销;某网约车平台员工基本都会待到晚上9点,一方面是因为工作较忙,另一方面是因为晚上9点之后可以打车报销……

当然,互联网大厂福利的"小心机"并不令人反感,毕竟很多时候福利也只是加分项,而非决定性因素。

字节跳动包三餐,还有下午茶,茶水间咖啡、茶包、小零食无限量供应,公司有健身房,还有优惠价按摩等;腾讯每个月会发 1～2 次各种"福利票",比如游乐园票、明星活动票,跨年晚会票等,阿竺在腾讯时甚至在需要申请的普惠性质的票当中,申请到了刘翔的活动票,得到了和刘翔合照的机会。

(五)互联网内卷蔓延?

在大众眼里,自愿加班、被迫加班、表演式加班的人有一个算一个全部被卷进愈加疯狂的"内卷"当中。

而在互联网经济侵入各行各业、各个产业链环节时,以速度和"内卷"为标志的互联网氛围似乎也蔓延至其他行业。

以汽车行业为例,当前正面临从硬件定义的机械产品向软件定义的智能产品转型,这种变革体现在人力资源市场,使传统汽车行业和互联网公司出身的人才充分交汇和涌流,在这种流动中,传统"汽车人"表现出了更强烈的焦虑和危机感。

某地方国企员工林一岚(化名)告诉《商学院》记者,钱成了公司从互联网大厂挖人的一大掣肘。林一岚所在公司如今在做数字化营销转型,试图从抖音等互联网公司招人,但摆在面前的问题是,传统车企能满足互联网人动辄四五十万元的年薪吗? 能给求职者提供比互联网大厂更有竞争力的薪资吗?

某长安汽车前员工前不久在职场社交平台上表达了自己离职的原因:"公司块头太大,向新能源赛道掉头心有余而力不足,担心在这里混着混着就被失业了;特斯拉掀起软件定义汽车的浪潮,我等做产品开发产品定义的人对写代码了解甚少;互联网公司进入汽车行业后,汽车圈也开始'996'了,最关键的是,钱太少! 有些部门'996'到手的钱连 8 000 元都没有……"

不过,出身大型传统车企的韩粒(化名)不认为"996"是互联网人的"专利",过去的传统车企也都是"996",并不比互联网公司轻松,到了要赶工程、赶产品上市的时候,往往几夜不睡觉。在韩粒看来,传统汽车人和互联网人更多是在知识结构、思维模式、工作风格上展现出不同。

2021 年年初福特中国指牛为马的营销"翻车"。福特写道"2021 中国·马年",但 2021年是牛年,福特中国由此遭到网友指责:"古有赵高指鹿为马,今有福特牛马不分。"

"在互联网巨头出身的人看来,互联网时代更关注流量,更在意外界的关注度,尽管一片骂声,但这骂声同时也是一种流量。可福特接受不了,它会觉得怎么能这么搞? 福特这么大的品牌需要通过这种形式的流量来让大家认识吗? 福特需要的是正向的流量。"韩粒说。

另一种碰撞的"风暴"发生在两种企业文化的工作风格上。韩粒发现,互联网的打法是快,做出了决定就要立即执行,比如一些互联网思维极强的造车新势力想上一个产品功能可以说上就上,但传统车企要层层把关,不经过研发的佐证、产品的调研、市场的试验和各级领导的审批,新的产品功能不可能立刻上车。

(六)铁打的平台,流水的员工

"互联网民工"苦加班久矣,但年年依旧有无数人怀着希望跨进互联网大厂。互联网大厂给他们带来的不仅仅是高薪,还有成长。

对于忙碌的互联网工作生活,陈语指出,这是一份以牺牲个人生活和品质为代价,换取大量工作经验和金钱。

"互联网的工作不是给每个人配一台电脑,而是给每一台电脑配一个人。"陈语告诉《商学院》记者,像京东这样的企业它不需要留住自己,因为你不干,有的是人想干。

不过,涌进大平台的员工也未必没有回报。陈语表示,京东给管培生开出的是远景的期许,当然工资也是所有新入职员工中等级的最高,这可以让他们过上足够舒服的生活,而且生活中很多消费京东都给包了,生活上基本花不了什么钱。

和其他互联网大厂一样,京东这个平台本身就是很吸引求职人的点,相当于镀金。在互联网大厂,员工可以代表甲方和行业中很多总监、老板沟通,有很多学习机会,迅速积累初始人脉。

但是陈语也提道:"互联网公司会有固定每个月的架构调整,这一方面可以让员工有晋升的机会,当然能不能爬上去看的是个人能力和价值。另一方面组织架构的快速变动会让很多员工对公司的忠诚度降低。"

当然,铁打的、不缺人的大平台也不是不珍惜员工的,一向走在经济形态前端的互联网大厂在组织管理方面也在层层蜕变。

腾讯前员工阿竺指出,在留人方面,腾讯有两点做得很好。一是腾讯调薪是一年2次,一次500元。虽然不多,但是也有盼头,而且大部分人基本可以调。二是腾讯的培训体系非常好,它有腾讯学院,培训的内容不限于员工本职位,非常多样,演讲、运营、交流表达等都有,而且允许员工在工作时间内完成培训。

肖申告诉记者,字节跳动用的是OKR,O是大目标,层层拆解,拆成具体的K,最后看R结果,但每个公司考核标准不同。"整体而言,我们是20%的人可以拿到激励,70%的人拿到基本,10%的人要受到惩罚。"肖申表示,有激励必然有惩罚,不会所有人都可以完成,如果所有人都可以完成,说明目标是有问题的。

萧然认为,在业务高速成长阶段可能不会暴露出问题,但当业务缓慢,很可能会导致团队的动荡。"因为业务增长缓慢,'内卷'就会越来越严重,而员工获得的成长和收益却会变低。如果不多关注每个员工的心理变化,时间长了就容易从量变引起质变。"

而在数字化时代,已然到了需要组织不断进化来适应个体的时代。这样组织与个体之间才能保持协同。

(七)这届年轻人要什么

细究这些职场人离职的原因,除了薪资,还有一个重要的原因——晋升渠道。

在字节跳动工作了2年的肖申离开了,并表示辞职纯粹是因为钱的问题。此外,肖申还告诉记者:"当时最大的职场困扰应该是创业期公司的通病,公司当时各方面都不是太健全,比如个人发展和学习的机会,很多时候不成体系。晋升通道也不明晰。"

腾讯前员工阿竺也表示,基本看不到晋升通道。此外,除了薪资,腾讯惩罚体制很不人性化也是阿竺离开腾讯的一大原因。据了解,腾讯采取星级评定的方式,年中年尾各一次。"我做事很认真且负责,却给我连续2次评星不高,导致降职。虽然存在我失误的原因,但是因为稿件的一个错别字就让我降职且全公司通报,这是我没办法接受的。我毕竟不是机器人。"

阿竺回忆,自己在腾讯也原创过几百万次流量的稿件,后来觉得真的"做得没意思"——"我基本2小时可以做完一天的事,如果多做也不会有激励,所以我就离开了。"

对于萧然而言,作为一个年薪百万的"90后",已经让同龄人羡慕不已,但是面对不断迭代变化的互联网世界,萧然依然对自己的未来有些担心。

当然,萧然只能算少数成功的那一小撮人,更多的还是在拥挤的地铁上或者凌晨的路灯下姗姗归家的普罗大众,他们每日在华美的城市中来回穿梭,疲惫但怀揣希望。

陈语认为,这届年轻人,到互联网工作其实是工作经验和人脉积累的最优解。虽然大家都说互联网很累,但互联网每一分钱都是给你的。

陈语说,互联网的门槛相对低,而且工作报酬一定是足额支付,这让很多穷家子弟能够在没有背景的情况下迅速地在一线城市站稳脚跟,并且养得起家、养得起父母。所以这是一个需要辩证看待的问题,要看个人的选择。

三、问题思考

每个时代成长起来的人,都会明显打上时代的烙印,都有自己的特殊性,都是独一无二的,如何真正了解这些年轻群体?

(参考资料:刘东畅."90后"员工对"70后"领导的反击.销售与市场(管理版),2017(5):48—51.)

四、分析点评

"为了钱加班"一定是最朴素的劳动道理,但职场上衍生出的无效加班、表演式加班,无疑会将更多人绑架到"加班文化"中来。

这届职场年轻人,要的可能不再是简简单单地通过繁重的劳动换取薪酬,而是有了更高的自我提升需求。一是自己所做的事情是不是长期可持续且有价值的;二是行业"内卷"越来越严重,自己的核心竞争力到底是什么;三是值得自己为之奋斗一生的方向是什么。这三个问题或许存在于每个年轻的职场人的心中。只是有些人只是想想,而有些人已经找到方向,并为之努力。

这届年轻人,既有着更加明确的自我认知和目标追求,又面临着互联网行业漫长的"内卷"——加班疯狂。互联网大厂为他们提供了"血汗换钻石"的机会,但又在晋升制度提升方面步履缓慢。喊着"工作996,生病ICU"的年轻人,用网络用语调侃一切,最终依旧认命般加班,消化现实。这背后并非是"口嫌体直",而是个体与组织的磨合博弈,也是梦想照进现实的意识在流淌。

(刘青青、李婷、赵建林等:《内卷与"躺平"交织,这届年轻人要什么?》,《商学院》2021年第8期。)

案例 2-9 白象模仿秀,失意今麦郎

一、背景资料

情绪营销只会对产品销量产生一时的影响,企业的真正实力才是品牌长红的关键。

二、基本案情

继白象方便面登上热搜之后,一场方便面营销暗战正悄然上演。

一天,今麦郎食品官方微博爆料,一个昵称为"白象食品官方店"的抖音账号,在今麦郎直播间公然对今麦郎进行诋毁,今麦郎在官微上隔空回应:"独自美丽,请勿拉踩。"有网友在评论区指出,这一账号没有蓝V认证,应该是假的。今麦郎的回复耐人寻味:"我们也希望它

是假的。"并配上了一个调侃的狗头表情。

土坑酸菜事件后,康师傅、统一忙着辟谣和去掉热搜,但也有企业吃到了热搜的红利。如白象方便面以"三分之一残障人士员工""白象方便面是国产泡面之光"等话题登上了热搜,3天销量突破千万单,体会了一把被网友"野性消费"支配的快乐。

紧接着3月21日,今麦郎也突然以"百分之百中国民营企业"登上热搜,然而观众也似乎回过劲来了,今麦郎和白象火起来的套路几乎一模一样。但这波今麦郎的"国货"身份似乎并未带来红利,反而让不少消费者心生退意。

(一)白象,一场凑巧的爆红?

3月5日,美食博主"网不红萌叔"发布了一条测评白象方便面的视频,带动"白象"话题直上热搜。在诸多微博大V也参与讨论之余,有不少网友表示,自己所在城市的商店,甚至看不见白象的产品,被逼着在康师傅和统一之间二选一。

康师傅和统一在接受日资扶持后,做大做强,占据大部分市场,而央媒点名表扬的民资企业——"铁骨铮铮"的白象方便面,无力搭建毛细血管式的分销网络,龟缩在市场边缘艰难存活。据第三方数据平台统计,2020年国内方便面市场中,康师傅和统一占据近六成市场,而白象的市占率仅7%。

外资和国产,头部和二线,鲜明的对比加上白象做好事不吭声的企业形象,引爆了消费者的情绪。截至3月24日,该词条已有6.1亿次阅读,2.2万人原创人数。有微博大V质疑这一话题背后有推手,但作为消费者,此时依旧是宽容的。而白象能够成功火起来,其中还有一个重要原因是"同行衬托得好"。

"3·15"晚会直击酸菜制作现场,康师傅和统一等方便面品牌陷入食品安全问题,此时没有与涉事企业合作且拥有百分之百国货身份的白象就显得越发高大,一句干脆利落的"没合作,放心吃,身正不怕影子斜"又拉了一波好感,政府部门67次抽检全部合格的新闻更是让白象直接原地封神。

在疯狂购买白象的同时,网友们还挖出小时候对白象的回忆。与此同时,2021年河南特大暴雨洪涝灾害中,白象的捐款事迹也被扒出——捐款500万元,捐助方便食品超10万份,而董事长却发通知要求不得进行宣传。

网友情绪持续发酵,"野性消费"再现江湖,白象抖音账号粉丝暴增近50万名,抖音直播间7天内订单破千万元,官方店铺被迫挂出预售链接。

在微博旗下的公众号社会化营销快讯中,白象作为一次成功案例出现在推文之中。关于白象的爆红,到底是一场有计划的营销,还是一场意外的爆红,我们不得而知,但可以确定的是,白象借此机会,真正回到了消费者的视线。

(二)今麦郎,一次尴尬的"抄作业"

在泡面江湖中,被康师傅和统一挤压市场的除了白象,还有今麦郎。同样是国货,同样避开了涉事酸菜企业,但今麦郎在这部本该是4个企业的"电影中",却没有姓名。

3月15日深夜,今麦郎紧急发布声明称"从未采购'3·15'晚会曝光的酸菜包产品"。在康师傅和统一集体道歉,白象和今麦郎等连夜澄清时,康师傅、统一的外资身份成了新的罪名,虽然今麦郎2015年就与日资分手,但曾经的中外合资身份也被网友扒出,白象"铁骨铮铮"拒绝外资的传奇故事更是让其冠上"国货之光"的名头。

一个便利店老板表示,"3·15"晚会过后,除了老坛酸菜面,其他产品的销售实际上并没有受到太大影响。方便面货架上,康师傅和统一依旧占据大半江山,白象汤好喝系列挤在两巨头之间,而寻遍货架,今麦郎依旧查无此货。距离酸菜风波过去不过 6 天,3 月 20 日,今麦郎突然登上热搜,称自己百分之百中国民营企业,虽是事实,但消费者却并没有那么买账,不少人表示,是不是国货不要紧,重要的是品质。

今麦郎的用户评价呈两极分化,虽然也有消费者提出白象并没有想象中的那么好吃,但公开吐槽不适应今麦郎口味、口感的消费者似乎更多。"以前不火,就是因为不好吃。"对比白象和今麦郎的淘宝旗舰店,白象销量最高的一款产品月销 40 万单以上,而今麦郎销量最高的产品月销量不足 5 000 单。

同时,今麦郎这波"澄清",反而再次把热度刚有下降趋势的白象拉到大家面前,今麦郎更显尴尬。白象刚被捧上神坛,今麦郎就想走上同样的道路,殊不知白象的爆红掺杂着一定的运气。

根据微博给出的案例分析,精准预判残奥会才是白象成功的第一步,后续的"共情破圈"以及蓝 V 互动"持续发力",更像是"1"后面的无数个"0",而今麦郎缺少了第一步的契机,后来的模仿就成了东施效颦。

（三）情绪营销,请适可而止

这是一场短暂的梦。3 月 18 日,白象抖音直播销售额达到高峰,一天卖了 350 万元,销售额过百万元的高光时刻不过 4 天时间,到了 3 月 20 日,其销售额就从 160 万元骤降至 52 万元,此后一路下滑至 20 万元左右。网友的情绪来得快,去得更快,情绪影响下的野性消费快速回归理性,这是一种必然的结果。

不可否认的是,示弱确实是一种行之有效的营销手段。2013 年,知名科技自媒体作者阑夕在《示弱,中国好营销?!》中提出"示弱营销"的概念。放到现在来看,鸿星尔克年亏损超 2 亿元,却"野性捐款"5 000 万元物资;汇源负债累累,在河南洪水期间依旧捐了 100 万元;落魄的"鞋王"贵人鸟,自 2018 年以来再无盈利,却依旧捐出 300 万元救灾款……

相较于鸿星尔克们无意间的走红,加多宝有意识的"示弱计划"也非常成功。2013 年,在交出"王老吉"商标时,加多宝在微博发布了四张"对不起"海报,委婉表达着自己交付商标的无可奈何,这无疑是一场非常成功的营销,海报发布后数小时内,该微博转发量超过 17 万次,覆盖粉丝数超过 3 亿人,"加多宝即王老吉"的消息也顺利传达到消费者耳中。

阑夕在文章中写道,"示弱营销"盛行的动因,可能还与社会化网络带来的碎片化冲击有关,当咀嚼式阅读逐渐成为一件极为消耗体力的难事时,人们更加愿意接受流水线式的快餐信息,从而丧失思考的本能,真相作为一种稀缺物质,将变得更加难以获取,而门槛几乎为零的立场,则会取代人们的判断准则。

三、问题思考

（1）单靠示弱,品牌能走远吗?
（2）造成今麦郎"国货"身份不管用的原因有哪些?

四、分析点评

示弱确实是一种行之有效的营销手段。自己一地鸡毛,却依旧默默捐款的企业,在消费者眼中的形象已经变为弱者,客观上实现了"示弱营销"的传播效果,第一时间就获得了大量消费者的情绪声援。但是单靠示弱，品牌终究难以长久。鸿星尔克们爆红之后，如今依旧不温不火，曾经的狼狈不堪，并非消费者们一时的"野性消费"就能挽救，消费者的情绪支持，带来的不过是一时繁华。市场经济下，老国货的没落也并非完全是外界因素影响，自己的问题才是最关键的失败原因。

　　当一个产品只能靠"国货"来营销时，说明产品是真的没什么好营销的了。今麦郎"国货"身份不管用的原因在于其情绪营销过度，且并未将重心放在产品本身。失意的国货们固然做着正确的事，如蜂花坚持物美价廉的路线，鸿星尔克坚持公益事业，白象坚持承担社会责任。但没落的国货们，缺的不只是一场恰到好处的情绪营销。与其挖空心思找到下一个流量密码，不如静下心打磨自己的产品，靠实力赢得一方市场。

　　（柠檬：《白象模仿秀，失意今麦郎》，《销售与市场（管理版）》2022 年第 5 期。）

第三章　市场营销战略

　　战略,是一种全局性的、长远性的决策。企业经营战略是直接决定企业发展、企业未来前景的重要决策。任何一个企业都要制定战略,而且要制定好战略,因为战略的好坏与企业的命运息息相关。从20世纪70年代起,营销战略逐渐在现代市场营销中占据了中心地位。

　　随着互联网和社会创业的快速发展,微博、微信、即时通信工具等社会化媒体让企业家、创业者、消费者、社会大众都感受到了互联网的力量,社会性消费者依托社会化媒体强势崛起,他们在社会化网络中的互动催生了新的经济模式——社群经济。正所谓有社交的场域就有人群,有人群的场域就有市场,有市场的场域就有相互影响的集合行为和集合心理,利用这种种千差万别的集合行为和集合心理,社群产生的生产力便是社群经济。当今我们遇到的是一个比较复杂的经济环境,太快的变化,太多的阻碍,太多的机遇与挑战,太多的诱惑和陷阱,在这样的新环境下,企业家、创业者要依据什么去做决策?

　　●"铁打的营盘,流水的兵",品牌之"老",往往不在于年龄,而在于故步自封。不论是早前还是如今,谈及老字号的国产品牌,脑海里总是会蹦出两个百年不变的标签:老龄化、不时髦。当前中国Z世代庞大的影响力已悄然显现。这一代人成长于中国经济高速腾飞、全球化速度加快、互联网信息技术快速发展的时代,他们的消费行为也深受这些环境因素的影响。老字号、老品牌曾在他们的时代广受追崇,而今他们已经"高龄",应当如何让自己更受年轻人喜爱?

　　●在中国经济井喷时代,行业几乎都是十几个百分点以上的增长,中国营销的进化也是跳着高、翻着跟头地前行。品牌则是长在渠道和组织上的鲜花,用人海战术堆起来的鲜花。深度分销这个体系的最大特点就是人海战术,没有人,这个系统就萎缩了。人海战术的表现就是人多,为什么需要这么多人呢?因为深度分销要触达终端门店,中国终端门店多达600万家。谁在逐街逐巷地争夺600多万家门店?

　　(1)将"当今世界处于百年未有之大变局"论断与企业战略环境变化结合起来,学会从全局思考企业的科学战略规划,培养大局观意识。

（2）将国家层面的"五年发展规划""五位一体"总体布局、"四个全面"战略布局、"双百目标"与企业战略规划的层次和步骤有机融合起来,培养战略思维意识,着眼内外,胸怀大局。

（3）培养爱国爱党情怀,激发民族自豪感,将中国"一带一路"倡议、"十四五"规划与科学营销战略规划知识点融合起来。

第一节　理论教学要点

一、市场营销战略规划

（一）企业战略的层次结构

1. 总体战略

2. 经营战略

3. 职能战略

（二）企业规划总体战略的步骤

1. 认识和界定企业使命

2. 区分战略经营单位

3. 规划投资组合(市场增长率/市场占有率矩阵、多因素投资组合矩阵)

4. 规划成长战略(密集式成长战略、一体化成长战略、多元化成长战略)

（三）企业规划经营战略

1. 经营任务分析

2. 战略环境分析

3. 战略条件分析

4. 战略目标选择

5. 战略思想选择(成本领先、差别化或别具一格、集中或聚焦)

6. 形成经营战略计划

二、目标市场营销战略

（一）市场细分战略

1. 市场细分的理论依据

市场细分的理论依据：同质偏好、分散偏好、集群偏好。

2. 市场细分的标准

（1）消费者市场细分的标准：地理环境因素；人口因素；心理因素；行为因素。

（2）产业市场细分的依据：最终用户；顾客规模。

3. 市场细分的原则

市场细分的原则：可衡量性、可实现性、可盈利性、可区分性。

（二）市场选择战略

1. 无差异营销战略

2. 差异性营销战略

3. 集中性营销战略

（三）市场定位方式与战略

1. 市场定位方式

市场定位方式包括：避强定位、对抗性定位、重新定位。

2. 市场定位战略

市场定位战略包括：产品差别化战略、服务差别化战略、人员差别化战略、形象差别化战略。

三、竞争性营销战略

（一）竞争者分析

1. 识别竞争者

2. 判定竞争者的战略目标

3. 评估竞争者的实力和反应

（二）市场领导者战略

1. 扩大总需求

2. 保护市场份额

3. 扩大市场份额

（三）市场挑战者战略

1. 确定战略目标与竞争对手

2. 选择挑战战略

（四）市场追随者与市场利基者战略

1. 市场追随者战略

市场追随者战略包括：紧密跟随、距离跟随、选择跟随。

2. 市场利基者战略

市场利基者战略包括：最终用户专业化、垂直专业化、顾客规模专业化、特殊顾客专业化、地理市场专业化、产品或产品线专业化、产品特色专业化、客户订单专业化、质量—价格专业化、服务专业化、销售渠道专业化。

第二节　教学引导案例

 案例 3-1　新品牌战略

一、背景资料

今天我们遇到的是一个比较复杂的经济环境,太快的变化,太多的阻碍,太多的机遇与挑战,太多的诱惑和陷阱,在这样的新环境下,企业家、创业者要依据什么去做决策?

二、基本案情

随着互联网和社会创业的快速发展,微博、微信、即时通信工具等社会化媒体让企业家、创业者、消费者、社会大众都感受到了互联网的力量,社会性消费者依托社会化媒体强势崛起,他们在社会化网络中的互动催生了新的经济模式——社群经济。正所谓有社交的场域就有人群,有人群的场域就有市场,有市场的场域就有相互影响的集合行为和集合心理,利用这种种千差万别的集合行为和集合心理,社群产生的生产力便是社群经济。

(一) 新环境,云时代

社群经济建构了"平台—服务提供者—集合中的个体"三者之间的逻辑关系:平台是指由第三方创建的、以信息技术为基础的社会化市场平台;服务提供者包括商业机构、社会组织、政府或者 NGO 组织;个体借助这些平台,根据自己的兴趣、偏好,分享和交流自己的知识、经验和观点。在互联网技术和社交网络技术快速发展之下,社群经济的多样性、广域性、广博性特点推动消费者的参与方式不断丰富,也使得他们获得更大的影响力。

云时代,从运作逻辑到世界图景,从基础法则到时间法则、空间法则,从协作法则到发展法则,都在悄然发生改变。今天人们甚至不知道谁是自己的竞争对手,所有行业的游戏规则都在改变。今天我们遇到的是一个比较复杂的经济环境,太快的变化,太多的阻碍,太多的机遇与挑战,太多的诱惑和陷阱,这些新形势需要企业家、创业者用自己的价值判断来做决策,这个价值判断的过程也是企业家、创业者精神成长的过程。

商业化品牌以精准定位为理论基础,精准定位目标消费群体,精确制定针对目标消费群体品牌传播和营销,以达到最优的品牌传播效果。新经济环境下,品牌战略理论的基础已经发生了巨大变化。

当今世界是融合的,互联网已经让人类社会成为一个整体,人们社会生活各个领域之间的相互联系越来越密切,这就是为什么社会化策略显得越来越重要。

(二) 新营销,新战略

传统的商业品牌采用以精准为基础的品牌战略,忽略了社会化的大环境,这在新的社会化互联网时代显然是落后的、缺乏竞争力的。当今社会,只要互联网普及的地区,就活跃着社会性消费者,他们都将影响到品牌的价值。

新环境下,不少企业开始启用新的品牌战略,并引起了社会的关注。2019 年,面对复杂的外部环境,华为加大了与社会的开放沟通:发布华为 2019 年年度报告;4 500 多名中外记者、3 000 多位专家学者、1 000 多批次政府团组访问公司;公司高管对外发言,高密度地与外界进行开放、坦诚的持续沟通;开放股权与治理信息,展示华为的股权结构、员工持股计划、治理架构和机制等;面对诉讼案件,华为坚持通过法律程序维护自身正当权益。华为开放沟通的若干举措,增加了企业透明度,也属于履行企业社会责任的一部分,有利于华为打消国际疑虑,更好地开展国际化运营。

在面临前所未有的战略转型和战略升级中,华为同脸书、苹果一样,选择将视野投向整个社会。我们可以发现,华为、苹果和脸书不仅将眼光投向整个社会,表现出品牌的社会关怀,同时也将目光聚焦在企业社会责任上,通过积极创新社会责任内涵和方式,落实和推进品牌的社会化。

企业社会责任源于 1970 年诺贝尔经济学奖得主米尔顿·弗里德曼在《纽约时报》刊登

的题为《商业的社会责任是增加利润》一文。企业社会责任的概念是在资本不断扩张,进而引起诸如环境、人权、两极分化、社会贫困,特别是劳工问题和劳资冲突等一系列社会矛盾的背景下被提出的,也是跨国公司在追逐高额利润的过程中,为了改善自身形象而践行的理念。经过50多年的发展,已经成为国际社会的共识。

对企业来说,企业的不当行为通常是通过企业高管的故意行为实现的,而企业高管也是企业社会责任行为的主要决策者。当企业社会责任水平较低时,企业合法性压力大,企业高管对低水平的企业社会责任负主要责任,使得其道德知觉小于其理想道德预期,从而激发道德一致效应,通过履行更多的社会责任进行道德积累,以提升他们的道德自我知觉和企业道德形象。因而在企业社会责任水平由低到高的过程中,由于道德一致效应约束了高管和企业不道德的行为,企业违规行为减少。然而当企业社会责任水平到达并超过某一个高度时,企业高管会因为自己对高水平企业社会责任所作的贡献,道德自我知觉超过其理想的道德预期,从而激发道德许可效应,将一些不道德行为解释为道德行为,这种解释称为道德证书模型,或者将不道德的行为和先前积累的、同时期的其他良好行为抵消,这种解释称为道德学分模型,因此企业高管不会质疑自己不道德的行为,不道德的违规行为被自己许可。

在我国,对企业社会责任的认识和实践尚处于起步和深化阶段,比较常态的是企业进行捐款、做一些公益活动或者慈善活动。有的企业家阐释了慈善和捐款的看法:中国企业家资源其实是有限的,企业家的第一责任应该是把钱花在投资,创造更多就业和财富上,如果不先把这个做好,就把钱捐出来,反而没好处。而且,捐款还面临"我们把钱交给谁"的问题。做慈善就是把钱捐出来而已,而且要求有可靠的慈善机构来承接。可见,部分企业家的视野一直限制在商业范围内。对他们来说,慈善事业有点像赚了钱以后回馈社会的一点回报而已。如果我们把范围放大,不把目光局限在"慈善"这两个字所带给我们的"施舍粥饭、济孤济贫"的传统理念中的话,我们就可以发现,华为、脸书和苹果其实不仅仅是帮助穷人、病人之类,还是冲破本企业、本行业的格局,用他们的价值信念为人类争取一个更美好的承诺。

（三）时代的号召

2020年7月,习近平总书记在企业家座谈会上强调,企业家要带领企业战胜当前的困难,走向更辉煌的未来,就要在爱国、创新、诚信、社会责任和国际视野等方面不断提升自己,努力成为新时代构建新发展格局、建设现代化经济体系、推动高质量发展的生力军。

任何企业存在于社会之中,都是社会的企业。社会是企业家施展才华的舞台。只有真诚回报社会、切实履行社会责任的企业家,才能真正得到社会认可,才是符合时代要求的企业家。

2021年,全面建设社会主义现代化国家的新征程已经开启。《中华人民共和国国民经济和社会发展第十四个五年规划和2035年远景目标纲要》强调,要坚定不移贯彻创新、协调、绿色、开放、共享的新发展理念,实现更高质量、更有效率、更加公平、更可持续、更为安全的发展。

截至2021年7月底,我国各类市场主体已达1.46亿户,其中企业超过4 600万户,个体工商户超过9 800万户。市场主体已经成为我国经济活动的主要参与者、就业机会的主要提供者、技术进步的主要推动者。在新的时代,企业家和企业更加需要落实新的发展理念,才能始终走在时代的前列。

时势造英雄。"只有真诚回报社会、切实履行社会责任的企业家,才能真正得到社会各界的认可,才能带领企业在市场环境中实现质量更好、效益更高、竞争力更强、影响力更大的发展。"全国人大社会建设委员会副主任委员、中华慈善总会会长宫蒲光强调。

国内外已经有不少学者研究企业社会责任与品牌影响力之间的关系,研究表明,企业承担社会责任不仅有利于提升品牌认知度、美誉度,而且有利于消费者保持品牌的忠诚度,促使企业品牌影响力提升。联合利华首席执行官保罗·波尔曼表示,今天的消费者愿意花钱购买有社会责任感的企业生产的产品。企业需要在提升品牌影响力的进程中履行企业社会责任,在承担企业社会责任的过程中提升品牌影响力。

全球化背景下,品牌建设和传播已经成为每个企业都必须面临和考虑的问题,面对新的竞争环境,企业要怎么做才能跟上时代的潮流,在竞争中保持持续的竞争力?华为、苹果及脸书做出了有益的尝试,通过延展品牌战略,从商业品牌定位到社会化品牌定位,通过承担企业社会责任提升品牌影响力,企业品牌的目标不仅仅是影响目标消费者,更主要是通过企业社会责任、影响力投资、公益品牌、社会性企业等具体方式影响社会。

企业家们应对时代有着敏锐的嗅觉,在视野层、价值层、精神层考虑品牌发展的战略,不能仅仅以商业价值作为企业的价值导向,要意识到品牌最终要社会化,并积极将品牌建设成为影响公众、具有社会性影响力的品牌,彰显其对于社会发展的影响。

三、问题思考

企业家如何打破商业思维的禁锢,扩大范围,使品牌战略带有更多的社会性和人文色彩,追求更高层次的价值,形成更高层次的企业文化?

四、分析点评

今天,企业已不再被看作仅仅是创造利润和财富的工具,它还必须对整个社会的可持续发展负责,企业社会责任已经从商业性质转向社会性质。面对企业这样的发展和改变,我们有必要去思索其背后的支撑,对品牌社会化的推动。

(一)以企业哲学和企业文化为核心

企业家需要做出一系列选择,这些选择需要企业家的价值判断,这些价值判断将成为企业生存和发展的核心思想。品牌社会化要求企业家打破商业思维的禁锢,扩大范围,使品牌战略带有更多的社会性和人文色彩,追求更高层次的价值,形成更高层次的企业文化。品牌社会化就是要让企业的价值导向从商业品牌价值最大化调整为社会影响力最大化,从而完成品牌价值的社会化,这样的企业哲学和企业文化就是品牌社会化的内核。

(二)以品牌社会影响力为导向

无论是品牌发展的外在环境还是品牌发展的内在逻辑,都呼唤企业家打破思维局限,跳出商业模式的限制,把格局放大,冲破本企业的行业格局,在视野层、价值层、精神层考虑品牌发展的战略。企业不能仅仅以商业价值作为企业的价值导向,要意识到品牌最终要社会化,通过延展品牌战略,从商业品牌定位调整为社会化品牌定位,企业品牌的目标不仅仅是影响目标消费者,更主要是通过企业社会责任、影响力投资、公益品牌、社会性企业等具体方式,让品牌在消费者心中占领最有利的位置,最终将品牌建设成为影响公众、具有社会性影响力的品牌。在这样的视野和格局下,企业品牌不仅具有商业品牌的特性和竞争力,并且将企业精神着眼于整个社会,把企业品牌价值与社会可持续发展和人类美好未来相结合,对品牌赋予社会化的内涵和意义,朝向品牌社会化路径不断发展,企业品牌便具有了社会性魅力。

品牌影响力的大小决定着人们接触品牌信息的程度和认可品牌价值的程度。在企业品牌从商业品牌转向社会化品牌的过程中,品牌的影响力将逐渐扩大,越来越多的人接触到品牌信息、理解并认可品牌的价值,并在社会化平台上传播品牌的价值、理念和文化,进一步推进品牌社会化的进程。可见,品牌社会化的推进和发展是以品牌影响力为导向的。

（三）以多元企业社会责任为桥梁

企业社会责任不仅是对规范的遵守,更多的是对商业道德的追求,是企业和企业家对更高层面价值的致敬。企业的发展已经逐渐开始脱离纯粹商业的趋利性,企业社会责任更多的是在对更高和更纯粹的人本价值的追求中,履行一种社会责任,一种人类本质的责任,是一种更高的境界。企业社会责任强调在生产过程中对人的价值的关注,强调对消费者、对环境、对社会的贡献。

企业社会责任是社会本位的,追求的是社会价值,具有历史性和人文色彩的特性。在企业品牌从商业品牌向社会化品牌的发展中,企业社会责任起到了"桥"的作用,贯通了企业品牌的价值、理念、文化与顾客价值和社会价值,通过社群经济和品牌生态圈等新兴载体,驱动企业品牌的社会化。

（四）以社会化宽泛定位为基础

互联网已经让人类社会成为一个网状结构,依托移动互联网平台和社会化网络,消费者成了品牌信息传播的主体,主动参与到品牌价值传播的过程中,并且自发地围绕品牌核心价值观开展相关的社会化活动。在这样的条件下,不仅仅是品牌的消费者,社会化平台上所有参与互动和交流的公众,都将接触到品牌的信息,影响着品牌的价值。

只要互联网惠及的地区和领域,无论是繁华城市还是乡村社区,无论是 B2B 还是 B2C,都活跃着社会性消费者,他们都将影响品牌的价值。因此,企业应该宽泛定位目标消费群体,将所有人涵盖在内,因为不管他们是不是企业品牌的消费者,都有可能是企业品牌相关者,都可能影响品牌的影响力。品牌社会化的第一步就是将品牌目标群体从精准定位调整为面向社会的宽泛定位,品牌目标群体定位的社会化是品牌社会化的基础。

（五）以完善品牌生态圈为策略

不难发现,如今传统媒体的广告宣传模式开始出现发展瓶颈:广告资源泛滥,消费者抵触情绪高;传播效能低下,缺乏精准性;广告价格飙升,企业不堪重负,等等。新经济环境下,社会性消费者依托社会化媒体强势崛起,社会性消费者对企业核心价值的认同和传播已经成为扩大品牌影响力的重要途径。这让企业纷纷调整战略,将目光转向新兴社会化媒体,将目标定位整个社会。

如今,越来越多的企业借助社会化网络平台,如脸书、腾讯、博客、社区信息平台等,形成企业的社群网络,建立自己的品牌生态圈,并在自己的品牌生态圈中传播品牌文化和价值,扩大品牌的影响力。如今,企业品牌传播的手段已经逐渐从整合传播发展为建立社会化平台品牌生态圈,这样的传播手段成为品牌社会化的策略。

面对经济前所未有的转型考验,面对经济持续低迷的谜题和长期的大势,企业家们需要作出新的战略思考和战略选择,需要调整企业的战略和策略来适应这样的形势。我们希望,企业家们可以在精神上成长起来,转变原有的品牌战略,将目光放得更长远,追求更高层次的价值和责任。这不仅是时代的要求,也是企业家精神的要求。企业家要跳出传统商业模式的圈子,将目光投向全社会,以追求企业的社会价值为终极目标,顺应品牌社会化的趋势。我们可以将品牌社会化的途径大致概括为:企业面向全体社会成员,利用社会化媒体平台,把技术创新和服务创新融合于企业社会责任、社会影响力投资、公益品牌/慈善品牌等具体方式,并将社会企业作为企业发展的终极目标,最终将品牌建设成为不仅影响社会公众,同时推动社会可持续发展的社会化品牌。

（范曼铃、宗会明:《基于嵌入理论的中国跨国企业的企业社会责任研究——以华为公司为案例》,《人文地理》2021 年第 4 期;刘明霞、陈宇哲:《企业社会责任对企业违规行为的影响》,《软科学》2023 年第 37 期;刘乾、陈林:《富而好德,何必曰利——论企业社会责任与经济绩效的权衡关系》,《中山大学学报(社会科学版)》2023 年第 63 期。）

案例 3-2　品牌年轻化:老字号如何迎接新世代

一、背景资料

近些年来,我国的品牌建设总体上取得了很好的成绩,但还存在很多问题,尤其是品牌老化现象严重,很多老字号品牌的传承与发展出现问题。曾经在老北京街头巷尾传唱的"头顶马聚源,脚踩内联升,身穿瑞蚨祥,腰缠四大恒"等老字号随着时代变迁,逐渐消失在人们视线中,风光无限的老品牌,显现出无法与时代同行的疲态。商务部数据显示,在被认定的 1 128 家"中华老字号"中,仅有 10% 发展状态较好,其余大部分都存在经营问题。产品老旧,创新动力不足,经营方式落后,市场反应慢,品牌口碑差,无法吸引年轻的消费者,这些都成为"老化品牌"心中的痛。

二、基本案情

(一) 正在老去的品牌

2020 年 5 月 11 日,162 岁的餐饮老字号"狗不理"宣告退市,全国新主板一度成为消费市场关注的焦点,网友评论"可惜"的同时也感叹其自身亦有问题。观其总店在某平台上约 1.2 万条的评论,其中竟有接近千条差评——"服务差""价格贵""口味一般""不值"等是诸多消费者对"狗不理"的印象。对于这些网友或好或坏的评论,"狗不理"店铺始终未作出解释或实质性的改进,这种高姿态让十分注重口碑与消费体验的 Z 世代观感很差,即使"狗不理"后续尝试推出礼盒装、拓展冷链产品,也难以得到消费者的青睐。这种不关注年轻消费者的心声,仅以情怀作为营销手段的行为最终以"狗不理"陆续关闭十余家门店和退市告终。

虽如此说,但还是有部分网友表示,"终归味道好才是硬道理",如果"狗不理"能够好好整改,凭着曾经的情怀,还是有希望重创辉煌的。

(二) 逐步成长的新世代

市场始终关注着年轻的消费者,这是一个消费人口基数和增长潜力都巨大的群体。而每一代的年轻人,都有着独一无二、与众不同的特征,这在学术研究上被称为代际差异。每一代的消费者由于环境和技术等因素的影响,也会在消费上形成代际差异。主流的世代划分以出生时间为准,可分为沉默一代(1928—1945 年),婴儿潮一代(1946—1964 年),X 世代(1965—1979 年),Y 世代(1980—1994 年),Z 世代(1995—2009 年),α 世代(2010 年至今)。不论是哪一个世代,在发展过程中,年轻人的力量对品牌推广与市场营销活动的影响都十分巨大。

科学研究表明,消费者年轻时所形成的消费习惯和理念对其终生消费有着重要影响,获得年轻人的关注和喜爱,是品牌获得生生不息动力的源泉。具有巨大消费潜力的新世代的消费习惯成为企业市场战略制定的重要关注点。

目前处于年轻人行列的中国 Z 世代庞大的影响力已悄然显现。2018 年国家统计局数据显示,1995—2009 年中国大陆出生的人口总数约为 2.6 亿,约占 2018 年总人口数的 19%。这一代人的成长伴随着中国经济高速腾飞、全球化速度加快、互联网信息技术发展等,他们的消费行为也深受这些环境因素的影响。例如:经济条件的宽裕和消费品的丰富让他们从小就懂得消费,长大后物流运输业和网络的发达让他们不受时间地点的限制,更加频繁地进行消费;碎片化的时代让他们的注意力更为分散,电视购物和节目中广告植入的狂轰滥炸让他们早早接触到广告,微信、QQ、微博等社交媒体的社群传播更是让营销进入到他们生活的每一寸空间,信息爆炸式的增长让他们学会过滤掉无效广告,精准营销技术的成熟让他们更加主动关注与自己价值观调性相符合的产品,圈层性与社群性让他们非常注重品牌的口碑;全球化让他认识到世界的多元性,当代的年轻消费者似乎对市场拥有更多的包容性。

社会与家庭结构的变更潜移默化地改变了他们的消费观念。受 20 世纪 90 年代生育政策的限制,这一代人家庭一般只有一个或两个孩子,父母们对单个小孩倾注心血精力更多。一方面这促进了家庭关系的紧密,众多调研报告显示孩子在家庭消费决策中占据的重要性比重越来越高;另一方面获得更多家庭培养的年轻人,他们有更多的时间发展兴趣爱好,而这些兴趣爱好成为一个庞大群体拥有的共性后,就催生出许多新兴行业,电竞、萌宠、二次元等都是这个世代非常具有代表性的标签。

很多把握住这一新世代消费特性的企业都获得了成功。例如匡威、可口可乐、苹果、乐高、宜家等品牌,深受中国年轻人的喜爱。而中国本土很多老品牌却因过分守旧,不努力拓展新的消费群体,导致品牌知名度和美誉度都大打折扣、市场占有率下降、经营疲软,最终消亡在历史进程中。互联网带来的快节奏使得市场形势更加瞬息万变,年轻人的注意力被分散,如何吸引 Z 世代的目光,获取他们的喜爱,是新兴品牌与老品牌都必须重视的问题。

(三)如何做好"高龄"年轻品牌

老字号、老品牌曾在他们的时代广受追崇,而今他们已经"高龄",如何让自己更受年轻人喜爱,从近几年来成功做到品牌年轻化的案例中可得到如下经验。

1.发掘品牌文化,提高品牌认同感

Z 世代的消费者购物往往取决于兴趣,他们倾向于选择能够体现他们文化与价值观的品牌,因此老字号要让年轻人感受到品牌文化的力量,提高品牌认同感。

故宫中的文物囊括了中华五千年的文明精华,然而在以前人们对故宫的印象只是一座高大冰冷的宫殿、众多只可远观的陈年物件、挤挤嚷嚷的游客,以及服务态度差的体验。但近些年来,越来越多的年轻人感觉到故宫变"年轻"了。

"要让文物说话,让历史说话,让文化说话。"这些年来,精心制作的综艺节目《国家宝藏》通过主讲人讲述国宝背后的故事,让文物不再只是冰冷的器物,而是历史与情感、技术与审美的结晶;高分高赞的纪录片《我在故宫修文物》让众多人了解到文物修复师的工作,从他们的角度看到中国匠人的匠心;故宫淘宝网店各种精妙的文创周边,将故宫文化与口红、胶带、冰箱贴等年轻人日常用品巧妙结合,持续拉近与消费者间的距离;而趣味横生的剧情类App,更让大家以更便捷的方式、更多样的形式、更诙谐的心态认识故宫。

有着五千年的积淀,肃穆厚重的文化和历史的故宫以年轻化的形式展现,勾起了 Z 世代对传统文化的热爱和民族自信心的回归,600 岁的故宫告别了"高冷的姿态",正在以多元化的形式一点点走近年轻人,赢得时代的接纳与喜爱。

2. 创新产品,引领市场潮流

品牌的核心始终是产品,如果产品不顺应时代潮流,那么品牌做再多的努力也难以成功年轻化。

1990 年创立的国货品牌李宁虽然很早就意识到需要靠品牌年轻化来抓住"90 后"消费者,但因市场不成熟及设计不适应年轻人审美潮流,而让精心打造的"'90 后'李宁"不仅没有获得"90 后"消费者的认可,而且得罪了原有占销售额 50% 以上的"70 后""80 后"用户,结果导致李宁长达几年的转型阵痛期。但是,属于 Y 世代心中年轻品牌的李宁并没有在转型中倒下,而是逐步脱离创立者李宁,找到新的定位——中国李宁,替换设计师,让李宁的众多产品线得以新生。在巴黎时装秀上,李宁发布了多款具备中国元素的产品,掀起一阵"国潮"。注入中国文化的"李宁"在消费市场中一举瞩目,独特而又有内涵的设计成为年轻人追捧的潮流。没有投入过多的广告,而是创新年轻人认可的产品,"李宁"真正做到了品牌年轻化。

3. 拥抱互联网,进行新媒体营销

互联网时代,一方面信息量爆炸式增长,消费者的注意力越来越难被捕获,另一方面消费者决策对品牌口碑影响越来越大。而年轻人作为网络的重要参与者,既能制造话题又能影响舆论,时时刻刻了解年轻消费者群体的话题,跟随热点,才能更容易吸引消费者的注意。这让品牌必须进行传播手段改革,关注互联网,进行新媒体营销。

创立于 1931 年的百雀羚,曾是国内消费者首选的护肤品品牌,随着全球化进程,国外品牌进入中国,国产护肤品逐渐淡出年轻消费者的视线。为了改善经营条件,百雀羚进行了多项年轻化改革,其中最值得借鉴的就是传播年轻化。

在广告投放层面,百雀羚连续三年拿下热播综艺节目《中国好声音》的独家特约。观众在观看这些节目的同时,总会被主持人和嘉宾的口播所吸引,提高了百雀羚在年轻人心中的知名度。

在代言人方面,百雀羚始终选用年轻人喜爱度高的明星。2016 年,签约周杰伦作为品牌代言人推出宣传片,2019 年官宣迪丽热巴为彩妆代言人,2020 年签约王一博为全新品牌代言人。这三位明星都拥有极高的知名度和庞大的粉丝数量,在社交媒体上,百雀羚常常成为热门话题品牌。

强调年轻玩法,通过大力投入冠名节目和请代言人,百雀羚成功地让自己的品牌在 Z 世代心中留下了深刻印象,引流然后变现,产品销量年年高升。2018 年百雀羚集团在中国时尚零售行业以 230.1 亿元的营业收入位居第五,2019 年"双十一"以 8.56 亿元的全网销售额获得国妆品类冠军。

4.拥抱新零售,拓宽销售渠道

传统的线下店铺点位销售模式已经很难实现大幅利润增长,年轻人大多爱在线上进行购物,拥抱新零售是老字号应该有的新思维。

五芳斋作为中国老字号,是最早一批开始研究新零售并且付诸实践的企业之一。线下,2018年,五芳斋两家智慧门店开业,排队、点餐、取餐、结账全由消费者自主依靠系统完成,改造后迅速获得年轻客群的认可。线上,入驻天猫平台,2018年端午期间,五芳斋粽子在天猫平台的市场占有率为50%左右,高峰期旗舰店单日销售额突破1 200万元。此外,五芳斋也与支付宝、大众点评等深度合作,尝试新的业态组合,增设外卖运营服务等。

坚持创新,在一次次自我改变中突破,这让五芳斋餐饮在中国餐饮老字号品牌创新力指数排名中领先,活成了年轻人喜欢的老字号,成为一个"100岁"的年轻品牌。

三、问题思考

如何理解品牌年轻化战略,其对于新品牌和老字号品牌来说有哪些锦上添花之处?

四、分析点评

品牌年轻化是品牌为了适应消费群体和消费习惯的年轻化,而作出的年轻化举措,不能只是单一的改变,而是需要进行一系列整体的改动。

品牌年轻化也不完全等同于消费者年轻化,而更多的是目标市场的年轻化,即使是年老的消费者,消费习惯也会随着时代与技术的变革而变更,线上购物的普及就是最好的例证。

品牌年轻化是动态的过程,而非局限于某一个时代的年轻化,不仅老品牌需要品牌年轻化,新时代涌现出的许多新品牌,也同样需要。例如2012年起家于互联网电商的三只松鼠,依托品牌萌宠文化,进行线上销售,关注年轻人需求,提供优质服务,一举成为休闲零食头部品牌。可以说这是一个非常年轻的品牌,深受Z世代的喜爱,但未来的α世代是否一定会喜爱三只松鼠,接受并认可它的品牌文化,都要打上问号。所以,新品牌也需要进行品牌年轻化,始终关注市场的变化,关注世代的变更,才能够永葆青春。

与外来品牌相比,独特的历史价值和消费者情感是老字号天生的优势,当前的文化自信、民族自信崛起更是为老品牌重新获得市场认可创造了不可多得的机遇。在这个变更与发展都十分迅速的时代,老字号不应该一直囿于过去的辉煌,一成不变地进行市场活动,那样只会加速自己的消亡进程,而应该不断地与时俱进,适应新时代的新要求——进行品牌年轻化,才更能与消费者产生共鸣,在市场竞争中获取更多机会。

(李桂华、胡纪雯:《品牌年轻化:老字号如何迎接新世代》,《金融博览》2021年第5期。)

案例3-3　新巷战:深度营销战略

一、背景资料

在中国经济井喷时代,各个行业几乎都是十几个百分点以上的增长,中国营销的进化也是跳着高、翻着跟头地前行。

二、基本案情

新巷战,这是我们对回归线下的基本判断。

(一) 没有线上的日子——人海战术

2000 年之前,中国消费品行业的主流渠道模式就是批发或者直营模式。所谓批发,就是在日益增长的物质文化需求和落后的生产力之间的矛盾里,生产方是大爷,有产能就有市场;产品出来后,找一部分批发商就能解决战斗。这个时段,基本是 F2B(厂家到经销商)时期,一个工厂+几个大业务+几十上百个批发商,销售就这样完成了。

大概在 1990 年之后,很多企业感觉到批发端的拥堵和竞争,采取了向前一步的动作,在一些地区设置直营型分公司或办事处,绕过批发商,直接面对终端客户,这大概就是 F2B2B(厂家到经销商到零售商)的初级版本。

经过一段时间运营,企业发现直销模式很重,效率不高,而且"跑冒滴漏"众多,自己人下不了狠手,于是这种直销模式慢慢被弃用。但是市场总要去做的。在此背景下,以 F2B2B 模式为原理的深度分销模式就诞生了。深度分销有很多变种,总则是网格化管理,抓住终端,企业业绩的增长和终端数量成正比。

消费品里面的百亿千亿企业,基本都是深度分销红利的受益者,这个模式的直观表现是地盘多大,品牌就多大! 隐性表达则是:人多势众。企业通过深度分销这个模式训练了大量子弟兵,有直属部队(业务体系),有民兵组织(经销商人员),有地方组织(店老板),并且构建了大批人才组织,前仆后继,形成了组织推动力。

品牌则是长在渠道和组织上的鲜花,用人海战术堆起来的鲜花。

深度分销这个体系的最大特点就是人海战术,没有人,这个系统就萎缩了。人海战术的体现就是人多,为什么需要这么多人呢? 因为深度分销要触达终端门店,中国终端门店多达 600 万家。谁在逐街逐巷地争夺 600 多万家门店? 答案是分销员。因此,一线品牌的分销员是业务经理(负责经销商)的 5~10 倍。

这种战术,我们称为"巷战"。

(二) 线下失语的日子——流量战术

线上的崛起,大概始于 2010 年。商业上的崛起以"淘品牌"为主,创业者蜂拥开线上店,截至 2021 年 1 月 5 日,天猫店铺有 33.451 1 万家,淘宝店铺有 1 026.079 4 万家。2009 年"双11"销售额 0.5 亿元,共有 27 个品牌参与。2010 年"双 11"销售额 9.36 亿元,共有 711 家店铺参与。2011 年天猫"双 11"销售额 33.6 亿元,淘宝和天猫共 52 亿元,共有 2 200 家店铺参与。

深度分销失去话语权的时间点大概是在 2010 年之后。互联网的到来,吸引了大量年轻人,年轻人远离以执行力著称的深度分销集中营,去了满是创意和想象力的互联网行业。

在平台思维和流量思维主导的日子里,谁能买到流量,谁就是王者。

买流量需要钱,于是,资本横行互联网界。什么是流量? 用一个词概括就是"烧钱"。

互联网是钱和创意的组合世界,有想法、去融资就能实现。小则透支花呗、借呗,大则几轮融资后套现离场。

巨头平台则采取押宝的投资策略,十个投资可以九败,但是一个成功就可以赚个盆满钵满!

于是,深度分销被鄙视、被挖角,人才纷纷起飞跳走,不愿意过面朝终端、背朝管理的苦日子。

各种互联网语言此起彼伏,互联网的后半期涌出新零售概念,更吸引一帮人朝三暮四,追逐潮流浪花,像追蝴蝶、蜻蜓的那只钓鱼的小猫,屁股都坐不住。

风口停了,不仅仅是猪摔下来,更是一地鸡毛!

风投停了,各大平台裁员,淘宝天猫店就像线下店一样挥泪转让……钱没了,流量没了,人去哪里?

(三)新巷战与传统深度分销有何不同?

2020 年线上销售快速增长,增速一度超过 30%,特别是直播电商。2021 年,电商的增速就开始下滑了。在众多媒体和很多所谓专家的传播下,很多人以为电商已经是我们消费的第一大渠道了,而实体零售早就是那种弱小不堪、时刻有倒闭风险的一类渠道。实际的情况是电商销售只占社会消费品零售总额的 30% 左右,70% 的商品是通过实体店卖出去的。

消费品市场线上线下的三七开结局已经基本定型,东风西风处于僵持状态。线上从战略进攻转入战略防御。

从概率上讲,消费品领域里面,线上并没有从根本上撼动线下霸主的位置,除了一些长尾产品之外,大众市场里面的百亿千亿品牌,依然是线下霸主。

新消费品牌一个个在线上粉墨登场,在线下灰头土脸。原因是在线下钱能解决的问题好像都不是问题,管理的问题才是问题。线下是渠道的万重山,过不了管理这一关,吃不了过千山万水的苦,新消费品牌就像穿着高跟鞋进了乡村路,路没有走成,脚扭了。

线上与线下纠缠交集在一起,用一个通俗的说法就是"三十年河西,三十年河东",用老祖宗的说法是太极阴阳鱼,用科学的说法是否定之否定,螺旋式上升。

也许还有骑墙的说法,那就是线上线下融合,不分彼此。

如果说传统线下是人海战术的巷战,那么回归线下就是新巷战,就是基于 BC(零售店和消费者)一体化的深度分销。

巷战,一般也被人们称为"城市战""终端战",因为巷战是在街巷之间逐街、逐屋进行的争夺战,发生的地点通常是在城市或大型村庄内。其显著特点,一是敌我短兵相接、贴身肉搏,残酷性大;二是敌我彼此混杂、犬牙交错,危险性强。

城市巷战是随着城市的发展和战争规模的扩大而逐步形成的,城市化的发展意味着今后如果发生商战,城市巷战仍不可避免,并将成为一种重要的作战形式。巷战逻辑与流量逻辑差距巨大。巷战,需要逐街逐巷争夺,一个一个打下来,一个钉子拔不掉都不行,绝对需要长线主义。无论是终端"扫街"还是用户"扫人",都非常难打。流量逻辑是资本"大水漫灌",能够速战速决,结果可能是速生速死。

新巷战,首先是巷战,每个巷口都要争夺。同时,巷战有了新工具——互联网。过去的巷战是拼刺刀,新巷战是超视距战,可能还没见到对方,就已经被干掉了。

传统深度分销,基本是以肉眼嗅觉加经验和肉体组成的巷战部队,战术动作除了训练之外就是靠战场实战积累。

三、问题思考

(1)新巷战与传统深度分销有什么不同?

(2)未来应如何打好新巷战?

四、分析点评

老巷战是逐街逐巷争夺终端，打的是 2B（到商家）战。新巷战不仅要逐街逐巷争夺，还要逐家逐户争夺，还要打 2C（到消费者）战。用现在流行的词汇讲，就是 BC 一体化的争夺战。新巷战时代基本具备了 F2B2B2C（厂家到经销商到零售商到消费者）的能力，采用系统＋人的体系，用工具精准获取信息，不仅能"扫街"，还能"扫人"，圈地的同时也能够圈人。

传统深度分销是以业务员人链组成的连接方式，新巷战是在深度分销基础上以人链＋互联网工具武装组成的新作战体系。战场可能没有变，但是武器和打法已经大变，传说中于万军之中取上将首级，运筹帷幄，决胜千里之外可能都会成为现实。

打好新巷战，应做好以下两点。

第一，"扫街"。"扫街"的基本原理是网格化、棋盘格，根据人在哪里，"扫街"就到哪里的原则，采用"六定"方法，即定区、定量、定时、定人、定线、定配送，采取无遗漏、逢店必进原则，对某个地区的所有终端进行盘点、记录、标注、分类、清点本竞品库存。

第二，"扫人"。做好传播矩阵并以中心化进行分布式"扫人"，一物一码和云店是基本配置，一物一码解决的是产品在渠道状态的数字化呈现问题，而非简单的促销拉新，云店解决长尾产品和新品货架不足以及铺货不准问题，而非老品销售问题。最终通过数据积累，实现分布式信息获取：准确地知道某个产品经过哪个渠道环节被谁购买、被谁消费，然后反哺研发和渠道管理。

总之，"扫街"既靠人又靠系统，"扫人"主要靠系统。对于百亿级大品牌业务员而言，也许会有一天像美团小哥、滴滴司机一样背靠系统面向人，后面有一个强大的数据中心组成的中台，业务员在手机终端的指令下行动，新巷战，由此开打！

（方刚：《回归线下：新巷战》，《销售与市场（管理版）》2022 年第 5 期；方刚：《新巷战起手式之一："再扫街"》，《销售与市场（管理版）》2022 年第 5 期；方刚：《新巷战起手式之二："扫人"》，《销售与市场（管理版）》2022 年第 5 期。）

第三节　课堂讨论案例

 案例 3-4　海尔：构建全球领先的物联网生态品牌

一、背景资料

产品会被场景所替代，行业会被生态所覆盖。物联网时代，技术只是工具和手段，真正的难点和痛点在于构建用户喜欢的场景。

二、基本案情

作为 2019 年 BrandZTM 全球百强品牌中第一个且唯一一个物联网生态品牌，海尔集团正向全世界展示其作为国际品牌的力量。

2020 年的开始，一场史无前例的疫情让整个世界都猝不及防。在这场没有硝烟的战"疫"中，海尔集团从 1 月 18 日开始，调动全球资源，以资金、医疗设备和物联网家电等形式，先后实施了四轮捐助,并在疫情平稳后积极开展复工复产。这让我们看到海尔全面又强大的生态布局。实质上这便是海尔全方位生态布局对物联网时代机遇的把握,帮助其成功实现了从全球白色家电第一品牌到全球引领的物联网生态品牌的进化。如今,海尔物联网生态系统已覆盖智慧家庭、工业互联网、大健康等多个产业生态,面对这场突如其来的疫情,海尔凭借其生态品牌的优势进行了全面的硬核战"疫"。

万物互联的物联网时代已经到来,但物联网带来的绝不仅仅是简单的物物相连,而是通过连接来创造新的生活方式与商业形态。在以用户体验为中心的基础上,"用场景替代产品,用生态覆盖行业"成为海尔集团的物联网场景新体验。

截至目前,海尔集团已成功布局打造食品、医疗、家电等生态互联平台,有效为各领域提供现代化智能解决方案,致力成为物联网智慧生活解决方案的领导者。

(一) 全生态抗疫:资金、设备、物流等齐上阵

在抗击新冠肺炎这场不平凡的战役中,涌现了无数平凡英雄以及有担当的优秀企业。海尔集团也在这"抗疫大军"当中,依靠生态布局,发挥了不可忽视的作用。

据了解,作为驰援武汉最早、援助最立体的企业之一,海尔集团从资金、医疗设备、防疫物资、物联网家电、"抗疫突击队"、医疗队、绿色物流通道乃至海内外协同等方面,进行了全链条、多维度的抗疫。

数据显示,在资金、医疗设备和物联网家电等方面,海尔集团先后实施了四轮捐助,总价值 2 900 多万元。其中包含 1 300 万元现金,超过 1 100 万元的医疗设备。

疫情爆发期间,海尔武汉分公司还紧急成立"抗疫突击队"。在火神山医院和雷神山医院的建设场地上,海尔"抗疫突击队"24 小时坚守;在施工封路的情况下,抗疫队员肩扛手抬,徒步 2 公里,将一台台海尔热水器、冰箱、空调等配送安装到位。

医疗队方面,海尔医疗迅速集结 10 余位具备重症康复科、感染科等专业背景的医护骨干,组成海尔医疗驰援武汉医疗队,分三批出发奔赴武汉抗疫最前线。绿色通道方面,早在疫情蔓延之初,海尔旗下日日顺物流就为武汉开通 24 小时救援物资免费运输通道,并已累计为武汉及全国其他区域 1 515 家医院(组织)提供服务。

此外,海尔集团依托全球化布局协同联动,筹集来自美国、日本、俄罗斯、法国、印度等国家的医用口罩、护目镜、防护服等物资紧急直送国内。与此同时,日日顺物流整合 300 余家空运资源方,搭建起全航线发运通道,为 10 多个国家的物资制定全流程的跨境物流方案,保障海外物资顺利运往国内。

正是通过海尔集团的全方位生态布局,通过海尔智家、日日顺物流、海尔生态医疗、工业物联网卡奥斯等等生态圈统筹协作,海尔集团得以在疫情期间迅速反应,从出钱、出力、出人、出物的方方面面响应援助,驰援武汉,并统筹海内外进行全链条、全生态、多维度的抗疫行动。

(二) 科技抗疫、生态赋能:助力全国企业复工复产

"战疫"还在继续,而随着时间的推移,除了疫情防控,复工复产也摆在了社会面前。一路奋战在抗疫前沿的海尔集团,在复工复产方面也一样成为榜样。

"快速热成像测温＋不摘口罩人脸识别"、无接触式打卡、"电梯内每日消毒＋按键专用一次性纸巾"、"盒饭直达办公室＋工位分散用餐"、开通复工班车减少交通过程中的感染风险……海尔集团甚至在疫情期间请来"Tony 老师"为员工理发,为员工工作和生活场景提供全面无死角的多项保护措施。

　　因此,海尔集团在全国各地高效、严格、安全有序的复工行动得到了当地媒体、央媒的高度认可,被称为企业的"复工样板"。

　　据了解,按照国家和山东省相关规定,海尔集团以"两个零"(零确诊、零疑似)为复工目标,组建集团疫情防控领导小组及六个专项工作小组,制定了一系列防控措施,保障复工后的员工安全和企业正常运转。

　　更难能可贵的是,从驰援疫区到复工复产,海尔集团不仅表现亮眼,还由己及人,赋能中小企业复工复产。据了解,海尔集团旗下工业互联网卡奥斯平台,面向全球、全行业提供用户全流程参与的大规模定制转型服务解决方案。在了解到抗击疫情存在巨大的物资缺口后,卡奥斯团队用 2 天时间,加班加点,紧急搭建上线新冠病毒战疫供需平台,精准对接抗疫物资的供需双方,赋能企业开工复工。

　　其中,山西省侯马市的复工复产就离不开卡奥斯团队的努力。在平台运行中,卡奥斯团队了解到山西省侯马市缺少一家能够生产医用口罩的企业。随后,团队第一时间协调到了河南的原材料以及工艺技术等,成功赋能了第一家医用口罩厂落地侯马,该工厂下一步也希望通过卡奥斯平台实现智能制造的升级。这也标志着平台开启了从"全球采购"到"全球赋能"的发展阶段,实现抗疫资源的精准对接。

　　数据显示,新冠病毒战疫供需平台连接了来自俄、美、日、韩、德、英等 12 个国家,各类机构超过 2 600 家,发布口罩、防护服等防护物资需求 5 000 万件的信息,吸引了政府部门、各地医院、医疗企业、物流企业等组织机构上平台发布、对接供需信息。

　　继《新闻联播》点赞海尔"抗疫突击队",央视多次报道海尔有序复工之后,海尔集团又借卡奥斯工业互联网赋能全国企业复工复产案例成为全国样板。

(三)走进物联网生态:用场景替代产品

　　从抗疫到复工,再到赋能全国企业复工,海尔集团表现可圈可点。而其样板式的行为绝非从抗疫时期才开始,而是已经走了整整 40 多年。

　　从 1984 年创业至今,历经 40 多年的发展,海尔集团经历了名牌战略、多元化战略、国际化战略、全球化品牌战略、网络化战略五个战略发展阶段,已经正式进入"生态品牌发展战略",迈入第六个高速发展阶段。

　　目前,在物联网生态建设方面,海尔集团已经初见成效——2019 年成为 BrandZTM 全球百强品牌中第一个且唯一一个物联网生态品牌。

　　正是依托于互联网的特点,海尔集团成功颠覆传统企业自成体系的封闭系统,从一家传统制造家电企业转型为物联网生态品牌和面向全社会孵化创客的平台,成长为一个布局全生态的国际化品牌。

　　也正是海尔集团的不断创新发展、自我颠覆,使得海尔集团凭借物联网生态在抗疫复工赋能方面大放异彩——海尔医疗体系迅速集结优秀医疗骨干成员;物联网家电提供基于场景的定制化解决方案,给火神山、雷神山等医院提供最合适的物联网家电配置;物联网场景物流为国内及海外运输提供全流程物流解决方案;提供大规模定制转型服务解决方案的卡奥斯赋能全国中小企业复工……

　　"被奉为百年经典的管理模式渐已失灵于互联网时代。脱离迷津的唯一出路在于破坏性创新。"海尔集团董事局主席、首席执行官张瑞敏曾表示。而现在看来,张瑞敏已经踏准了时代的节拍,明确了未来方向——"在物联网时代,企业不应再是有围墙的花园,而应该是一片热带雨林。热带雨林不会死亡,因为它是一个生态系统,自己能够繁衍出新的物种而生生不息。"

张瑞敏的物联网生态预言还指出:"产品会被场景替代,行业会被生态覆盖。物联网时代,技术只是工具和手段,真正的难点和痛点在于构建用户喜欢的场景。"很明显,海尔的"人单合一"模式以及物联网生态战略转型,无疑是海尔集团最新的"破坏性创新",并已经得到实践的检验。利用创新管理模式互联互通各板块及资源,海尔集团联合多方利益,打造了以用户体验为核心的新商业模式、新业态,进而实现场景、生态内的多方共赢。

《财富》杂志高级特邀编辑、畅销书作家杰夫·科尔文指出:"很多大组织、大机构在对组织架构进行创新时会碰到很多问题。但是海尔对自己的业务和管理模式都成功地进行了转化,并且获得了巨大的成功,且持续进行创新。海尔正在以世界最深刻的方式对大组织进行创新思考。"

不可否认的是,海尔集团的物联网生态品牌具有自身的引力场,得以吸引越来越多的资源加入,围绕用户的体验迭代改变着行业的发展轨迹和速度。而海尔集团的"人单合一"模式以及物联网生态战略,正代表着中国管理模式走向世界,引领世界潮流。

三、问题思考

移动互联网时代与物联网对企业营销战略有哪些影响?

四、分析点评

在物联网快速发展的时代,利用物联网的可控性可以促使消费者完成远程消费,利用物联网的寻址性促使营销者准确了解终端用户的实际情况,进而明确产品升级方案。移动互联网时代下物联网技术的更新与应用对企业营销战略主要带来了如下影响。

首先,企业营销数据更加可靠,营销战略可以更多地依赖智能系统。传统的市场信息采集主要是通过问卷调查和电话等方式进行的。之后,即便有了某些办公软件或办公平台,部分基本数据仍需依靠手工录入,导致数据信息的准确性不高。而物联网技术则不会由于人为因素而导致数据信息的错误,因为物联网技术所产生的信息处理与传递完全采用了智能系统。还可以分析企业的市场现状,预测企业的市场前景,以便更好地掌握市场趋势,为企业营销提供更精确的数据信息。

其次,为用户提供更具个性化的营销方案与策略。物联网技术可以帮助我们更好地了解用户的需要,并为我们提供更好的解决方案。通过物联网技术获取的数据,能够帮助企业的营销部门更加深入地了解用户的生活习惯,进而能够更好地进行与之相关的营销活动。联结的装置可以更高效地分享和使用资料,例如产品的使用状况,环境因素,品牌偏好等等。物联网技术能让使用者预先感知到他们所用的商品是否已经过时,从而帮助企业针对性地推出新的商品。

最后,精准定位目标人群,建立用户反馈系统。通过物联网技术,公司的营销部门可以对顾客的购买模式和行为进行分析,了解顾客最喜欢的商品,进而可以按照顾客的喜好来进行设计,并向顾客提供具有针对性的购物体验。物联网技术不仅可以提升顾客的满意程度,还可以对顾客的潜在抱怨进行预警,并进行针对性的处理。

而处于物联网环境下的企业要想提高营销效果,就要创新。企业应做到以下几点。

(一)更新营销思想,设置定制营销模式

在物联网环境下,消费者的自身需求具有个性化特点,具有明显的深度细分。这就对

"一对一"的公司营销模式提出了更高的要求。在物联网环境中,能够确保顾客享受到个性化服务:根据传感技术赋予商品"感觉"的功能,利用无线传输技术对顾客的特定身份进行识别,并根据顾客的需要进行服务方式的判定,从而确保个性化营销的品质,并与顾客的真实需求相匹配,从而设计出更好的企业产品。

（二）扩展营销职能,加强营销教育性能

市场营销中的教育绩效是随着科技含量的提高而提高的,现代企业营销应将教育绩效与市场营销相结合。在过去的环境中,消费者往往是在购买前就已经掌握了关于产品的知识和使用技巧。但是,在物联网环境下,消费者需要了解产品的使用流程,尤其是产品的升级结构,企业应该结合网络,开展有实效性的跟进教育。没有物联网的支持,智能消费的理念就无法实现。总之,企业营销的创新也需要对消费者进行全程引导。

（三）开启立体化全面营销服务机制,完善营销体系

在物联网环境下,广大消费者对营销服务的具体内容和服务手段都有了新的要求,过去营销环境下间断性的服务理念已经不能与时代的发展相匹配,因此要适当采用立体化全面营销服务机制,将多种服务内容结合起来,共同呈现给消费者。因此,企业营销人员应该对产品信息有一个全面的认识,将产品的保养相关知识以及使用环境等进行程序化设计,将所有的内容都发送给消费者,让消费者能够在物联网环境下,没有产品应用的后顾之忧,从而吸引到大量的客户。

（四）创建基于顾客价格主导的企业营销手段,彰显营销创新的价值

第一,公司应当为网络营销提供新的内容。在互联网环境下,网络营销能够利用网络的平台模式为消费者提供产品信息和相关咨询服务,并在一定程度上促进消费者与企业之间的交流。在物联网出现后,网络营销朝着智能化的方向发展,消费者通过传感机械设备与产品进行交互,从而掌握产品的一系列信息。在这种情况下,企业可以结合物联网体系中所保存的客户信息,为消费者提供有针对性的产品,从而满足消费者自身的个性化成长需求,并充分利用互联网和物联网的优势,帮助客户更好地发挥产品的使用价值,从而提高客户对企业产品的满意度。第二,企业可以根据客户需求设定推广方案。在物联网环境下,大部分的消费者都有明确的购买目的,在实际购买过程中,他们都是自主地寻找产品信息,而不是被大量的广告数据信息所吸引,因此,企业营销人员应当对广告信息的传播方式进行创新,将广播化转化为定制化,即与物联网环境中的传感技术相结合,获得物品的参数数据,为用户提供定制化的产品信息。此外,行销者还可以利用相关设计来获得用户对产品的反馈意见,从而对产品营销模式进行准确的定位,确保产品营销创新工作的有效性。

（吴小妹:《物联网背景下企业营销创新路径研究》,《中国乡镇企业会计》2019 年第 11 期;刘青青:《海尔:构建全球领先的物联网生态品牌》,《商学院》2020 年第 5 期;苏晶蕾、陈明:《物联网驱动下的企业市场营销管理创新策略研究》,《现代营销(经营版)》2020 年第 12 期。）

 案例 3 - 5　王小卤差异化品牌战略

一、背景资料

零食领域"合久必分、分久必合",三只松鼠、良品铺子等零食帝国崛起后,以王小卤为代表的细分零食品牌,必有一方战场。

二、基本案情

互联网零食领域,新生势力迅猛。

《2021 年"双十一"国货品牌直播成交图鉴》显示,休闲零食类成交额排名 Top5 中,王小卤旗舰店排名第三位,仅在三只松鼠、良品铺子之后。

这只是王小卤疯狂生长的一个缩影。2016 年 3 月上线、2019 年才"重获新生"的王小卤,这次终于"藏不住"了。

公开数据显示,2019 年王小卤销售额 2 000 万元,2020 年则突破 2 亿元;2021 年"双十一",王小卤卖掉了 1 200 万只凤爪,全网销售额比上年增长 100%。

王小卤的打法值得思考。

(一) 全链路的产品主义

聚焦,即对准方向。王小卤的第一价值观即"用产品主义,实现长期主义"。的确,于消费品品牌而言,产品是与消费者沟通的最直接方式。

提起产品,王小卤的确很有记忆点。选材上注重"个儿大",单只重量就在 40 克以上,肉多肥厚。产品制作也颇有独创性,按照传统卤制方法、火候上不做一丝一毫的削减,8 小时恒温浸卤,油炸呈虎皮状,最后再经过老卤汤浸泡足足 12 小时以深层入味。还有用户主义。任何受欢迎的产品的诞生,都是基于用户思维。在研发虎皮凤爪的过程中,王小卤收到消费者的建议,能不能给鸡爪去甲?这一环节颇耗人工,但为响应消费者更方便的食用需求,王小卤还是做了这步"微创新"。一切都为了保证口感。去甲操作,就是一个典型的以用户为中心的例子。

王小卤建立了一个小型的 MVP 模型(Model-View-Presenter),并组建了一个用户评测团,产品上新前需要将样品和调查问卷邮寄给评测团成员,平均分超过 80 分才可以上线,否则需要反复调整和测评。比如,王小卤火锅口味的凤爪研发和调研周期便长达一年半之久。

如此看,虎皮凤爪的爆火其实是一种必然。从消费端反馈来"倒着做产品",倾听用户声音,进行一次又一次的产品修正、迭代,以真诚之心做出的凤爪很难不好吃。

当然,如今快消品之间的品质竞争,早已不只产品环节,而是延伸到了上下游的供应链。

供应链背后,还有消费品品牌竞争中愈加重要的价值链,不仅是上游的供给,产品的创新研发,下游的渠道网络,还包括用户资产的数字化。从上游来看,自建工厂、研产一体成了王小卤的重要方向之一,因为"好产品的原点在工厂"。

从下游来看,没有进行渠道深耕的网红品牌,很难长红。线上起家发迹的新消费品牌,都存在线下渠道短板,补足线下渠道的功课是提高市占率的关键,也是进一步成长进化的必然要求。

打开市场后,王小卤从 2020 年开始走进线下市场,并且已经逐步覆盖一二线城市的主流连锁店,包括沃尔玛、永辉等 KA 卖场,盒马等新零售业态,便利蜂、7 - ELEVEN 等便利系统。发力线下市场,"货架思维"是很重要的。

不同于线上,线下产品的陈列就是消费者抉择过程中的"一眼竞争"。包装上必须做出足够的分野,因此王小卤改换了全新包装,要求产品的配色要纯度高,外形包装与品类相关。高饱和颜色加之强 IP 形象,视觉表达也足够有区分度。

此外,王小卤非常重视数据的价值,强调全链路数字化,据此及时调整短期的营销策略。

比如,不同地区对凤爪细分口味的喜好程度并不一样,王小卤根据复杂的数据基本盘进行铺货,做到柔性供应,区别于传统快消品品牌的压货策略,从而保持良性生长。

贯穿产品诞生始终的全链路,处处都是产品主义。

（二）定位理论的新消费演绎法

回归战略层面,王小卤的成功一定程度上是定位理论的一次新消费演绎。

有媒体报道,王雄在迷茫期,受到了小仙炖和拉面说的影响。这些新消费品牌都有同一个特点,那就是专注细分领域,做足差异化,进而在细分品类中占据主导。他们的成功路径均能看到定位理论的影子。

传统品牌中,依靠定位理论打天下的不乏成功者,王老吉、瓜子二手车、波司登、飞鹤……都是找准消费者心智中的卡位,通过品牌核心信息的反复触达强化心智选择。

与传统品牌讲究全面渗透的高举高打不同,大投放诚然是建立品牌最重要的方式之一,但新消费品牌如今更注重的是协同作用下的借力打力,在当下瞬息万变的媒介环境中,公关战、渠道战、IP战同样重要。于是,王小卤将基于定位理论的"聚焦要事,10倍兵力"战略视为"第一性原理"。

知易行难,要知道很多品牌剑走偏锋过后所达到的差异化效果并不合理,只是越做越窄,走进死胡同。这一点王雄也提出过自己的理解:定位是顾客理解并认可的有意义的竞争性差异。

所谓竞争性差异,即用户认可的、能击穿用户心智的差异。实际就是有效创新,真正能为用户接受并喜爱的变革,比如王小卤定位的先炸后卤的虎皮凤爪,小仙炖定位的"鲜"炖燕窝。得到用户认可的差异点,才是定位。

在这种差异化竞争的思路下,一旦建立起牢固的细分心智,品牌在激烈的竞争中即可获得一种偏安一隅的发展空间。眼光放宽到零食领域,以三只松鼠为例,其起家是以碧根果为代表的几大核心爆品,之后才横向发展。

但多品类兼顾的零食界"宝洁"实际上并不好做,供应链环节稍有疏忽,出现问题的产品就会与主品牌"一荣俱荣,一损俱损"。

因此有评论说,零食领域"合久必分、分久必合",三只松鼠、良品铺子等零食帝国崛起后,以王小卤为代表的细分零食品牌,必有一方战场。

（三）一些隐忧

当然,王小卤也存在着一些隐忧。

健康饮食的大背景下,重油重盐的卤味明显存在劣势。"无添加""低盐""非油炸"等新兴概念,无疑会为王小卤带来不小的挑战。

据CBNData《2021卤制品行业消费趋势报告》,中国休闲卤制品行业进入品牌升级阶段,市场规模呈现稳步增长态势,预计2025年将突破2 200亿元。同时,疫情使卤制品市场热度全面升温,2020年卤制品消费规模同比上一年增长86%。

高天花板、高增速、低品牌集中度、头部品牌稀缺,都为新品牌崛起创造了绝佳机遇。深层看,也是王小卤能发展起来的"天时"。

虽然王小卤跑得很快,但大赛道也意味着大竞争,竞争层面的白热化也不可不察。来自企查查的数据显示,目前全国卤味相关企业的注册量超过12.3万家。近10年间,卤味相关企业注册量总体呈上升趋势,2020 年达到 1.7 万家。

此外,爆款在更迭,卤味领域的创新迭代也是持续的,比如柠檬凤爪等新潮品类来势汹汹,泡椒凤爪等老爆款同样老骥伏枥,下一个征服味蕾的潜在爆品正摩拳擦掌。

江湖未定,黑马难测。

如何保持领先姿态? 创新迭代不能停,营销功夫也要见真章。

值得一提的是,一定程度上的曝光可以帮助王小卤破圈,提升效率,但双刃剑的另一面,要警惕"流量依赖症",王小卤要做好失去流量风火轮后独自飞翔的准备。

当然,品牌不就是在重重挑战中不断成长的吗? 期待更多"藏不住"的国货品牌,带来新的品牌思考。

三、问题思考

在跨境电商兴起后,大量的国内外品牌涌入,品牌如果不能差异化经营,打造出自己的特色,要在众多品牌中突围并不容易。王小卤如何进一步打造自己的品牌战略?

四、分析点评

从差异化经营的角度来看,王小卤在市场营销过程中应抓住并遵循 4V 营销理念,提升自身品牌识别度,做好以下两点。

(一) 产品差异化,凸显独特品味

在现代市场竞争环境中,企业依靠产品、服务、技术、市场等资源的异质性,实施差异化战略以形成自身核心竞争力。1980 年,Oliver 构建了一个由期望、认知绩效、确认度、满意与持续购买意愿五个维度组成的期望确认理论模型,即消费者在选购产品前会产生一种期望,在消费体验后,会根据感知质量对产品或服务的实际绩效形成新认知,并根据绩效与购前期望的对比,形成满意度。例如茶颜悦色产品以"鲜茶＋奶＋奶油＋坚果碎"和"茶底＋鲜奶"组合为基础,将中国的茶文化与西方的咖啡工艺完美结合,给用户带来高满意度也实现了有效的口碑传播和产品差异化。

(二) 形象差异化,展现国风之魅

企业形象战略(CIS 战略)是有计划、全方位、全时段对企业形象各要素进行精心策划,进而促使企业形象的物质表征、社会表征、精神表征优于其竞争企业的一种战略。例如茶颜悦色的品牌定位为新中式茶饮,并抓住视觉识别(VI)这一重要因素,将中国风的企业视觉设计风格通过企业 LOGO、门店装潢、饮杯设计、产品命名四个方面来展现,其以营销美学为理论基础,通过视觉营销对其品牌进行感官体验设计,在新式茶饮市场,全方位地体现了差异化的企业形象战略。

通过差异化战略顺应时代发展是大势所趋,王小卤应积极利用差异化营销策略,提升自身核心竞争力与品牌辨识度,培育消费者忠诚度与价值认同感,从而实现食品企业的可持续健康发展。

(黑小指:《"藏不住"的王小卤》,《销售与市场:管理版》2022 年第 4 期;吴妍珏、文杏梓:《基于 4V 营销理论的我国新式茶饮品牌差异化营销战略探析——以"茶颜悦色"为例》,《商场现代化》2020 年第 17 期。)

案例 3-6 太二酸菜鱼聚焦战略

一、背景资料

在很多商业综合体内,太二和海底捞一样被安排在最高的楼层。这意味着太二成了综合体的流量来源,也享受着和海底捞一样的房租优惠。

二、基本案情

不同于老乡鸡、真功夫、乡村基这种西式快餐模式下的中餐,更不同于华莱士、德克士这种纯粹模仿西式快餐的品牌,太二酸菜鱼是中式餐饮新物种。

创立 6 年、267 家餐厅、27 亿元营收,这是太二交给市场的"成绩单"。相比西式快餐影响下的中餐,太二的品牌进阶之道更本土化、典型性,因而也更值得学习和模仿。

(一) 选择大赛道

元气森林创始人唐彬森有一个"刘德华理论",在北航这种理工科院校,就算你长得像刘德华也很难找到女朋友,因为北航的女生太少了。唐彬森想到这个理论后,果断从心理测试赛道切换到网络游戏,因为后者的市场规模远大于前者。

太二酸菜鱼的成功,首先是选择了酸菜鱼这个品类。2015 年太二创立的时候,酸菜鱼的市场规模是 52 亿元,到 2019 年已达到了 174 亿元,并且还在以每年 30% 的复合增长率不断增长。

一个不断在增长的赛道,就是一个巨大的风口。创业者的第一步就是判断趋势,太二选择酸菜鱼这个赛道,应该不是运气使然。

酸菜鱼——源自麻辣山城重庆的传统美食,曾以其酸辣过瘾的特点受到食客的欢迎。

酸菜鱼被称为 2016 年最受欢迎的十大中国菜之一。2017 年,联合利华饮食策划发布的《2017 年轻食客餐饮潮流报告》显示,在北上广深和成都 5 个城市的菜品销售中,酸菜鱼与毛血旺并列为最受欢迎的"国民菜"。2014—2016 年,全国一二线城市购物中心酸菜鱼专营品牌占比年均增长率为 0.1%;至 2017 年,占比达 0.5%,整体呈逐年上升趋势。

对于餐饮行业来说,选择一个大品类是非常重要的。很多创业者往往当局者迷,困在一个小品类里左右为难,殊不知选择错了赛道,再努力也是事倍功半。

小品类是指关注度低、竞争弱的品类,如充电宝、数据线、毛巾、袜子、创可贴、凉粉、土豆泥等等。在竞争环境允许的情况下,当然要尽量选择更宽更长的赛道。

如王老吉的定位是预防上火的饮料,而不是治疗上火的凉茶。饮料的赛道明显大于凉茶,同一起跑点的黄振龙凉茶、邓老凉茶还停留在治疗上火的药饮里而不自知。

既然选择了酸菜鱼,那就要在产品上严格要求自己:太二家的鱼选用鲈鱼,每一条鱼 1~1.3 斤,片鱼都有讲究,厚度维持在 0.2 cm,长度控制在 7 cm 左右,采用两小时手打的鲈鱼片,以确保肉质弹韧爽滑。这样的鱼片吃起来口感最佳。

由于每天供应的达标的好鱼数量有限,加上自家腌制的老坛酸菜每天也只够做一百条鱼的量,没有好的酸菜,做不出好的酸菜鱼。所以,店里宁愿不营业、不接客,也要保证出品品质。

（二）细分大赛道

太二并不是第一个发现酸菜鱼这个风口的品牌。自 2015 年到 2019 年全国陆续开了 3 万多家酸菜鱼店,比较有名的品牌除了太二,还有广州禄鼎记酸菜鲈鱼、井格重庆火锅旗下的"等渔号"、鲜牛记创始人张志新继潮汕牛肉火锅后创建的"京谱酸菜鱼"、魏老香掌门人魏彤蓉打造的"鱼你在一起",等等。

太二如果选择跟随其中一家的打法,就是错误的战略。就像国内几乎所有的火锅店都学海底捞的服务,其实就是在跟随海底捞的战略,也等于是在给海底捞培养顾客。

王兴说过一句很有深意的话:互联网领域竞争的本质,不是在原有的领域把原来的人挤掉,而是扩大新的战场,新的玩家占住了新的战场。

不同胜过更好,一定不能用对手的方式战胜他,而是要另辟赛道。你打你的,我打我的,打得过就打,打不过就跑。总之就是不能用你的方式跟你竞争。互联网和餐饮虽然不是一个赛道,但是战略路径是相通的。

敢于不同,正是太二的品牌基因。在餐饮行业一片姹紫嫣红的局面里,太二敢用黑白色调,是有点冒险的。好处也很明显,黑白色的店招在五颜六色的商场里特别好找,也特别好记。元气森林也是这个路线,别人都是花花绿绿,就它是黑白色调。目的首先不是好看,而是好认。

太二细化了酸菜鱼品类,没有跟随竞争对手的战略。而是分化出老坛子酸菜鱼的新品类,并成为这个品类的代表,并提出了"酸菜比鱼好吃"的口号。

就像老板电器没有跟随方太电器的战略路径,而是聚焦在吸油烟机上做文章。并且继续深度细化,聚焦大吸力油烟机。在高端厨电的赛道上切割了一块自己能占据的根据地。

太二餐厅的酸菜制定了标准:腌足 35 天。每家店划分出一个区域专门做酸菜的腌制区,还原重庆当地地窖特征,选天然的好泉水制作盐水,保证酸菜口感脆爽、酸味达标,且带有乳酸味。

可惜的是,太二并没有把老坛子酸菜鱼的有效战术升级为战略。首先体现在品牌名上。虽然店名是太二老坛子酸菜鱼,但是在公关宣传中,还是太二酸菜鱼,没有体现自己的品类特征。

这一点老板大吸力油烟机就做得很好,内外一致称老板大吸力油烟机,而不是老板电器,也不是老板吸油烟机。太二应该明确自己的品类——老坛子酸菜鱼,并把品牌名和品类名紧紧关联在一起。

其次,太二没有把老坛子酸菜鱼的好处说尽,好在哪里、太二做了什么、哪些是竞争对手没做和做不到的。但瑕不掩瑜,太二分化品类并成为品类代表的思路,非常值得借鉴。

（三）布局多品牌:拒绝品牌延伸

太二的母公司是九毛九,主做西北菜的品牌。按照大多数人的思路,在九毛九的品牌下加一个酸菜鱼就是了。

多一个品牌名字,意味着多出来的制作费、广告费、设计费、管理费。多一个品牌,还意味着对原有品牌优势的放弃,简直是自毁长城。在品牌延伸这一点上,很多人反对我们的观点。

事实证明,多品牌战略是企业家的直觉。我们只是把企业家的直觉明确化、理论化、体系化了。我们认为,九毛九的多品牌策略还可以更好。

农夫山泉的母公司是海南养生堂,在其出品的饮料上,都有农夫山泉的品牌背书。而在其出品的保健品上,都有养生堂的品牌背书。因为农夫山泉在饮料中有强势能,在保健品中没有。我们从农夫山泉的品牌运营中可以发现品牌背书的正确思路。

但在太二的宣传中,我们没有看到九毛九的品牌背书,这可能是一种失误。而在太二的大米产品中,我们看到了农夫山泉式的操作。用太二品牌给大米产品做背书,我们认为是正确的操作。

(四) 聚焦和舍弃

聚焦很简单却不容易做到。因为聚焦意味着舍弃,而人性厌恶损失。太二聚焦酸菜鱼,舍弃了什么呢?

看菜单,一道主菜加凉菜。除了酸菜鱼,别的菜都是简单加热或拼盘就能上的,没有别的主菜。

看店招,舍弃了聚会场景,不提供四人以上拼桌,不提供酒水。很多人无法想象只有一道主菜、不提供酒水的餐饮店。

前面说了,人性厌恶损失。人参杀人无罪,大黄治病无功。因为人参是补药,就算死人也是补了,所以无罪。大黄是泻药,就算是治病了,也没有功劳。

西贝莜面村的关键爆发,就是从上千平方米的店缩小到了三百平方米,从几百道菜聚焦到了33道菜。这就是聚焦的力量。

太二还舍弃了以下服务:等桌、倒水、加菜、点餐、打包。这些全部由顾客自己完成。也舍弃了商务应酬、社交、生日会等场景消费,只有简单吃一道酸菜鱼。

聚焦意味着舍弃。舍弃无关的要素,才能让员工把全部精力聚焦在产品上。如果服务太多或者消费场景太多,就意味着管理成本倍数级增加。对于一个志在发展全国连锁的品牌来说,正确聚焦是必修的功课。

这里存在一个很有趣的辩证法:如果是在小区域内开店,那就可以开大店,菜品尽可能多。如果是在大区域甚至全国开店,那就要开小店,菜品要尽可能少。

开小店,只迎合少数人,才能在全国复制。开大店,满足大多数人,只能局限于小区域。

三、问题思考

太二酸菜鱼与海底捞的差异性体现在哪些方面?

四、分析点评

不同胜过更好,一定不能用对手的方式战胜他,而是要另辟赛道。太二酸菜鱼与海底捞的差异性主要体现在以下三个方面。

(一) 餐饮赛道不同

太二酸菜鱼的成功,首先是选择了酸菜鱼这个品类。对于餐饮行业来说,选择一个大的品类是非常重要的。与此同时,太二细化了酸菜鱼品类,没有跟随竞争对手的战略。与海底捞的不同之处在于,海底捞近年来逐渐扩大赛道,例如增设海底捞奶茶等战略,而太二则是对已有品类进行细化,分化出老坛子酸菜鱼的新品类,并成为这个品类的代表。

(二) 品牌布局不同

太二拒绝品牌延伸,多一个品牌名字,意味着多出制作费、广告费、设计费和管理费。多一个品牌,还意味着对原有品牌优势的放弃。所以太二的品牌布局主要是聚焦,聚焦意味着舍弃,舍弃无关的要素,才能让员工把全部精力聚焦在产品上。而海底捞主要是满足顾客的多样化需求来扩大受众群体,同样的人力成本,海底捞追求菜品多样化的需求,在原有品牌基础上积极开拓速食产品业务,不仅扩大了企业盈利,同时提升了海底捞品牌的知名度,拓宽了受众群。

(三)品牌模式不同

在 2020 年餐饮行业普遍惨淡的大环境里,太二逆势上市给了整个餐饮行业甚至整个消费市场极大的信心。太二现象有其特殊的意义,它不像海底捞这样是大店模式,不易于学习和复制,也不像老乡鸡、真功夫这种复制洋快餐模式的品牌。太二是纯粹的中餐,这是一种中餐标准化的全新品牌模式。

两者之间在赛道、品牌布局以及品牌模式上的不同体现了不同品牌之间的差异性,在未来发展道路上,太二酸菜鱼也可以作为学习型组织求同存异,追求可持续健康发展。

(张知恩:《太二酸菜鱼:最简单即最优雅》,《销售与市场:管理版》2021 年第 5 期;李缓缓:《"海底捞"品牌营销策略与特征探析》,《经济研究导刊》2021 年第 34 期。)

第四节　课外思考案例

案例 3-7　费大厨,"以小为大"

一、背景资料

以大厨为中心,通过聚焦"一道菜"战略,费大厨不仅从小切口找到了轻快餐的流量密码,而且成功打造了更鲜明的品牌形象,由此赢得了一批消费者的喜爱,给包罗万象的餐饮行业增添了不一样的色彩,更给同行塑造了独特的商业模式范式。

二、基本案情

"请大家不要点费大厨的外卖。"

今年 3 月,知名连锁湘菜餐饮费大厨辣椒炒肉(以下简称"费大厨")公开喊话,呼吁消费者尽量以线下就餐代替外卖。

对于许多消费者而言,费大厨并不陌生,许多人在其门店有过用餐体验。这家来自湖南的湘菜馆,自 2018 年走出湖南进入深圳、上海、北京等城市后,逢开业必火。

事实上,自 2016 年升级改造后,费大厨通过聚焦"一道菜"战略和亲民的价格策略,成功地塑造了鲜明的品牌形象,成为从湖南走出来的"网红"湘菜馆。然而,费大厨引人热议的一点是,它不仅不做外卖,还不开放加盟,坚持纯直营模式,和当下餐饮行业在商业模式上形成了鲜明的对比。在这样的战略选择下,费大厨持续保持其品牌魅力与市场竞争力,成为业界内外关注的焦点。

(一)选品如选命,定价定生死

"吃饭十分钟,排队两小时",是不少消费者对费大厨的印象。2022 年 6 月,费大厨北京首店在朝阳大悦城开业,随后就成为该商圈名副其实的"人气王",平均排队时长 2 小时起;2023 年 4 月,费大厨首进广州,创下了排队 12 小时不间断的纪录。"排队两小时",或许存在夸张说法,但是费大厨吸引消费者是不争的事实。餐饮业中从不缺主打湘菜的餐饮店,为什么费大厨却凭借着一道"辣椒炒肉"火遍全国?

"选品如选命,定价定生死",万店盈利智库创始人兼 CEO 陈志强在其著作《万店盈利》中提到这个餐饮行业的万店逻辑。一家餐饮企业,菜品和价格是能决定其生死的重要因素。

从餐饮运营角度来看,包括定位、定模、定客、定品、定价在内的"五定"模式运营系统,是餐饮企业无法回避的重要议题。

费大厨的定位为轻快餐式湘菜餐饮。这样的定位既符合一人餐饮或几个好友聚餐的需求,也符合职场白领等大部分消费者快节奏的需求。湘菜作为八大菜系之一,受众群体十分广泛。红餐网大数据显示,2023 年全国湘菜市场规模达到了 2 264 亿元,同比增长 33.6%。截至 2023 年 9 月,全国湘菜门店数约 11.8 万家,近一年来新增约 2 750 家湘菜馆。不管从市场规模,还是湘菜品牌的门店数量增长态势来看,湘菜餐饮具有巨大的市场潜力。

虽然每一家餐饮企业都有其独特的运营模式,但是餐饮行业万变不离其宗的,便是"招牌菜",而消费者最关心的也是"好不好吃"的问题,这也诠释了上文提到的"选品如选命"的含义。一家餐厅定位是什么,选择什么样的主打菜品,能不能吸引消费者,能不能让消费者产生复购行为,这是餐饮企业成功的关键因素。

湘菜餐饮中,以剁椒鱼头为代表的湘菜,最为湖南省外的人所熟知,而省内还有如东安鸡、永州血鸭等湘菜名品。在它们面前,辣椒炒肉就只是真正意义上的家常小炒。而费大厨以"辣椒炒肉"作为招牌菜,其实和它的定位以及消费群体有关。这道菜在做法上简单便捷,既保证了出餐速度,又让消费者能够品尝到地道的家常小炒风味,满足了现代人对于快捷与美味并重的餐饮需求。此外,辣椒炒肉作为一道经典的湘菜,其广泛的受众基础给费大厨带来了稳定的客流量。

由于费大厨的目标消费群体主要是白领阶层或年轻消费群体,因此在菜品定价上,综合了快餐和重餐饮的价格,其中辣椒炒肉的价格为 68 元(以深圳地区为例,其他部分地区价格为 59 元),其他菜品的价格大部分集中在 25~70 元,人均消费不到百元,价格可谓是十分亲民了。而且,在选址上,费大厨也十分讲究,门店基本开在一线或新一线城市的大型购物商场中,这也进一步契合白领和年轻消费群体的就餐环境,给人一种物美价廉但又较为高端舒适的氛围和环境。

费大厨的发展经历见图 3-1。费大厨最早创立于 2003 年,创始人费良慧出身大厨世家,1997 年随父辈入行,辣椒炒肉是费良慧的拿手菜。或许是出身大厨世家的缘故,费良慧在菜品把控上,更加注重品质和现炒出来的锅气。这也是费大厨坚持不做外卖的一个重要原因。

和许多普通湘菜馆一样,费大厨在 2016 年升级改造之前并不出名,其原名为同新餐饮。随着时间的发展,费大厨发现辣椒炒肉几乎是所有消费者必点的单品,加之辣椒炒肉是湘菜代表,因此 2016 年,同新餐饮升级改名为费大厨辣椒炒肉,并将辣椒炒肉打造为品牌的标志性产品。

事实上,辣椒炒肉不是费大厨独有,几乎所有湘菜馆里都有这道菜,但是聚焦"一道菜"战略后,费大厨有了更鲜明的标签印象,加上亲民的价格策略,费大厨在湘菜餐饮领域脱颖而出,成为众多食客心中的优选。

当一家餐饮企业变成了一家知名的连锁品牌餐饮之后,它和消费者之间的黏连性将变得更紧密和深刻。在费大厨逐渐发展成了连锁品牌餐饮之后,它凭借着主打菜品辣椒炒肉,增强

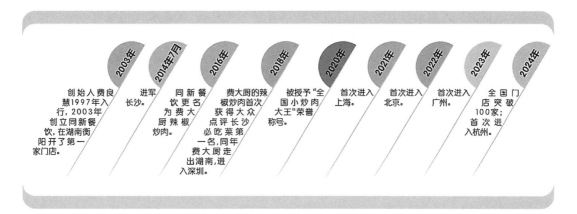

图 3-1　费大厨的发展历程

了它的辨识度和知名度,让消费者更容易记住并识别其品牌标志和特色,从而提高了复购率。

之后,费大厨还在门店装潢、餐具等视觉上,对品牌形象进行了焕新。2018 年,费大厨走出了湖南,先后在深圳、上海、北京和广州开店,深受消费者喜爱。

(二) 以大厨为中心,反其道而行

打开费大厨的官方网站,上面赫然弹出"费大厨辣椒炒肉,只有直营,不设加盟"几个大字。除了不做外卖,费大厨还坚持直营模式,不开放加盟,这也是其与众不同的地方。

一般而言,餐饮企业往往会通过加盟形式,实现快速扩张,建立品牌连锁。随着加盟店数量的增加,品牌的知名度和影响力也会逐渐提升,形成更强的品牌效应,吸引更多消费者,加快市场占有率的提升。

但是,费良慧在经营上,却有着自己的坚持:不做外卖,不开放加盟。一个和当下同行业在商业模式上,处处反其道而行的餐饮企业,究竟能不能成功? 事实证明,费大厨不仅生存下来了,还活得不错。

在直营模式下,费大厨所有门店均由公司直接管理,确保了产品品质和服务质量的一致性。同时,费大厨能够更好地控制食材采购、加工、烹饪等各个环节,确保每一道菜品都符合品牌标准。

值得注意的是,和现在大部分餐厅流行的预制菜式不同,费大厨坚持着小锅现炒原则。小锅现炒能够确保食材在烹饪过程中保持最新鲜的状态,从而最大限度地保留食材的口味口感和营养成分。相比之下,预制菜往往经过长时间的储存和运输,食材的新鲜度和口感会有所下降。在现炒原则下,大厨就是餐厅的灵魂。费大厨的每个门店,都配有多名厨师,各个厨师各司其职。在厨师培养上,费大厨已探索出"校企培养—专业培训—内部评测—大厨承诺"的专业大厨培养"四步法"。为了维护厨师的稳定性,费大厨设定了厨师晋升通道,并推行"师徒制"。此外,费良慧还将顾客的评价、菜品的点单率等与大厨的薪资挂钩,餐厅的生意越好,厨师的收入也就越高。在这一薪酬激励策略之下,厨师不再是一个"普通打工人",他们会更加用心地钻研菜品的味道,打造出更多顾客喜欢的佳肴。

随着中央厨房在餐饮行业的普及,以及近年来预制菜的兴起,越来越多的餐饮企业在做"减负",从而提高经营效率,增强企业的盈利能力。费大厨在人员配置和经营上如此投入,势必加重企业经营成本,削弱公司盈利能力。

不过,由于费大厨坚持直营,其门店规模数量并不算多,扩张速度也比较慢。从衡阳到长沙,再到进军深圳上海北京等一线城市,费大厨的步伐缓慢。截至 2024 年 6 月 10 日,费大厨在全国的门店数量为 111 家,其中 2023 年新开 28 家。这样的成长速度,在餐饮行业中并不算快。费良慧在媒体采访中表示:"我希望费大厨最终能成长为一个强品牌,这个'强'主要是指品牌影响力,而不仅仅是指门店规模,我们不会只为了规模而加快开店的速度。"

三、问题思考

费大厨通过聚焦"一道菜"战略成功打造了鲜明的品牌形象,这种策略对于其他餐饮企业有何启示?

四、分析点评

费大厨的案例为其他餐饮企业提供了重要的启示,即通过聚焦核心产品和简化菜单可以有效地提升品牌形象和消费者认知度。

(1)专注核心产品。费大厨通过聚焦"辣椒炒肉"这一道菜,成功塑造了品牌特色。这表明餐饮企业可以通过专注于打造一个或几个核心产品来提升品牌识别度和市场竞争力。这种专注使得企业能够集中资源提升产品品质,从而在消费者心中留下深刻印象。

(2)差异化战略。费大厨的直营模式和现炒原则与其他餐饮企业的加盟和预制菜式形成鲜明对比。这种差异化战略有助于企业在竞争激烈的市场中突出自己的特点,吸引特定的消费群体,从而提升品牌的市场竞争力。

(3)品质与服务。费大厨坚持直营和现炒原则,确保了菜品的质量和一致性。这种对品质的坚持有助于建立消费者的信任,提高品牌的忠诚度。同时,通过提供一致的高品质服务,企业能够提升顾客的整体就餐体验,进一步增强品牌的市场地位。

(何乐:《费大厨,"以小为大"》,《经理人》2024 年第 8 期。)

案例 3－8　珀莱雅:精准营销战略

一、背景资料

受众大多数时候也是消费者,媒介接触行为的变化往往会触发营销理念的变革。

二、基本案情

成年以后的日子,似乎过得很快,但又前进得很慢。时间的车轮不会因为我们的踟蹰而停止,只有调整好心态,才能遇见更好的自己。

在新年之际,珀莱雅精准切中人们的情绪,用诗歌的温度,抚慰每一位为生活奔波的人。

珀莱雅以"希望"为主题,在深圳网红打卡点——"翻身"地铁站举办新年诗歌展,寄托"祝你下一站翻身"的美好寓意,迎合人们对美好生活的向往。除开场景上的精心选择,珀莱雅采用 PUGC 的方式,搜集余秀华等 27 位诗人,以及算法工程师、农民、矿工、学生等各行各业的人对新年的理解,共同创作长诗《新年是什么》,"……新年是告别,也是开始",愿在此驻足停留的人,能走出失意,重拾希望。同时,地铁站设置了诗歌拼字展板,人们可以将符合自己心意的词语组成一句话,即兴创作诗歌"新年是什么",比如"新年是一次亲吻后的豁然开朗",以激发人们的参与热情。

生活并不容易甚至艰难,但是生活也有希望和憧憬。珀莱雅抓住地铁场景,用诗歌的形式将温暖传递给每个人,也将品牌的浪漫植入每个人心中。

珀莱雅化妆品股份有限公司于 2006 年 5 月成立,在 2017 年上交所主板上市,是国内首家上市的美妆公司。珀莱雅是集化妆品研发、生产、销售为一体的大型集团化公司,目前旗下有"珀莱雅""优资莱""悠雅""韩雅""猫语玫瑰"等多个品牌。在品牌发展的十数年间,珀莱雅一直致力于积极开拓销售渠道。上市至今一直保持高质量发展和业绩增长,构建了覆盖日化专营店、百货商场、超市、单品牌店和电子商务等多渠道销售网络,而主要的销售渠道也逐渐从线下转移到线上。珀莱雅在 2016 年开始布局线上销售渠道,这为珀莱雅在 2019 年迎来的爆发式业绩增长和爆品发展奠定了良好的销售渠道基础。

根据珀莱雅发布的 2019 年业绩销售报告,珀莱雅公司总营收达 31.24 亿元,同比增长 32.3%;营业利润达 4.62 亿元,同比增长 19%;公司的线上渠道营收 16.55 亿元,同比增长 60.97%,占主营业务收入的比重达 53.09%,线上营收首次过半。线上渠道营收的爆发式增长得益于 2019 年珀莱雅开启的网红化营销模式,通过抖音、淘宝、微博、小红书、公众号等平台打造了爆品"黑海盐泡泡面膜",引发了互联网病毒式传播。珀莱雅泡泡面膜实现月销 6 000 万元,全年卖出 300 多万盒,并成为 2019 年 7 月淘宝和天猫全网护肤品品类销量第一。

在 2020 年和 2021 年第一季度,珀莱雅继续保持高速增长,并且线上渠道营收达到总营收的 70%。珀莱雅基于"产品、内容、运营"的战略销售模式,从海洋护肤定位转变为科技护肤定位,继续推出了红宝石精华、双抗精华、彩棠修容盘等明星产品,单品月销量最高达 5 万多元。至此,珀莱雅已成为国货美妆行业最前列的品牌之一。

(一) 爆品思路——快速复制

珀莱雅在 2019 年迎来了网红营销产品模式的突破,它参考完美日记、花西子等网红品牌的推广模式,复制前者的网红营销推广形式进行人海战术,完成了爆品泡泡面膜的孵化之路。数据显示,"珀莱雅泡泡面膜"刚发售一个月就卖出了 100 万余盒,一度超过了淘宝店的单月销售记录,泡泡面膜的成功离不开珀莱雅的营销投放模式。珀莱雅在效果投放上采用了水波模型和关键字组合模型的方法,控制投放的节奏,在种草类、美妆类、生活类、搞笑类等不同领域的腰部博主进行投放测试,并在有效果之后立马跟进大量内容涵盖关键词的头部博主和素人博主投放,通过人海战术获得了产品的爆发式浏览量和销量增长。数据显示,珀莱雅在 2019 年 8 月到 9 月的抖音平台先后投放了五百多个博主,涵盖了明星、KOL 和 KOC,进行了不同圈层的引爆。

珀莱雅在打造泡泡面膜的内容时还采用了社交货币的形式,利用用户乐于与他人分享的特质来塑造自己的产品理念,从而达到口碑传播的目的。珀莱雅制造了关键词和聊天话题,如"脸越脏泡泡越多",这句有社交货币形式的关键词使大量的用户自发参与到产品的传播中,充分利用了大众的好奇心和从众心理。除此之外,珀莱雅在内容上也根据不同博主风格制作了大约四类内容。第一种是美妆博主口播宣传泡泡面膜平价和起泡的原理,第二种是剧情内容博主主推面膜的起泡和清洁效果,第三种是成分类大博主进行面膜的成分讲解和测评,第四种则是明星进行搞笑剧情种草。这四类几乎涵盖了珀莱雅泡泡面膜在抖音上的营销推广形式。

　　珀莱雅泡泡面膜的成功还离不开网络技术的普及,抖音的大数据算法可以筛选到关注美妆产品的用户,对她们进行个性化推送,通过持续不断地给目标人群推送泡泡面膜的相关内容对用户进行种草和收割。同时珀莱雅的人海战术也给用户打造了一个信息茧房,用户会连续刷到珀莱雅泡泡面膜的推广,直到购买为止。

（二）全域营销——多渠道

　　珀莱雅在网红营销模式的基础上,采用了社交媒体宣传矩阵的方式,最新的概念是全域营销。2016年阿里巴巴推出了"UniMarketing全域营销"的概念,2018年全域营销正式进入公众视野。全域营销指的是,在新零售体系下,以消费者运营为核心,以数据为能源实现全链路、全媒体、全数据、全渠道的营销方法论,在狭义上可以理解为公域和私域的融合。珀莱雅不仅采用了社交媒体宣传矩阵的形式,在抖音、微博、公众号、小红书和淘宝直播上进行全平台网红营销投放,针对不同平台的网络用户设计定制内容,还进行了私域流量的培养,打通公域和私域,打通线上和线下,进行了全域整合营销。2021年珀莱雅线上加速发力抖音小店,线下精细化管理,抓直播风口,重视直播等多渠道的扩展,为珀莱雅的线上营收带来增长。

　　私域流量已经成为众多品牌的战略工程,私域流量可以成为品牌忠实客户的朋友圈。珀莱雅观察到了社群经济的快速发展和优势,一直致力于培养私域流量。珀莱雅通过品牌公众号、微信朋友圈广告投放等一系列引流方式把对产品感兴趣的用户引入珀莱雅的微信群,在群内发布有关产品的优惠信息和专属福利,跟消费者长时间持续的互动可以培养忠实用户,也就形成了珀莱雅的私域流量池。公域和私域的融合打通,同样帮助珀莱雅在2019和2020年达成了快速的品牌销量增长。

　　同时,珀莱雅依旧坚持线上线下的全渠道零售模式。财报显示,2020年珀莱雅线上营收占比70％,2021年上半年这一占比增至80.82％,以天猫、京东、抖音小店为核心的直营渠道,营收占比57.08％。但珀莱雅也没有放弃线下渠道的直营柜台,针对日化渠道,公司对现有网点调整、升级,调整产品结构,优化培训体系,提高终端服务意识。虽然线下渠道营收占比逐年在减少,但珀莱雅在柜台宣传海报方面仍然选择了流量艺人,和流量艺人的合作周边、广告牌打卡等也为品牌的流量和销量带去了支持。

（三）内容设计的新策略

　　珀莱雅注重推广文案内容的设计和创作,网红调性的选择和场景化内容的撰写都是珀莱雅网红营销推广方式成功的重中之重。互联网思维培养的各类网红只要在短时间内大量曝光,就能快速获得高流量、高话题量和高转化率,使品牌传播效率显著提升。以微博平台为例,珀莱雅在网红调性和推广内容上有着极具价值的选择形式。

　　珀莱雅在微博平台推广双抗精华时选择了四种内容形式,分别为测评类博主做产品成分分析,旨在用科学成分测评方式打消消费者疑虑;美妆头腰部博主做品宣硬广宣传,为品牌和产品背书,扩大消费者群体;美妆小博主和娱乐、文字知识类博主做两图软广,以简单随手Po图形式宣传产品,图片和文案均要求自然和随意性;素人做单独文字形式的口碑宣传,在微博搜索主页展现良好的口碑。

　　珀莱雅在文案设计上颇有巧思,根据博主的调性和风格,文案会有针对性地调整。以两图软广为例,珀莱雅使用了大量强烈的语气描述词表达产品的特点,如："YYDS!""很牛!""巨好用"等,使消费者对广告的视觉刺激和感受力增强。并且珀莱雅会设计大量场景化的文案描述,如:熬夜追剧时、吹空调脸很红、夏天运动后等,这些场景让用户有身临其境的感觉,贴近用户心理状态的描述更容易使用户下单。

珀莱雅不仅在网红博主选择上有自己的考量,针对目标人群划分了不同的类型,还在文案设计上进行针对性具体化的调整,融入用户当下最关心的热点和场景化内容,这一套网红营销模式是非常成熟的,其在解渴面膜、红宝石精华上的营销模式也如出一辙。

三、问题思考

企业该如何实施精准营销战略?

四、分析点评

无论是传统的营销模式还是大数据下新兴的营销模式,4P 理论(产品、渠道、价格、促销)都是重要的分析依据,企业实施精准营销战略应做好以下几点。

(一)产品定位

企业在实施销售行为时,要运用大数据。建立消费者数据档案记录客户的日常活动信息和购买产品的方式,以及对购买产品的评估等内容;利用计算机网络平台向消费群体传递产品信息,依据消费群体的需求,用产品特征来制定企业营销计划,打造并向消费者推广企业品牌形象。

(二)扩建渠道

从数据挖掘视角,要根据社交网络搭建精准营销渠道。构建快速消费群体抢购产品的社交网络营销重要平台,利用互联网平台创建属于自己企业的个性化网站,增加与消费者互动栏目,及时掌握消费群体所反馈的信息,寻找营销中的各种市场通路;根据平台反馈的产品评估信息,在营销过程中及时对营销策略做出调整;把线上推广和线下活动相结合,打造推广自己企业产品品牌的优秀形象。

(三)调控价格

精准制定营销价格,在保质保量的前提下制定最优价格。提高消费产品周转速度,让产品最快到达客户的手中,减少中转费用,降低销售价格;利用网站让消费者在购买产品时充分了解产品性能及价格,双方及时沟通,快速解决产品有关价格问题。

(四)精准促销

改变传统的消费模式,推动快速消费品的线上活动。商家利用网站进行信息传播,通过植入广告的形式来打造和提升产品的品牌形象;利用现有快速消费群体进行二次传播,在保证质量和盈利的情况下进行促销,扩展产品使用群体范围;从快速消费群体需求的角度出发,开发生产适合精准消费群体的产品。以上战略可促使企业及时与消费者进行有效交流,方便企业向消费者推荐自己的产品,强化消费群体对产品的认知度,增进消费者对企业的信任度,开启精准营销消费模式。

 案例 3-9 故宫 IP"惊红"口红战略

一、背景资料

博物馆文创作为超级 IP 如何真正实现长尾效应,如何从文化品牌转化成文化消费品牌,目前尚处在摸索阶段。

二、基本案情

2018 年岁末,故宫又一次引发了全民关注,而这一次的主角是口红。

2018 年 12 月 9 日,"故宫博物院文化创意馆"微信公众号发文《故宫口红,真的真的来了!来了!了!》一时间刷爆了朋友圈,很多人对此期待甚高。而在故宫的文创产品电商领域,还有一家网红店——"故宫淘宝",当时故宫博物院院长单霁翔在公开场合说,他曾劝朋友不要买故宫出品的行李牌,因为太好看了,出一次差就丢。单院长显然是在为故宫文创产品"代言"。

"故宫淘宝"作为一家网红店,当时已经吸引了 385 万粉丝,12 月 10 日,"故宫淘宝"发文《故宫彩妆,明天见》。同为故宫,两家网店都推出了口红,让一众网友"傻傻分不清",甚至有网友做出了"嫡庶之争"的解释。

事实上,无论是故宫淘宝还是故宫文创所推出的口红,都经过了故宫方面的审批或授权,都是"故宫出品"。百联咨询创始人庄帅认为,故宫的文创产品开发,在文创产业领域起到了很好的带头作用,发挥了 IP 的潜力及文化的影响力,带动了整个文创产业的活力与消费潜力,但如何真正实现 IP 的长尾效应,还有很长的路要走。

(一)故宫口红,期待久矣

《故宫口红,真的真的来了!来了!了!》在故宫博物院文化创意馆公众账号一经发布,瞬间阅读量就突破了 10 万次,足见粉丝们对故宫出品口红的关注。

尽管 2018 年底,故宫才真正推出口红系列产品,但粉丝们对故宫口红早已不陌生——此前故宫淘宝负责人对《商学院》记者说,故宫淘宝销售最好的品类之一是各色做手账用的故宫胶带。2017 年,就有网友利用故宫胶带做"买家秀",用故宫出品的各种纸胶带包装各大品牌的口红,甚至戏称是故宫与某大牌合作推出的限量款。一时间令故宫纸胶带再次大卖,还有杭州的小伙专门摆地摊,为各大品牌口红贴胶带。另外不少微信公众账号时不时就会推出一篇类似"如果有一天故宫出口红"的文章,介绍如何用故宫纸胶带将大牌口红变成故宫口红,每次推出点击量都很高。

正因如此,粉丝们对于故宫口红既不陌生,亦更有期待,希望故宫出品真正的口红。2018 年底,口红来了,再度刷爆了朋友圈,在庄帅看来,这是因为"胶带效应"让故宫的口红从一诞生就成了"爆款",粉丝们有相当高的期待心理,"故宫无意中做饥饿营销很久了"。

在故宫博物院的网站上,公示了故宫文创推出的口红产品,系故宫博物院文化创意馆和北京华熙海御科技有限公司(以下简称华熙海御)负责设计研发及发售。双方合作期限为3 年(2018 年 11 月 10 日至 2021 年 11 月 9 日),总数量为 20 万支。

在天猫商城中输入"故宫口红",可以跳转到门店"润百颜旗舰店",润百颜正是华熙海御注册的品牌,店中故宫口红每支售价为 199 元,一段时间已经无法直接购买,需要交付 20 元订金,2019 年 3 月 1 日起才会陆续发货,网红色"郎窑红"预订数量也飙升;微信小程序"故宫博物院文化创意馆"则不需要支付订金,支付 199 元后也需要等到 2019 年 3 月 1 日发货。

参与"宫斗"的另一方——故宫淘宝,在口红的定价上比故宫文创的更加亲民,价格为120 元,累计销量超过了 6 万支,那时也已经"卖光了",同样也需要消费者耐心等待发货,系统显示"最晚 2019 年 4 月 9 日 23:59 前发货"。

口红太火了,2018 年 12 月 20 日,故宫淘宝又推出了"玲珑五色墨"口红套装,199 元 5 支一起卖,目前销量已超过 1.5 万套。

据记者了解,故宫淘宝由北京故宫文化服务中心主管,故宫文化服务中心是故宫博物院 100％出资控股的一家全民所有制企业,成立于 1952 年。如今游客们逛故宫,走到御花园的绛雪轩——故宫院内最大的文创产品旗舰店,不少游客都会选择带上几份"来自故宫的礼物"。而近日神武门外新开了"故宫角楼咖啡"和"故宫淘宝体验馆",也由故宫文化服务中心经营管理;而故宫文创的运营主体为北京故宫文化传播有限公司,成立于 2008 年,是由故宫出版社 100％持股的一家有限责任公司。

(二) 借 IP 做文创,叫好不叫座?

近年来,故宫的文创事业走在了全国博物馆文创的前列,有业内人士评价说,以前故宫的文创产品还局限在旅游纪念品领域,以冰箱贴、钥匙扣、书签等产品为主,如今已经走上借助 IP 产业化发展的新阶段,文创产品的种类、品质、文化内涵足以和罗浮宫、大都会博物馆、大英博物馆等国际一流博物馆文创产业相媲美,有些产品甚至作为国礼送给了国际友人。

故宫文创产品的开发,紧紧围绕着故宫数以万计的文物元素,秉承"元素性、故事性、传承性""三要素"原则,即所有文创产品必须突出故宫的元素,每件产品都要能讲出背后的故事与寓意,且易于公众接受,每件产品以传播文化为出发点,让几百年的故宫文化与现代人的生活对接,通过"用"让普通人真实感受到故宫文化的气息。

显然,故宫淘宝与故宫文创出品的口红,都符合"三元素"原则。然而此前记者从故宫方面获悉,对于食品及化妆品等领域的产品开发,故宫方面比较慎重,但为何在 2018 年年底推出口红产品,故宫方面未立刻回应。

庄帅分析认为,在电商领域,故宫的定位是"文创",的确卖得很火,也有相当多的谈资,但是从电商和零售的角度,或许有着自身的"烦恼":复购率和客单价是电商领域两个重要的评价指标。以故宫淘宝为例,产品的主要消费者以女性为主,但多数文创产品是一次性购买,消费者的复购率并不高,总体而言客单价表现平平。

故宫淘宝于 2008 年 12 月开店,后来卖家信用超过 500 万积分,渐次成为淘宝的"4 皇冠""5 皇冠"店铺。

对于故宫口红,消费者有相当高的期待,而口红产品也是诸多女性喜爱,且重复购买率相对较高的一个品类。一款胶带二三十元,多数消费者买了一次不会再买,但口红不同,价格上就比胶带高了很多,单次很多人可能会买多色,重复购买的可能性也会比文创产品高。

蓝色光标大数据市场总监洪磊认为,故宫口红能够瞬间成为"爆款",一方面在于口红的价格不高,很多女性买来不一定是要用,或者不怎么用,只是要加入讨论的潮流之中,使得自己不落伍,有讨论的资本,即"社交货币"。单小姐告诉记者,作为中国消费者,热爱传统文化,保护传统文化,所以会购买故宫口红。"每个女人都有 N 个口红,只是觉得好玩,赶个时髦而已。"

庄帅认为,故宫目前的文创发展之路,与迪士尼的 IP 授权之路有很多相似的地方,但不同在于,迪士尼会对各个品类的授权有严格的规定,不会出现口红这一同类产品多方授权的现象,而故宫在品牌授权方面,还需要做得更加精细化。

"依靠超级 IP 打造文创产品,没那么容易。"庄帅认为,目前运营 IP 惯用的方式有两类,一类是品牌方购买 IP 授权,而超级 IP 的授权费用相当之高,围绕 IP 开发的产品,在快消品上与没有 IP 授权的同类产品相比,并不能提价太多,比如口红,不是用了故宫的 IP,口红就可以卖到比阿玛尼、迪奥等品牌更高的价格,所以对于客单价的提升,IP 产品并没有想象中的溢价能力,同时也不意味着贴了故宫的口红就能卖得更好,轻松赚回授权费;另一类则是利润分成模式,同样也存在产品不能过高提价,使用了超级 IP 也不一定能卖得更好的问题,同时还存在销售数据如何监管的问题。

"商业行业需要双赢,目前 IP 授权还没有看到双赢的解决方案。"庄帅说。

三、问题思考

故宫 IP 的开发与运营,给整个博物馆文创产业开发带来哪些经验?

四、分析点评

一个博物馆用几年时间研发近万种文化产品,运用知名馆藏打造 IP,助力产业提升文化内涵,拓展品牌影响力,造就一系列文化现象。其中奥秘、意义和价值备受同业关注。故宫 IP 的开发与运营,给整个博物馆文创产业开发带来经验如下。

（一）配合展览,服务观众,以藏品研究为基础,以文化宣传和教育为目的

文化产业往往集中关注博物馆文创问题,但文创不是孤立存在的事物。故宫是个大 IP,在故宫这个大 IP 的组成里,藏品保护和研究、展览展示是各项工作的基础,而宣传、教育、文创是外延内容。各方面工作协调统一,才能成就博物馆的整体影响力。

（二）文化价值是文创产品的核心价值

故宫有 186 万多件(套)藏品,但并不是所有藏品都适合作为文创构思的源泉。只有打造符合时代需求的知名 IP,才能有效传播藏品的文化价值,而文化价值是文创产品区别于其他商品的基本特性。文创的核心是充分发挥 IP 感染力,既传播文化内容,又通过大众对文化内容的认同,促进产品消费。一个不被大众了解的博物馆藏品,很难为产品带来文化和经济附加值。集中力量打造知名 IP,是博物馆文创的首要任务。

（三）文创研发要符合市场规律,明确定位

文创产品要有明确的客户定位,用不同风格、功能和价位的产品,满足不同消费者。针对不同需求,故宫既有不同的研发团队,也开辟了不同的销售渠道。院内主要游览线路上的店铺和线上运营的故宫淘宝,以出售更为亲民的大众文创产品为主;分布于专业展厅的故宫书店及故宫天猫文创旗舰店,以销售更有文化品质的礼品为主;故宫东长房的文化创意馆,着重于销售更为精致、更有收藏价值的文创产品。

（四）搭建完善的经营结构

一个成功的文创产品,从创意设计到生产质量把控,从市场宣传到销售渠道,任何环节缺一不可。如何通过资源整合,建设完善的文创运营体系,是博物馆文创团队要考虑的结构性问题。如果没有多个团队共同努力,仅仅依靠故宫,很难获得这样的成功;将大家的优势集为一体,才能把产品做得更完美、更有影响力,获得更高的社会认可和市场回报。博物馆既要逐步建设完善内部运营团队,又要以开放合作的心态最大限度整合资源,与社会各界合作。

(朱耘:《故宫 IP"惊红"一支口红引发的"宫斗"》,《商学院》2019 年第 1 期;王茹:《超级 IP 的开发策略研究——故宫 IP 的升级之路》,《文化创新比较研究》2022 年第 6 期。)

第四章　产 品 策 略

　　在市场营销策略组合中,产品策略处于中心地位。企业若想生存和发展壮大,首先应当树立现代产品观念,认真研究如何实施新产品开发,熟悉和掌握产品生命周期、品牌、包装、服务等理论。

　　● 在怀旧情绪大爆发的风口下,很多企业尝试各种借势营销。五芳斋选取民国天后周璇演唱的《五芳斋》,打造了一支黑白复古民国风MV,让消费者感受民国时代的魅力。经典唱腔搭配各地美食,唤醒味觉的共鸣。百雀羚在89岁生日之际,讲述了89年前的一段真实感人的爱情故事,以情怀打动消费者的内心。张小泉利用其"始于明朝崇祯元年"和"乾隆年间曾被列为贡品"的宫廷御用概念开发厨房用品,在美剧《汉尼拔》中使用的菜刀上竟赫然刻着篆书汉字,在《中国有嘻哈》节目中推出了"泉叔"形象,把刀具和说唱联系到了一起。宫斗剧《甄嬛传》因东阿阿胶的产品植入被营销界称为"东阿阿胶传",加强了东阿阿胶"宫廷御用"的消费者定位。

　　● 新一代用户的生活方式值得研究,年轻一代与老一辈生活方式截然不同:宅与朋克养生。首先是针对宅场景的产品机会:"一人食"就是产品机会,比如自热火锅(海底捞)、自热米饭(统一开小灶);再比如高颜值小家电——酸奶机、豆芽机、煮蛋器。再就是针对养生场景:"海喝不胖"是产品机会,如号称"0糖0脂0卡"的元气森林;"补充元气"是产品机会,比如即食燕窝、枸杞咖啡、阿胶芝麻丸;"回归质朴"也是产品机会,比如"零添加有机酱油""谷物喂养竹林蛋"等。目前火热的新消费,更多的是围绕养生场景推出的新产品。这些新产品就是"老产品形态+保健养生功能"组合而成的新形态产品,从而形成新消费品类,成就了品牌。

　　(1) 弘扬中华优秀传统文化,讲好中国品牌故事,增强文化自信。密切关注国潮热、国货崛起、新经济下的中国新品牌问世与成长等营销现象。

　　(2) 强化法治观念,恪守商业道德,树立做人经商的底线思维。切实遵守《中华人民共和国产品质量法》《中华人民共和国消费者权益保护法》等法律法规,培养契约精神和规则意识,做好合规经营,彰显社会公平。

（3）将营销的核心和宗旨上升到中国梦,以及新时代我国社会主要矛盾的解决上,追求经济价值与社会价值同构。培育对于国家的热爱和对于社会民生的关怀。

第一节　理论教学要点

一、产品的概念与分类

（一）产品的整体概念
产品的整体概念：核心产品、形式产品、附加产品。

（二）产品分类
按购买目的,可将产品分为消费品和产业用品（生产资料品）两类。

1. 消费品

按耐用程度,分为非耐用品和耐用品；按有形与否,分为有形产品和服务；按购买习惯分为便利品、选购品、特殊品、非寻求品。

2. 产业用品

产业用品包括：完全进入最终产品的产业用品；部分进入最终产品的产业用品；完全不进入最终产品的产业用品。

二、产品组合

（一）有关产品组合的几个概念
产品组合、产品线、产品项目、产品组合的测量尺度。

（二）产品组合策略
产品组合策略：扩大产品组合策略；缩小产品组合策略；产品线延伸策略；产品现代化策略；产品定位策略。

三、产品生命周期

一般包括投入期、成长期、成熟期和衰退期四个阶段。

（一）产品投入期的特点及营销策略
快速掠取策略；缓慢掠取策略；快速渗透策略；缓慢渗透策略。

（二）产品成长期的特点及营销策略
提高产品质量；开拓新市场；改进营销组合。

（三）产品成熟期的特点及营销策略
市场改良；产品改良；营销组合改良。

（四）产品衰退期的特点及营销策略
保留策略；淘汰策略。

四、品牌、包装与服务

（一）品牌

1. 品牌的构成

品牌的构成包括：品牌名称、品牌标志、商标。

2. 品牌的意义

品牌的意义包括：识别产品、保证质量、维护权益、促进销售、增值资产、竞争武器。

3. 品牌的决策

品牌的决策包括：品牌化决策、品牌所有权决策、家族品牌决策、品牌更新策略、品牌定位策略。

4. 名牌的创立和保护

名牌的创立；名牌的保护。

（二）包装

1. 包装的层次和分类

产品的包装一般可分为三个层次：内包装（首要包装）；中包装（次要包装）；外包装（储运包装）。

按包装在流通过程中所起作用的不同可分为：运输包装；销售包装。

2. 包装的作用

包装的作用包括：保护产品；美化产品；便于储运；便于购买；促进销售。

3. 包装策略

包装策略包括：类似包装策略；等级包装策略；组合包装策略；附赠品包装策略；再使用包装策略；更新包装策略。

（三）服务

1. 服务的内涵

所谓服务就是指向市场提供的、能满足用户某种需要的一切形式的劳务。

2. 服务的特点

无形性、不可分离性、差异性、不可储存性。

3. 服务的意义

服务可以增强消费者对产品的信任和对企业的感情；服务可以提供信息，不断改进产品，强化产品竞争力；服务是企业提高竞争力的重要手段等。

4. 服务策略

服务组合决策；服务水平决策；服务方式决策。

五、新产品开发

（一）新产品的类型

新产品的类型包括：全新产品；革新产品；改进产品；仿制型新产品。

（二）新产品的开发

新产品开发是企业生存和发展的需要；开发新产品是科学技术发展的必然要求；开发新产品是提高企业竞争实力的主要手段；开发新产品是企业创新的重要表现；开发新产品是适

应消费者需求变化的需要。

（三）新产品开发的步骤

新产品开发的全过程，一般主要有以下八个步骤：构思；筛选；产品概念的形成；制定营销策略；商业分析；产品研制；市场试销；正式上市。

第二节 教学引导案例

 案例 4-1 鸿星尔克怎么没动静了？

一、背景资料

鸿星尔克致力于通过各种形式将阳光的生活方式传递给世界每个角落的年轻人，鼓励他们时刻保持积极乐观的态度，笑对生活，展现出属于自己的激情、快乐和生机勃勃，激发出无限创造力、想象力和正能量。长期以来，鸿星尔克与上海 ATP1000 大师赛、中国网球公开赛、澳大利亚网球公开赛、WTA 年终总决赛等国内外顶级赛事合作，同时为国际网球明星提供专业的网球装备，在中国网球服饰领域处于领导地位。

二、基本案情

2021 年 7 月 17 日起河南逐渐开始强降雨，至 20 日达到降水高峰，3 天降雨量相当于全年，引发突然的水灾。鸿星尔克作为国货品牌，在自身经营不佳的情况下，慷慨捐款 5 000 万元。长期以来鸿星尔克产品价格亲民，宣传低调，就像每一个普通工薪阶层的你我，不知名，不高调，能力不强，却拥有一颗爱国之心。广大民众与鸿星尔克产生了共鸣。鸿星尔克如同我们大众的代言人，购买鸿星尔克产品就如同支持国家、支持救灾，一时间满足了大众的心理需求。于是，鸿星尔克火了，火得难以想象。鸿星尔克线下门店人山人海，很多店面的商品被一抢而空，3 天销售额超过 1 亿元。广大民众一举将一个濒临倒闭的国产运动服饰品牌拯救回来，让其重新成为大众关注的焦点。

然而，随着时间推移，到 2022 年初，不管是各路平台的热度指数，还是直播间人数，鸿星尔克基本回归到了捐款之前 2021 年 7 月的正常水平。这当然是大部分人都能预料到的。不管是正面还是负面，虽然短期的情绪能极大程度地影响市场，但从长期来看，品牌在自由市场的表现主要取决于其核心的差异化价值。因此，很多人说捐款事件可能会是鸿星尔克复兴的机会，这种说法其实基本不成立。因为鸿星尔克的问题是结构性的，并不是短期的外部机会就能扭转现状。情绪是拯救不了品牌的。鸿星尔克的问题出在哪儿？又该如何破局？

（一）鸿星尔克是国潮吗？

不少媒体把鸿星尔克事件看作国潮崛起的标志性事件，但鸿星尔克真能算国潮吗？什么是国潮？国潮的本质是因典型中国元素而产生的追捧和溢价——不管是因为传统价值被挖掘和放大，还是国民对外部敌对势力的仇视，越来越多的人愿为带有典型中国元素的产品支付更高的价格。比如故宫淘宝和中国李宁，都是国潮典范。甚至包括华为——虽然它跟传统文化没什么关系，但它已然成为"不畏列强，大国崛起"的代表，所以也能算国潮的一员。至于鸿星尔克，不论是捐款事件还是品牌内核，跟典型的中国元素都不沾边，因此并无国潮一说。另外,不少人给鸿星尔克支招:"现在国潮那么火,还不快借助此次事件,把自己也打造成国潮品牌!"其实没机会了。如果国潮算一种品类特性,那在运动品牌中,李宁和安踏基本已经站稳了老大和老二的位置。

(二)鸿星尔克是如何做营销的?

抛开早年大规模投放的电视广告不谈,鸿星尔克是如何做营销的呢?据界面数据不完全统计,从 2005 年至今,鸿星尔克至少与 10 项网球赛事开展合作,并 3 次参与奥运会代表团赞助。10 多年的时间里,网球一直是鸿星尔克营销投入的重点。那么,网球真的是鸿星尔克最佳的选择吗?确实,不少运动品牌都是靠着运动赛事打出了名气,开拓了市场。比如阿迪达斯,最开始就是凭借 1936 年的柏林奥运会,以及穿着阿迪达斯率先发明的钉鞋、连夺 4 块金牌的黑人运动员而名声大噪。再比如耐克,也是凭借 NBA 和乔丹的热度,打开了全球市场。从这里可以发现,不管是短跑、篮球还是足球,它们都有一个共同特征:普及度和关注度都很高。而鸿星尔克选择的网球运动,相比之下就偏门得多。但这也不是决定性因素,更重要的是以下两点:一是目标人群与网球运动之间的匹配度较低。鸿星尔克一直主打年轻人市场,而网球运动更多是集中在年纪稍微大一点的人群中。并且在人们的认知中,网球的主要关键词是"高贵"和"优雅"。这就是为什么 LACOSTE(鳄鱼,法国的品牌)会将网球融入自己的品牌故事之中。二是运动装在网球领域其实很难做出差异化。不管是鸿星尔克、LACOSTE、还是其他品牌的网球服,在产品层面都没做出专属网球运动的明显特征。

网球运动服饰不像篮球鞋有护脚的高帮和极佳的回弹力,不像足球鞋有钉子,不像 Lululemon(露露柠檬)的瑜伽服特别讲求塑形、贴身质感和弹性,不像 DESCENTE(迪桑特)的滑雪服特别讲求保暖性和耐磨性。这就导致即使鸿星尔克要协同营销活动去主推网球运动装,也很难产生"专业网球运动品牌"的用户认知——怎么看都是普通休闲运动装。加上 2008 年奥运会之后国际品牌在中国市场的强劲攻势,鸿星尔克就变得泯然众生,没有特征就没有差异化,没有差异化就没有溢价权,就只能退居三四线。光退居三四线都没用,三四线的消费者心智依然是被大牌占领的,再加上假货的夹击,鸿星尔克的路是越走越窄,并且只能打价格战。

开篇提到,鸿星尔克的问题是结构性的,并不是某些单一或独立因素造成现在的局面。有人说,鸿星尔克的没落是从 2008 年奥运会开始的,它高估了奥运会对国产运动品牌的助推作用。在全球金融危机的大环境下,鸿星尔克不但没有去清库存和关门店,反而孤注一掷注资 8 亿元去维持表面的风光。直到 2011 年把这 8 亿元算入营收,被指出财务造假而停牌,此后就一蹶不振,连亏 10 年。也有人说,鸿星尔克是产品设计能力不行,生产出来的产品虽然质量还行,但款式真的很土,进不了高线市场。抛开企业内部的问题,也不谈产生这些问题的原因和导火索,单从外部视角来看,鸿星尔克就是典型的因定位缺失而导致的管理失焦,最终导致品牌老化,被市场边缘化。

(三)鸿星尔克的破局点在哪儿?

鸿星尔克的产品分为九大类:综训、网球、生活、女子、大球、IP 合作、电商、跑步、户外。其中综训和生活是最大的盘子,跑步是做尖货,网球的用料最好。但就鸿星尔克目前的体量和市场占有率,再考虑到市场的竞争和细分程度,已经不支持它再去做个全品类运动品牌了。它需要收缩战线,需要聚焦资源——可能是聚焦到某个运动领域,也可能是聚焦到某个产品品类。更好的选择是聚焦到领域,当然,现有的鸿星尔克选择的是网球领域,只不过用户认知不够。但认知不够不一定是坏事,意味着还有重来的机会,毕竟船小好掉头。

考虑到鸿星尔克年轻化的品牌基因,加上 Z 世代(泛指出生于 1995~2009 年间的一代)喜欢展现自我,热爱潮酷文化,街舞其实是值得探讨的切入点,主要原因有以下五点。

(1)虽然街舞流行很久了,但目前还没有专注街舞的服装品牌,且很多街舞爱好者都会针对"街舞如何穿搭"进行询问和讨论——既要考虑款式个性,又要考虑功能性,确实是个社会问题。

(2)街舞是极度碎片化,且具有高度展示性的运动——随时随地都能舞一下,喜欢街舞的人大多也具有展示自我的意愿,这就意味着品牌有高频的自传播机会。

(3)专业街舞的产品线是可以做出专属特征的,如款式(夸张、炫酷)和功能性(耐磨、耐脏、弹性好、包内物品不易掉落等),这就有了专业度、差异化、议价权。

(4)潮酷人群对大牌的崇拜度较低,他们更喜欢个性鲜明的品牌。

(5)虽然前期可能相对小众,但街舞文化的破圈其实不难,尤其是在短视频的推动下,人人都能舞一段,且万事皆可舞。街舞不是专业运动,而是时尚运动,所以这也算是在跟 FILA 共同做大时尚运动的蛋糕——以相对较低的价位争取更广大的年轻市场,争做第二品牌。

当然,这个方案对鸿星尔克内部资源的调整也是一个巨大的挑战,也会产生结构性的变化,但在这里就不探讨了。总之,核心观点是要聚焦。

三、问题思考

结合案例中鸿星尔克的结构性问题,试从品牌老化和新消费的视角谈一谈你的理解?

四、分析点评

(一)关于品牌老化

针对品牌老化的提案,几乎都提到"要重新俘获年轻消费者"。这就给人一种错觉,好像品牌老化就是指品牌不再受年轻人欢迎了,只有年纪大的人才买。其实不然,品牌老化的本质,是曾经成功的品牌,因没能顺应市场的变化,逐渐被目标群体抛弃和遗忘的状态。虽然在现象上,很多老化的品牌会呈现消费者偏大龄的状态,但其本质上是跟年龄无关的。事实上,某些主打年轻市场的品牌,如果能把更多精力放在更大龄的市场,说不定还有第二春。比如两性社交平台,以前都把精力放在 30 岁以下的用户,但随着同质化竞争的加剧,以及大龄单身市场和离婚率的增加,30 岁以上的两性社交需求其实是越来越大的。类似的还有母婴市场……这些都是社会人口年龄的结构变化引起的需求变化。基于此,鸿星尔克也应当结合自身品牌定位,顺应社会人口年龄结构的变化,重新定位目标群体,同时聚焦相对"原生态"的运动领域,激发品牌活力。

(二)关于新消费

新消费根本不是什么新概念,如果品牌老化是指老品牌没能顺应市场的变化,那么新消费就是指那些成功顺应了市场变化的品牌——它们二者是对应的。

为什么说新消费不是新概念?因为类似的事情早就发生过了——比如从补血到滋补的阿胶,从大店到小店的西贝,从没档次到有档次的卫龙……它们在很大程度上都能对应所谓的新消费品牌,因为它们都顺应了一些共同的规律:在利益方面,马斯洛高层次需求越来越大,不仅要吃得饱,还要吃得好,吃得安全,吃出乐趣,吃出身份。在成本方面,体验成本越来越低,以前想吃火锅,要去火锅店花 300 元,现在直接在楼下一站购齐,100 多元就搞定;以前想撸猫,需要买猫买粮耗精力,现在去楼下猫咖馆就行了……总而言之,利益越来越大,成本越来越低。而顾客利益减顾客成本,其实就是用户价值。所以,所谓的规律其实一直没变——提升用户价值。基于此,鸿星尔克应当更多地把关注点放到提升消费者价值上,深耕功能需求之外的精神需求、成本需求、便捷需求,重新找到自身的聚焦领域。

(郑云潇:《鸿星尔克怎么没动静了?》,《销售与市场》2022 年第 2 期。)

案例 4-2 长期亏损的"国民果汁"汇源能否逆势翻盘?

一、背景资料

汇源果汁是一系列果汁产品,"汇源果汁"是中国果汁行业知名品牌。在市场占有率上,汇源已连续十余年市场份额稳居国内第一。汇源果汁品牌旗下产品品类丰富,拥有 100% 果汁系列、中浓度果汁系列、果汁饮料系列、儿童果汁系列、饮用水系列等多个系列产品。其中 100% 果汁系列是其明星产品。

二、基本案情

汇源集团成立于 1992 年,自成立以来就以星火燎原之势,在全国建立了 140 多个经营实体,连接了 1 000 多万亩优质果蔬茶粮等种植基地,构建了一个横跨东西、纵贯南北的农业产业化经营体系。1993 年第一批浓缩苹果汁生产出来后,汇源牢牢把控果汁市场多年。汇源凭借自身的先发优势,在中国果汁市场长期占据领先地位。尤其是在 100% 纯果汁及中浓度果汁的细分品类市场上,按销量和销售额计算的市场份额稳居第一宝座。根据尼尔森市场调研数据,2016 年,中国 100% 果汁市场,按销量计算份额,汇源占据 53.4%,第二名占 29.5%;按销售额计算,汇源同样领先(占 44.2%)。在中浓度果汁市场,汇源的领先优势虽然不及纯果汁,但仍然是市场份额第一。然而,汇源并没有将果汁的先发优势转化为整个饮料行业的竞争优势。2020 年 12 月 9 日,中国香港联交所上市复核委员会复核汇源果汁除牌决定。也是同一年 9 月 8 日,农夫山泉登陆港交所,上市首日高开报 39.8 港元/股,总市值达 4450 亿港元。农夫山泉通过产品战略将矿泉水的先发优势完美地转化为整个饮料行业的竞争优势。强势的头部企业都有极具竞争优势的产品战略矩阵,如可口可乐、农夫山泉等。汇源如何通过重塑产品战略实现高增长呢?我们用许战海矩阵模型分析汇源的产品战略设计。

企业在实践过程中,不可能单纯以财务模型决策产品和业务组合,还要考虑品牌竞争方向和整体竞争优势。许战海矩阵模型是我们通过 3 年时间,300 多次的市场走访调研,600 多个案例分析研究出的,将增长战略、竞争战略、品牌势能三方面综合考虑的竞争模型(见图 4-1)。下面我们用许战海矩阵模型来分析汇源的产品战略设计,并给出汇源未来的产品战略。汇源 2021 年内外线产品矩阵如图 4-2 所示。

(一)汇源内线产品

内线竞争是品牌起家的品类或能在顾客心智中代表品牌的品类,内线是品牌招牌业务。份额产品、招牌产品和形象产品都属于内线产品。如图 4-2 所示,汇源的份额产品包括水系列、低果系列,果肉系列,儿童饮品系列等;汇源的招牌产品是汇源 100% 果汁;汇源没有形象产品。

图 4 - 1 许战海矩阵模型

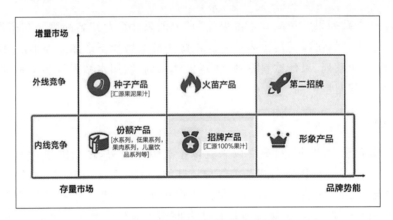

图 4 - 2 汇源 2021 年内外线产品矩阵

1. 什么是份额产品？

份额产品通常作用于成熟市场，是主要竞争对手都有而且销量还不错的产品。企业为获取市场份额，需要通过场景化、视觉化、特性化等方式开展份额产品的竞争。缺乏份额产品，企业存在失去主流市场和被边缘化的竞争风险。

2. 企业如何打造份额产品？

首先是通过场景化打造份额产品，例如对同一产品不同包装、不同场景下进行份额化。康师傅红烧牛肉面就是在袋装、桶装、家庭装等多场景下展开份额化竞争做得很好的品牌。维他柠檬茶也是根据不同场景使用利乐装、PET 装、听装等展开份额化竞争。其次是考虑同一包装形态下不同产品，比如同样的桶装方便面，除了桶装红烧牛肉面，还有桶装香辣牛肉面、桶装老坛酸菜牛肉面等。

3. 汇源在份额产品上缺乏竞争战略设计

汇源 100%果汁系列的利乐装有不同规格包装的设计（例如汇源 100%橙汁分别有200 mL、1 L、2 L 的包装），但是缺乏场景化思考。没有 PET 瓶装和听装，无法满足消费者办公、运动、郊游等更加多元化的饮用场景需求。同一种产品做不同场景、不同包装的设计，更重要的是保持视觉上的一致性，让人一看就知道是同一种产品。美汁源果粒橙有 1.8 L、1.25 L、420 mL、300 mL 的包装。在不同场景的包装设计上保持了视觉上的一致性。统一识别符号在份额产品中具有首要作用，宝马任何车型都使用了统一识别符号：宝马的 Logo 和双肾式进气格栅。

而汇源除包装形态不够完整以外,在包装视觉上也没有保持一致性,无法让消费者很快识别出这是同一品牌的产品。汇源同一包装形态下的不同产品不符合份额产品打造原则,如汇源的果肉系列采用了和招牌产品100%果汁系列一样的利乐装,而在低果系列却采用了PET装,同样在包装视觉上也没有保持一致性。

4. 汇源缺乏形象产品

形象产品要服务于内线产品中的势能顾客,往往是一个阶段或局部的竞争行为,形象产品不一定给品牌带来巨大的销量,但可以针对全行业提振品牌形象。有时,形象产品也可能从阶段或局部竞争行为转化为品牌的招牌产品或份额产品。如果企业缺乏形象产品,随着市场竞争(价格、覆盖率等)加剧,品牌势能会逐渐走低,品牌老化,年轻消费者不认可,产品价格逐渐走低,进而导致利润下降,逐渐被市场淘汰。

总而言之,汇源份额产品缺乏竞争战略设计,汇源招牌产品老化,缺少招牌份额化设计,没有形象产品。

(二)汇源外线产品

外线竞争是品牌为提升势能、应对竞争而进入的一个新品类,它可以为品牌创造增量市场。种子产品、火苗产品和第二招牌都属于外线产品。种子产品、火苗产品和第二招牌势能是逐渐升高的,市场销售额是逐渐升高的,它们可能不属于同一个品类。

从前面汇源2021年内外线产品矩阵中我们可以看到,汇源果汁没有外线产品的战略设计,明显缺乏火苗产品和第二招牌。外线产品的价值是提升品牌势能,增加企业营业额,为企业赢得未来的竞争,而这些是汇源缺失的。

汇源果汁缺乏外线产品战略,它可以借道瓶装水。是不是比较难理解?我们来简单举例。中国四大头部方便面品牌康师傅、统一、今麦郎和白象,表面上是方便面竞争,影响格局的一条线却是瓶装水的竞争。康师傅靠瓶装水碾压了老对手统一,今麦郎靠瓶装水碾压了老对手白象(在康师傅放弃北方1元水市场后,今麦郎饮品异军突起)。汇源当初的种子产品错失瓶装水是非常可惜的,因为汇源果汁做瓶装水本身就具有战略优势:首先果汁是健康饮品的代表,其次可以在技术、渠道、资源等方面做到战略协同。

三、问题思考

(1)汇源果汁在当前的市场竞争中存在哪些问题?

(2)针对这些问题,能否提供一些使"国民果汁"逆势翻盘的建议?

四、分析点评

经过分析,我们发现汇源果汁在当前的市场竞争中有如下问题。

内线竞争:①在份额产品上缺乏战略设计;②100%果汁招牌产品老化;③汇源果汁缺乏形象产品,导致整个品牌严重老化。

外线竞争:①缺乏外线产品的战略思考和布局;②缺少对瓶装水种子产品的重视和打造;③没有第二招牌,企业无法制定新增长战略。

通过许战海矩阵模型,我们给"国民果汁"汇源逆势翻盘的建议是:①汇源果汁可以在份额产品上通过场景化、视觉化、特性化等方式进行重造或优化;②对形象产品进行思考和打造,活化整个品牌,提升品牌势能,实现飞跃增长;③对外线产品进行战略思考和布局,打造第二品牌。最后,祝愿"国民果汁"汇源早日走出亏损泥潭,逆势翻盘。

(许战海:《长期亏损的"国民果汁"汇源能否逆势翻盘?》,《销售与市场》2022年第6期。)

 案例4-3 "雪糕刺客"? 钟薛高不配

一、背景资料

钟薛高隶属于钟薛高食品(上海)有限公司,是一个雪糕品牌,采用可降解的冰棍棒以及无香精色素等添加剂的天然原料制作而成,最短仅有90天保质期,主要通过线上电商及线下快闪店进行销售。钟薛高,采百家姓"钟薛高"之名,为中式雪糕品牌。采用独特的中式瓦片型设计,辅以顶部"回"字花纹,意为"回归"本味。

二、基本案情

(一)钟薛高又上热搜了

2022年6月25日,有网友将一支海盐口味的钟薛高雪糕撕开塑料袋后,在室温31℃的条件下放置,50分钟后,盒子里的雪糕是比较黏稠的乳状物,而非水状物,整体形态完好。同年7月5日,一段网友用打火机点燃钟薛高雪糕疑似烧不化的视频再度引发关注,视频中一男子用打火机去烧钟薛高雪糕,雪糕上已经显示有黑焦,但是依然没有大量液体滴落,反而有冒烟现象。"钟薛高"相关舆情再次被点燃,随即被推上微博热搜第一。这一次被舆论推举为"雪糕刺客"的典型,无论钟薛高如何自辩"合规生产",创始人怒斥水军带节奏,都只迎来了一片喝倒彩声。

(二)钟薛高做错了什么?

从公关角度来说,钟薛高在辩白时自带的爱买不买气场,会直接刺激舆情的进一步发酵,但归根结底,依然是那句"年轻人苦钟薛高久矣"在发力,而其根源则是钟薛高在营销中让整个雪糕行业进入一种"雪糕刺客"的怪圈。所谓"雪糕刺客",即天价雪糕们朴实无华地躺在冰柜里,隐藏于众多平价雪糕之中,只等付款之时,亮出身份,狠狠地刺痛你的钱包。诸如"女子因不好意思放回,买下160元钟薛高后回家崩溃大哭"这样的梗,更在网络上广为流传。

现象确实存在,以至于从传统媒体到网络都在给出一个消费提醒:不认识的雪糕,千万别买。然而,这个骂名,对于钟薛高而言其实是错位的,至少在当下钟薛高已经无法扮演"雪糕刺客"的角色。

2018年,钟薛高几乎以爆破的方式在"双十一"展开营销,"厄瓜多尔粉钻"以66元的单价一战成名,一举在消费升级的风口,把本来单价在10元以内的雪糕行业,代入了高端雪糕的概念中。定价多高、成本多低、质量几何,以及营销概念里的泡沫多重,并不是问题,只要有人消费就意味着市场接纳。其后的国产雪糕行业也一举突破了所谓国外品牌如哈根达斯几十元即是贵族消费的瓶颈,竞相以营销、联名或国潮破局:8元的梦龙,18元的钟薛高,28元的伊须尽欢,以及口味一般、造型别致、情怀满满的各种只能在旅游景点吃到的文创风格博物馆雪糕,都在把雪糕的价格无限抬高。一些联名款更是出格,茅台和蒙牛联名的"茅台"冰淇淋卖到了五六十元一支,而娃哈哈、泸州老窖,甚至《5年高考3年模拟》也在和雪糕厂搞联名,蹭一把热度,同时也为雪糕价格烧一把火。

是否原材料涨价已经不重要,重要的是钟薛高作为"雪糕刺客"的代名词,早已名不副实,冰淇淋/雪糕的主要目标顾客群(年龄为 13—29 岁的群体)又有多少人不知钟薛高大名呢?

问题来了,大多数消费者不是不认识钟薛高,只是当在一堆平价雪糕的冰柜里看到它时,为何还会被刺伤呢?

所谓"成也萧何,败也萧何",大抵就是如此。钟薛高无论作出什么水准的辩白,都会苍白。无他,消费者不会承认,自己其实认识钟薛高和它的那些友商(从业者对它所处行业竞争者的一种称呼)。在钟薛高多年来自我加持的高档雪糕人设之下,营造出了一个雪糕版的口红效应,即爱马仕太贵、买不起;雪糕界的爱马仕,咬咬牙,也能吃。

13—29 岁的人是雪糕的主要目标顾客群,他们本身就是潮流文化的主流人群,诸如国潮、剧本杀或其他风尚,都发源于他们。究其本质则是社交,正如社交网络的底层逻辑是炫耀,吃钟薛高意味着某种程度上的炫富。于是,一个场景自然发生:你在冰柜里碰见钟薛高,买还是不买?请朋友吃,买;自己吃、不拍照发朋友圈,不买。尤其是在疫情常态化下,经济不太景气之时,钟薛高替代了口红,成了新的"廉价的非必要之物",尽管其实不廉价。

但从普通消费心理来说,高价雪糕价格再贵,也不如一顿大餐,反而能给有一定购买能力的消费者带来心理上的安慰,既避开购买大宗商品的花费,例如爱马仕,又能满足强烈的消费欲望和展示本能,即雪糕里的爱马仕。

这种现象在年青一代里其实极为普遍,此前诸如拼团去总统套房中打卡、高价炒鞋乃至在文玩直播里抢货,都是同样的消费心理在作祟。钟薛高也乐观其成。在其营销攻势的加持之下,没有人会乐意证明自己是韭菜和缴了智商税,于是形成了第一个沉默的螺旋,即高端雪糕值得拥有,进而被钟薛高带了节奏,成为它高价雪糕、高密度营销和高处不胜寒的品牌形象的主动背书者。

钟薛高也深受其害。在突如其来的莫名搞怪视频引爆负面新闻之后,许多消费者在炫耀过后直面负面新闻,需要重新在朋友圈里自证清白,同样他们不可能证明自己是主动成为韭菜和主动上缴智商税,必然将责任归咎于"钟薛高们":是你们偷偷藏在冰柜里,用平庸的包装和平价雪糕混淆,最终让我们不得不为了面子付出里子(钱)。受害者的角色扮演,成了众口一词的口诛笔伐,钟薛高还能怎么办?自作孽而已,作茧自缚罢了。

究其所以,自我戏精式地提供一种口红效应人设的钟薛高,终究不是口红,更不是爱马仕。作为廉价的非必要之物,口红满足的是个人消费欲望,却不带有任何炫耀。而爱马仕作为奢侈的非必要之物,至少也不是一分钟消费、十分钟消灭的物件。雪糕,无论质量、口味还是创意达到何种境界,总归遇见阳光就会消融,何况还有那么多默默地躺在冰柜里,作为可以平替的、同样能达成消暑解渴、满足口腹之欲功效的平价雪糕,正在被高价雪糕挤出市场,让更多的人找不到平价雪糕的快乐。自我营销成功和布局高远的钟薛高,在雪糕这个不能逃避的品类特性之下,想不翻车,都难。伴随着网红化催生雪糕市场的升级,打造一款雪糕的逻辑也在发生变化。

三、问题思考

(1)试分析雪糕行业的特殊性。

（2）雪糕行业新品牌如何创造机会？

（3）文创雪糕与普通雪糕的本质区别。

四、分析点评

（一）雪糕行业极其特殊

雪糕行业,就比较神奇。在这个纯线下没活路的年代,线下渠道依然是中国雪糕和冰淇淋销售的主战场。2021年线下比例为95%,2022年即使受疫情影响,线下比例仍然高达80%。线下渠道如此主流,是这个品类消费的特性。毕竟,线上物流再快,快不过雪糕融化的速度。线上宣传再好,好不过太阳底下晒着的人立刻就能把手伸进冰柜拿出一支雪糕。"消费的即时性",是雪糕品类最大的特殊性。

依靠线下渠道,这一特殊性有什么意义呢?它对渠道的依赖大大增加,换句话说,雪糕赛道,可以依然守着之前的冷饮经销渠道过日子,并且暂时不用担心来自线上的冲击。渠道稳定,并且集中,本身就降低了销售和营销的成本及管理成本。线下渠道稳定,这一特殊性决定了一个品牌在短短的时间内只要影响到一小部分核心经销商,并且和他们构建行业生态,就可以快速达到推广产品的目的。

除了渠道的特殊性,雪糕品类当下还有两个特殊性:一个是产品创新门槛低,一个是价格体系。这两点有意思的地方在于参与门槛不高,决定了新的品牌方能够以最快的速度入局,甚至不是这个行业的品牌方,也可以快速做起来(比如茅台、故宫等)。另一方面价格体系变革,雪糕到了一个可以涨价的好时机,这个好时机,是被别人教育出来的。品牌一涨价,给渠道商的利润空间就出来了,于是新品牌就有机会了。

（二）雪糕的重新定价和产品升级给了新品牌机会

雪糕品类的产品创新,不外乎两种方式,一种是硅胶模具雪糕,也就是创新一下雪糕的外形。比如蒙牛和环球影城出的小黄人雪糕,颐和园等旅游景点出的文创雪糕,就是这种简单的硅胶模具定型产生的创新。还有一种创新就是原材料的创新,如茅台雪糕,以及新品牌推出的一些生牛乳取代植脂末和代可可脂,用天然果肉取代化学添加剂的玩法,都是从原材料升级的角度做的创新。这两种创新,无论哪一种,门槛都不算高。再说价格。现在,5元以上的雪糕成了便利店里的主力。尤其是一些网红品牌如钟薛高、东北大板等售价更是十几元。这个定价,跟传统大众印象中雪糕只要1~3元钱的定价早已经相去甚远。

为什么这样的定价还有人买?为什么涨了10倍的价格还显得那么合理?因为有同类高价参照物了。过去,雪糕在消费者的心智中,只有一种可以参照的相关品类——汽水。雪糕和汽水是互相追逐互为替代的。因此,定价逻辑也不会有太大差异。现在,雪糕的对照组新增了奶茶、咖啡、酸奶几个品类,而它们可是世界级大品牌花了亿万元营销费用催生出来的大品类,它们的价格是品牌方好不容易一点点把市场教育出来才被接受的。一杯咖啡30多元;一杯奶茶,加的配料多一些的,也要30元左右;酸奶借着这两股东风涨价涨得也是乐此不疲。雪糕同样作为休闲冷饮大品类下的产品,接过它们已经教育完的用户心智,等于坐享其成了。

价格一调,渠道变革开始了。据一位雪糕冰品经销商透露,售价15~30元的网红品牌雪糕,进货价只有七八元,成本价只有6元左右甚至更低。这意味着经销商从中的获利比以往更高了,这样的利润空间,足以支撑起一个新品牌快速建设自己的销售渠道。而且,越早提价的品牌，获得来自经销商的关注越多。所以，这时候，是新品牌唯一的机会窗口，趁着还有利润，趁着渠道还比较专注，要与时间赛跑，因为这个行业的用户教育和产品创新，不需要花那么长的时间。

（三）文创雪糕和普通雪糕是两套商业逻辑

从茅台这样的酒水，再到《英雄联盟》的游戏，再到玉渊潭区、中国人民大学、沈阳故宫，主流冰淇淋品牌跨界联名的本质是什么呢？雪糕跨界就是经销商渠道的一次次拓宽和创新，就是把自己的流量一次次变现的带货实践。

过去的玉渊潭并没有什么真正匹配的好商品让你在那样的场域里去消费，那些文创的扇子、本子、瓶子、罐子买来之后似乎也是"拥之无用，弃之可惜"，这时你突然眼前一亮：雪糕！玉渊潭樱花造型的雪糕，既可以拿来解馋解渴，又可以拍照发朋友圈，相对其他文创产品，30多元也还好，买买买！请注意，这个时候，雪糕是什么品牌不重要，好不好吃也不重要。重要的是，它作为场景中的道具，以炫耀为主，食用为辅，拔完草不会再次复购。因此，文创雪糕是作为IP本身的变现产品，它有IP的品牌溢价在其中，消费者不会反复购买，靠的是高额的利润空间、强大的IP以及循环往复的人流。

但是普通的日常消费雪糕，是另外一种品牌逻辑。在这个逻辑里，渠道商有没有非常卖力地去推荐这个雪糕；这个雪糕本身的口味和稳定性；大家对这个雪糕品牌的认知是否逐渐做实；还有大家都涨完价之后，该品牌是否还有价格优势……这些是品牌雪糕的逻辑。

网红雪糕品牌赶上了一个好时机，但留给网红品牌的时间也不多了，优先产生的定价溢价可以让网红雪糕取得渠道上的突进机会，以及打造品牌知名度的机会。但是，传统大品牌跟上来之后，内卷才真正开始，产品的成本优势、原材料创新能力、渠道管理，将会面临新一轮的考验。

第三节　课堂讨论案例

案例4-4　从1台酸奶机到100亿元市值——小熊电器的爆款方法论

一、背景资料

小熊电器的创新商业模式是"创意小家电＋互联网"。产品外观亲和、可爱，更注重对"小"的价值挖掘。公司以"人"为维度，洞察用户在不同场景、不同人生阶段的细分需求，作为产品研发的根本灵感。因此小熊电器产品小而灵巧，小而精致，小而智慧，专注于满足用户容易被忽视的"小"需求。为消费者提供小巧好用的产品，让他们的生活变得轻松快乐是小熊的品牌使命，这正符合成长于个性化、多元化消费升级时代的年轻人的生活追求。小熊电器在以小见大的产品理念的指导下，针对年轻人的细分需求，将产品审美、功能、体验融为一体，产品更小巧、更好用，倍受年轻人的喜爱。

二、基本案情

打造品牌不如打造爆款。虽然爆款和品牌是一致的，但是爆款要以品牌的核心价值为导向，例如农夫山泉的莫涯泉雪山矿泉水是爆款，同时也加固了品牌的核心价值——天然水代表品牌。品牌定位也要体现在爆款上,让爆款成为品牌的最佳代言人,例如王老吉定位为预防上火的饮料之后,坚持 10 年聚焦红罐凉茶这一个产品,让其成为品牌定位的最佳载体。但是我们还是要说,打造品牌不如打造爆款。因为在这个过度传播的时代,潜在顾客听不到你太多的解释,品牌必须一句话就能引起他们的关注。这次我们从开创爆款的角度切入,看看小熊电器是如何依靠爆款带动品牌的核心价值的,品牌定位与开创爆款是如何协同起来的。

(一) 新场景

新场景既可以是对趋势的洞察,也可以是对消费场景的主动创造。李·艾柯卡在接手克莱斯勒汽车之后,洞察到战后出生的婴儿在 20 世纪 80 年代将成为年轻的父母,他们生活在城市郊区,需要一款这样的车出行:有轿车的舒适,有货车的空间。正是对这个场景的判断和果断执行,让克莱斯勒走出困境。小熊电器洞察到了什么场景?我们认为这个场景至少有四个要点:单身独居人口增加;新一代顾客更重视颜值;社交消费时代来临;自己做饭不只是为了填饱肚子,更是一种解压方式。

第一,根据民政部数据,单身人口达到 2.6 亿人,一线城市单身人群偶尔做饭的占 46%。小家电很适合这群人居住空间小、搬家频率高、偶尔做饭的生活场景。第二,在这 2.6 亿人中,女性比例更高。根据人口学统计,单身女性多数在城市,单身男性多数在乡村,而一线城市的女性用户对产品颜值的要求更高。第三,社交消费时代。上一代的顾客是在线上查资料、找内容,他们的生活还是在线下。新一代的顾客则是活在线上,朋友聚会要先拍照,集体出行要先拍照,参加会议也要拍照,如果是一场以女性为主的经销商会议,拍照是最不能缺少的环节。一台颜值颇高的小家电和它创造出来的食物,是女性顾客们特别爱分享的内容,尼尔森在 2019 年的数据报告中指出,使用社交电商的网购消费者渗透率已达到 80%。小熊电器也明白这一点,在小红书上做了很多植入广告,主要内容就是这些。第四,解压。小家电相对大家电来说有诸多优势。体积小,方便搬家携带;单价低,多数在百元以下;使用率高,功能简单易操作。更重要的是,小家电能给人带来幸福感。使用小家电的场景更多时候不是为了做饭,而是为了体验自己动手的快乐,是新一代顾客缓解压力的方式。

(二) 新技术

小熊电器的新技术,体现在产品本身上,是重视产品颜值,体现在渠道或传播上,是对新媒体的充分使用。在小家电上,技术优势可以不那么明显,几千元的东西顾客会关注硬技术,100 元左右的东西顾客更关注使用便捷、颜值在线这些要素。重视颜值设计、重视线上传播,这些动作传统家电品牌也会,但是区别在于小熊电器把这些战术升级到了战略层面。

在欧洲很多企业里,设计师会占据一个专门的董事会席位,这就是对产品设计的战略级重视。在中国企业里,设计师只是一个高级打工人。甚至会出现这样的可笑场景:一款产品设计的最终决定权在领导手里,而领导判断一个产品设计好坏的标准是他自己喜不喜欢。即使是在颜值制胜的小熊电器的招股书里,我们也没有看到一位设计师进入董事会席位。

再说第二个新技术:线上传播。小熊电器 90% 的销售和传播都是在线上完成的。此外,完美日记、认养一头牛也都是把线上传播用到极致的品牌。

综上,重视颜值、重视线上传播是小熊电器掌握的新技术。

（三）新品类

美的电器在每一个品类上都开创了新的赛道：在微波炉品类，创新了"蒸立方"的技术，增加了蒸汽的功能。在电饭煲品类，开发了降低食物糖分的技术，开创了低糖电饭煲的新品类。最知名的是在空调领域，停产非变频空调，聚焦变频空调品类，成为新一代空调的专家品牌。美的的策略很明确：要么第一，要么唯一。绝不跟随领导者做市场，而是另辟赛道，成为新品类的开创者和领导者。这是美的电器在多个赛道上都能领先的关键。小熊电器咨询顾问陈国进在小熊电器的策略分享会上，明确提出小熊电器的品类是年轻人喜欢的小家电。在开创品类这件事上，小熊电器和美的电器是一样的。小熊电器用同样的思路重新定义了酸奶机、豆芽机、煮蛋器、电热饭盒等品类。不同之处在于，小熊电器是新品牌，没有历史包袱。试想一下，如果在 5 年前美的集团内部有人提议，用一个新品牌做年轻人喜欢的小家电，会得到怎样的反应？领导们肯定会说，我们美的电器这么强大，启动什么新品牌？要什么高颜值设计？你们还是踏实做事吧。不同胜过更好，开创爆款首先开创品类。这两个核心观点加起来就是：开创爆款首先要开创不同于竞争对手的新品类。

小熊电器创始人李一峰曾说，小熊这棵小草不会跟大树正面竞争养分，但是一棵一棵小草种下去就会形成草原，也会成为不输给大树的生态系统。小熊电器曾经不断给品类重新定义，从健康小家电、快乐生活、秒想生活到萌家电，再到颜值小家电等。到目前为止还没有一个明确的品类名，这是个很要命的问题。1492 年，哥伦布率领 3 艘帆船横渡大西洋登陆华特林岛，岛上的印第安人却看不见近在眼前的偌大帆船。主船圣玛丽亚号 28 米长，6 米宽，排水量近 200 吨，但是印第安人看不到这些帆船，因为他们头脑中没有关于帆船的概念，帆船在他们的头脑中近似云朵或海浪的变形。如果一个事物没有名字，就等于不存在。目前来看，小熊电器的确是开创了一个不同于传统电器的新品类，但是它的名字还并不明确。

（四）新品项

同一个产品，苹果公司的设计和新加坡创新科技的设计，明显不同且高下立判。这也是小熊电器掌握的新技术，对产品形态和颜值的重新设计。爆款的关键是新，如果是个旧的东西，即使是一个比美的、九阳、苏泊尔更好的东西，顾客也是不会购买的。它必须是一个新的东西。小熊电器最初的产品是一台酸奶机。小熊电器的酸奶机简化了传统酸奶机的功能，降低了生产成本，把原价三五百元的产品降到了百元以下。这是所谓的聚焦功能性利益。聚焦一款单品，能够最大限度地使用初创公司的有限资源。这个单品可能不是很赚钱，但是必须能打开局面，让渠道商和顾客看到、记住并喜欢上自己。我曾有一个爆款方法论——高科技、高颜值、高性价比。高颜值是必备，高科技则不一定，小熊电器就没有什么高科技，改为新技术（包含传播技术）更好些。新技术的应用，就是为了高性价比。

（五）新对手

小熊电器未来的增长，必然有一部分来自传统家电品牌市场份额的下降，还有一部分来自海外市场的开拓和新品类的拓展。如果小熊电器可以吃掉美的、九阳、苏泊尔的小家电份额，市值肯定朝着 500 亿元去了。这在逻辑上是可行的。对小熊电器而言，问题的关键是如何让品牌回到合理的位置。小熊电器的策略分享会上，陈国进明确提到了这个远景，最大的机会是站在以美的为代表的传统品牌的对立面，同时代表未来的小家电新趋势。小熊电器要站在美的电器等品牌的对立面，成为传统电器的掘墓人。只要传统电器品牌还是不懂品牌的外行领导说了算,小熊电器就永远有颠覆的机会。站在竞争对手的对立面,这是开创爆款的核心要诀。

三、问题思考

(1)结合案例,分析作为小家电收割机的小熊电器是如何通过爆款树立品牌核心价值的?

(2)在哪些方面还可以持续改进?

(张知愚:《从 1 台酸奶机到 100 亿元市值,小熊电器的爆款方法论》,《销售与市场》2022 年第 3 期。)

 案例 4-5 一枚土鸡蛋、2 亿元销售额的团品牌之路

一、背景资料

九华山原生态竹林散养土鸡场,坐落在安徽省青阳县童埠,距离九华山仅 15 千米。这里山清水秀、植被茂盛、远离雾霾、处处都是天然氧吧。土鸡每天都吃稻子、玉米、萝卜、米糠或富含蛋白质的菊苣草等天然绿色食品。开阔的竹林和草地就是它们的天然运动场,玩累了就飞上枝头小憩,渴了就喝无污染的井水。无须添加任何抗生素和激素,下的每一枚土鸡蛋都是优质的放心蛋!"竹林溜达鸡,小虫五谷蛋"正是其真实写照。

二、基本案情

九华山竹林蛋是安徽农本味生态农业公司的一个农产品品牌,创始人戚仁龙本是国企单位的一名职工,本可以抱着金饭碗过日子,但怀着对食品安全的使命选择了创业。这在 2011 年是被很多人不理解的。也正是理想的坚守,才使九华山竹林蛋这个产品有了今天的厚积薄发,并成为一个颇有流量的 IP 形象。

九华山竹林蛋农场在中国"四大佛教圣地"之一的九华山后山,平均海拔 1 000 米,年平均气温 13.4℃,年平均降水量 2 437 毫米。竹林蛋土鸡在深山原生态环境下散养,食昆虫杂草,饮高山泉水,在山野林间自由行走,在"天然氧吧"中享受阳光、露水,配以玉米、稻谷、豆粕等五谷喂养,造就了原生态高品质土鸡蛋,为产品的高复购率打下了坚实基础。

从 2018 年开始,九华山竹林蛋随着社区团购赛道的崛起进入快车道。九华山竹林蛋凭借着过硬的产品质量、极致的性价比、系统的营销方案、稳定的利润分配体系、无忧的售后服务、极其严格的市场管控成为一个个社团、私域平台的周期性爆品,也成就了一个年销售额近 2 亿元的团品牌。

团品牌的发展一般要历经三个阶段,即 0—1 阶段、1—10 阶段及 10—100 阶段。团品牌在 0—1 这个阶段主要靠产品力,关键在于产品价值打造和用户产品认知输出;在 1—10 这个阶段主要靠渠道力,关键在于渠道势能共振和价值共生;在 10—100 这个阶段主要靠品牌力,关键在于品牌人格和 IP 张力。今天我们主要从第一阶段——产品力拉动阶段来拆解九华山竹林蛋这一团品牌是如何炼成的。

从 2011—2018 年这 7 年时间里,九华山竹林蛋都在打磨产品力,当然这中间也有养殖周期和规模阶梯扩充的因素致使周期拉长。关于社团产品力,可以用一个公式来说明:社团产品力＝口味力×场景力×颜值力×USP 力×链路驱动力×成本优势力×品类势能力。

口味力产生认同和传播,场景力讲究规格匹配和需求唤醒,颜值力带来流量,USP 力奠定产品价值,链路驱动力解决动销问题,成本优势力构建竞争壁垒,品类势能力管理销售期望。

下面来看一下九华山竹林蛋的产品力构成。

(一)九华山竹林蛋的口味力

九华山竹林蛋口感滑、嫩、香,没有腥味,蛋黄大,适合清水煮食,这是九华山竹林蛋农场独特的生态环境和饲养理念造就的,也是企业人刻意坚守的结果。很多人认为坚守初心是很虚的,没有多少企业真正能够做到知行合一,但是当一个产品走向全国、一个企业走向品牌化的时候,创始人的初心的重要性才真正显现出来。它就是企业和品牌的 1,没有这个 1,后面再多的 0,结果也还是 0。农产品和食品行业尤其如此。农产品坚守初心需要熬,这是经营者必须迈过的一道心坎,也是打造农产品口味力的重要路径和方法论。

(二)九华山竹林蛋的场景力

这里的场景主要指售卖场景。由于社团渠道售卖场景特殊,大部分在社群内,团品牌的场景力主要体现在产品规格匹配与需求唤醒上。鸡蛋是个高频低值易耗品类,规格过大过小都会对订单成本结构产生影响,从而影响订单售价和通路利润分配结构。九华山竹林蛋的场景力主要定在 60 枚的规格上。行业通行的 10 枚、30 枚、45 枚、90 枚等规格都无法满足开团惊喜价和通路利益驱动。九华山竹林蛋 60 枚的规格不仅能够满足上述两点要求,还能满足 3~5 口家庭一周的用量需求,使周期排档频率得以固定,品牌用户认知密度恰到好处。

(三)九华山竹林蛋的颜值力

竹林蛋的包装设计走的是简约风,核心元素突出,没有做惊艳的设计。因为鸡蛋不需要华丽的渲染,消费者更多关注的是包装的实用、耐用。为防止运输过程中磕碰导致鸡蛋破碎,九华山竹林蛋采用泡沫箱+外箱+填充稻壳物的装箱方式,看上去清新、轻巧、简约、结实,箱体内置检测报告、品牌卡等品宣物,消费者打开时会感受到意外惊喜。这是实实在在的用户思维,真正意义上从产品出发为消费者考虑,为产品价值考虑。

(四)九华山竹林蛋的 USP 力

产品的 USP 力,即产品的独特卖点。九华山竹林蛋提炼的卖点很独特。竹林蛋的灵魂是林间散养土鸡蛋,这是一个较高智慧的传播定位策略。定位于土鸡蛋,可以省略教育、沟通成本;定位于林间散养,品牌画面感就很容易生成,产品感知价值也容易生成。围绕林间散养土鸡蛋这一总的传播策略,九华山竹林蛋从自身资源出发,分别提炼出多套品牌传播文本,如食昆虫饮泉水、无拘无束自由奔跑、谷物喂养、天然生长等,使九华山竹林蛋这一 IP 形象立体又饱满。

(五)九华山竹林蛋的链路驱动力

链路驱动力解决的是产品的动销问题,在社团渠道里解决的是团长是否首推的问题。在社团电商中,团长的收入是销售与推广佣金,没有合理的利益驱动团长就不愿意推,再好的产品也无法触达 C 端用户。九华山竹林蛋给予团长的利润率始终保持在超行业平均值 2 个点,这是很了不起的公司运营体系才能做到的。这 2 个点是在用户感知开团有惊喜且平台链路驱动都能持续复排的前提下实现的,可见农本味公司的成本把控力。

(六)九华山竹林蛋的成本优势力

一个产品有没有成本优势,不是企业自己说了算。产品是否有优势,参考的标准是这个品类的社会平均成本,不是个体企业的产品成本,低于社会平均成本的产品才有成本优势,才会有核心竞争壁垒。竹林蛋的大单品是 60 枚家庭装,全国开团价 65 元,公司、运输、平台、团长、消费者,整个生态链条复购持续运作,这是硬实力。爆品的开团靠创新营销,爆品的持续一定靠成本优势。这是很多网红品昙花一现的关键因素。

(七)九华山竹林蛋的品类势能力

社团电商连接线下和线上,之所以吸引众多互联网头部企业竞相入局,主要原因就是开创了生鲜电商的系统解决方案,所以它对品类销售有较大贡献。鸡蛋属于生鲜品类,是社团渠道需求头部品类。九华山竹林蛋在社团渠道崛起,一定程度上是品类势能给予它较大的发展空间,排品周期、消费黏性、社团平台主推品类等都加速了竹林蛋的品牌成长。在社团渠道,酒水饮料品类成长就会慢很多。打造团品牌,品类基因不得不考虑。

品牌的形成不是一蹴而就的。团品牌依托社团赛道而发展,兴起于团爆品,成长于团长认同与认可,发展于多地、多平台协同共生,这不仅考验创始人的智慧,还考验创始人的发心。戚仁龙说:“很多人问我,为什么好好的国企不待,铁饭碗不要,却选择进入农业领域创业,其实,我只是单纯地想用我的专业能力让更多人吃到放心的食品。”这句话让很多人感慨。九华山竹林蛋的成功,也是戚仁龙坚持初心的成功。因为做农业需要经历煎熬。

三、问题思考

竹林蛋成功的原因是什么呢?试从 USP 理论分析竹林蛋的独特卖点。

(李保林:《一枚土鸡蛋 2 亿元销售额的团品牌之路》,《销售与市场(营销版)》2022 年第 10 期。)

案例 4-6 五菱 MINIEV:行走的“四轮自媒体”

一、背景资料

五菱汽车是一个拥有奋斗基因的品牌,不同时代,五菱人的不断付出,成就了品牌强大可靠的基因。五菱半个世纪以来,经历了四次转型。在历经多年海外深耕后,五菱初步搭建起全球化战略部署,以国际造车标准为导向,往更高品质的全球化目标迈进。

二、基本案情

五菱宝骏与迪士尼合作推出了一款草莓熊主题的电动车,整体都是肉眼可见的毛绒质感,车身还有一个 3D 立体的熊头,就连车内装饰也带绒边,把少女心拿捏得死死的。自 2020 年五菱宏光 MINIEV(以下简称宏光 MINIEV)推出后,该系列的相关改装话题就一直热度不断,数据显示,购买该车以后的改装率高达 80%。每次看见这款车都会让人忍不住感叹:这哪里是车啊,简直是辆“四轮自媒体”!五菱当然是卖车的,不过它和市面上其他汽车品牌却有很大不同,其对商业模式的颠覆,以及自成一派的车身营销,堪称非典型的成功代表。

(一)定位为快消品:汽车也可以是成年人的玩具

在宏光 MINIEV 上市之前,市面上已有的车企针对新能源汽车设计的基本口径是:虽然是电动车,可我们能替代燃油车,燃油车能去的地方、能用的场景,我们一样可以。但五菱大有一副"我是电动车我摊牌了"的态度,五菱官方对这辆车的定位是"一台实用便捷、成本安全的代具,来满足上下班代步、接送小孩、购物买菜及个人休闲出行等多种需求"。这句话读起来拗口,却非常精准地描述了用车场景。按照上汽通用五菱副总经理兼销售公司总经理薛海涛的说法,早在 2016 年,上汽通用五菱便定好了发展新能源汽车的基调,而在市场调研及业内专家的指导下,进一步细化到小型新能源汽车市场。因为聚焦"小型",所以在产品层面,宏光 MINIEV 避开了那些高端产品动辄更多电池、更大屏幕、更强辅助驾驶的参数内卷,最终换来 2 920 mm 的车身尺寸、10 多度的公里耗电量、100 多公里的续航里程,以及极简到极致的体验。

更重要的是低到没有对手的价格。一辆宏光 MINIEV 的价格是 2.88 万~4 万元,大大超出了消费者对于汽车价格带的认知。什么概念?此前奇瑞推出过一款两座的电动车"小蚂蚁",空间比宏光 MINIEV 小一半,价格却高一倍。购买成本低,拥有成本也低,这些都大大降低了宏光 MINIEV 的使用门槛,甚至将很多人的购车计划提前了。这无论是对大量一二线城市的"90 后"白领,还是对三四线城市的小镇青年,都是一个福音。从某种程度上来说,这个价位的宏光 MINIEV 已经脱离了汽车的功能属性,变成了日常消费品。你甚至可以把它理解成年轻人的一个大玩具。

不过市场总是不按常理出牌,当五菱以为最大的吸引力是 2.88 万元的超低价格时,却又惊讶地发现自己 60% 的用户都是年轻女性消费者。于是五菱迅速调整策略,进行车型迭代。五菱先是在 2021 年 4 月推出马卡龙版,提供白桃粉、柠檬黄、牛油果绿三款配色。之后在 9 月初,继续推出梅洛蓝、生椰白两款秋季新车色。等到 11 月,五菱又推出马卡龙夹心款,对内饰进行全面、专属化升级。五菱惊奇地发现,宏光 MINIEV 的销量并没有因为高配置车型的推出而受到影响,恰恰相反,更精致、更高价格的马卡龙版吸引了越来越多的女性车主,宏光 MINIEV 马卡龙版的女性用户占比已经超过 78%。

汽车快消化的逻辑,不仅将宏光 MINIEV 打造成年销量 37 万辆的爆款单品,还将同样的成功复制到了 KiWi EV 这款宝骏品牌上。KiWi EV 定价 7 万元左右,和宏光 MINIEV 形成了高低端搭配的产品矩阵。

(二)IP 主导、潮创文化:每个用户都是爆点

女性用户的崛起,正在颠覆汽车行业的营销逻辑。首先就是渠道的变化,广告投放的首选可能不再是汽车类专业网站,而是小红书、抖音等社交媒体。渠道变了,传播的内容也得变。仅靠吆喝"可爱"是不够的,而且以往的功能描述、性能诉求,在女生这里完全不管用。那么宏光 MINIEV 靠什么种草用户呢?我们发现,它的逻辑类似一个三角形,三角形的中心是用户需求,三个角则是紧紧围绕用户需求的具体实践:一是把自己当 IP,二是把用户当朋友,三是把体验店融入生活。

1. 出其不意,把自己当 IP

五菱首先找到的破局点,是通过联名出其不意,为品牌积攒目光和话题度。比如五菱曾携手《ELLE 世界时装之苑》杂志一起给车拍可爱的硬照;和国潮乐园方特一起做 IP 线下聚会、互动聚会;联手盒马和柳州螺蛳粉打造螺蛳粉味道的粽子、自创马卡龙 IP 雪糕;再比如最近推出的毛绒款草莓熊车……两者看似毫无关联,但营销的立意、形式却与品牌的主体消费者情感相通,年轻人的消费特征就是会被出乎意料、有争议的东西吸引。不仅如此,五菱还根据用户画像,衍生出一个用户 IP 形象——五菱少女,并联合完美日记,在网红城市长沙做了一场"五菱少女潮妆派对"。对于五菱来说,宏光 MINIEV 推出什么新车、马卡龙版推出什么新颜色、新车要卖多少辆,都不是它举办活动的目的,它真正思考的是如何把宏光 MINIEV 打造成一个 IP,让这款产品能够真正形成流量,从而转化成销量。

这是一种全然不同的营销思路,不是一种以纯粹单品为主导的营销,而是开始转变为以 IP 为主导的营销。这样一来,宏光 MINIEV 就被贴上了"会玩""有趣"的标签,消费者看到越多类似的品牌关联,五菱的潮玩属性就越会被强化,这也是宏光 MINIEV 备受年轻人追捧的原因之一。

2. 潮创共建,把用户当朋友

通过 IP 联动,宏光 MINIEV 也许可以做到一时的出圈,但是怎样才能一直维持圈子的讨论度呢?让用户共创,产生持续的参与感。一般情况下,花十几万元甚至几十万元买回来的车都得小心供着,刚蹭一道印子都得心疼好几天,但 3 万元的车买回来,随便开、随便停,甚至可以随便改造。有了这个心态,用户开始对宏光 MINIEV 进行各种脑洞大开的 DIY:涡轮蒸鸭、东北大花袄、融化的马卡龙、蜡笔小新、皮卡丘……只有你想不到,没有车主做不到。五菱还专门推出一本《车贴指南》,鼓励用户个性化改造车身。在小红书、抖音等平台,关于怎么改装、装饰 MINI 的帖子就有上千条,用户交流款式、询问购买链接,DIY 的热情堪比女生做美甲。更有甚者直接把车顶锯了,变成了敞篷车。一些用户还亲切地把改装后的车称作"呆萌陆地小坦克""我的小 MINI""我的小车车"。

如此,路上一辆辆形色各异的车,变成了一个个移动的广告牌,并逐渐形成"买得越多卖得越多,卖得越多买得越多"的良性循环,这也让宏光 MINIEV 成了一款真正意义上的 UGC(用户原创内容)产品。五菱把这种现象称为"潮创",还把每年 3 月 4 日打造成宏光 MINI Day,通过分享改装技术等各种潮流活动,吸引更多的宏光 MINIEV 车主加入潮创大家庭。薛海涛表示,以潮创为文化符号,五菱希望让更多人了解并爱上这款小车。而用户潮创过程所产生的最大价值,不是用户,而是他们参与改装的过程。用户对颜色的喜好、对细节的勾勒,以及最后生成的内容,是五菱传播的一手素材,也可以帮助五菱还原一个个活生生的人,共同打造独属于宏光 MINIEV 的汽车文化注脚。

3. 线下闭环,把体验店融入生活

满足甚至超越用户的期待,是五菱一直在做的事情。至于如何超越用户期待,薛海涛举了个例子:200 天内,五菱已经在 185 座城市建成 215 家新能源体验店,这不仅是极强渠道建设实力的彰显,更是组织由内到外对用户至上理念的践行。薛海涛提到的新能源体验店,又被称为"LING HOUSE 用户线下体验中心"。不同于传统 4S 店,体验中心超越了单一的购物功能,集产品首发、产品展示、休闲娱乐等于一体,将品牌深度融入消费者的生活,让门店成为潮流坐标、网红打卡地,乃至成为一种新型生活方式的代表。目前,LING HOUSE 用户线下体验中心已经在柳州、南宁、郑州、上海、苏州、杭州、广州等多地落成,并被按照当地特色赋予了不同的主题。比如郑州是咖啡主题,一楼是提售车前后的具体服务,二楼则是咖啡馆,负责让用户感受品牌的人文关怀,不少消费者会在这里一边喝咖啡,一边交流改造方案。传统 4S 店只服务客户,为利益负责,而体验中心服务的是用户,为品牌负责。用薛海涛的话来说,购买这辆车并不是结束,而是将车主生活与世界精彩连接的开端。对此,五菱还开发了一款和 LING HOUSE 相对应的线上一站式社交电商平台——LING Club,该平台集购车、用车、社交、购物、个性定制等于一体,线上线下共建用户家园,更紧密地对话用户、连接用户。据了解,LING Club 的注册用户已超过 1450 万人,月活用户数为 150 万人。五菱几乎无时无刻不在思考用户的需求,真正用贴近用户的方式去思考营销,而不是去思考怎么卖车。当然,在和用户的沟通中,五菱也得到许多灵感,比如一位用户曾建议设计车顶行李箱。而他的理由也很有意思:"有车顶行李箱可以在雨天挡雨,优化 MINIEV 的静音性,因为现在 MINIEV 的车顶太薄了,下雨天开实在有点吵。"

(三)"秋名山神车"的成功你学不会

复盘宏光 MINIEV 的出圈之路,我们会发现,这辆车有自己的价值体系,虽然价格很低,但是使用这辆车的人不会觉得掉价,反而通过改装让车变得独一无二,这就是年轻人玩儿的东西。身处汽车行业的五菱,在营销上并不像其他车企那样以产品为主角,它的营销重点不是性能、驾驶体验,而是品牌形象。五菱通过由内而外的架构、形式、渠道变革,和特定人群强关联,并进行场景教育,让品牌与潮流、前卫、有趣、个性等感性概念产生联系,综合提升品牌认知。

至于五菱致力打造的汽车文化,则更多地指向精神层面的表达。个体拥有汽车形成个人价值表达,进而上升到精神层面,这是纯粹的形而上的境界。从目前来看,宏光 MINIEV 已经走好了第一步——收获逐渐庞大的用户基本盘,正在迈向第二步——逐渐形成个人价值表达,而第三步——精神境界则是终极目的。

当然,这也非一日之功。回看历史,早年五菱宏光、五菱之光系列,替五菱打下半壁江山,品牌口碑也借此逐年积累。现在提起五菱,人们脑子里浮现的都是"耐造""便宜",拉货、拉人、摆摊,无所不能,它甚至还被网友叫作"秋名山神车"。五菱率先达成年销 200 万辆的成就,并获得"10 万元以下国内乘用车之王"的桂冠。

五菱于 2022 年 4 月 8 日上市的"街头小霸王"宏光 MINIEV GAMEBOY,自盲订开启以来,23 天的时间,订单就突破 2.5 万辆。而且,由于车身搭载多处潮创接口,在线上已经诞生了 30 多万份改装作品。这些都是其他品牌眼红不来的。五菱确定了许多非典型的营销打法,但反推回去,却又理所当然,因为它无疑是踏准了时代的节点。后汽车时代,面对行业不断内卷而销量却不尽如人意的尴尬局面,品牌们可能要先停下来想想,用户想要的到底是什么。

三、问题思考

(1) 五菱 MINIEV 是如何实现"买得越多卖得越多,卖得越多买得越多"的良性循环的?

(2) 面对行业内卷,五菱 MINIEV 如何以产品为支点实现消费者的个人价值表达?

(徐梦迪:《五菱 MINIEV:行走的"四轮自媒体"》,《销售与市场(营销版)》2022 年第 5 期。)

第四节　课外思考案例

案例 4-7　张小泉除了名字还能靠什么?

一、背景资料

张小泉品牌成名于明朝崇祯元年,是中华老字号,也是刀剪行业中的中国驰名商标。产品包括家庭用剪系列、工农业园林剪系列、服装剪系列、美容美发剪系列、旅游礼品剪系列、刀具系列等。张小泉剪刀在乾隆年间曾被列为贡品,1915年还获得过巴拿马万国博览会二等奖。

二、基本案情

近日,张小泉发布2021年度报告,报告显示其2021年实现营业收入7.6亿元,同比增长32.81%。归属于上市公司股东的净利润0.79亿元,同比增长1.96%。单纯从数字上来讲,老字号张小泉作为一个A股新生,成绩单中规中矩。如果再进一步对比不少老字号的"不中用",这份成绩单甚至还颇有些出彩的意思。比如,同仁堂和广誉远还在奋力从前任留下来的烂摊子里面爬出来,全聚德还在持续亏损的泥潭里。而之前和张小泉同为"剪刀老字号三巨头"的王麻子、曹正兴,如今都走到了破产清算的地步。对比之下,张小泉虽然作为一个400年的老字号,却并没有显示出老态龙钟,相反还有些"潮",是目前市场上老字号企业中活跃度最高、生命力最强的代表之一。

(一)老字号,新思路

张小泉核心主营产品的线上销售额已达3.78亿元。4月15日,张小泉方面对外透露,他们推出了宠物指甲剪、钓鱼剪之类很特别的产品。这类产品普遍客单价高、毛利水平高,且增长势头好于传统意义上的刀剪品类,成为传统业务的有效补充。

最近,在一场名为"2022多多新国潮"的电商直播活动中,张小泉总经理夏乾良向网友推了一些创新产品,包括"变形金刚"联名款六件套、等离子消毒刀架等。作为一个老字号,能推出这样紧跟时代潮流感的产品,的确有些让人出乎意料。其实,张小泉并非人们传统印象中一板一眼的老字号,正相反,其从2011年就开始布局线上渠道业务,是行业内为数不多的最早关注电商业务的品牌之一。通过自营商运营团队的运营,张小泉在淘宝、天猫、京东、拼多多、唯品会等主流电商平台刀剪类目的销售中均排名靠前。自2018年至今,张小泉品牌在淘宝天猫、京东平台的剪具类店铺排名中长期排名第一,刀具类店铺也一直位于前列。

年报显示,张小泉核心主营产品的线上销售额已达3.78亿元,占主营业务收入的50.2%。张小泉在传统主流电商平台持续保持优势地位的同时,还积极拥抱新型电商与运营模式,并持续关注与布局抖音、快手、社区电商等新兴电商渠道。2021年,张小泉已开始在天猫、抖音平台进行直播带货,并预计"对公司线上销售业绩增长带来积极作用"。

除了电商,张小泉出圈的小动作也不在少数:2015年,大热美剧《汉尼拔》中的一幕吸引了中国观众的眼球,汉尼拔手持的菜刀上竟赫然刻着篆书汉字。对此,张小泉对外辟谣声称这个情节并不是营销行为,不建议将产品用于凶器。但架不住跟风的年轻人很快拥入电商平台,将:"汉尼拔同款"菜刀抢购一空;2017年春节,张小泉在《中国有嘻哈》节目中推出了"泉叔"形象,把刀具和说唱联系到了一起。张小泉的新潮并不奇怪,虽然号称是400年的老字号,但其真正开始市场化经营,其实是在2010年左右,距今仅仅十几年的时间。而这个时期,也恰恰正是中国电商飞速发展的黄金时期。

但问题是,张小泉依托电商发展,就必须为电商渠道支付大量费用,导致其营销成本快速增长,从2021年的经营数据来看,利润的增长远低于收入的增长,其中就有被电商流量"夺利"的一部分原因。

(二)老本行,新问题

目前张小泉又在更高层次的经营战略上酝酿着求新求变。张小泉已经明确了由厨房品牌向品质家居生活品牌升级的品牌战略。而在此之前,其战略是由刀剪品牌向厨房品牌升级。也就是说,这家公司经历了从制作售卖刀剪产品向售卖厨房产品的升级,以及从厨房产品向居家产品升级的三级跳。

这和它 2021 年上市时候的口径形成了鲜明对比。当时张小泉介绍自己"是一家集设计、研发、生产、销售和服务于一体的现代生活五金用品制造企业。公司的主要产品包括剪具、刀具、套刀剪组合和其他生活家居用品"。战略升级是很多企业都会去运作和扩展的,但在短短一年之内提出三级跳式的转型,则反映出了张小泉经营和管理层面的一些问题:首先,张小泉在上市之初并没有明确企业未来升级发展的细节。公开募股融资上市,通常是企业发展的重要节点,一方面企业的发展遇到瓶颈需要借助资本升级,另一方面,资本的参与和介入也希望企业能够在获得资金之后形成跨越式发展,显然张小泉对此准备并不充分。其次,企业面对投资者对其发展的期待时,在厨房用品和时尚生活用品之间产生了飘移,这也直接反映在了其战略的变化上,这显然是一种企业治理不成熟,或者内部博弈激烈的外在表现。但不论是走哪个路线,张小泉的战略调整都是必然之事。其中最大的原因,仍是行业空间的属性和问题。根据《中国工业统计年鉴》的数据,2020 年我国规模以上刀剪企业主营业务收入一共是 542.8 亿元,同比增长 6.3%,2012 年到 2020 年复合年均增长率为 9.8%,规模以上刀剪企业平稳发展,总体数量稳定在 200 家左右。中商产业研究院整理的《2021 年中国刀剪行业市场规模及行业竞争格局分析》则显示,刀剪制造行业是中国市场化程度较高的行业之一。

但问题是,存量企业处于谁也吃不掉谁的局面,行业持续分散。从张小泉招股书引用的数据来看,2017 年市场规模 409 亿元,张小泉的市场占有率约为 1.4%。根据欧睿统计的数据,以终端销售额划分,2020 年中国餐饮加工用具市场中,除包含张小泉在内的头部企业以外,其余企业份额均位于 2% 以下。即便是张小泉这样的"刀剪第一股"都无法获取更大的市场份额,如果不升级,就会被困在一个不能做大的产业里。

(三) 老壁垒,新业务

从一个红海进入另一个红海,甚至新的红海竞争难度更大,细究之下,竞争充分的背后,其实是行业壁垒的问题。张小泉作为被商务部认定的第一批中华老字号和被国家工商总局认定的刀剪行业驰名商标,这显示出其有一定的品牌价值和消费者认知。这是企业经营发展重要的壁垒之一。同时张小泉自认为有技术壁垒,所谓"在不断研发创新过程中掌握了行业内较为领先的核心技术及工艺",并"为进一步保护核心技术,巩固技术护城河,公司在研发过程中,及时将技术研发成果转化为专利技术"。但实际的情况是,在张小泉获得的 135 项专利中,外观设计专利 94 项,实用新型专利 39 项,而最能体现研发技术的发明专利却仅仅 2 项。也就是说,张小泉长期以来的技术投入,更多的是在对产品外形进行修修补补,而在实质的产品技术突破上,并无更多建树。近 3 年来,张小泉的研发投入分别为 0.17 亿元、0.2 亿元、0.23 亿元,研发投入占营收比分别为 3.01%、3.51%、3.47%,几乎无增长,与持续高增长的销售费用对比明显。可见张小泉本身仍然是凭借品牌价值,以营销驱动增长,技术方面暂时没有太多的投入,所以其产品自然很难和其他同类产品拉开差距。

因此在主业壁垒不充分、技术能力不足的情况下,管理层只能通过跨界的方式去扩张,而上市融来的资金和上市公司的地位正好可以发挥作用。如此,质疑也随之而来,有投资者曾在投资平台直言:"建议公司在刀(例如卖肉的刀、手术刀等)的领域继续开拓,家电市场毕竟已经被前几大公司占了,觉得公司战略出了问题。"这样的质疑具有代表性,在很多投资者看来小家电都是一个低门槛的行业,进入就意味着企业要从一个红海进入另一个红海。张小泉则认为,公司新的业务板块符合预期。让张小泉对这两大新业务有信心的底气在于这两块业务业绩增速较快。2021 年,厨具厨电、家居五金两大新产品类目共计实现销售收入2.3 亿元,占公司总体营业收入的 29.91%,较上年同期增长 76.05%。其中,厨具厨电独占 1.49 亿元。这种靓丽的数据能不能禁得起剖析呢? 其实这样的增长主要有两方面原因:一个是低基数,另一个就是由于厨具厨电事业部成立于 2021 年 9 月底,这些产品大概率是卖给了经销商,尚未完全卖到终端消费者的手里。最新的年报中,张小泉未详细列出厨具厨电事业部的详细销售情况,就连在线上的订单数量,也和刀剪类合并计算了。而在张小泉的天猫旗舰店,与刀剪产品动辄几千上万的月销量相比,厨电的两位数甚至是个位数销量显得寒酸无比。在拼多多的张小泉旗舰店,按照销量排行我们几乎鲜能看到厨电产品的影子。靠精准筛选之后发现的 8 款电器产品,销量最高的为电煮锅,拼售数量为 34 件。而在家电最重要的电商渠道京东平台,张小泉旗舰店里甚至还没有厨电产品的身影。

作为老字号,张小泉最能够依仗的资产就是品牌,人们愿意为这三个字买单。上市之前的张小泉,在刀剪行业里吃足了品牌红利,并通过电商渠道的力量,将品牌优势发挥到了最大化。可以说在上市之前,是老字号与互联网的力量共同成就了张小泉。但互联网红利终有终结之时,流量费用的大幅增长已经让其优势被消费殆尽。而投资者的预期只会在高基础上变得更高,留给张小泉的难题就变成了如何更快实现更大规模的增长和与之相配套的战略选择。也许有人会以为,张小泉会继续在垂直专业上精雕细琢下去,把"匠"字精髓吃透,把自己打造成中国的瑞士军刀,但是很显然,张小泉走了另外一条路。

三、问题思考

你认为张小泉目前的新思路与新业务是否能支撑住企业的长远发展? 为什么?

(老鱼儿:《张小泉除了名字还能靠什么?》,《销售与市场(管理版)》2022 年第 6 期。)

案例 4-8 千禾酱油迅速崛起的秘密

一、背景资料

千禾味业食品股份有限公司从事研究和生产健康高品质酱油、酱油粉、醋、料酒、焦糖色等产品,其中千禾零添加酱油、醋、料酒,以及"金山寺牌"镇江香醋等系列产品广受消费者推崇和喜爱。公司致力于打造高品质健康调味品第一品牌。

二、基本案情

2022 年国庆节期间,意外在网上引爆的添加剂"双标"风波,除了将海天味业推上风口浪尖之外,也使以"零添加"酱油闻名业界的千禾味业站在了镁光灯下,意外收获了一波红利。为什么是千禾味业获得了这项殊荣?

四川千禾味业以前是一家以添加剂为主营业务的传统企业,目前已经成功转型为一家中高端调味品企业,而且在巨头云集的酱油行业占据了一席之地,其表现不可谓不惊艳。千禾味业究竟做对了什么?

千禾味业的成功,关键得益于其富有前瞻性的战略布局,其核心就在于重构了市场边界。2007年,千禾味业在酱油行业首次提出"零添加"概念,并于2008年推出首款零添加产品头道原香,由此确立了其拓展高品质健康调味品市场的战略定位。其时,酱油行业主流价格带在5元/500 mL左右,而千禾酱油大跨度地一举进入15~50元/500 mL的价格带,这一举动确实体现出了千禾味业的战略远见。

千禾酱油将市场边界从原有的添加剂重构为高品质健康调味品,影响其决策的主要因素为添加剂业务受限、差异化竞争、消费升级。

(一)添加剂业务受限

千禾味业的主营业务之前一直是焦糖色生产,也即其主要的角色是食品添加剂制造商,但是后来焦糖色业务的发展却遭遇几个重大因素的影响。

其一,老抽占比减少对焦糖色未来发展带来制约。焦糖色的主要用途是给老抽产品上色,但是近几年来酱油市场中生抽及鲜味酱油的发展非常迅速,而老抽在酱油市场中的占比逐渐下降,这就意味着焦糖色的市场容量也在下降,这给千禾味业的发展前景带来了极大的影响,如果不能及时调整主营业务的战略发展方向,便会危及企业的生存。

其二,下游工厂客户减少采购对焦糖色业务带来威胁。作为焦糖色的供应商,千禾味业的下游客户主要就是酱油企业,其商业模式属于B2B。在千禾味业的客户结构中,海天味业是最重要的采购商之一,但是近年来海天味业开始自己制造焦糖色,减少了对外采购数量。2015年,海天味业从千禾味业采购焦糖色的金额较上年同期减少70.19%,这部分减少的销售收入为3 010.74万元,占千禾味业营业收入的4.83%。面对这种局面,千禾味业必须为将来谋取出路。

其三,添加剂业务毛利率低制约企业价值提升。焦糖色是供应给酱油品牌企业的原料,在整个产业链中不具有太大的品牌附加值,其毛利率水平受制于下游客户,不利于企业的长远发展。以千禾味业为例,其2016年酱油产品的毛利率为48.76%,食醋产品的毛利率为50.64%,而焦糖色的毛利率仅为25.68%。

(二)差异化竞争

要减少原料业务波动对企业发展造成的不利,最佳的方式自然是发展自己的品牌,打造出具有影响力的产品品牌,从而牢牢掌控市场的主导权。千禾味业选择进入下游消费市场,打造千禾品牌的酱油产品。但是酱油市场巨头林立,竞争激烈,千禾味业要怎样做才能从中脱颖而出呢?显然,要和海天、厨邦、欣和、东古这些强大的对手正面抢食,必然是凶多吉少,只有避其锋芒,从细分市场切入,形成差异化竞争,才有可能突出重围。于是,千禾味业选择在当时并非属于主流产品的高品质健康调味品作为主攻方向,就是零添加和有机酱油,一举进入15元/500 mL的高价格带,以此形成了高端健康调味品的品牌形象。

(三)消费升级

尽管千禾酱油的价格远远超出了市场主流价格,但是这个决策并非盲目之举,而是迎合了中国消费升级的大趋势。近年来,国内消费者对于各个行业的产品升级都提出了很高的要求,调味品行业也不例外,在美味之外,营养、健康成为消费者选择调味品的重要考虑因素。在此趋势之下,纯酿造、零添加、有机等概念的高端酱油开始出现,以迎合消费者的升级需求。据东北证券资料,酱油行业整体价格带处于提升状态,过去国产品牌的酱油产品中价格超过 10 元的很少,现在涌现出来很多,甚至出现单瓶价格超百元的产品。零售价超 30 元的日本进口酱油,增速长期超 30%;反观 1～3 元/500 mL 的袋装酱油则销量迅速下滑,酱油产品的升级进入加速阶段。

(四)产品提前布局,终得先发优势

更为难得的是,千禾味业在零添加酱油推出之初,虽然面临着消费者的不理解和不接受,却坚持对消费者和市场进行教育推广,打下了较为牢固的基础。后来酱油行业的领导者开始推出零添加酱油,迅速引发了健康酱油的热潮,千禾味业自然顺势迎来健康酱油的收获期,取得了领先的市场地位。据西南证券资料,2008 年四川千禾味业开始首推零添加纯粮本酿酱油,由于理念超前、价位偏高,当时未能被消费者接受,零添加概念也一直游离在主流产品之外。其间,欣和也曾推出以无添加为特色的原酿造酱油。直到 2013 年,海天推出主打零添加概念的老字号四大酱油产品,零添加酱油才高调进入公众视线。随后厨邦、古龙、加加也接连推出自己的零添加产品。在此之后,零添加酱油作为新品类迎来了爆发,各类以零添加、原酿、有机为核心概念的高端酱油如雨后春笋般涌现,同时也将酱油的价格从 8 元以下拔高到 10 元以上。据统计,目前中高端酱油(500 mL 售价 12 元以上)在整体市场份额占比超 25%。千禾味业尽管只是区域性调味品企业,但凭借在零添加酱油市场的先发优势,推动了中高端健康调味品市场的发展,并顺势在中高端酱油市场取得了领先地位。

三、问题思考

面临原主营业务的多重受限,千禾迅速崛起的外部机会与内部优势分别有哪些?

案例 4-9　东阿阿胶为什么能实现逆袭?

一、背景资料

东阿阿胶主要从事阿胶和阿胶系列及其他中成药等产品的研发、生产和销售,是历版阿胶行业标准制定的推动者和引领者,是滋补健康引领者和中药企业高质量发展的典范。东阿阿胶以客户需求与体验为关注焦点,持续巩固"滋补国宝,东阿阿胶"顶流品牌定位,不断汲取三千年中医药传统文化和滋补养生精粹,立志于打造具有中华民族特色和国际视野的滋补行业引领品牌。

二、基本案情

东阿阿胶发布的 2022 年业绩预告,预计净利润 2.7 亿～3.4 亿元,同比增长 80%～127%,可以说表现非常亮眼。但在 2017 年和 2018 年,东阿阿胶的净利润就已超过 20 亿元,2022 年 3 亿元左右的利润有什么惊喜呢?因为东阿阿胶在 2018 年巅峰过后,业绩就面临巨大滑坡。2019 年,东阿阿胶亏损 4.4 亿元,2020 年继续亏损几千万元,2019—2020 年,东阿阿胶股票多次跌停,比巅峰时期跌去 60%,一年时间,怎么"变脸"得这么厉害呢?同样在经历了疫情的冲击,特别是同期很多行业都急需突破的时候,东阿阿胶宣布上半年净利润暴增,甚至快接近 2021 年全年的净利润 4.4 亿元。东阿阿胶有哪些值得其他企业学习的地方?

有朋友说"这些大企业案例对我们中小企业价值不大",还有朋友说"我是制造业公司,消费品行业对我帮助不大",真的是如此吗?当你瞄着比你厉害十倍的企业,你才有可能成长十倍。东阿阿胶再次逆袭的原因,总结为三点。

(一) 重新定位

定位定天下。东阿阿胶可谓定位理论在中国企业发展的一个典型,它先从低端补血的辅助产品开始,发展到高端的补血保健品。从 2005 年负增长 14％开始,连续 6 年保持超过30％的增长速度。

大家还记得《甄嬛传》吗?它被营销界称为"东阿阿胶传",在这部宫斗戏中,东阿阿胶的产品植入广告,在主角的台词中出现了几十次,实物出镜的次数也很多。据内部人士说,东阿阿胶仅仅给了《甄嬛传》剧组 200 万元的赞助费,这可能是有史以来投入产出比最高的广告植入。2012 年,东阿阿胶的净利润首次突破 10 亿元。《甄嬛传》进一步加强了东阿阿胶的消费者定位——"宫廷御用",适用于需要补血调经的 30 岁以上女性,简称"贵妇专用补品"。同时,通过学习茅台的提价策略,东阿阿胶成为高端产品,2010—2019 年,东阿阿胶一共提价 14 次,250 克一包的产品终端零售价,从 162 元涨到 1499 元,9 年涨了 9 倍,也因此得到了"药中茅台"的称号。但是,由于阿胶原材料驴皮大幅涨价,以及频繁提价,导致经销商渠道囤货,东阿阿胶库存积压的问题很严重。

其实阿胶毕竟与茅台不同,茅台酒不会过期,有 5 年、10 年、30 年甚至 50 年的,时间越长越值钱,而阿胶的保质期只有 5 年。所以,在高端市场趋于饱和、经销商囤货积压下,雪球越滚越大,终于出现了 2019 年的去库存危机。这相当于放大了市场的波动,让东阿阿胶的业绩出现暴跌。这也说明单纯提价的增长模式,是难以为继的。于是,东阿阿胶管理层重新调整定位战略,大胆地弃用了"贵妇专用补品"的定位,重新定位在了年轻人都在吃的"保健品零食"。那么,在产品策略上,什么叫"保健品零食"呢? 10 年前,到药房做阿胶膏,需要加入黑芝麻、核桃仁、桂圆肉一起熬煮,虽然有药房代劳,但是存储要放冰箱,过程还是很麻烦的。2020 年,东阿阿胶推出了重新包装后的桃花姬阿胶糕,以"国潮"的形象重新包装,成为一种高颜值的休闲零食,口味多样,开袋即食。这就和奶茶口味的云南白药牙膏、茅台冰淇淋一样,都是瞄准年轻人,从低频补品变成高频零食,增加了消费频次。

(二) 塑造更多消费场景

东阿阿胶还塑造了更多的消费场景。传统上,阿胶是一种冬季滋补品,夏天是销售淡季,产品形只有三种:阿胶块、阿胶浆、阿胶糕。东阿阿胶通过塑造更多的消费场景,消除了淡季的销售波动,场景有针对健身减脂的阿胶芝麻丸,针对熬夜的真颜小分子阿胶,针对胶原蛋白流失的阿胶红枣汁软糖。

(三) "＋阿胶"的策略

2020 年,东阿阿胶推出了"＋阿胶"的产品形态,比如"雪糕＋阿胶""奶茶＋阿胶""面膜＋阿胶"等。年轻人喜欢什么,东阿阿胶就"＋"什么,再通过年轻人聚集地小红书进行推广,有关东阿阿胶的笔记有 2 万多篇。东阿阿胶高管介绍,参与营销活动的年轻消费者占比超过 70％,不到 2 年涨了 7 倍,硬生生把低频补品做成了高频网红消费品。

总结东阿阿胶逆袭的三个策略:一是重新定位用户,从低频的"贵妇专用补品",到高频的"保健品零食"。二是塑造更多的消费场景。三是"＋阿胶"的策略。铁打的增长模型,流水的转型案例。这就是我们学习优秀企业成败的关键。

很多企业家看到了互联网的碎片化信息、视频，为什么成长速度还是很慢？原因是你看到的永远只是信息，它不是认知，无法"看以致用"，缺乏底层的思维模型。

三、问题思考

针对东阿阿胶三个增长策略，结合产品增长矩阵图（见图 4 - 3），思考以下问题。

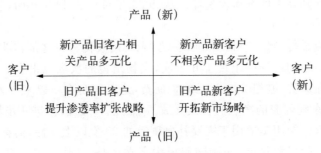

图 4 - 3　产品增长矩阵图

（1）企业产品的定位可以往哪个方向调整？

（2）低频产品是否有机会升级为高频使用产品？

（3）如何给客户、潜在客户描绘更多的产品使用场景？

第五章 价格策略

本章导读

价格是市场营销策略中十分复杂、十分敏感而又难以控制的因素,它直接影响着消费者的购买行为,也关系到企业的市场份额和盈利率,因此,企业必须重视价格策略的选择和应用。

● 啤酒在高端市场的争夺战已开启,大众从未想到过,啤酒有一天会和奢侈品挂上钩。无论是啤酒原材料成本的上涨,还是因为过去以低价换量、跑马圈地的策略失效,高端啤酒的出现已是必然。但是谁会为涨价的百威、华润、青岛们买单?尽管在追求啤酒至臻口感的品酒达人的反馈里,都在强调这款啤酒物超所值,激起爱啤之人的购买欲,可购买的人依然很少。价格变化并非一朝一夕,那么以后高端啤酒又会如何发展?

● 卡萨帝洗衣机的价格高于行业5倍多,为什么用户会选择卡萨帝?因为觉得值,比起高价格,用户更关注的是卡萨帝一站式洗衣护理的场景体验。表面看顾客为场景买单,实则是用户为顾客价值买单。本质上,场景价格的逻辑就是借助场景这个手段为用户创造顾客价值并变现的过程,从而实现品牌的溢价。如何制定场景价格对营销来讲显得十分重要。

● 茅台宣布要做冰淇淋,首家旗舰店开在遵义茅台国际大酒店大厅。目前官宣的口味有三种,分别是原味、香草、提拉米苏,在冰淇淋原材料中增加茅台酒。五菱宏光就曾推出汽车形状的雪糕,作为直营门店宣传引流的工具。事实上,茅台和五菱宏光的跨界案例折射着冰淇淋界的大趋势——口味、原料和形态的多元创新。然而各种创新化的形态也指向了一个事实:冷饮变得越来越贵了。目前仅有2%的消费者表示10元以上的定价合适。为什么依然有消费者愿意接受"天价雪糕"?当前的价格策略是否能为企业赢得可观的利润?

学习目标

(1)突出我国企业在价格策略方面领先国际企业的内涵,培养自豪感,提升"道路自信、理论自信、制度自信、文化自信",培养家国情怀。

(2)深入解析我国企业在制定价格策略时,存在的短板与潜在挑战,突出其重要性与迫切性,激发强国、爱国的热情,有效传承中华文脉,提升自身的责任感与使命感。

（3）结合国家战略和相关价格制定政策，深入社会实践、关注现实问题，培育经世济民、诚信服务、德法兼修的职业素养。

第一节　理论教学要点

一、影响企业定价的因素

影响企业定价的各项因素可以分为三大类：一是理论基础，产品价值是企业定价的理论基础；二是生产经营方面的因素，包括成本费用、销售数量、资金周转等因素；三是市场需求竞争方面的因素，包括需求价格弹性、同类产品竞争状况、产品生命周期等因素。

二、定价目标

利润最大化定价目标、投资收益率定价目标、提高市场占有率定价目标、适应价格竞争定价目标、维持价格稳定定价目标。

三、定价方法

（一）成本导向定价法
成本导向定价法：成本加成定价法；目标定价法。
（二）竞争导向定价法
竞争导向定价法：随行就市定价法；投标定价法。
（三）需求导向定价法
需求导向定价法：认知价值定价法；反向定价法。

四、定价策略

（一）新产品定价策略
新产品定价策略：撇脂定价；渗透定价。
（二）心理定价策略
心理定价策略：尾数定价；整数定价；声望定价；招徕定价；习惯定价。
（三）折扣定价策略
折扣定价策略：数量折扣；现金折扣；交易折扣；季节折扣。
（四）分地区定价策略
分地区定价策略：原产地定价；统一运送定价；区域运送定价。

五、价格变动反应及价格调整

（一）企业主动调整价格
1. 调高价格
（1）调高价格的原因：生产经营成本上涨；产品供不应求；改进产品；策略需要。

（2）降高价格的方式：公开真实成本；提高产品质量；附送赠品或优待。

2. 降低价格

（1）降低价格的原因：企业的生产能力过剩；需要扩大销售；在强大竞争的压力之下，市场占有率下降；成本费用比竞争者低，企图通过降价来掌握市场或提高市场占有率。

（2）降低价格的方式：增加额外费用支出；馈赠物品；在价格不变的情况下，改进产品的性能，提高产品的质量，增加产品功能，实际上也就降价了产品本身的价格。

（二）企业被动调整价格

如果竞争者率先调整价格，那么企业也应采取相应对策。

1. 了解与竞争者调价有关问题

竞争者为何调价；竞争者调价是暂时行为还是长期行为；其他竞争者会作何反应；竞争者调价对本企业有何影响；竞争对手和其他企业对于本企业的每一种可能的反应又会有什么反应等。

2. 应对竞争者调价的策略

（1）应对竞争者提价的策略：如果认为提价对全行业有好处，则跟随提价，否则就维持价格不变，迫使发动提价企业恢复原价。

（2）应对竞争者降价策略：维持原价；跟随降价；提价并同时提高产品质量，树立企业高品质形象；增加廉价产品项目进行反击。

（三）市场对企业调价的可能反应

1. 顾客反应

（1）顾客对降价的反应：该产品质量有问题；该产品老化；可能还要降价；企业可能经营不下去了，要转行，售后服务没保证。

（2）顾客对提价的反应：该产品质量好；厂家想赚钱；该产品供不应求，再不买就买不到了。

2. 竞争者的反应

企业调价之前，必须了解竞争者当前的财务状况、近年来的生产和销售情况、经营目标、顾客的忠诚度等。特别是竞争者对本企业的降价行为可能作出不同理解：该企业想与自己争夺市场；该企业想促使全行业降价来刺激需求；该企业经营不善，想改变销售不好的局面等。

第二节　教学引导案例

 案例 5 - 1　高端啤酒正在失去年轻人

一、背景资料

啤酒在高端市场的争夺战已开启，谁会为涨价的百威、华润、青岛们买单？

尽管奢侈品的外延近年来不断拓展，但大众从未想到过，奢侈品有一天会和啤酒挂上钩。

二、基本案情

打开百威啤酒的天猫官方旗舰店，在"纯粹甄选"分类里有价格为 218 元一瓶的 798 mL

"百威大师臻藏"。宣传海报里强调是"大师礼遇"：左顾右盼/总等不到喜欢的/不如率性而为/也许,爱上就在这一次。翻看不算多的评价"是我喝过的最好喝的啤酒,没有之一,啤酒沫特别细腻","口感很赞,泡沫很细腻,最好喝的百威"。尽管售价高昂,但在追求啤酒至臻口感的品酒达人的反馈里,都在强调这款啤酒物超所值,激起了爱啤之人的购买欲。其实高端啤酒远不止出现在百威,华润和青岛啤酒也都推出了高端产品,共同抬高了啤酒的价格上限。价格变化并非一朝一夕,那么这轮啤酒价格上涨是如何开始的?以后高端啤酒又会如何发展?

（一）啤酒品牌们为什么要涨价

高端啤酒的出现还得先从啤酒均价上涨说起。其实啤酒上调价格由来已久,近几年里不同品牌都对旗下的产品做出了或多或少的价格调整。

2021年下半年,华润啤酒勇闯天涯系列提价约10%;百威亚太调整部分产品价格为3%～10%;在2018—2019年提价阶段,华润啤酒和青岛啤酒吨酒价分别提升11.92%和5.02%;在2008—2009年提价阶段,华润啤酒和青岛啤酒均价分别提升13.59%和9.48%。

究其原因,主要是为了应对啤酒原材料成本的上涨。2021年我国进口大麦、小麦均价涨幅分别为19.70%、13.11%,瓦楞纸、LME铝年度涨幅分别为16.60%和41.86%。有机构曾对大麦、铝价格上涨后的毛利率做出预测,二者价格的上涨将降低啤酒行业毛利率近8%。因此,众多啤酒品牌便陆续出台了提价政策。

可即便在原材料成本压力提升的背景下,啤酒品牌仍一直在做高端高价的产品升级。2021年,华润雪花推出了一款高端啤酒,每盒定价999元（一盒2瓶）,即一瓶价格约为500元。在引发市场热议后,华润雪花（中国）有限公司董事长兼总经理侯孝海表示,啤酒不仅可以高端,而且可以很高端。他还预测,中国很快会有1000元一瓶的啤酒。

或许是因为华润雪花打下的这一剂"预防针",大家对啤酒打破价格天花板这件事已经见怪不怪了。甚至连侯孝海本人可能也没料到,这个预测变成现实会那么快。随后,青岛啤酒发布了高端产品百年之旅一世传奇。在天猫官方旗舰店,这款产品标价为1.5 L一瓶装1 399元,1.5 L两瓶装2 698元。

啤酒品牌们如此执着于推出高端产品,是因为过去以低价换量、跑马圈地的策略已经失效,导致行业进入了存量争夺的阶段,所以品牌必须由增量向增质转变。

一方面,行业格局已经基本稳定。中国啤酒行业经历了"诸侯乱战"和两轮并购整合期,华润啤酒、青岛啤酒、燕京啤酒、百威英博及嘉士伯这五大集团在国内啤酒市场占有率高达92%,其他品牌很难挤占空间。

另一方面,市场增长已经出现天花板。2013年,中国啤酒以5 062万吨的总产量登临巅峰,2015年以后形势却急转直下,产量持续下滑。到了2020年,全国啤酒产量3 411万吨,同比下降7.04%,较2013年峰值缩减1/3。与产量下滑对应的是销量下降,截至2020年,中国啤酒的销量再也没能回到2013年时的巅峰,且总体趋势呈现下滑形态。

啤酒企业推出高端啤酒,既可以提高品牌力,又能为基础款产品的提价铺路,成为提高利润的手段。百威亚太2021年财报显示,其营收67.88亿美元,同比增长14.9%,实现净利润9.8亿美元,同比增长75.9%,全年吨酒价同比上升6.1%,总销量同比增长8.3%,业绩表现优秀的原因是高端及以上产品销售都取得了双位数增长。啤酒在高端市场的争夺战已全面开启,与此同时,高端化也带动了啤酒产品的价格普涨。在这个过程中,会有更多的人为之买单吗?

(二) 涨价的啤酒,还是没人喝

从销量的角度来看,高端啤酒还缺乏市场教育,至少对于大部分人,高端啤酒并没有多少吸引力。天猫某段时间的销售数据显示,百威啤酒精酿大师珍藏 798 mL 一瓶装月销量 83 件;华润雪花醴 999 mL 两瓶装月销量 100 件;青岛啤酒百年之旅一世传奇 1.5 L 一瓶装月销量 31 件。

高端啤酒产品销量平平,始终都是小部分人的选择。在这部分消费者看来,购买的主要用途显然是送礼,而对于啤酒企业来说,他们并不在乎高端啤酒的销量,而是借机打出声势,表明他们的啤酒也可以高端高价。更重要的是,各个啤酒企业调整自己基础款啤酒的价格这件事,突然变得合情合理了。而这种宣传手段可以说是消费品的老套路了,我们在运动鞋、羽绒服品牌高端提价上也能找到熟悉的感觉。啤酒高端高价后,喝的人会越来越多吗?答案是否定的。

2022 年 2 月 24 日,百威亚太发布了国内啤酒行业最早的一份 2021 年财报。财报显示,无论营收还是利润,百威亚太均实现了同比两位数增长,追上了 2019 年的盈利水平。虽然营收和利润追上了,但销量的增长却远远不及。2021 年,百威亚太的啤酒销量为 878 万千升,同比增长 8%,并未回到 2019 年 931 万千升的水平。

(三) 啤酒企业的未来之路

提价是必然的,我们无须质疑啤酒企业创造利润的决心,既然啤酒企业敢拿出千元高端酒来引导市场,肯定对自己是充满信心的。数据显示,高端啤酒占比持续提升,且增速远高于中低端啤酒。2025 年高端啤酒销量有望达到整体啤酒销量规模的 14%。在既定的市场格局下,提高到 14% 的比例带来高于现在的盈利水平,自然是没有问题的。

根据中国酒业协会披露的啤酒行业"十四五"规划,预计 2025 年啤酒行业利润有望达 300 亿元,较"十三五"末增长 100.0%,年均递增 14.9%,预计利润增速优于产销量,行业有望进入利润加速释放期。但只提高价格去创造利润,始终是暂时的,如果一味提价可能还会带来利润的"反向增长"。所以对于啤酒企业而言,修炼内功是尤为重要的。

首先,口味的选择。啤酒企业需要努力摆脱过去的同质化和口感接近,从根本上减少消费者对于高价酒的质疑。

其次,抓住年轻消费者的生活态度。让消费者觉得这种高价是物有所值的,比如和其他品牌联名开发定制款。近期潮流耳机品牌 Skullcandy 与百威联手打造联名款耳机,就是一个很好的例子。将音乐与酒牵手,设想出一个饮酒的新奇场景,年轻消费者是很容易买单的。

最后,推广其他品类。还是以百威亚太为例,其针对日渐扩大的"她经济",推出了多种果味啤酒,包括福佳果味啤酒和科罗娜海盐番石榴果味啤酒等。同时,百威亚太还大幅增加红牛(Red Bull)的经销点,跨界投资即饮饮料品牌 MissBerry,该品牌专为女性和 Z 世代消费者打造多款果酒。去年,百威亚太还宣布计划在福建莆田兴建新的精酿啤酒厂。

精酿啤酒这条赛道,既有青岛、百威、燕京这种具备实力的传统啤酒企业,也有海底捞、王老吉这类跨界玩家。或许精酿啤酒,是众多啤酒企业迈向高端化的一条可行之路。总的来看,啤酒市场进入了"价升量不升"的时代,市场格局稳定很难被撼动。但这也并非啤酒企业的长期生存之道,究其根本,依然要努力修炼内功,最终真正获得年轻消费者的认可。

三、问题思考

为什么啤酒行业会出现价涨量不涨的现象?

四、分析点评

啤酒行业出现价涨量不涨,有着许多原因,不妨把"喝啤酒的群体"比作"一个池子里的水"。那么,这些原因可以分为以下几点。

(一)流入的"水"减少,啤酒需求端出现天花板

这个现象具体指的是,中国啤酒市场的需求端出现天花板,人口结构已经发生了改变。通俗来说就是喝酒的青壮年人数没以前多了。一直以来,啤酒主力消费人群年龄为 20～50 岁,但在老龄化趋势下,该年龄段人口占比近年不断下降。有数据显示,国内 20～34 岁人口比例从 2000 年的 27.3％降至 2020 年的 21.8％。所以,即便是国内如此庞大的啤酒市场,都无可避免地来到了存量阶段,在这个阶段啤酒企业们会互相争夺消费者。

(二)舀"水"的变多,其他酒类入局竞争

除了重要的第一点,其他酒类也正在入局竞争,转化喝啤酒的消费者。比如近年来兴起的果酒、气泡酒等低度酒,都对传统的啤酒企业造成了冲击。数据显示,这一年上半年,淘宝、天猫、天猫国际和酒仙网平台的果酒销售额达 3.243 亿元,同比激增 1 626.2％;销量超 360 万件,同比增长 1 944.6％。根据天猫数据,低度酒主客群为 18～34 岁,并且新锐白领的比重远高于全网。按照这种情况,低度酒增长的势头在短期内不但不会消散,反而会因为这类人群而进一步加强。加上白酒和啤酒的自身属性以及早已固态化的饮用环境,消费者也更愿意自主选择果酒等低度酒饮用。另外,除了在家中,海伦斯等新式酒吧也成为年轻群体的新去处,消费场景的增加配合消费选择的变化,低度酒瓜分啤酒的市场份额是必然。

(三)"池子"格局已定,啤酒企业涨价难奏效

中国啤酒市场占有率趋于稳定,华润啤酒、青岛啤酒、燕京啤酒、百威英博及嘉士伯这五大供给已经固化了,行业集中率早就超过 90％。所以,过去低价销售跑马圈地的策略,放到现在就不管用了,这时啤酒企业就要顺势去追求最大化利润。但长达十几年同质化、低端化的营销战和价格战,使大部分啤酒企业在产品本身的配方、口味等品质层面长期没有什么突破和升级。与低度酒、果酒等时尚新潮的品类相比,啤酒在产品上吸引年轻人方面也并没有很大优势。而精酿啤酒的突然崛起,也从传统啤酒品牌手中分走部分蛋糕,转化了一部分追求啤酒品质、消费能力强且对高端产品付费意愿高的消费人群。所以综上来看,啤酒企业高价高端的玩法可能提高了利润率,但是也无法做大市场。在行业集中率极高,越来越卷的市场里,啤酒生意并不好做。

(青月:《高端啤酒正在失去年轻人》,《销售与市场(管理版)》2022 年第 6 期。)

案例 5－2 如何让用户为场景体验付费?

一、背景资料

用户有意无意之间为场景体验支付的价格,就是场景价格。换句话说,场景是有成本的,场景体验这项投资是需要回报的。回报的方式要么是直接收费,要么是隐性收费。

卡萨帝洗衣机的价格高于行业 5 倍多,为什么用户会选择卡萨帝?因为觉得值,比起高价格,用户更关注的是卡萨帝一站式洗衣护理的场景体验。这属于品牌的隐性收费。火爆北京的"宫宴"餐饮,为顾客提供的"宫廷化妆"和"汉服定制"就单独收费,这属于场景体验的直接收费。

二、基本案情

为了更好地理解场景价格这个概念,举一个大家司空见惯的词语——服务。企业提供的服务既可以是免费的,也可以是收费的(直接收费或隐性收费)。服务也是一种投资,如果服务免费,那么服务就是义务。如果服务收费,那么服务就是有具体价格的,可称为"服务价格"。服务价格其实是一种"用户特权"。节假日的香港海洋馆,各项体验项目到处在排队,一个项目往往需要 1~2 小时的排队时间。如果你不想排队,就需要另外购买一种服务(免排队特权);如今,大家都喜欢购买快捷酒店的会员卡、京东的会员卡,就是在购买一种服务特权。

场景价格也是一种稀缺的"用户特权",它是企业面向目标用户发行的"独有体验特权"。

(一)场景价格的逻辑

场景之所以能收费,是因为场景创造了"顾客价值",表面看顾客为场景买单,实则是用户为顾客价值买单。本质上,场景价格的逻辑就是借助场景这个手段为用户创造顾客价值并变现的过程,从而实现品牌的溢价。

为更好地理解场景价格、场景价值点(顾客价值)、场景成本价格和品牌场景溢价这四者的关系,总结了两个公式:

$$场景价格＝场景价值点溢价＋场景成本价格$$

场景价格就是顾客支付的体验总成本,就是顾客为场景价值点支付的心理预期价格(场景价值点溢价)与场景成本价格的总和。场景价值点可分为物质价值点和精神价值点。原材料、工艺、品质、功能是物质价值点,满足用户对产品的效用需求;文化、故事、IP、情绪、情趣、情谊、立即满足都是精神价值点,满足用户对愉悦的需求。场景成本价格是指场景制造和场景体验实施的成本费用,包括物料、人力成本、时间成本等。

$$品牌场景溢价＝场景价值点溢价＝场景价格－场景成本价格$$

品牌的溢价能力,就是场景价值点溢价的能力。场景价格(即顾客支付的体验总成本)越高,则品牌溢价能力越强。毕竟,场景成本的价格一般是恒定的。场景价格越高,品牌场景溢价能力就越高。

实施场景价格,一定是基于目标用户物质需求与精神需求的双满足,即物质满足效用需求,精神满足愉悦需求。所以,实施场景价格的前提,是搞清楚自己的产品有哪些物质价值和精神价值。然后按照场景价格的三个逻辑来思考。

1. 实施场景价格的第一个逻辑:研究目标用户对顾客价值认知的权重

(1)谁是我们的目标用户?

(2)这些目标用户最关注什么顾客价值?是物质价值还是精神价值?

（3）物质价值和精神价值的权重各是多少？

2. 实施场景价格的第二个逻辑：哪些场景能唤醒用户的顾客价值感知？

顾客价值是需要借助场景让顾客体验、感知的。

（1）针对顾客在意的顾客价值，结合产品，应当在哪个环节上植入场景来放大原有的价值或创造新的价值？是产品的制造环节，还是包装环节？是产品的选购环节，还是消费环节？

（2）是设计一个场景体验，还是场景流体验？

（3）体验剧本是什么？如何与用户互动？

3. 实施场景价格的第三个逻辑：场景体验如何定价和收费

（1）是隐性收费还是直接收费，在哪个环节收费？

（2）价格如何核算？顾客对这个价值的心理预期价格是多少？

（二）场景价格方法论

场景价格方法论，就是在场景价格逻辑的指导下开展的场景营销实践。

为便于理解，举个案例，完整还原场景价格的实践步骤。

三土是一家专为餐饮酒店提供高品质农副食材的贸易公司，为了推广东北的五常大米而采用了场景营销。

当时的困境是产品很好，但是餐饮酒店第一批进货后不再续购。主要反映五常大米非常好，但是价格太高，在终端无法推广。怎么办？要解决客户续购食材的问题，就要先解决"五常大米饭如何被酒店的消费者认可"这个关键点。

场景营销的目的就是借助场景让用户体验到产品的价值点，愿意以较高的价格购买，从而让产品实现场景价格，实现品牌溢价。五常大米的价值点是真正的贡米，且产量稀少，做出来的米饭香甜可口。关键点：作为消费者，这些价值如何判断？如何识别、感知？我们按照场景价格的三个逻辑来思考：

1. 第一个逻辑思考：研究目标用户对顾客价值认知的权重

（1）谁是我们的目标用户？五常大米食材较贵，故五常大米饭也贵不少。这不能作为一般餐饮客户的主推，最好向高级商务或者一般商务宴请客户推荐。

（2）这些目标用户最关注什么顾客价值？是物质价值还是精神价值？商务宴请用户最关注的顾客价值是"好吃"和"有面子"，物质价值和精神价值并重。

（3）物质价值和精神价值的权重各是多少？重要的商务招待是"有面子"的权重大于"好吃"，一般的商务招待应该是"面子"和"好吃"各占50%。

2. 第二个逻辑思考：哪些场景能唤醒用户的顾客价值感知？

（1）针对顾客在意的顾客价值，结合产品，应当在哪个环节上植入场景来放大原有的价值或创造新的价值？是产品的制造环节，还是包装环节？是产品的选购环节，还是消费环节？

用户在意的顾客价值有两个："好吃"和"有面子"。"好吃"借助什么环节让顾客感知、体验？毕竟，五常大米是贡米，产量稀少，假冒的比较多。要体验感知到"好吃"，就必须把"现场蒸煮"这个米饭的制造环节，从后厨搬到餐桌上。让顾客点单，把精致的蒸锅放在餐桌上现场蒸煮，30分钟后米饭煮熟，真正的五常大米特有的"糯软香甜"能够立即被感知到。另外，商务招待多少都有冷餐喝酒环节，大约也是30分钟。时间正好匹配。

既然"面子"很重要，就要再想方设法让顾客感知这个价值。五常大米"好吃"是物质价值，也是有点面子，但还不够，还要加强体验。如何加强？中餐"吃鱼"总有"剪彩"这个仪式，目的就是突显贵宾的尊贵,有面子。何不借鉴这个做法,吃米饭也来个剪彩? 剪彩就是"精神价值"。体验环节设计:米饭的蒸锅上有一条红绸带,在蒸煮环节就告诉宾客,这叫蒸蒸日上,祝各位贵宾生意蒸蒸日上。到了吃饭这个环节,邀请最重要的贵宾做"红红火火——开饭剪彩仪式",寓意"大家的日子都红红火火""跟着客户、领导一起,大家都有饭吃,都有好日子"。

(2) 是设计一个场景体验,还是场景流体验? 这是一组三个场景体验,是场景流。第一个场景在"主食点餐环节":贵宾来,建议主食点五常大米饭尝尝,一是绝对好吃,二是以示尊重;第二个场景是"现场蒸煮",展示蒸蒸日上的寓意;第三个场景是"开饭剪彩",表达红红火火的寓意。

(3) 体验的剧本是什么? 如何与用户互动? 点餐时有暗示互动,蒸煮时有寓意互动,米饭开餐剪彩是美好的祝福互动,贵宾剪彩和讲话也是产品体验的高潮部分。

3. 第三个逻辑思考:场景体验如何定价和收费?

(1) 是隐性收费还是直接收费,在哪个环节收费? 隐性收费。在主食费用环节收取。

(2) 价格如何核算? 顾客对这个价值的心理预期价格是多少? 一般来说,在商务招待中,一份普通的白米饭价格不会超过 50 元,一份五常大米的价格不会超过 100 元。这份有场景体验的五常大米该如何定价? 在目标顾客的心理预期上,这份米饭充其量就是一份"特色饭",价格也只能是一份"特色菜"的价格。因此,定价在"128～168 元/份"较为合适(主要根据酒店的档次,由餐饮老板自行掌握)。

三、问题思考

星光珠宝是多品牌集中专卖的珠宝商城连锁企业,为推广"克拉钻",在合肥店推出了"霸屏求婚"场景体验活动。活动主要针对购买克拉钻的婚庆人群,可以免费在合肥店举办声势浩大的"霸屏求婚"仪式。所谓霸屏,一是在"2 000 平方米的外墙墙体上(5 层楼高)"打"求婚告白"字幕;二是在现场为客户安排轰轰烈烈的求婚仪式。每到节假日和重要的时间节点,合肥店每晚能举办 2～5 场求婚仪式。合肥店被市民誉为"爱情广场",年销克拉钻数量省内第一。

如何运用场景价格方法论分析该企业?

四、分析点评

第一个逻辑思考:研究目标用户对顾客价值认知的权重。

购买克拉钻的目标用户基本上都是家境较好的"计划结婚的新人",或者事业有成的"婚庆纪念夫妻"。能轻松购买克拉钻的实力,本身就说明他们除了关注物质价值外,更关注精神价值,尤其是"爱情就是永远的海誓山盟",除"婚礼上的誓言",更需要一个公共场合来展示"海誓山盟的承诺",有陌生人的见证,才是真正的"海誓山盟"。

第二个逻辑思考:哪些场景能唤醒用户的顾客价值感知。

"海誓山盟"的公众承诺,是顾客最在意的"顾客价值"。霸屏求婚仪式,就是一个让目标用户能感知、能体验的场景体验活动。这属于在"产品的消费环节"进行体验。买钻戒的意义是什么? 不就是"钻石恒久远,一颗永留传"嘛!

为便于不同类型的顾客来体验,门店策划了"大笨熊求婚""穿过千年来爱你(古装)""一生一世只爱你"等不同版本的求婚体验场景。每一个版本都配套不同的体验剧本和互动环节。

第三个逻辑思考：场景体验如何定价和收费？

收费分为两类。一类是隐性收费，凡是购买克拉钻的顾客免费提供一次"霸屏求婚"场景体验仪式；购买 30～50 分钻戒的顾客，要想体验"霸屏求婚"，需要缴纳 999 元的服务费用。当然，这些服务费用包含场地布置的物料费、执行人员的补贴费用。为什么不超过 1 000 元？因为对于购买 30～50 分钻戒的顾客而言，他们的心理预期价格不超过 1 000 元。

总而言之，场景价格的应用非常广泛，它是场景营销的产出回报，既让产品畅销，又是给用户超爽体验的新营销抓手。在产品的包装升级、新品的研发上，以及推广和用户关系维护、吸引并沉淀公域流量上都作用巨大。学会场景价格逻辑，无疑将极大提升产品的竞争力和品牌的溢价能力。

（崔德乾：《想让用户为场景体验付费，这样做就对了！》，《销售与市场（管理版）》2021 年第 12 期。）

 案例 5-3　茅台冰淇淋，醉翁之意不在酒

一、背景资料

茅台宣布要做冰淇淋，首家旗舰店开在遵义茅台国际大酒店大厅。官宣的口味有三种，分别是原味、香草、提拉米苏，在冰淇淋原材料中增加茅台酒。因为含有酒精，茅台冰淇淋不对未成年人出售。茅台也不是第一家跨界做冰淇淋的大企业。2021 年 8 月，以低价皮实著称的一代神车五菱宏光，就曾推出 3 款汽车形状雪糕，作为直营门店夏日宣传引流的工具。似乎是尝到了雪糕的甜头，2022 年，五菱宏光雪糕继续推出新口味，早早在小红书、微博等社交媒介中开始发酵。抛开错综复杂的跨界链条，冰淇淋因自身属性被众多企业视为跨界的选手，也让这个行业增加了诸多不确定性。

二、基本案情

第一个值得被讨论的问题是：为什么众多企业跨界时，会把目光锁定在冰淇淋身上？回到商品本身，冰淇淋作为一种日常消费品，具有以下几种特征：首先是研发成本低，无论自行研制还是与相关企业合作，冰淇淋的研发及生产成本都不高。例如此前迪士尼、江小白、原神、三只松鼠等品牌，都和茅台一样选择了蒙牛，冰淇淋企业负责生产，跨界企业只出 IP 或少数原料，即可迅速完成量产。

其次是设计难度低，基于丰富的形状和色彩选项，冰淇淋可以轻而易举地和品牌符号相融合，无论是汽车形状、酒瓶形状还是樱花形状，通通不在话下。因而冰淇淋很容易被赋予符号属性，契合跨界企业的品牌推广诉求。

而在消费端，冰淇淋又是一件相对而言客单价低、消费频次高的商品，对于品牌跨界来说，是一个扩大触达人群的低门槛选择。

早在跨界企业入场前，冰淇淋的这些特征，就已经让它成为各大旅游景点制造周边商品的首选。2016 年，玉渊潭雪糕在樱花节期间，推出首款定制樱花冰淇淋。此后，文创雪糕在全国遍地开花，北京的天坛雪糕、四川乐山大佛景区的灵宝塔雪糕、西安的兵马俑雪糕等纷纷上阵，不开发一款文创雪糕都不好意思说自己是著名景区。

景区文创雪糕,主打的是场景化消费。逛到口干舌燥时,恰好有一款印着标志性图案的雪糕,在"来都来了"的心态驱动下,花十几元钱买一根,入口前先拍照留念,也算另一种形态的"到此一游"。景区文创雪糕,售卖的还是商品本身,是景区增加旅游收入的一种方式。而对茅台、五菱宏光这样的跨界企业而言,冰淇淋的工具属性高于商品属性。

茅台要做冰淇淋的消息于 5 月 19 日在 i 茅台数字营销平台启动仪式上公布,这一天,预热一个多月的"i 茅台"App 正式上线。同一天,售价 399 元的 100 毫升款迷你飞天茅台正式上架,和茅台冰淇淋一样被看作是接近年轻消费者的尝试——受中老年人追捧的白酒,在年轻人中并不吃香。根据咨询机构罗兰贝格发布的数据,在中国 30 岁以下消费者的酒类消费中,白酒仅占 8%,远低于啤酒、葡萄酒、预调酒等低度酒饮。作为高端白酒中的标杆,茅台暂时不会受到影响。源源不断的宴请、礼赠需求,始终将茅台置于稀缺资源的高台,在现有目标受众眼中,它依然一瓶难求。因此,茅台做冰淇淋和迷你款,并非自降身价,而是寻找下一代抢茅台的人。

作为白酒行业的资深玩家,茅台显然对自家产品很有信心,认为年轻人不爱喝白酒有很大原因是价格贵。茅台冰淇淋和迷你茅台,更接近于化妆品行业的小样逻辑,用低门槛的商品,切入下一代潜在的客群。至于年轻人尝过以后,是否真的会被风味吸引,成为下一代抢茅台的人,恐怕需要很久之后才能得到验证。

相较于因为"远虑"而跨界的茅台,五菱宏光的冰淇淋之路似乎走得更为单纯。2022 年的 3 款新品何时上市售卖还没有准信,但 5 月 20 日起,全国各地的五菱宏光直营店里已纷纷做起进店试驾得雪糕、发朋友圈集赞赢雪糕、小红书视频打卡送雪糕的活动。

毕竟在当代互联网世界,作为一代神车的五菱宏光只会出现在搞笑视频集锦里,但一根造型别致、马卡龙色调的雪糕,却可以带上最流行的滤镜,成为值得一拍的道具。而在线下,对获客成本较高的汽车店而言,在门口摆上一辆雪糕车,吸引来往的人驻足乃至试驾,绝对不是亏本买卖。

汽车店门口送的雪糕,就像过去金店门口发的气球,置换到的是消费者的目光。只是印着可爱图案的雪糕,不再像过去印着大 Logo 的气球那样简单粗暴,它们换上更精致的外壳,在线上线下维系起更复杂的运营关系。说到底,跨界卖冰淇淋的品牌们,更看重的也许不是冰淇淋自身的商品价值,而是将其作为一种触达客群的工具。跨界的另一端,虽然品牌之意不在冰淇淋,但冰淇淋行业却不可避免地受此影响,发生新的变化。

(一)冰淇淋,不止于解暑甜品

事实上,茅台和五菱宏光的跨界案例折射着冰淇淋界的大趋势——口味、原料和形态的多元创新。过去,冰淇淋多是甜口,牛乳味和巧克力味是主流。随着大众生活水平的提高,消费者对于冰淇淋的需求日趋多样,冰淇淋的口味也变得丰富起来,比如抹茶味、草莓味、咖啡味、朗姆味、奶茶味、椰子味等。发展至今,冰淇淋也不再只有甜味这一种口味类型,海盐味、咸蛋黄等咸味也颇受欢迎,甚至还有鱿鱼、螃蟹、臭豆腐等猎奇口味。

为让口味更加丰富,冰淇淋原料的选择也正在成为品牌打造新品、赢得关注的创意点。不只是加入酒精,商家在冰淇淋产品原材料上的想象力层出不穷。冰淇淋的基底不止于牛乳,还会采用豆奶、燕麦奶;外皮的辅料会采用威化、饼干、麻薯等。而地域饮食文化和中国传统文化也影响着冰淇淋口味,比如花椒冰淇淋、陈醋冰淇淋等赚足了年轻人的好奇心。

原料多元化逐渐让冰淇淋呈现出属地化特色。品牌通过将口味与当地特色农产品有机结合,更大力度地推进金牌产地、地标性农产品、功能性农产品原料在冰淇淋中的应用,例如钟薛高就与广西临桂当地进行合作,推出了"金桂红小豆"雪糕。形态方面,冰淇淋不仅突破了传统的棒支形态,还有盲盒等异形结构,还有属性升级的冰淇淋蛋糕、冰淇淋月饼,呈现明显的甜品化趋势。

与此同时,冰淇淋行业还体现出健康化的趋势特点。这些趋势与国内市场主流消费需求密不可分——根据第一财经发布的调研报告,2020 年,83%的消费者表示自己正在主动调整饮食预防疾病;咨询机构凯度发布的《饮食中国 2021》报告也显示,消费者对于积极管理健康的意识不断增强,有 53%的受访者表示,自己在吃了不健康的东西后会有负罪感。

在健康消费驱动下,冰淇淋正在逐步摆脱高脂、高糖、高添加等标签,变成一种兼具健康属性的消费品。商家们通过提升蛋白质等营养含量、降低糖类和脂肪,打出天然食材无香精的清洁标签,加入膳食纤维、益生菌等功能性配料,来刺激年轻人消费冰淇淋的意愿。

越来越多的品牌开始布局健康雪糕的产品线。比如燕麦奶品牌 OATLY 联合盒马、肯德基推出燕麦雪糕;钟薛高推出与国家奥林匹克体育中心合作的"少年"系列雪糕,对比同口味常规款,其低糖款的含糖量减少 72%;八喜推出"轻卡"系列,等等。

(二)丢失的冰淇淋自由

无论是健康化的配方,还是各种创新化的形态,它们都指向了一个事实:冷饮变得越来越贵了。今年 5 月以来,"网红雪糕的价格有多离谱""为什么现在的雪糕越来越贵"等话题频繁登上微博热搜。欧睿咨询的数据显示,从 2015 年到 2020 年,中国整体冷饮的平均单价上涨了 30%。

茅台和五菱宏光跨界推出的冰品自然也不便宜:茅台冰淇淋的品鉴价为每份 39 元,五菱宏光雪糕的零售价为 15 元(不排除终端价格可能出现波动的情况)。

根据中国新闻网发起的一项调查,40%的参与者表示雪糕 2 元以下的价格比较合适,54%的参与者认为 2~5 元的雪糕定价比较合适,仅有 2%的参与者表示 10 元以上的定价合适。

这组数据或许既解释了为什么商超绝大部分雪糕仍定价于 10 元以下,也解释了为什么所谓的"天价雪糕"会存在——不需要所有消费者都接受,只要有人买单即可。

据天猫官方统计,2021 年天猫"双十一"冰品品牌销售第一名是一向以贵著称的钟薛高,第二名和第三名是同样定位中高端的倾心冰淇淋和中街 1946。据了解,2021 年 5 月至2022 年 5 月,钟薛高全品牌冰淇淋业务单元共销售出约 1.52 亿支雪糕,公司整体销售额同比增长达 176%。消费者越来越追求品质、个性和体验,这种需求体现在了生活的方方面面,并延伸到了冷饮领域。根据咨询机构英敏特的一份报告,冰淇淋的消费场景早已不仅是解暑纳凉,而是进一步延展到了娱乐和情绪上的慰藉。

张浩(化名)是一名 28 岁的北京金融工作者,钟薛高和八喜冰淇淋是他住所冰箱中常备的冰品。他表示:"现在几乎不会再购买 15 元以下的雪糕或冰淇淋了。一方面这些雪糕或冰淇淋的口感的确会更好,另一方面下班回家之后吃到这些冷饮也会感到非常放松和幸福。"部分消费者客观存在的需求为高价雪糕的诞生提供了土壤,但倘若没有品牌方和渠道的配合,恐怕这股"雪糕高端化"的风也吹不起来。以常年稳坐国内冷饮市场"第一把交椅"的伊利为例,早在 2015 年,伊利就发布牛奶类冰品"伊利牧场"的高端产品线"甄稀"。伊利年报显示,2015—2018 年,伊利冷饮产品平均出厂单价的涨幅达到 29%。

近 30％的增长中必然有一部分是为了覆盖日益上涨的人工成本、研发和生产新品的前期投资、高端原料带来的更高的原材料成本,但还有一部分则是为了获得更高溢价,从而获取更多利润——2015 年,伊利冷饮产品的毛利率为 36％,而 2018 年就增长到了 45％。

三、问题思考

为什么部分雪糕会出现少打折的现象?

四、分析点评

对于部分定位高端的雪糕品牌来说,为了持续打造品牌认知并维护用户心智,高端雪糕会避免通过打折促销的方式刺激销售。钟薛高创始人林盛就曾在 2021 年年底的一场演讲中表示,钟薛高需要"保持克制,少打折"。

渠道端,中高端雪糕产品的利润自然更高,某些网红雪糕爆品甚至能给店铺带来额外流量,那么高端产品挤掉低价产品就成了一件非常合情合理的事情。在消费者、品牌方和渠道方的合力推动下,冷饮变得越来越贵,而行业跨界无疑会进一步助推这一趋势。按照上文分析,茅台和五菱宏光进行冷饮跨界的主要目的或许并不在于纯粹的营收和利润,其更大价值是品牌影响力与消费者认知的打造。与钟薛高"少打折"的逻辑一致,价格太过低廉的产品会对原有的品牌形象产生负面影响;另外,在销量小、规模效应尚未形成的时候,成本也并不易于降低。

第三节　课堂讨论案例

 案例 5 - 4　奥迪"垫底"BBA,以价换量引发负面效应

一、背景资料

曾多年占据中国市场豪华车品牌第一名的奥迪,在 2019 年前三季度却排名第三,成为一线豪华车的最后一名。而综合奥迪在全球市场的表现,其在大众汽车集团的报表上呈现了负增长的样态。

二、基本案情

"德系三强"奥迪、宝马、奔驰(ABB)的座次之争愈演愈烈,曾多次拿到销量冠军的奥迪,2019 年恐怕光环不再。11 月 13 日,奥迪在微信投放的 Q8 广告宣传片被错放成了英菲尼迪的宣传片,此事件成功登上当日热搜榜单。在奥迪的官方微博下,多家汽车厂商向奥迪留言调侃。

自 2018 年下半年到此时,汽车行业正经历漫长"寒冬"。提升销量、勒紧腰带、控制开销成为大部分汽车企业当下实行的策略。在这场寒冬中,豪华车却成为受影响极小的特例,保持增长态势。

作为大众汽车集团的重要市场,一汽大众奥迪在中国市场上的表现为何有所落后,在增幅远远落后于奔驰宝马的情况下,一汽大众奥迪又将采取什么样的措施夺回一线豪华车销量冠军的名头？

（一）销量增速、市占率皆"垫底"

尽管"金九银十"相继褪色，但豪华车品牌仍旧风风火火，聚焦于销量增速上的赶超。

2019年11月，一线豪华车品牌宝马（含MINI）、奔驰（含smart）、奥迪（含奥迪进口车）的销售数据相继公开，10月份三品牌在华销量分别为6.14万辆、6.02万辆、5.78万辆。1月～10月的累计销量则分别为58.74万辆、59.74万辆、55.12万辆。从累计销量上看，尽管10月份销售量位居第二，但是奥迪在累计销量排名中却被宝马、奔驰拉开了距离。

从增速来看，奥迪前十个月的增速同比上年增幅达到2.1%，尽管增速有所提升，但是对比其他两家品牌，奥迪的增速同样排名末位。

乘联会数据显示，2019年1—10月，我国乘用车销售总量为1 690万辆，同比下降10.7%。由此而知，宝马、奔驰及奥迪的市场占有率分别为3.48%、4.30%、3.26%。而去年同期的市场占有率分别是2.73%、2.91%、2.85%。作为奥迪在全球最重要的市场，一汽大众奥迪在华的市占率也排名德系三强最末位。

中国市场上销量增速、市场占有率不断被反超的奥迪，在大众汽车集团的报表上呈现了收入和利润同比下降现象。根据大众汽车集团所发布的2019年三季度报告，2019年前三季度，奥迪在全球的销售收入为413.32亿欧元，同比上年442.57亿欧元下降6.61%。营业利润为32.39亿欧元，相比去年同期的36.71亿欧元下降11.77%。报告显示，2019年前三季度营业利润超过30亿欧元的品牌包括大众乘用车、奥迪、保时捷，这三大品牌中，只有奥迪的营业利润处于同比下降态势。对此，有相关报道提及，大众汽车集团曾对此公开表示对奥迪的不满。

（二）靠打折促销陷恶性循环

在营销方面，诸多车企都通过降价优惠的措施提升销量，身为一线豪华车品牌的奥迪同样多次以降价优惠的方式提振销量。通过汽车之家进行搜索可以发现，奥迪10月份销量较高的车型Q5L的裸车综合优惠金额幅度在6.12万元（官方指导价格为38.28万元至49.80万元），此外附加条件中包括店内上险、增加配饰等费用。在"银十"期间，此款车型优惠幅度甚至一度达到10万元，跌破30万元价格起步线。

而对比同奥迪Q5L相近的宝马X3系列及奔驰GLC系列车型，价格优惠幅度显示分别为接近3万元和无优惠价。公开资料显示，2019年5月奥迪Q5L销量仅为5 612辆，调整优惠价格之后，其6月份当月销量即突破万辆。乘联会数据显示，自6月份开始到10月份，奥迪Q5L的销量持续保持在万辆以上。截至10月底，其月销量达到1.37万辆。

对于奥迪采取高降价的营销手段提升销量的措施，汽车分析师张翔提到，奥迪是第一个进入中国市场的豪华车品牌，在定价和口碑方面有先发优势，所以奥迪之前的利润太高了。但是现在在降价环境的影响下，自己的价格就要降下来了。在之后的发展中，在保证技术方面、革新方面竞争力的前提下，奥迪也需要采取降价的措施才能让产品更有竞争力。

盘和林分析道，奥迪虽然连续多年贵为BBA中的销量冠军，但从另一方面来说，销冠的称号也成为桎梏奥迪自身的枷锁。为了维持自身销量，奥迪多次采取打折、降价的方式。例如在上代A4、A6、Q5末期，巨大的打折幅度也深入人心，导致如今的消费者在购买奥迪车时，都采用了观望等降价的心态。此外，这样的优惠幅度也极大地影响了奥迪的品牌，作为豪华车品牌，如此大的打折实际上对于品牌也有一定的伤害，导致其在品牌力上先输给宝马和奔驰。

三、问题思考

奥迪在通过打折促销方式提振销量、提升增速、抢占市占率时,如何保障营业收入和利润的持续增长?

(张文慧、朱耘:《奥迪"垫底"BBA"以价换量"引发负面效应》,《商学院》2019年第12期。)

案例5-5 波司登:"高端化"的艰难攀登

一、背景资料

抓住抓牢羽绒服赛道才是波司登的专业,也是波司登品牌IP的未来。

二、基本案情

在冬季动辄数千元甚至上万元的羽绒服,如今迎来反季促销。在北京朝阳大悦城的波司登门店里,门头很早就换上了夏季男女防晒服,一波波客人进行着试穿。再往里走,摆放着一些2021年冬季的旧款羽绒服。经店员介绍,现在入手羽绒服是很划算的事情,原本一件卖3000多元的羽绒服,现在只需1500元的价格便可入手。在高折扣加持下,消费者又被激起了购买羽绒服的欲望。

在波司登(3998.HK)发布的2021/22财报中,其2021年的销售业绩让人意外。截至2022年3月31日,波司登集团实现总营收162.14亿元人民币,同比2021年增长了20%。受经济不景气的影响,过去一年服装行业关店、裁员等消息屡屡出现,作为一家专卖羽绒服的企业,波司登却能实现双位数增长。

波司登做对了什么?又有哪些变数需要警惕呢?

(一)从代工到自主

"近年来,受行业波动影响,国内服装品牌持续疲软。波司登之所以在经济下行期间业绩实现逆势上扬,正是凭借我们在羽绒服领域深耕46年的优势。"波司登品牌部负责人向《商学院》记者表示。从1976年波司登的前身算起,至今发展已有46年。

改革开放后,服装产业逐渐成为中国制造业的优势领域。中国服装企业的发展经历了从代工生产(OEM)到贴牌生产(ODM)的转移,再到自主品牌(OBM)的升级。波司登刚成立时,也只是承接上海的来料加工,后来陆续开始给国内羽绒服厂家做代工。与当时所有想实现长远发展的企业一样,1992年,波司登创始人高德康决定注册自主品牌"波司登"。

彼时,比波司登成立更早的品牌鸭鸭、雅鹿,很早就积累起了自己的品牌价值。面对这种局势,高德康选择把基础打好——主抓产品质量。裁缝出身、有着丰富经验的高德康知道什么面料最好,也知道哪种染料最合适,哪种面料不易褪色。他研究了消费者的偏好,对所有版型做了调整,十几个裁缝花了半个月时间,设计出了30多款SKU(最小存货单位),产品一经推出,大受消费者的欢迎。除此之外,高德康很早就明白品牌营销的重要性。

1998年,在得知中国登山队登珠峰活动后,波司登争取到了中国登山队登山服的提供权,还将"波司登中国销量第一"的金属牌放在世界最高峰,起到非常好的宣传效果。据当时的新闻报道记载,1995年,波司登首次登上了羽绒服全国销量第一的宝座,到1997年连续三年实现销量第一。

(二) 多元化受挫

天眼查数据显示,1970—2000年,与羽绒服相关企业仅774家,而2001—2011年期间,相关的企业高达16634家,足足翻了超20倍。为抢占市场份额,波司登急于全面铺开市场,因为设计美感不足,产品滞销15万件,最后只能靠反季促销来保住品牌。但波司登善于反思,吸取教训总结经验后开始大胆创新,引入时装设计理念,并积极进行研发,将羽绒服的含绒量提升到90%,提升了品牌价值,挽回了局面。

除此之外,波司登开始了两次产品延伸。一次是聚焦羽绒服业务来扩充品牌,2001年,波司登新增了"雪中飞""冰洁"等系列品牌。其中,"雪中飞"定位为运动羽绒服品牌,"冰洁"则面向低端市场。

另外,波司登还提出了"多元化、四季化、国际化"战略,以此来摆脱对单一羽绒服业务的依赖。其开始大量扩张,向服装全品类进军,形成了以羽绒服为主导,商务休闲男装、休闲女装、保暖内衣、针织、运动装、羊绒、童装等系列产品共同发展的新格局。

然而,波司登的"三化"战略并没有起到想象中的效果,一度出现产能过剩、过度扩张、品牌形象老化、产品老化、库存积压等问题,加之2012年服装行业普遍陷入大萧条。年报数据显示,2014年波司登销售额跟不上成本,当年营收62.93亿元,比2013年下滑23.6%,净利润仅为1.32亿元。2015年,其销售业绩情况更为严峻,营收继续下降到57.87亿元,为上市以来最低。

不仅如此,自2010年起,国际快时尚品牌优衣库、ZARA等企业也纷纷开始进军羽绒服行业,并且凭借更为时尚的设计迅速抢占年轻消费者的心智。

从2016年开始,盟可睐、加拿大鹅等国际高端羽绒服品牌逐步在中国市场走红,使国内羽绒服市场的竞争进一步加剧。

鞋服行业独立分析师程伟雄对《商学院》记者表示:"从波司登的发展路径来看,正因为其'多元化、四季化、国际化'的战略进展不顺,后来才被迫回归聚焦主品牌业务——羽绒服。"

(三) 如何定位高端

不过,在国内经济环境和国外品牌竞争的"双重"压力下,波司登从2016年经营收入却开始止跌,转而上扬。一直到现在,持续保持了两位数的高增长。

波司登品牌部负责人表示:"波司登能够实现逆势增长,在于它坚持的'聚焦主航道、聚焦主品牌'战略。"

品牌战略定位咨询专家徐雄俊表示:"经历低谷之后,波司登迅速识别了当时的市场需求,开始回归主业,同时将品牌做了提质升级,给国内消费者树立高端羽绒服的心智印象,这是一次很好的精准定位。当时市场上国内的高端羽绒服品牌处于空白状态,因此很容易在消费者心中形成品牌即品类的概念。"

价格上,波司登选择直接瞄准国品空白的中高端市场(1 000~5 000元),陆续推出了登峰、传奇、极寒等几大高端户外系列。在渠道建设方面,波司登主要关注"2+13"15个重点城市(即北京、上海及其他13个一线及新一线城市)的拓展和打造,通过"关小店、开大店"的方式,在购物中心、时尚商圈和城市的核心地带开设更多更好的门店,加速波司登终端店铺形象的迭代,巩固并进一步提升终端门店的经营能力和销售效率。

在营销上,波司登通过整合营销、公关传播、内容创新、媒介优化等方式提升品牌传播、强化品牌力。同时还聚焦主推产品的展现和线上线下门店的导流,利用包括抖音、B站在内的各类传播平台,通过明星代言人、时尚博主和意见领袖对其产品进行充分展示。

"波司登想往高端走是必然的。从全球范围来看,盟可睐、加拿大鹅等品牌都属于价格比较贵的产品,如果波司登想要重振国品在羽绒服的领导地位,那必须迅速抢占这部分市场。加上羽绒服不像其他服装,其本身成本就很高,消费者一般不会买很多羽绒服。因此高质高价的产品既能抓住消费者,也能提高企业的营业收入,符合整个品牌打造的逻辑。"徐雄俊说。

程伟雄表示:"波司登聚焦主品牌业务还不够时间,从之前的业绩一路下滑,到2017年开始孤注一掷斥巨资请咨询公司、代言人到国外走秀、找著名国外设计师跨界联名、全域巨资广告投入、线下渠道、门店全面升级、产品全线对标国际竞品、价格策略调整等操作,跨越了五六年时间才走到今天的位置。这个成长周期如果波司登能够把握到位、耐得住寂寞、耐得住诱惑,在羽绒服行业继续夯实基本盘,持续5~10年的稳定成长之后,其机会还是有的。但如果波司登重新回归之前的'多元化、四季化、国际化'战略,并做过多的关注与投入,其未来的变数也是存在的。"

（四）警惕周期变数

波司登新推出的2022年夏季新款防晒系列,价格基本位于每件500元左右,但有多款女士防晒衣售价超过了每件1 000元。相比之下,国内蕉下等其他专业防晒服品牌的价格仅处在每件200~400元。对于波司登开始生产防晒服,程伟雄认为:"与羽绒服不同,波司登在防晒服面辅料、生产、工艺制作等多个方面的产业链中,尚不具备话语权。受限于中国市场的气候变化,波司登在春、秋、冬三季通过推出风衣羽绒服、轻羽绒等系列进行了衔接,如今切入户外和防晒服系列赛道,或是为了弥补其羽绒服主业品类的季节性收入亏空。波司登拓展户外产品品类,更多的是依托户外产品的高价定位来拔高品牌调性,并没有想要在这个赛道分得多少份额,户外防晒是近年来比较火热的一条赛道,并且消费群体对此也有相关品类的需求。波司登更多的是想通过高价位产品,来带动中低价位产品提价,这也有利于提升公司的毛利率。"

程伟雄表示:"波司登在提价之路上不能'为高而高',而是需要向消费者传达出涨价的原因,比如:为了把品牌做得更好,把产品的供应能力、版型等做得更好,而导致了成本增加,这是需要解释清楚的。毕竟波司登现在还没达到拥有很高品牌溢价的程度。目前在国内服装市场上,提到羽绒服品牌,很多人可能第一时间就会想到波司登。当下国内市场上,本土羽绒服产品普遍定价偏低,波司登可以适当做些拔高,但产品价格需要回归到市场需要的位置上。并不是价格提高了,波司登的品牌力也能够有所提升。"

"波司登的品牌高端化虽然带来了业绩增长,但仍然处于一个略显尴尬的定位,想成就一个高端品牌是需要一个漫长的过程的,在用户的认知里波司登还是一家大众羽绒服品牌,通过几年的产品提价,做广告、找代言人就成为高端品牌,那做品牌也太容易了。品牌DNA的形成不是一日之功,是依靠用户长期沉淀的口碑塑造的。"程伟雄说。

目前,波司登天猫旗舰店中的产品按受众群体分,适合8~80岁的人群;按季节分,可以涵盖春夏秋冬四个季节;按产品类型分,以冬季御寒系列羽绒服为主、春秋两季的轻量型羽绒服以及夏季防晒服系列为辅;另外,到目前为止,波司登旗下还有杰西、邦宝、柯利亚诺、柯萝芭四大女装品牌以及飒美特校服业务。

那么,波司登是否又有重走"多元化、四季化"老路的风险?

"我们的重大决策始终是围绕消费者需求进行调整,是在业务驱动下的转型,我们所有的动作都是以消费者价值为原点。"波司登品牌部负责人表示。程伟雄认为:"抓住抓牢羽绒服赛道才是波司登的专业,也是波司登的品牌 IP 的未来。如果波司登做'多元化、四季化',波司登发起向中高端羽绒服品牌的冲锋号角也就无从谈起了。"

"从 20 世纪 90 年代开始,我们一直在进行国际化探索,比如开设海外旗舰店、买手店,以及开展国际供应链和设计资源的战略合作。"波司登品牌部负责人表示。

徐雄俊认为:"高端化和国际化通常是密不可分的,波司登在法国巴黎、意大利米兰这些时尚之都斩获大奖,势必有利于提振波司登在中国人心目中的形象以及国际品牌的影响力。"波司登暂时没有列出海外门店数量、产品售价以及营收占比,其国际化对企业发展的贡献暂时不清晰。

程伟雄认为:"国际化对于国内头部品牌来说还是一个尝试的过程,在市场销售层面依然是以国内市场为主导,国外市场即使有销售网点,也只是一个品牌形象的窗口而已,销售业绩基本上可以忽略不计。"靠着初创期不慌不乱、成长期奋起直追、低谷期迅速反应的能力,加上一点时代赋予的机会,走高端化让波司登得以跨越低谷、长久持续地发展到现在。

但由于波司登仍在高端化的路上,所以未来之路仍需警惕变数。

三、问题思考

为什么波司登在提价时不能为高而高?

(哀佳、石丹:《波司登:"高端化"的艰难攀登》,《商学院》2022 年第 8 期。)

案例 5-6 哈根达斯:消逝的光环

一、背景资料

在冰淇淋越来越多元化的今天,冰淇淋界的"奢侈品"哈根达斯却在原材料上"翻车"了。

哈根达斯关联公司通用磨坊贸易(上海)有限公司(以下简称"通用磨坊")新增了一则行政处罚,哈根达斯对其部分产品(2020 年哈根达斯橙心橙意中秋月饼冰淇淋礼券预约配送款)的外皮成分表述为"巧克力外皮",但经查实际则使用了价格更为低廉的代可可脂巧克力外皮。因违反了《中华人民共和国广告法》的有关规定,上海市浦东新区市场监督管理局责令其停止发布违法广告,并对其罚款 1 万元。

哈根达斯 2021 玲珑心意月饼冰淇淋礼券已将相关宣传广告中的"巧克力外皮"改为了"巧克力味外皮"。这是继梦龙原材料"双标"事件后,又一高价冰淇淋原材料"翻车"。随着高价冰淇淋"翻车"事件频出,消费者对原材料的敏感程度也在增高。消息一出,哈根达斯便被骂上热搜。

二、基本案情

随着新品牌和新国货的崛起,哈根达斯在渐渐远离消费者的品位。随着新消费势力逐渐成为主流,哈根达斯品牌对消费者的黏性也在降低。

（一）原材料"翻车"

哈根达斯是美国通用磨坊公司旗下旗舰冰淇淋品牌,1961 年成立,1996 年成功登陆中国大陆,已有二十多年之久,早已成为国内高价冰淇淋的代表品牌。

此次原材料"翻车"被罚,则因为部分产品外皮由代可可脂巧克力脆皮制作而成,并非其广告宣称的"巧克力外皮"。那么,代可可脂是什么? 与巧克力有什么区别?

可可脂是从天然可可豆中提取出的富含多酚化合物,有益健康;而代可可脂中含有反式脂肪酸,经常摄入会对肾脏造成一定危害。此外,消费者可根据熔点来区分二者的不同,代可可脂熔点比较高,所以稳定性较高,而可可脂巧克力熔点较低。

根据国家标准 GB/T19343—2016《巧克力及巧克力制品（含可可脂巧克力及代可可脂巧克力制品）通则》,巧克力是以可可脂、可可块或可可液块、可可油饼、可可粉等可可制品为主要原料,添加或不添加非可可植物脂肪、食糖、乳制品、食品添加剂及食品营养强化剂的食品。巧克力成分不足 25％的制品不应称为巧克力制品,代可可脂添加量超过 5％的产品应命名为代可可脂巧克力。

互联网分析师葛甲表示:"消费者在口感上对于代可可脂与可可脂几乎区分不出来。"朱丹蓬也指出:"除成分组成、熔点不同,巧克力和代可可脂的价格也相差甚多。其中,代可可脂的成本只有可可脂的 1/6,如果和高纯度可可脂相比较,成本可能只有 1/10。"这也意味着,从口感层面,代可可脂实际上是可可脂的"平替"产品,但从营养方面就代替不了。

显然,这并不是哈根达斯官方所宣称的精选最好的原材料,而是价格更为低廉的原料成分。而此次"翻车"事件也让不少消费者对其高价低质感到反感与失望。有网友失望地评价:"就很离谱,卖那么贵还用代可可脂。"

（二）"买办模式"或为主因

哈根达斯贵吗? 答案是肯定的。392 克的哈根达斯草莓冰淇淋在天猫旗舰店定价 108 元,平均每 100 克 27.55 元。而塔古特（Target）网站上的哈根达斯咖啡冰淇淋 414 毫升（14 盎司）定价 3.79 美元（约合人民币 24.48 元）,平均每 100 克约 6.17 元。相较之下,国内哈根达斯售价约为美国超市售价的 4.47 倍。

对此,朱丹蓬表示:"很多同款产品在国内市场的售价都会比国外售价要贵得多,主要是因为整个中国的消费程度还没有达到一定程度的理性概念;另一方面,国外市场对于中国消费者的界定还停留在人多钱多的层面,也因此有了从配料的'双标'到定价的'双标'。因此我认为国外品牌应该受到国内更多的产品监管。"

国内外售价差距悬殊,利润也不言而喻。不少购买过哈根达斯的消费者表示,有时候哈根达斯降价会直接降掉一半。有天猫超级会员消费者曾表示,在 9 月 1 日买了三张原价 288 元的泡泡玛特联名 DIMOO 的哈根达斯月饼冰淇淋券后,第二天上午就发现降价到了 158 元,而下午再次降价到 123 元。找客服退差价,回复慢不说,差价还补不齐,在活动时段内,不但不保价,还无法退货。

在葛甲看来,这可能与哈根达斯在中国的商业模式有关,即买办模式,简单来说就是海外产品在中国的代理商。葛甲表示:"一般国际品牌进入中国,为了能快速打入市场,就会找中国本土的代理商,或者授权给中间商进行产品的销售,而中间商如果按照国外的价格来卖产品,肯定赚不了钱。所以中间商会利用国内外消费者的信息差和对品牌的认知度,把产品价格抬高以赚取中间利润。这是一个普遍的模式,汽车也是这样。"

公开信息显示,哈根达斯原为美国冰淇淋品牌,1983年出售给品斯乐公司后一齐纳入了通用磨坊旗下。2002年雀巢公司以超过10亿瑞士法郎(约6亿美元)的价格购买了美国通用磨坊公司在ICE CREAM PARTNERS公司50%的股份,即享有哈根达斯冰淇淋在美国全部注册商标权。也就意味着,在美国等地区,哈根达斯的运营方是雀巢。而雀巢在美国定位哈根达斯是中低端产品,多年发展使该定位深入人心,所以雀巢运营的哈根达斯主要出现在美国各类超市的冰柜,且价格亲民。

相较之下,哈根达斯在中国的销售及运营皆由其关联公司通用磨坊管辖,而哈根达斯品牌则被定义为走高端路线。在中国中小型店铺中的冰柜难见哈根达斯身影,更多的是在各大商场及单独开设的门店,其门店大多集中于一二线城市最繁华的商业区,其装修也欧式风格浓郁。值得注意的是,原通用磨坊大中华区总裁朱玺曾在2017年对媒体表示,中国市场拥有全球最多的哈根达斯门店,除美国外,中国销售额占全球50%。此外,哈根达斯月饼的销量虽然在全国是第三名,但是利润却是最高,平均净利润率超过60%。

协进教育首席品牌官李刚健指出:"此前在中国'做贵'的哈根达斯有消费者愿意为其买单,主要是因为其商业模式更专注于实体店模式。首先实体店本身就是一个广告;其次,在国外传统品牌系统中,门店就是服务及体验的最好地点,哈根达斯的门店可以提供一个比较完整的体验环节。最后,当时哈根达斯的盛行原因之一是被认可为价高的进口洋品牌,很快成为'80后'消费者身份的象征。"不过李刚健也指出,目前的哈根达斯销售远不如从前,且这几年一直在衰退。原来哈根达斯赖以立足的各类条件都慢慢不再成熟,尤其是实体店的品牌体验在如今的数字化环境下,被很多在线手段所抵消。

（三）竞争来袭

万得(Wind)数据显示,根据通用磨坊2021年6月底发布的年报(截至2021年5月30日),其实现营收1 157.55亿元,同比增长2.84%,净利润同比增长7.27%为149.41亿元。不过相较于2019年与2020年年报数据,其增速明显放缓。2019年、2020年营收分别同比增长7.15%与4.51%,其净利润增速由2020年的24.45%下降到2021年的7.27%。其中,通用磨坊年报显示,哈根达斯的营业收入虽较2020年有所好转,恢复至2019年同期水平,但在总销售额中占比却在下降。

前瞻产业数据显示,目前中国冰淇淋的线上线下销售占比分别为20%和80%;而2020年之前,冰淇淋线上线下的销售比例为5%和95%。通用磨坊首席执行官杰夫·哈梅宁曾在2020年发布财报时指出,哈根达斯在中国的销量有所下降,主要是门店的客流量减少所致。他认为,业务恢复增长的关键在于吸引消费者光顾哈根达斯的门店。

不过,如今的消费者似乎对哈根达斯不再买账。"哈根达斯大家都知道,名气是有的,但是如果不主动提到哈根达斯,我会遗忘它。""90后"消费者刘霞(化名)告诉记者,对哈根达斯的认知是价格较为昂贵,但是并没有想要尝试的冲动。"相较之下,我更愿意去购买网红冰淇淋,可以打卡,也有谈资,而哈根达斯在我们看来就可有可无,有时候还显得比较过气。"

在葛甲看来:"现在的年轻人消费其实更注重实用主义,尤其是'00后',买东西不盲目崇拜,不太愿意花太贵的价格买很少的冰淇淋。而对哈根达斯有执念的人更多的是三四十岁以上的人。再者,哈根达斯的高端品牌实际上是二三十年前,中国食品安全事故频发而拱手送出去的,不一定是哈根达斯实打实打下来的。实际上,国内很多冰淇淋的原料和成分都优于哈根达斯。现在更多的国内冰淇淋品牌进入市场,哈根达斯的市场就更岌岌可危。"

朱丹蓬也表示,近年来,国内冷饮及甜品市场竞争不断加剧,也给哈根达斯造成了巨大压力。近年来,用好原料、有更多线下渠道的国产冰淇淋品牌如伊利、中街1949、钟薛高、倾心等都在跑步进入市场。不同于哈根达斯的线下开店,这些品牌的产品更多的是进入大街小巷及各类商场与超市的冰柜,且随处可见。不仅如此,相较于哈根达斯的味道,国内冰淇淋及雪糕品牌正在不停地推出年轻化单品。

以钟薛高为例,先后推出了牛乳、半巧、爱尔兰陈年干酪、手煮茉莉、清煮箬叶、荔枝奶酪口味老冰糕、话梅肉肉冰等风味的雪糕;上海品牌光明乳业也将传统的三色杯冰淇淋口味改为"咖啡＋香草＋百香果";更有甚者,美怡乐推出了酱香海苔雪糕、双黄奶酪冰淇淋等不同口味的产品。

在朱丹蓬看来,哈根达斯进驻中国市场较早,在渠道布局上也较为成熟,但在产品创新方面并不明显。冰淇淋不再局限于夏天,而是成为日常零食,拥有着更多元的消费场景。想要在这场竞争中脱颖而出,品牌除了拥有过硬的产品力,还要有不断创新与应变的能力。

而与之相对的,是哈根达斯 2019 年至 2021 年上半年新开店 29 家,但关店数有 26 家的事实。赢商大数据显示,从 2019 年初至 2021 年 7 月,哈根达斯在大众化及中档商场中新关闭门店共 17 家,占总关闭门店 26 家的 65.38%;同时,在中高档及高档购物中心新开门店数为 5 家,而同档次关闭的门店则为 9 家。

三、问题思考

哈根达斯仅仅是因为定价问题才失去了部分市场吗?

（李婷、石丹:《哈根达斯,消逝的光环》,《商学院》2021 年第 10 期。）

第四节 课后思考案例

 案例 5 - 7 林清轩对阵香奈儿:"红山茶花"之战

一、背景资料

香奈儿只是多开发了一条新的红山茶花产品线,但对于林清轩而言,是整个品牌的对决。

二、基本案情

多年来,中国护肤品的高端市场主要被国际品牌占领,鲜少出现国产品牌的身影。随着"90 后""00 后"消费者对国品认可度的不断提高,"国潮"兴起。

高客单价的吸引、中低端市场激烈的竞争环境让国产护肤品牌开始试水高端领域。

有网友表示,国际护肤品牌几乎都有自己的主打产品,比如雅诗兰黛的小棕瓶、海蓝之谜的经典精华面霜,兰蔻的小黑瓶……

瞄准了市场机遇,国产品牌林清轩将红山茶花油护肤品定位为自己的"拳头产品",价格"步步高",仅 2018 年一年就卖出 38 万瓶,声名鹊起。2021 年,中经传媒智库、《中国经营报》《商学院》杂志首度重磅推出《2021 年国品竞争力白皮书》及榜单,林清轩凭借直播带货及自身的产品力,荣膺"美妆日化领域国品竞争力指数十强"。进入 2022 年,正当林清轩意气风发之时,香奈儿的入局打乱了林清轩的节奏。2022 年 1 月 3 日,香奈儿在微博上官宣新品——"香奈儿一号"红山茶花系列,其预热宣传片邀请了王一博、刘雯等多位明星参与制作,该条微博获得了超百万次的转发量。同日,林清轩提出,香奈儿入局"红山茶花"护肤领域是不正当竞争行为。其创始人孙来春在微博上写道:"这是林清轩创业以来,受到的最猛烈的进攻。"

此次林清轩主动"宣战",表明了国产品牌与国际大牌正在高度重合的赛道上竞争。国产品牌如何才能在价格、研发、渠道等方面比肩国际大牌,从而实现高端化发展?

"红山茶花"成为双方争夺的焦点。

(一) 差异化

"便宜没好货"是大众的普遍认知,林清轩的拳头产品红山茶花油通过不断上涨的价格努力改变自己的形象。

"林清轩的高端化之路也是涨价之路,它山茶花油越来越贵了。"多名"拔草"该品牌的消费者表示。

林清轩的山茶花油分为三代,从第一代到第三代的价格分别为 416 元/30 mL、678 元/30 mL、792 元/30 mL。在油类护肤品的定价上,相比而言,海蓝之谜的璀璨焕活精华油、希思黎黑玫瑰精油等国际品牌的价格均超过 50 元/mL,"香奈儿一号"红山茶花精华液 31 元/mL,茉珂、蘭 LAN、逐本等国产新锐品牌价格位于 15 元/mL 以下,而林清轩山茶花润肤油以 26 元/ml 的价格处于中上游水平。

在定价和消费客群上,林清轩的价格和产品定位与国际品牌、新锐品牌形成差异化竞争。"香奈儿一号"红山茶花精华液与林清轩的拳头产品红山茶花油价格接近。

在深圳市思其晟公司 CEO 伍岱麒看来,香奈儿入局"红山茶花"领域,对林清轩而言是个巨大的挑战,这说明企业成为细分市场领导者后,需要更好地延展自身的产品线或子品牌,以保护主品牌的发展。香奈儿只是多开发了一条新的红山茶花产品线,但对于林清轩而言,是整个品牌与之竞争。

伍岱麒认为,一些国产护肤品牌走性价比路线,宣称"大牌平价替代",虽然在早期能够获得快速的发展,但这仅能吸引一部分中低收入的年轻消费者或者学生尝鲜,一旦他们有了更高的收入就很容易转换品牌。而林清轩走的是细分市场的道路,在品牌定位上,切入细分的"山茶花护肤"功能领域,在渠道上采用"连锁专卖店+新零售"模式,在价格上定位高端,这样的做法与其他国货品牌有区别,与外国品牌也有明显差异化,因而形成自身的特色。

(二) 聚焦

不同于多数国产美妆品牌采用多元化战略,林清轩以"中国特色植物"为原材料。

2003 年,孙来春在电饭锅里熬了一块手工肥皂,从那时起,林清轩诞生了。到了 2006 年,林清轩开始定位"小清新",目标客户是大学生。2012 年,孙来春到客家人家中做客,发现七旬老人因用山茶花涂脸而容光焕发。此后,林清轩开始聚焦山茶花护肤领域,致力于推动品牌向高端化发展。

经过两年多的研发,林清轩于 2014 年推出滋养肌肤功能的山茶花润肤油。2016 年初,林清轩进行了重大战略调整,将目标瞄准高端市场,而进入高端市场需要差异化竞争,聚焦山茶花、实现山茶花润肤油单品的突破和发展让林清轩的差异化品牌定位更清晰。这一年,林清轩开始确立聚焦山茶花润肤油的品牌定位,并不断升级,至今已推出第三代山茶花油。

山茶花油的不断升级,正是林清轩不断走向高端化的过程。"林清轩从创立之初就酝酿高端,从2016年开始,林清轩聚集所有的科研力量,聚焦在中国山茶花这一领域。"林清轩方面表示。孙来春在接受媒体采访时表示,林清轩花费大量精力去聚焦红山茶产品。从2016年开始,林清轩停掉了100多个SKU的研发,16个创新项目被叫停。30位科学家聚在一起就干一件事——提取山茶花油。

相比而言,国际品牌能建立多个SKU,比如资生堂有红妍肌活精华系列、时光琉璃御藏系列、悦薇系列、百优系列等多条产品线。在东北林业大学经济管理学院客座教授、北京外交学院思想政治系教师孙禄看来,很多国际品牌能建立多个SKU源于做得早,在品牌影响力已经建立后,会考虑品牌目标受众的更多需求。目前在美妆行业SKU过度饱和竞争激烈的背景下,不采取聚焦单SKU的品牌策略,很难在消费者的认知中建立清晰的品牌定位。

伍岱麒认为,有些国际大牌发展的时间很长,已经有了丰富的产品线,而林清轩是在一个较为细分的赛道纵深发展,因此会更为聚焦大单品。这种策略有一定优势,一旦大单品足够优异,消费者忠诚度高,对企业而言,花费的营销成本就很低。而一旦品牌主要依赖某一大单品,而又被强势国际品牌夹击,就很容易给企业带来风险。

过往的经验表明:"品牌要实现高端化,比拼的是专利。"独立化妆品科普作者、聚研荟网络科技创始人郝宇向记者表示。举例来说,海蓝之谜、雅诗兰黛等多个国际大牌均申请多项专利,而专利水平的排他性也是品牌形成"护城河"的有效方式。

从专利的角度,红山茶花油是一种植物提取物,而植物提取物是一种混合物,并非某种物质。《中华人民共和国专利法》中规定了动植物品不能授予专利权,因此,红山茶花原料不具备排他性,林清轩是在红山茶花的提取方式、生产制造方面深度研发,而这种技术优势不足以形成不可跨越的壁垒,想要继续抢占这一原料市场,需要付出更多的成本。孙禄认为:"未来林清轩将面对更多国内外美妆品牌的原料竞争,如果想要走得更远,需要重新思考品牌定位的战略。"

伍岱麒认为,林清轩给国品美妆企业的启示在于,长期走性价比的道路并不可取,更重要的是挖掘中国自身的特色、技术、风格,以中国文化去支撑品牌的发展,以独有的技术研发产品,保持高质量。

(三)直营＋联营

2020年2月初,林清轩1 600名导购中,有400名参与直播培训,同时,孙来春还亲自上阵直播,将个人IP与品牌深度绑定。在孙来春看来,这种方式起到了良好的宣传效果,增强了品牌的公信力。

在产品和口碑的塑造上,林清轩方面表示:"林清轩一直将'天然、安全、有效'奉为做好产品的六字箴言。为此,林清轩建立了从原料把控到科研生产,再到OMO(Online-Merge-Offline,线上线下融合)、'直营＋联营'模式销售的数智化全产业链模式。"

从2022年开始,林清轩引入联营模式,不同于传统美妆的加盟模式,林清轩的联营模式是指品牌与合伙人一起开拓市场,在实现规模发展的同时,仍保证林清轩产品价格全国统一化,服务的高标准化。

联营模式让林清轩快速进入下沉市场,进一步扩大品牌的影响力。相比于花西子等新锐品牌不开设线下门店,仅通过线上营销,在社交媒体平台以产品和品牌推动用户"种草",

林清轩的渠道与国际品牌的共通之处在于仍重视品牌线下店体验。

截至 2022 年初,林清轩已布局近 400 家直营门店,预计 2022 年将拓展 100 家联营店。

在孙禄看来,林清轩"直营＋联营"模式的优势在于可以快速拓展门店数量,通过门店规模的增加反向增强品牌影响力。同时联营模式可以降低自有资金的占用,设立良好的联营合作方筛选机制有助于新市场的开拓。劣势在于对于联营店的运用如果达不到统一的 CIS(corporate identify system,品牌管理体系)标准会对品牌形象产生负面影响。

伍岱麒认为,联营的模式确实跳出了完全自建门店或专柜的方式,可以借助他人资金实力和资源,利用自身的品牌势能,更快速地发展。相比完的加盟店,可能更具有优势,因为品牌方的管控力更强一些。但要做到联营的成功,企业的品牌力和运营实力要到位。

面对国际品牌的竞争,伍岱麒建议,在渠道上,林清轩尽量避免与国际品牌直面竞争,花西子等国品美妆品牌的销售渠道已经印证这一点,即通过网络社交媒体或者连锁店,避免百货专柜或者商超等传统渠道。

三、问题思考

林清轩在采用"直营＋联营"模式时的定价策略与之前的有何不同?

(胡嘉琦、朱耘:《林清轩对阵香奈儿,"红山茶花"之战》,《商学院》2022 年第 5 期。)

案例 5－8　无印良品:降价也可以这么清新脱俗?

一、背景资料

由于受新款 iPhone 高定价的影响,苹果最近一个季度的财务数据不及预期。为了改变这种局面,苹果在中国市场推出了堪称史上最大力度的"以旧换新"活动,并且辅以各种优惠券,试图挽救销量下滑的局面,iPhone 8/8 Plus 在京东的售价甚至调低了 1 000 元以上。

但是,有这么一个品牌,在过去四年多的时间里已经进行了十余次降价。不过与苹果不同的是,它从未承认自己的降价行为。

二、基本案情

(一)"新定价"——有便宜的理由

2015 年 2 月,无印良品的官方公众号发了这么一条推文:无印良品在 2014 年 10 月精选了约百种生活必需品,进行价格调整;并于今年年初又精选了多款服装商品,展开新一轮的"新定价"活动。

为什么要"新定价"?

(1) 降低了进口关税。由于无印良品直接选择在中国境内生产货物,这样就不需要关税了;同时中国与部分东南亚国家签订了特惠关税合约,使得从这些地方进口的货物关税也更低了。

(2) 高效的库存管理。无印良品通过更高效的库存管理办法,减少了配货的烦琐流程,让流通环节的成本得到了降低。

(3) 扩大了生产规模。由于订单数量的增长,工厂可以使用更低的价格生产,让生产成本大大降低。

不得不说,无印良品的这条推文不仅让降价本身变得清新脱俗,而且顺势为品牌打了一次 Call,让消费者觉得这是无印良品的让利活动。

(二)"新定价"——都要有"新理由"

2016 年 1 月,无印良品的官方公众号又发了一条推文:为了让更多的客户可以更加方便,用更优惠、更贴心的价格选购无印良品的商品,通过无印良品的提案获得更多美好生活的提示,无印良品一直在努力为商品"新定价"。

没错,这次的理由是为消费者的美好生活而新定价。随后的 2017 年和 2018 年,也基本上沿袭"为美好生活而新定价"的思路,只是稍微做了一些调整。

2017 年降价的理由是,让顾客在需要的时候用合适的价格买到合适的商品;2018 年的理由是,生活还在继续,改良便也在继续。也就是说,尽管每年给"新定价"找的理由都各不相同,但实际上不过是噱头而已。在无印良品看来,降价的原因不重要,重要的是姿势一定要优雅。

时间到了 2019 年,无印良品在"新定价"上又发明了一个新词,叫作"价格的重新审视"。简单来说,就是从 2019 年 1 月 18 日开始,无印良品对那些明星商品的价格进行了新的审视,希望更好的商品以更合理的价格传递到消费者手里。

(三)无印良品不敢承认降价

财报显示:2018 年第三季度,无印良品在中国的继存店(即开店满一年以上的门店),总体销售额下降 4.1%,连续两个季度销售额同比下降。为什么无印良品不直接通过大幅降价刺激销量呢?毕竟,降价行为对产品销量的提振作用,是立竿见影的。是因为降价带来的负面作用,也是相当严重的。消费者会觉得企业遭遇了困难,不得已才采取降价行为渡过难关。更重要的是,降价行为会让消费者的忠诚度降低,品牌的价值会受损。

那些因为价格而吸引来的客户,最后往往会因为更低的价格离你而去。因此,品牌商们往往不愿意通过直接降价的方式。但是,又迫于业绩的压力,不得不变相地推出各种"降价措施"。

三、问题思考

无印良品的定价策略与传统的定价策略有什么不同?

(叶子栋:《无印良品,"降价"也可以这么清新脱俗?》,《销售与市场(管理版)》2019 年第 4 期。)

案例 5-9　全球最大碳市场"开锣"

一、背景资料

2020 年,中国对世界承诺"碳达峰"与"碳中和"的"双碳"目标后,全国碳交易市场在中国未来减碳行动中将发挥怎样的作用,成为社会各界关注的焦点。

二、基本案情

2021 年 7 月 16 日,万众期待的全国碳市场鸣锣开市,长达 7 年的全国碳市场建设开花结果。上午 9 点 30 分,首笔全国碳交易撮合成功,价格为每吨 52.78 元,总共成交 16 万吨,交易额为 790 万元。这意味着中国的碳排放权交易市场一经启动就将成为全球覆盖温室气体排放量规模最大的碳市场。

（一）通过价格信号引导碳减排

未来碳市场将通过价格信号来引导碳减排资源优化配置，从而降低全社会减排成本，推动绿色低碳产业投资，引导资金流动。这是碳市场追求的一个重要效果，因此碳价非常重要。

全国碳交易市场形成后，碳价的高低在很大程度上将影响企业排放的成本和减碳的动力。碳定价作为公司战略的一部分，可以帮助企业将温室气体（GHG）排放成本内化，并实现向低碳经济的转变。

中国当前所面临的不仅仅是全国碳定价机制的形成问题，还面临全球碳定价机制的挑战。中国、美国和欧盟是三大温室气体排放国和排放区域，2021 年 11 月在英国格拉斯哥举办的第 26 届联合国气候变化大会（COP26），各国就推动全球范围采纳碳定价进行讨论。

由国际复兴开发银行支持的碳价格高级别委员会曾试图探索怎样的碳定价水平才能导致减碳行为的变化。据委员会估计，若要达成《巴黎协定》的目标，碳价在 2020 年前需达到 40～80 美元/吨，2030 年前达到 50～100 美元/吨。然而其 2017 年发布的《碳价格和竞争力高级别委员会的报告》显示，当前的碳定价机制中，全球排放量的 85% 没有定价，有定价的碳排放中，大约四分之三的二氧化碳排放量价格低于 10 美元/吨。

碳排放权交易体系实则是一个碳排放总量控制下的交易市场，政府通过引入总量控制与交易机制，以设定、分配碳排放配额的方式，对企业碳排放进行约束。

当企业碳排放量超出政府为其设定的配额时，需通过碳交易市场购买相应配额，也可通过建立或支持低碳项目获得核证减排量，以抵消部分配额。

目前中国碳排放配额分配包括免费分配和有偿分配两种方式，初期以免费分配为主，根据国家要求适时引入有偿分配，并逐步扩大有偿分配比例。免费分配的额度将会对碳定价的形成产生重大影响。

简言之，目前碳排放配额的供给来源渠道有两种，即"政府免费发放的配额＋CCER 项目减排量"。

根据《碳排放权交易管理暂行条例》（以下简称《条例》），重点排放单位足额清缴碳排放配额后，配额仍有剩余的，可以结转使用；不能足额清缴的，可以通过在全国碳排放权交易市场购买配额等方式完成清缴。重点排放单位可以出售其依法取得的碳排放配额。

国家核证自愿减排量（CCER）为有偿分配机制提供了指引。CCER 是指在中国境内实施可再生能源、林业碳汇、甲烷利用等项目，实现温室气体排放的替代、吸附或者减少。项目实施单位可以向国务院生态环境主管部门申请对其项目产生的温室气体削减排放量进行核证。经核证属实的温室气体削减排放量，由国务院生态环境主管部门予以登记。重点排放单位可以购买经过核证并登记的温室气体削减排放量，用于完成其一定比例的碳排放配额清缴。

（二）配额免费分配得与失

目前采取的是以强度控制为基本思路的行业基准法，实行免费分配。这个方法基于实际产出量，对标行业先进碳排放水平，配额免费分配而且与实际产出量挂钩，既体现了奖励先进、惩戒落后的原则,也兼顾了当前中国将二氧化碳排放强度列为约束性指标要求的制度安排。在配额分配制度设计中,考虑到一些企业的承受能力和对碳市场的适应性,对企业的配额缺口量作出了适当控制,需要通过购买配额来履约的企业,还可以通过抵消机制购买价格更低的自愿减排量,进一步降低履约成本。

配额由政府主导,价格由供需决定但与政府政策相关。但难点在于给企业分配多少免费额度。

因为每个企业都有特殊情况,从量上来讲制定公式很容易,但是现实会涉及各地发展不均衡的问题。这需要先有一个基本计算原则,在此基础上根据特殊情况再进行谈论沟通和调整,但是不能偏差太远。

至于有偿分配的计价问题,林伯强的观点是,西方发达国家的碳市场时间长,规则相对比较完整,中国的问题不在于此,而在于怎样将之前交易的情况和可能出现的问题反映在今后的有偿配额分配中。要观察交易情况、市场活跃度、结算的合理性,对高耗能企业是否有压制作用,对不排放、少排放的企业是否有鼓励作用,此外,今后的碳市场交易情况还将取决于接下来中国"碳中和"的进程如何。

从欧盟的经验来看,政府免费发放的配额不断收窄。欧盟碳市场从 2013 年开始就彻底取消了电力行业的免费配额,此后发电行业碳排放逐年降低,减排取得明显成效。欧盟非电力行业的免费配额发放比例,从 2013 年的 80% 缩减至 2020 年的 30%,2019 年欧盟控排行业整体免费配额比例约 43%。拍卖配额在总碳排放量中的比重不断提升,从 2014 年的 26% 提高到 2020 年的 44%。中国 CCER 的渠道目前允许抵扣的比例为 5%,欧盟 2012 年后则基本暂停了 CER(核证减排量)的抵扣。

再看欧盟的碳价,2005 年 8 月高开不久后便进入低迷期,特别是受美国金融危机的后遗症影响,2011 年 11 月至 2018 年 1 月每月交易均价低于 10 欧元/吨,2012 年 4 月初曾跌破 6 欧元/吨。而进入 2021 年,EUA(欧盟碳排放配额)价格一路上涨,欧盟碳排放权期货价格突破 50 欧元/吨。

中国碳基金首席代表李一玉表示,欧盟市场存在不完善的地方,主要涉及两个方面。

一是配额发放初期采用的是"祖父法",也称历史法,有"鞭打快牛"的负面作用,对一些之前实行过很多节能措施、能耗低的企业存在一定不公平因素;二是在配额发放过程中碳配额超发,造成供过于求,尤其是在 2011 年下半年,由于欧债危机和配额超发的双重影响,很长一段时间导致欧盟碳配额价格疲软。

李一玉说:"虽然欧盟市场存在一定缺陷,但是欧盟碳市场也具有很多的优势,比如碳金融产品具有多样性;控排企业行业范围不断扩大,增大配额需求;引进拍卖机制,增加企业超排成本,从而更好地促进企业节能降碳,这些也是可以为中国碳市场所借鉴的。"

林伯强说:"中国碳市场是全球最大的碳市场,但是如果外国不来交易,这个定价权就是相对的,除非全球是一个市场,但目前还不是。所以先把自己的事情做好,才能够吸收更多的人参与进来。"

三、问题思考

在全球市场下如何定碳价?

(钱丽娜、张浩然、朱耘:《行动!全球最大碳市场"开锣"》,《商学院》2021 年第 8 期。)

第六章 渠道策略

本章导读

　　产品在流通领域通过一系列的转移所有权活动才能最终从企业到达消费者手中,而这一过程必须经过营销渠道来实现。营销渠道的选择和确定,是企业面临的复杂而富有挑战性的决策之一,不同的营销渠道会给企业带来不同的销售和成本水平,从而影响企业营销组合的其他方面。

　　● 随着网购成为潮流,实体店倒闭潮越来越猛烈。许多线下零售企业深深感受到了压力,做起了线上销售,或是O2O模式。在关店潮中,海澜之家却逆势疯狂开店,2016年前三季度新增门店972家,营收过百亿元,位列2016年前三季度全国服装零售业上市公司总营收榜首。毫无疑问,在行业面临寒冬的情况下,海澜之家逆势交出了一张华丽的成绩单!海澜之家创始人周建平说:我们不是一家服装企业,因为我们不赚差价。那么,海澜之家卖的不是服装,究竟是什么呢?

　　● 五粮液在相应的市场环境中有较为明确的定位,与故宫这一大文化IP联动能产生怎样神奇的效果?在这一联动影响下,五粮液的市场形象会出现怎样的改变?

　　● 线上旅行的市场相对稳定,在此情形下,京东旅行如何才能打破僵局,如何在互联网营销模式中取得新的突破,是值得思考的问题。茶颜悦色与其他品牌的合作,能否带来销售业绩的提升?这种合作模式下存在的利弊可能有哪些?

学习目标

　　(1)理解营销渠道的基本要素,激发参与渠道建设和数字经济的兴趣,进一步推进我国市场经济的繁荣发展。

　　(2)理解数字经济、网红经济、新零售等在中国的发展现状、机遇和未来前景,培养创新意识。结合网红经济和直播电商等最新企业实践,理解分销渠道的发展与演进。

　　(3)明确营销渠道和直播电商在推动中国经济转型升级、打造经济新增长点以及实现共同富裕愿景方面的重要作用。

第一节　理论教学要点

一、分销渠道的特点、作用与结构

分销渠道又称分销途径或销售路线,它是指商品从生产者转移到消费者手中所经过的途径。

（一）分销渠道的特点

（1）外部性。

（2）稳定性。

（3）联系性。

（二）分销渠道的作用

（1）分销渠道是实现产品销售的重要途径。

（2）分销渠道是保证企业再生产顺利进行的前提条件。

（3）合理的分销渠道是加速商品流通和资金周转,节约销售费用,提高经济效益的重要手段。

（4）分销渠道的决策直接影响其他市场营销策略的实施效果。

（5）分销渠道是企业了解和掌握市场需求的一个重要来源。

（三）分销渠道的结构

生活资料销售渠道的基本结构：

（1）生产者→消费者。

（2）生产者→零售商→消费者。

（3）生产者→批发商→零售商→消费者。

（4）生产者→代理商→零售商→消费者。

（5）生产者→代理商→批发商→零售商→消费者。

二、分销策略的选择

1. 普遍性分销策略

2. 选择性分销策略

3. 独家分销策略

三、中间商

中间商是指介于生产者和消费者之间,专门从事商品由生产领域向消费领域转移的经济组织和个人。

（一）中间商的作用

（1）简化交易联系,有利于实现商品交换的经济、便利原则。

（2）可为许多生产者缩短买卖时间。

（3）中间商承担着采购、运输、储存和销售商品的实际业务,具有集中、平衡和扩散商品的功能。

(4) 中间商一般都具有较丰富的市场营销经验,与顾客有广泛的联系。

(二)中间商的功能

主要包括购买、销售、仓储、运输、分类、分级、分装、融资、提供市场信息和承担风险等功能。

(三)中间商的分类

中间商可以从不同角度进行分类,按是否拥有商品所有权可分为代理商和经销商。

1. 代理商

厂家代理商、销售代理商、寄售代理商和商品经纪人等。

2. 经销商

可按商品销售对象不同分为批发商和零售商。

(1) 批发商的类型:①按服务地区范围划分,可分为全国性批发商、区域性批发商和地方性批发商三种;②按经营商品种类范围划分,可分为综合批发商和专业批发商。

(2) 零售商的类型:① 专业商店;②百货商店;③超级市场;④折扣商店;⑤仓储式商店;⑥便利商店;⑦自动售货;⑧邮购和电话订购、网上购物;⑨连锁店。

四、分销渠道的选择与管理

(一)影响分销渠道选择的因素

(1) 产品因素。

(2) 市场因素。

(3) 企业本身因素。

(4) 宏观环境因素。

(二)选择中间商需要考虑的因素

(1) 中间商的经营资格应合法。

(2) 中间商的经营范围需注意。

(3) 中间商的地理位置要合适。

(4) 中间商的企业形象要好,管理水平要高。

(5) 中间商的财务状况要良好。

(6) 中间商的储运能力要优良。

(7) 中间商的服务水平要上乘。

(三)分销渠道的管理

(1) 明确渠道成员的责权利。

(2) 认清渠道成员之间的冲突。

(3) 正确评价分销渠道成员的工作业绩。

(4) 对渠道成员的激励。

(5) 对分销渠道的调整。

第二节　教学引导案例

 案例 6-1　乔·吉拉德：伟大销售员的成长揭秘

一、背景资料

乔·吉拉德是世界上最伟大的销售员之一,他连续 12 年荣登吉尼斯世界纪录大全"全球销售第一"的宝座,他连续 12 年平均每天销售 6 辆车的汽车销售纪录至今无人能破。乔也是全球最受欢迎的演讲大师,曾为众多世界 500 强的企业精英传授他的经验,全球数百万人被其演讲所感动,为其事迹所激励。然而,谁能相信,35 岁以前的他却诸事不顺,干什么都以失败告终。他换过 40 余种工作,仍一事无成,甚至当过小偷,开过赌场。他从事的建筑生意也惨遭失败,身负巨额债务,几乎走投无路。

二、基本案情

(一)乔·吉拉德的贺卡

乔·吉拉德把所有新近认识的人都视为自己潜在的客户,对于这些潜在的客户他每年大约要寄上 12 张贺卡,每次均以不同的色彩和形式投递,并且在信封上尽量避免使用与他的行业相关的名称。1 月份,他以一幅精美的喜庆气氛图案作为贺卡封面同时配以"恭贺新禧"几个大字,下面是一个简单的署名"雪佛兰轿车,乔·吉拉德上"。此外,再无多余的话,也绝口不提买卖的事。2 月份,贺卡上写的是:"请您享受快乐的情人节!"下面仍是简短的署名。3 月份,贺卡写的是:"祝您巴特利库节快乐!"巴特利库节是爱尔兰人的节日。也许客户是波兰人或是捷克人,但这都无关紧要,关键是他不忘向你表示节日的祝福。然后是 4 月,5 月,6 月……不要小看这几张小小的贺卡,它们所起的作用并不小。不少客户一到节日,往往会问夫人:"过节有没有人来信?""乔·吉拉德又寄来一张卡片!"这样一来,乔·吉拉德每年就有 12 次机会把名字在愉悦的气氛中带到每个家庭。乔·吉拉德从没说一句:"请你们买我的汽车吧!"但这种不讲推销的推销反而给人们留下了最深刻、最美好的印象。等到他们打算买汽车的时候,往往第一个想到的就是乔·吉拉德。

(二)乔·吉拉德的电话

"你好,我是乔·吉拉德,听说你明天要买车,那请来我们这里,我们有你想要的车,并给你最大的优惠。"乔·吉拉德开始给所有认识的亲朋好友打电话,只要有人接电话,他就记录下对方的职业、嗜好、买车需求等生活细节,虽然经常被别人挂断电话,但是多少也有一些收获。因为并不是每个人都直接挂掉,有的会聊上几句,甚至还会转介绍其他朋友给他认识。

就这样,乔·吉拉德打了一天的电话,八九个小时过去了,四页的电话簿都写满了。晚上 8 点 50 分,老板和所有销售人员都下班回家,乔·吉拉德还在努力工作着。

当时,在汽车之城底特律至少有三十九家大型的汽车经销营业所,每家又各有 20～40 人的销售员阵容,可说是全世界竞争最激烈的汽车市场。

如果明天没有卖出一辆车,自己包括妻子儿女还要继续挨饿,那形势就更加危险了,现在不顾一切,拼了。乔·吉拉德反复查看那四页电话簿,发现有一位可口可乐销售员用车需求比较急迫,因为他想开着车去拜访客户,这样显得更有面子一些。

乔·吉拉德连夜做足功课,为这位可口可乐销售员选好一部雪佛兰汽车,并想好了说服他购买的种种理由。第二天,店门打开,那位客户、可口可乐销售员进来径直向乔·吉拉德走来。

乔·吉拉德实在太饿了,他看客户就像一大袋食物径直朝自己走过来。

"亲爱的,过来,过来。这里有你需要的车。"乔吉拉德与客户坐下聊天,大约有一个半小时,客户还是犹豫不决。

"亲爱的,我求你了,现在就买一辆车吧,这部雪佛兰汽车我连夜加班专门为您精挑细选的,你开出去见客户非常有面子而且价钱也很优惠。"乔·吉拉德说出了实话:"如果今天车卖不出,我无法预支一些薪水,那我家里人就危险了,因为他们已经饿了几天了。"

那位客户、可口可乐销售员,看着乔·吉拉德一脸真诚的样子,就拿出现金要提车:"那好,我买一辆吧,不过你要对这部车的售后负责到底。"

"没问题。以后有什么问题都可以直接找我,乔·吉拉德。"乔·吉拉德高兴极了。

万事开头难,在实现1的突破后,乔·吉拉德通过销售实战,不断总结卖车经验,不断扩大自己的销售网络。过了3年,乔·吉拉德被称为"世界上最伟大的推销员""汽车销售大王",因为他从1963年至1978年总共推销出13 001辆雪佛兰汽车,而且是一对一的零售,不是批发。乔·吉拉德连续12年荣登世界吉尼斯纪录大全世界销售第一的宝座,他所保持的世界汽车销售纪录:连续12年平均每天销售6辆车,至今无人能破。

(三)乔·吉拉德的换位思考

一次,某位名人来向他买车,他推荐了一种最好的车型给他。那人对车很满意,并掏出10 000美元现金,眼看就要成交了,对方却突然变卦而去。乔·吉拉德为此事愧恼了一下午,百思不得其解。到了晚上11点他忍不住打电话给那人:"您好!我是乔·吉拉德,今天下午我曾经向您介绍一部新车,眼看您就要买下,却突然走了。""喂,你知道现在是什么时候吗?""非常抱歉,我知道现在已经是晚上11点钟了,但是我检讨了一下午,实在想不出自己错在哪里了,因此特地打电话向您讨教。"

"今天下午你根本没有用心听我说话。就在签字之前,我提到犬子吉米即将进入密执安大学念医科,我还提到犬子的学科成绩、运动能力以及他将来的抱负。我以他为荣,但是你毫无反应。"乔不记得对方曾说过这些事,因为他当时根本没有注意。乔认为已经谈妥那笔生意了,他不但无心听对方说什么,而且在听办公室内另一位推销员讲笑话,这就是乔失败的原因。那人除了买车,更需要得到对于一个优秀儿子的称赞。乔·吉拉德恰恰没有"站在对方立场思考与行动"。他只是想当然地以为"已经成交了"。

三、问题思考

根据案例,对销售员而言,乔·吉拉德的销售模式有哪些可借鉴?

四、分析点评

对于销售员而言,乔·吉拉德的销售模式存在以下可借鉴点:
(1)要有条不紊记下所有客户的注意要点,做好准备。
(2)谨记"马上回电",切忌过高收费。

（3）视场合及对象穿着合适的衣履。

（4）为消费者提供多样的选择，凸显消费的差异化和个性化。

（5）设法让产品成为客户眼中的抢手货。

 案例 6 - 2　老板电器遭遇"中年危机"

一、背景资料

身为厨电领域佼佼者的老板电器，于日前交出了一份营收净利润双双下滑的业绩答卷。2024 年上半年，老板电器取得 47.29 亿元的营收，同期公司归属上市公司股东的净利润为 7.59 亿元。老板电器的这两项关键指标均呈现出下跌态势。与此同时，公司上半年 48.88％的毛利率水平也创下了自 2008 年以来的历史新低。

在中国厨房电器行业，老板电器是一个绕不开的名字。在创始人任建华的带领下，这家从浙江余杭县起步的小小五金厂，已成长为中国厨房电器行业的龙头企业之一。凭借老板电器，任建华也曾多次登上胡润发布的富豪榜单。不过，在最新的"2024 胡润全球富豪榜"中，任建华 110 亿元的财富相较 2021 年缩水了 85 亿元。老板电器的股价较 2021 年初也已"腰斩"。

二、基本案情

早在 2013 年，为了给公司培养年轻干部，为公司注入新鲜血液，使公司获得更强的经营活力，任建华便将公司总经理的职务交到了当时年仅 30 岁的儿子任富佳手中。今年上半年，吸油烟机和燃气灶两大产品为老板电器贡献超七成的营收。靠吸油烟机产品打出一番天地的老板电器，如今正身陷较难走出厨房的困局。

（一）老板电器交中期答卷，营收净利润双双下滑

2024 年上半年，老板电器取得 47.29 亿元的营收，与上年同期 49.35 亿元的营收相比减少了 4.16％，这是自 2020 年上半年以来，老板电器第二次出现营收负增长。

2021 年，老板电器曾以全年 24.84％的营收增速，刷新了自 2017 年以来的增长纪录。不过，这一强劲的增长势头在随后几年的时间里被打断。2022 年，老板电器的营收增速骤降至 1.22％。2023 年，老板电器的营收增速短暂回升至 9.06％。

在 2024 年初举行的"2023 年先进表彰与 2024 年展望部署大会"上，老板电器的总经理任富佳曾针对 2024 年的发展提出两位数的增长目标。但 2024 年上半年，老板电器的营收增长却遭遇了更严峻的考验，直接转为负增长。

同并不乐观的营收表现一样，老板电器上半年的净利润也面临着下滑的窘况。2024 年上半年，老板电器归属上市公司股东的净利润为 7.59 亿元，相比上年的 8.3 亿元减少了 8.48％。

作为厨电行业的老牌玩家，老板电器在某些细分领域已处于行业龙头地位。根据奥维线下报告，老板品牌吸油烟机零售额、零售量市场占有率为 31.9％、26.1％；老板品牌燃气灶零售额、零售量市场占有率为 31.3％、22.9％；根据奥维线上报告，老板品牌厨电套餐零售额、零售量市场占有率为 27.0％、20.9％；均位于行业第一。

然而，行业整体承压之际，身为厨电行业头部玩家的老板电器也很难独善其身。2024

年上半年,老板电器旗下多个产品品类的营收均出现不同程度的下滑。

第一品类群下的吸油烟机、燃气灶、消毒柜2024年上半年的营收同比分别下滑2.85%、1.17%、14%;同期,公司第二品类群下的一体机、蒸箱、烤箱的营收同比分别下滑11.24%、18.47%、23.48%。第三品类群下的品类中,除了热水器营收同比实现14.84%的增长外,洗碗机、净水器的营收均没能逃过营收走上下坡路的命运,同比分别下滑4.01%、23.59%。集成灶、其他小家电、其他业务的营收同比分别下滑10.68%、9.9%、12.02%。

从地域分布来看,老板电器营收占比接近一半的华东地区也遭遇了"滑铁卢"。2024年上半年,老板电器华东地区主营产品、华东地区其他产品的营收分别为22.41亿元、1.24亿元,同比分别下滑9.11%、12.07%。

值得关注的是,老板电器的两大核心产品——吸油烟机和燃气灶,上半年的毛利率表现同样不尽如人意。上半年,这两款产品分别占据公司总营收的47.76%和24.72%,算得上是支撑公司业绩的重要支柱。然而,与去年同期相比,二者的毛利率却分别下降了4.31%和3.52%,分别降至50.79%、53%。

(二)兴于厨房,困于厨房

时间回拨至2013年,当初还十分年轻的任富佳从父亲任建华手中接过公司总经理的重任时,公司在相关公告中解释称,此举很重要的一个原因是进一步培养公司年轻干部,给予其更大的发展空间,以利于激发其工作热情,为公司注入更多的新鲜血液,使公司获得更强的经营活力。

岁月流转,转眼间昔日年仅30岁的任富佳已在公司总经理的位置上坐了超过十年的时间。然而,彼时希望任富佳上任能给公司带来更多新鲜血液的老板电器,如今却时常被外界贴上品牌老化、多元化效果不明显等标签。

根据产品属性及烹饪方式,老板电器将其产品主要分为三大品类。第一品类指以抽油烟机为代表的烟灶消产品群;第二品类指的是以蒸烤一体机、蒸箱、烤箱为代表的电气化烹饪产品群;第三品类则是以洗碗机、燃气热水器、净水器为代表的水厨电产品群。此外,公司产品还有以集成灶、集成油烟机等为代表的集成类产品群以及冰箱等品类。

从2024年上半年的营收占比来看,除第一品类下的吸油烟机和燃气灶分别达到47.76%、24.72%的水准外,公司其他品类下没有一个产品的营收占比超过7%,营收占比均显得有些单薄,蒸箱、烤箱、净水器等产品的营收占比甚至不到1%。

或是意识到品牌对消费者的吸引力减弱以及行业竞争愈发激烈的现状,老板电器近年来开始做出更多的尝试。2024年以来,老板电器推出不少优惠政策。第一季度,用户能凭8年前任意品牌燃气灶购机凭证,以当年的半价抵值换新;第二季度,老板电器又放出百万补贴,用户购机金额直减500元/台。

三、问题思考

存量时代来临,老板电器也无法独善其身,由此也不得不令人担忧,老板电器业绩增长失速的背后,是其品牌后劲不足还是到了中年危机?

四、分析点评

面对存量时代的严峻考验,老板电器正积极采取一系列策略以应对业绩增长放缓的挑战,并规划未来的发展路径。

在转型与创新的道路上,老板电器推出了数字厨电产品,这些融合了智能化技术的新品旨在吸引年轻消费群体,满足他们对于厨房生活品质提升的期待。尤为值得一提的是,公司发布的 AI 烹饪大模型"食神"等黑科技产品,不仅展示了其在智能科技领域的探索成果,也为产品差异化竞争提供了有力支撑。

在市场策略方面,老板电器意识到过度依赖 B 端市场(如房地产精装修)的风险,正逐步调整重心,更加关注 C 端消费者的直接需求。这意味着公司需要深入了解消费者偏好,推出更多符合市场趋势和个性化需求的产品,以增强用户黏性和市场竞争力。同时,尽管老板电器尝试了"出海"策略以寻求新的增长点,但成效尚待进一步考察,未来如何在全球市场中精准定位并有效拓展,将是其面临的一大考验。

老板电器深知要想在竞争激烈的存量市场中持续发展,就必须从根本上提升产品力,加强品牌建设,同时不断优化市场策略。这要求公司在研发投入上加大力度,确保技术创新能够持续引领行业发展,同时注重提升服务质量,修复并强化品牌形象。尽管当前挑战重重,但通过持续的努力与创新,老板电器有望克服中年危机,焕发新的生机,实现业绩的稳步增长和品牌的长期繁荣。

(莫恩盟:《老板电器遭遇"中年危机",背后"老板"四年财富缩水 85 亿》,《雷达财经》2024 年 8 月。)

案例 6-3　绑定文化大 IP:五粮液三度携手《上新了·故宫》

一、背景资料

2021 年 10 月 22 日,十二集大型系列纪录片《紫禁城》开播仪式暨新闻发布会在北京举行。这是五粮液连续三季独家冠名《上新了·故宫》后,与中华文脉顶级 IP 紫禁城的又一次"牵手"。《紫禁城》历时三年打磨,以时间脉络为主线,兼顾专业化和历史深度。五粮液作为《紫禁城》独家战略合作伙伴、独家冠名单位,将带领观众"以城看史,以城讲国",透过紫禁城认识世界,也让世界从紫禁城浓缩的 600 年中读懂中国,这将唤醒更多年轻人对于中国历史和中华优秀传统文化的关注和热爱,也有望成为"国潮"文化在新时代的又一经典样本。实际上,紫禁城作为中国文化的集大成者,五粮液作为中国白酒的典型代表,二者本身就有着天然的高度契合。无论是厚重的历史感,还是大国匠心的传承,抑或文化自信的表达,皆如是。

二、基本案情

(一)历史介绍

紫禁城是中国最著名的世界文化遗产,紫禁城建成于明成祖永乐十八年(1420 年),距今已有 600 多年历史,是明清时代最重要的历史见证,是当今世界现存规模最大、建筑最雄伟、保存最完整的古代宫殿和古建筑群。

它有过"天子守国门"的雄风与豪迈,有过万邦来朝的辉煌与显赫,有过王朝更迭的风云变幻,有过走向共和的涅槃新生,是中国乃至世界历史变局的见证者和亲历者,承载着中华儿女深厚的民族情感,已成为中华文明的标志符号之一。

作为中国白酒典型代表的五粮液,与紫禁城一样正用它独有的方式向世界展示着"中国名片"。五粮液拥有源起 1368 年洪武元年的明初古窖池,距今已有 650 余年历史,是中国白酒业唯一现存最早的、规模最大的、保留最为完整的地穴式曲酒发酵窖池。这些古窖池 650 余年不间断酿造,凝结着明清时期集成固化的酿造技艺特点、极致工艺追求,见证并推动着中国白酒行业的发展,更持续展示着工匠精神的渊源与传承,不断书写中国白酒文化的传奇。2005 年五粮液明代古窖泥作为唯一的"活文物"被中国国家博物馆永久收藏,2018 年古窖池群及酿酒作坊入选国家工业遗产。宜宾市鼓楼街 32 号的楹联记录着它的变迁,"六百年旧甑老窖规模难具,而今滔滔五粮扬声禹旬成宏功"。600 余年的紫禁城,沉淀出了五千年的华夏文明,代表着中华历史文化巅峰享誉全球;650 余年的明初古窖池,积淀出了大国浓香五粮液,引领着中国白酒香飘世界。可以说,五粮液与紫禁城的同脉历程及让传统经典文化活起来的共同愿望,正是以 600 年敬 600 年的时代经典。

(二)双方的追求

在紫禁城建造设计上,无论是宏伟壮丽的宫殿,明朗开阔的庭院,精美的雕梁画栋,抑或是斗拱、飞檐、翘角,无不技术精湛,巧夺天工。这犹如五粮液一般,历经数代传承仍秉持"用心不计代价、用工不计成本、用时不计岁月,酿造每一瓶好酒",五粮液以匠心铸魂,创造了中国白酒酿造的一个又一个高峰,也正是对于极致品质的追求,才让世界领略到了大国浓香的无穷魅力。

在紫禁城与五粮液内外契合互为印证的 600 年里,紫禁城作为中国经典文化艺术的集大成者,坚守对艺术的极致追求,将近 600 年的传统文化脉络延续至今,现在的紫禁城正以其盛世年华向世界展示着中华民族的博大胸怀和深厚底蕴;而五粮液作为中国白酒的典型代表,亦数百年如一日地坚守中国白酒传统酿造技艺,以时间酿造出绝佳的浓香纯酿,延续着传承千年的中国白酒文化,并积极推动白酒文化走出国门,在充分展示五粮液"天地精华、民族精神、世界精彩"品牌内涵的同时,也让中国白酒浓香文化的亮丽名片香飘全球。

据不完全统计,近年来,五粮液始终以开放的态度,深入参与 APEC 工商领导人峰会、G20 峰会、世博会、进博会、东博会、博鳌亚洲论坛等国际高端经济文化交流活动。坚守文化自信的五粮液,正以一个开放的姿态向全球述说着中国白酒的魅力,引领着中国白酒国际化。

正如五粮液集团党委书记、董事长李曙光此前所言,在推进高质量发展的新时代,在"一带一路"新的全球化战略大背景下,文化自信与工匠精神是由制造大国迈向制造强国的文化底蕴和基本精神。文化自信与工匠精神是社会的共识,也是五粮液成功的奥秘之一。

一组数据凸显了五粮液的丰硕成果。在 2022 年 6 月 2 日发布的《2021 年度全球最具价值烈酒品牌 50 强》榜单中,五粮液以 257.68 亿美元的品牌价值位居榜单第二,较去年同比增长 23.5%,继续保持 AAA(最高等级)评级。

在 2022 年 6 月 22 日发布的 2021 年《中国 500 最具价值品牌》榜单中,五粮液以 3253.16 亿元人民币的品牌价值荣登榜单第 17 位,品牌价值较去年增幅达 14.6%,成为排行榜"2021 年度最佳表现品牌"中的唯一白酒品牌。

位于首都中轴线核心的紫禁城依旧巍峨庄严,等待和迎接着来自世界各地的观众;处于行业龙头地位的五粮液继续保持高速前行,迈向高质量发展的新阶段。可以说,紫禁城和五粮液共同领略了 600 年来中华民族历经的时代巨变、破茧新生与繁荣复兴,共同成就了历史叙事中交相辉映、各具特色的文化经典。

"五粮液愿与紫禁城一道,以中华优秀传统文化为根基、以构建'文化自信'为遵循,做好中国优秀传统文化的守护者、传承者、推动者。五粮液将继续坚持以酒为媒,弘扬'和而不同、美美与共'的价值理念,致力于品牌、文化与消费者之间的和美互动,不断满足人们新时代美好生活的需要。"五粮液集团公司副董事长、股份公司总经理邹涛如是说道。

（三）文化 IP 中的渠道营销

近几年来,以故宫为主题的文化类节目并不少见,五粮液三次完美碰撞《上新了·故宫》,翻开历史的记忆,探寻着故宫的秘密和中国文化的秘密,备受关注。

早在 2018 年,《紫禁城》即与《上新了·故宫》同步启动策划,但《紫禁城》跳出了"故宫"的局限,将视野放到了 600 年的历史坐标中。节目选取中国近 600 年历史进程中若干"变局"事件,站在大历史的视角,以时间脉络为主线,让世界了解这座宫殿背后 600 年波澜壮阔的历史,从紫禁城浓缩的 600 年中读懂中国。

《王者》讲述 600 年前明王朝选择将都城定在北京的原因及建造紫禁城宫殿的过程。其中,建造宫殿使用的楠木便产自四川宜宾屏山县,从采木、搬运到使其成为紫禁城的重要部分,工匠们用工不计代价、用时不计岁月、用心不计成本。当 600 年前采木的工部尚书宋礼到达宜宾时,这座酒城便与北京、与紫禁城的诞生产生了更加紧密的关系。

四川宜宾,这座拥有 2 200 年历史的城市,是金沙江、岷江和长江的交汇地带,三江生态得天独厚,生物丰富多样,特别适宜酿酒微生物的繁衍生息,处于"在地球同纬度上最适合酿造优质纯正蒸馏白酒的地区"。

作为中国酒都的宜宾,文化底蕴深厚,酿酒史已有 4 000 余年,世界名酒五粮液便诞生于此。五粮液酿造技艺,始于唐,兴于宋,成于明,清得名。从盛唐的重碧春酒,到宋代的姚子雪曲、明代的杂粮酒,再到 1909 年因"集五粮之精华而成玉液"正式得名"五粮液",传承已逾千载。而始于 1368 年(明初洪武元年)的五粮液古窖池群,也历经了长达 653 年的不间断生产,活态酿造延续至今。

紫禁城的诞生,成为中国历史变迁的重要见证;五粮液的延承,也亲历了历史岁月的洗礼和沉淀。宜宾与北京,五粮液与紫禁城,工匠精神和五粮液匠心传承,这份不解之缘,早在 600 年前就已经产生。

紫禁城作为中国著名的世界文化遗产,不仅是明清时代最重要的历史见证,更是中国乃至世界历史变局的见证者和亲历者。追寻历史、追问历史,也是《紫禁城》这部纪录片最重要的主旨,它被赋予了"以城看史,以城讲国"的使命。

五粮液作为中国浓香型白酒的典型代表和行业龙头酒企,拥有国家级非物质文化遗产,拥有始建于洪武元年的古窖池群,同时,也肩负着向世界传递中国白酒文化和中国传统文化的使命。五粮液与紫禁城,在历史性、文化性等方面,展现着不同维度的高度契合。

正如五粮液集团公司副董事长、股份公司总经理邹涛所言,"两者共同领略了 600 年来中华民族历经的时代巨变、破茧新生与繁荣复兴,共同成就了历史叙事中交相辉映、各具特色的文化经典。"2021 年,是紫禁城新一轮 600 年的开始,其已经成为五千年中华文明集大成的物质载体,成为中华优秀传统文化的汇聚地。到今天,五粮液明初古窖池也经历了 653 年的不间断酿造,见证并推动着中国白酒行业的发展,不断书写中国白酒文化的传奇。

紫禁城与五粮液,也持续展示着工匠精神的渊源与传承。

从 600 年前到今天,从紫禁城到故宫,其一直坚持守正创新,致力于保护、研究和传播中华优秀传统文化,让大众感悟当下故宫所承载的波澜壮阔的历史和别具意义的文化魅力。而五粮液的酿酒匠人,也始终恪守匠心,五粮液独特的"1366"传统酿造工艺,集五谷之精华,蕴天地之灵气,世代传承至今。优秀传统工艺与文化底蕴的结合,让中国白酒香飘世界。"以传奇,敬岁月"。紫禁城与五粮液,以不同的方式,共同记录着时代的变革与发展,彰显着中国文化的自信。"天地精华、民族精神、世界精彩",是五粮液的品牌文化内涵。一直以来,其始终致力于做好中国优秀传统文化的守护者、传承者、推动者。此次五粮液独家冠名《紫禁城》,也是为了让更多人关注中华经典、探寻壮阔时代、热爱传统文化,这也让消费者深刻感受到五粮液深厚的历史文化积淀及其独特的品牌文化内涵。

除此之外,五粮液在推动传统文化和品牌文化的输出上,做的事情还有很多。携手南方周末打造"传统与传奇:顶尖博物馆探访计划",独家冠名大型文化节目《上新了·故宫》,成立五粮液文化研究院,启动"考古五粮液"文化研究项目……五粮液通过深度研究与创新传播相结合,讲述着同脉相承的中华文化,使品牌文化发扬光大,也让传统文化焕发时代光彩。

同时,五粮液还积极助推中国优秀的白酒文化和传统文化走向世界。发起成立"一带一路"国际名酒联盟,打造"中国酒+中国菜""展示+品鉴""产品+文化"等海外运营创新模式,主动融入进博会、东博会、博鳌亚洲论坛等国际高端平台……在各类国际舞台上,五粮液的动作越来越频繁,让中国白酒香飘世界的目标逐渐成为现实。五粮液坚持以酒为媒,弘扬"和而不同、美美与共"的价值理念,致力于品牌、文化与消费者之间产生生动且深刻的和美互动,满足人们新时代美好生活的向往。

每一滴五粮液,也都是"五粮美酒,天人共酿"的体现,包含了天、地、人的和谐统一,装着中国传统的"和美"文化,也装着"和谐包容、共融共通"的美好期盼。此次五粮液携手《紫禁城》,是其文化建设传统与时代融合、内容与形式融合、物质与精神融合"三个融合"的生动体现,也是其在文化打造上形成的又一文化IP。

未来,五粮液也将继续带来更多品牌和文化层面的表达,而这种表达,是持续的、有力的,也是深刻的,永久的。

三、问题思考

根据案例,对企业而言,五粮液的营销模式有哪些可借鉴的?

四、分析点评

对于企业而言,五粮液的营销模式存在以下可借鉴点:
(1)经典与经典的碰撞焕发出新的活力,年轻元素的添加让经典的品牌鲜活。
(2)故宫是近年来自带流量的超级IP,五粮液再度携手《上新了·故宫》成功为品牌赋能,演绎强强联合。
(3)知识性、专业性的老酒传播,促进了白酒市场的发展。
(4)品牌与节目的一致性,共同为消费者奉上年度大戏。

第三节　课堂讨论案例

 案例 6-4　理想汽车的新能源营销

一、背景资料

判断品牌力可以从如下三个方面着手：承载品牌的产品的产品力、用户、用户与品牌之间的关系。三个方面都能做好，那品牌在用户心中的分量自然就会高。本篇以理想为例，拆解这三个方面在品牌力形成中扮演的角色。理想又是如何在品牌营销上步步为营，回看理想的成长历程，理想切切实实地打造了一个主打中高端市场的汽车消费品牌，且已经非常接近成功。

二、基本案情

（一）新能源产品比拼要素

任何一个品类，整体产品力要在行业平均水准之上，这是能活下去的基本前提，产品做得烂，被用户抛弃是早晚的事。

对于品类中走高端路线的品牌，产品力仅做到行业平均水准是不够的，至少还得要在某一类或几类产品特质上做到行业领先甚至是头部，才能被用户记住。一个班级里的 2 个学生，其中一个各科都能考 80 分，另一个虽然其他科都只能考 70 分，但数学总是考 100 分；最终大家印象更深的一定是数学考满分的同学。同类相轻，我们潜意识都会认为：做到一般水准，靠努力就可以做到；但做到顶尖，就不能单靠努力，还需要天赋，而最终这些天赋甚至会演变成你特征中的某个代名词，在多少年之后的同学会，还是不断会被想起。

用户对车的记忆同样如此，我们记住了宝马的操控、奔驰的设计，这些突出的产品力已经成为品牌在用户心中的代名词。可以说，品牌要走高端，就必然少不了这些正向产品力标签。

我们的传统国产汽车品牌高端之路基本也都聚焦产品突围，虽然他们基本能给市场交出行业综合产品力平均线以上的产品。但仅凭这些，让消费者买账还远远不够，汽车不像一般低单价商品，试错成本是一般人承受不了的。对客户来说，安全会是他们考量最重要的因素，国产品牌本身的不确定对用户来说就是一种风险。这种情况，想让客户抛弃消费安全上的顾虑，除非你在产品力上有了断崖式的领先，而对于已经发展上百年的传统汽车工业来说，这无异于痴人说梦。即便这能做到某项技术上稍微的领先，但如果这种领先在用户的体验中并不能突出的被用户感受、察觉到，对于用户决策也并不会成为太大的考量因素。

因此，最终国产品牌高端之路，还是不得不回到靠性价比来作为卖点的那一套，这对于还在品牌起步期的国产高端品牌来说，基本就宣告了品牌高端化之路的失败，产品的品牌溢价不存在了，高端也就无从谈起了。而这种靠价换量的标签一旦贴上，再想摘掉，过程甚至比从零开始还要难。小米手机就是很典型的例子。

但新能源汽车的崛起，的确给了国产品牌技术上赶超的机会。相对于油车核心硬件技术的三大件，电车时代很多硬件技术大家其实都是从零开始，或者说是行业供应商方案整合,起跑线差不太多,硬件上至少目前没有哪一家能大幅度领先对手。

如果要说,靠技术驱动带动品牌崛起,比亚迪算一个,前段时间的仰望品牌借着比亚迪易四方、云辇等一大堆技术的热度,大火了一把,100多万元的车,订单也是蹭蹭订了几万台。但这并不能代表仰望这个品牌就成功了。因为销量与热度是短线的东西,品牌是长线的,如果不能建立品牌长效的影响力,攻占用户心智,就很快会被市场遗忘。

(二)理想的软硬件

硬件就是前面说的三电以及传统汽车平移过来的底盘、操控等,虽然说硬件上大家差的并不多,想快速领先竞争对手不容易,但这属于行业的基本盘,领先不容易,落后一定会淘汰的道理大家都懂,所以,没有车企会在这方面一直依赖外部资源。而且,未来品牌洗牌中,硬件技术会是强化品牌护城河的关键因素,如果企业不能在产品硬核竞争力上有所突破,品牌就有随时被用户抛弃的风险。华为手机有今天的品牌力,不仅仅是在营销上做得好,它在芯片、拍照上的技术实力和口碑为其构建超强的品牌护城河。

相比于硬件上的同质化,软件是未来汽车真正的灵魂,重要性几乎等同于传统油车三大件。我们一直都会听到一种声音,未来汽车的竞争是智能化的竞争,这是行业的普遍共识。要理解"智能化",要先明白一件事:未来车的定义边界会被扩宽,车会承载更多功能,需求的场景也会更加多样化,通勤只是其中一个需求而已,很多在传统汽车时代被下放到低一层级的需求会被提高。

软件层面反映到客户需求端,简单理解可以说就是:人、车、路的交互体验,谁能在这方面给客户最优解,谁就能站在电车时代技术的制高点。余承东说,车企是不愿意把灵魂交给像华为这样的供应商的。既然是灵魂,那当然得有自己的烙印在里面,靠别人只会是过渡,否则必然会跟不上行业发展的节奏,被淘汰出局。

智能化里有两样东西是不断被提及的:自动驾驶和人机交互。

自动驾驶,不管有多少行业大佬说不重要,你都可以理解是忽悠用户的,未来既然要实现万物互联,车就会成为很重要的一个场景,因为互联,这个场景中的很多东西都会发生改变,甚至未来汽车长什么样,我们都不能用今天的眼光来看。不要觉得自动驾驶很遥远,自动驾驶技术已经无限趋于成熟,大规模走入用户也许就在眼前。说不重要,无非就是眼前自己做得不如别人,怕市场被带了节奏,所以用这种声音迷惑市场和用户。

说实话,理想在汽车智能化技术上的积累做得并不突出,甚至可以说是落后小鹏等一些新势力的,更别提华为、百度了。但能看出来理想很重视,而且把这个业务优先级放的挺高,前段时间OPPO哲库解散,很多人转身就被汽车行业打包带走,理想也接手了不少。

(三)理想营销的发力点

传统车企包括有些新势力有时对人车交互的理解会走入一种形式怪圈,认为就是堆料,认为把车机做得流畅,内饰做得豪华,多几块大屏就是客户想要的那种看起来豪华、科技的感觉。但许多在互联网摸爬滚打多年的新势力,他们对人车交互的理解维度会更深,他们会用更多互联网产品经理思维,更多从人的使用需求和场景出发,来对这些功能进行升级、迭代,不仅要看起来很豪华,还要契合用户真正的需求,用起来也要细节满满。关于理想内部的使用体验,很多汽车平台的用户反馈确实他们在人车交互的细节做得更好、更到位。而且理想把智能空间LIAI放在了官网最显眼的位置,也说明理想在这方面是有非常高的自信的。

所以说,理想想得很明白,既然新时代的汽车硬件技术暂时分不出个高低上下,自己暂时也没那么多资源投资在那上面，那人车交互上的优化，反而是一个容易做出差异化的较优选择。将产品力的重点放在人、车交互体验方面，在看似堆料的行业普遍做法中，更加强调用户的实际体验，而非观感体验，最大化给客户提供高品质的实际用车感受，反而能博得好的市场口碑。

（四）理想营销中的坚持

从 2018 年 10 月理想 ONE 上市，到 2023 年，可以说，真正意义上理想只造了一款车，包括后来的 L 系列，可以说就是理想 ONE 的换代。从产品的属性上看，L7/L8/L9 也都可以看作一台车的不同型号，都是超 5 米长的 SUV，都是主打家庭和潜在的商务定位，包括理想 MPV，本质上都是一款车，至少面对的都是同一类客户群体。

企业做品牌最大考量是产品溢价，产品溢价在实际市场行为中可以做这么两层理解：一是和同类竞品相比，在产品力相当的情况，拥有更高的定价权；二是和自己相比，当脱离原本主战场，开辟新的战场，客户相信品牌，不需要再做深度的市场教育。

如果这么看，就能看出理想的"用心良苦"。8 年，一直跟一个群体死磕，直到在这个群体中游刃有余。L7 成功之后为什么没有在市场受众更大的 A 级车市场发力，而是选择更高一级的 MPV 市场。理想的征途在高端商务人群，眼前虽然已经触碰到这个人群，但想在这个群体站稳就得要往上再上一个阶层，进一步巩固品牌的站位。在这方面，理想的确很克制。

为什么这么说？有两方面的原因。

一是，在高端商务市场有没有站稳，按照传统汽车产品分类，还有一块最重要的市场，中大型轿车，如果没有在这一类产品上拿出说服力，就不算真正被高端商务市场完全认可（路虎虽然没有，但其有同系品牌捷豹）。

二是，在没有完全搞定高端商务市场的情况下，就转头对准下一级的 A 级车市场，操作不好，很容易就会走魏派 VV 系列的老路，用消耗品牌换短期的销量。所以，L6 这款产品的市场定位很重要，收割市场还是教育市场会呈现两种截然不同的产品状态，如果理想真能通过 L6 重新定义 A 级车市场，那对品牌来说无疑是极大利好。

（五）品牌营销的长效基因

理想对于自家产品设计方面的宣传一直保持冷处理，能找到的关于理想外观设计语言的部分宣传，也就是理想在发布会上并不太重点提及的星环大灯，即便在官网，也只是在最后面的部分对这个星环的设计提了一嘴。可以说是相当低调了。

理想为什么这么做？

一来，品牌的设计语言一般是在产品一代代的迭代中逐步进化出的，需要给出一些时间让客户消化、认可、记住这种设计语言。二来，可以说眼前的理想并没有能代表品牌特有的设计语言，所谓的星环大灯说白了就是一条车头贯穿式灯带，这个设计本身很多厂家都在用，市场对这种设计也并没有表现出很高的热情。可以说，理想其实还在摸索品牌的设计语言，如果，理想下一代产品在设计上有大改变，大家也不用惊讶。

为什么说品牌的设计基因对于品牌构建这么重要？举个例子，华为手机是从哪一款产品真正开始快速被商务圈外的用户所接受并追捧的，是 Mate20 系列，那个系列算是开启了华为品牌天圆地方的设计语言，而也是从 Mate20 系列开始，华为开始打破自己品牌的用户边界，年轻人越来越多用华为，华为开始可以与苹果形成正面对抗。

同样是手机，再说一个反面案例，小米 MIX 系列，这个系列的巅峰应该是在 MIX2 系列,那时的小米已经开始摸到高端系列的门槛,但接下来的 MIX3 系列通过一顿"骚操作",彻彻底底把积累的品牌好感消除殆尽,以至于后面很多年,MIX 系列就一蹶不振,即便后面 MIX4 推翻重来,还是失败。

品牌设计语言的建立,就不是一件可以急功近利的事,而且也不可能一口吃个胖子,只有老老实实一步一步摸索、迭代、积累,慢点无所谓,千万不能走偏了。

好的设计 VS 被认可的设计 VS 被记住的设计——在"对抗"中建立设计语言。

如果只是用漂亮、符合大众审美来定义设计。这个时代,几乎所有的车企都能做出好的设计。大家去搜搜东风的产品,设计都很符合大众审美,但这丝毫不影响他们销量低迷,产品的设计语言要跟品牌的调性结合。因为品牌调性下聚着品牌定位下的一批人,你要做贴合他们审美的设计。为什么国产品牌稍微向运动激进方向上设计,就很容易被联系到鬼火少年,而奔驰、奥迪、跑车这些品牌就不会?这是因为如果品牌没有底蕴和文化来支撑品牌运动的基因,只靠一张脸,很容易让人得出外强中干的结论。因此,做好的设计不难,做被用户认可的设计就要结合品牌一起来看,结合你的客户群,结合品牌的调性来看。

仅仅是做到被用户认可,也好说,但认可不代表能给客户留下深刻的印象,不能产生设计记忆,那品牌的设计语言势必形成不了。

真正能被客户记住的设计是什么?——有"争议"的设计。

前面提到品牌与用户的对抗,好的设计一定也是在对抗中建立的,而设计语言中的对抗就牵扯更多:品牌与用户的对抗,用户与用户的对抗,设计语言与时代的对抗。这里说的对抗并不是说非要反着来,有时迎合也是对抗的一种表现形式。

不要想设计一款产品满足所有人的审美,所有人都觉得美的设计一定是平庸的,也一定会是短暂惊艳之后归于沉寂,而相反那些从设计语言展现之初,喜欢的人非常欣赏,而不喜欢的人看得十分别扭,这才是能被用户记住的设计。

因为,这样有"对抗"的设计能彰显一部分人的审美优越性,人的优越感来自与别人不同,这种优越感会大幅加深用户对设计的记忆和好感。而另一部分用户在品牌设计迭代和用户对抗中,或许被渐渐扭转审美态度,他们也同样会成为品牌的拥簇者,那里承载着他们的记忆。经过这个过程,品牌的设计基因就有了。

三、问题思考

(1) 理想的快速市场定位对营销销渠道产生了什么样的影响?

(2) 理想的营销理念对营销渠道产生了什么样的影响?

(罗克研:《理想汽车在两场维权中纠结》,《中国质量万里行》2022 年第 10 期。)

案例 6-5　小米营销策划:深入解析互联网,时代的创新营销

一、背景资料

小米公司成立于 2010 年,是一家以手机、智能硬件和物联网(IoT)平台为核心的互联网公司。在短短几年内小米通过创新的营销策划,迅速崛起为国内手机市场的佼佼者。凭借其独特的营销策略,小米迅速崛起成为全球知名的科技企业,是目前最年轻的世界五百强企

业。小米的成功不仅仅体现在小米手机上,还体现在小米之家和小米汽车等多个领域。

二、基本案情

(一)初创时期:以智能手机为突破口,迅速崛起

自 2010 年成立以来,小米以"为发烧而生"的品牌理念,迅速在智能手机市场站稳脚跟。小米 1 作为公司的首款产品,凭借其出色的性价比、强大的硬件配置以及优化的 MIUI 系统,赢得了消费者的广泛好评。雷军及其团队通过线上论坛、社交媒体等渠道与用户保持紧密互动,收集反馈并快速迭代产品。这种"用户参与、快速响应"的运营模式,在当时智能手机市场独树一帜。小米通过饥饿营销策略,限量销售、预约购买,成功营造出产品稀缺的氛围,激发了消费者的购买欲望,进一步提升了品牌的知名度和影响力。

(二)生态链构建:多元化发展,打造智能生活生态

小米不局限于智能手机领域,逐步构建起了一个涵盖智能家居、物联网(IoT)及生活消费产品的多元化生态链体系。通过投资孵化生态链企业,如华米科技(专注于智能穿戴设备)、紫米(移动电源)、九号机器人(智能短交通),小米进一步丰富了产品线,强化了其在智能硬件领域的领先地位。这些生态链企业不仅为小米带来了丰富的产品线,而且通过技术创新和成本控制,提升了小米产品的整体竞争力。小米生态链的构建,不仅为消费者提供了更多元化、更便捷的智能生活解决方案,还推动了整个智能家居行业的发展。

(三)海外市场拓展:全球化战略,迅速占领新兴市场

2014 年,小米开始布局海外市场,凭借其强大的供应链管理和高效的运营模式,迅速在印度、东南亚、欧洲等地市场取得显著成绩。特别是在印度市场,小米通过高性价比的产品、符合当地消费者需求的市场策略以及积极的营销活动,成功成为印度智能手机市场的领导者。小米在印度市场的成功,不仅为其带来了巨大的市场份额,而且为其全球化战略提供了宝贵的经验和启示。小米通过本地化策略,如推出符合当地消费者需求的定制化产品、建立本地化团队和销售渠道,成功打入并占领新兴市场,进一步提升了其全球影响力。

(四)技术创新:加大研发投入,推动"手机＋AIoT"双引擎战略

近年来,小米在保持手机业务稳定增长的同时,加大了对人工智能、云计算等前沿技术的研发投入,致力于推动"手机＋AIoT"双引擎战略的实施。小米不仅持续推出创新产品,如小米手环、智能音箱、智能摄像头等智能家居设备,而且通过小米之家等线下零售店以及小米有品等电商平台,为消费者提供了一站式的智能生活解决方案。这些创新产品不仅提升了小米的品牌影响力,而且为其带来了更多的收入来源和增长动力。小米还通过人工智能技术,如 AI 语音助手、AI 摄影,提升了产品的智能化水平,为消费者带来了更加便捷、智能的使用体验。

(五)新零售探索:线上线下融合,提升用户体验

小米在新零售领域的探索也颇具特色。小米之家作为小米的线下零售店,不仅提供产品销售和售后服务,还为消费者提供了产品体验和互动的空间。小米之家通过设计精美的店面、丰富的产品展示以及专业的服务人员,为消费者带来了愉悦、便捷的购物体验。同时,小米还通过线上渠道和社交媒体平台与消费者保持紧密互动,收集反馈并快速响应市场变化。这种线上线下融合的新零售模式,不仅提升了用户体验,而且增强了小米品牌的知名度和美誉度。

（六）社会责任与可持续发展：回馈社会，推动绿色发展

小米在发展的同时积极履行社会责任，推动可持续发展。小米注重环保和节能减排，通过采用环保材料、优化产品设计等方式，降低产品对环境的影响。小米还积极参与公益事业，通过捐赠、资助等方式回馈社会，展现了企业的社会责任感和担当。此外，小米还通过技术创新，如研发更加节能、环保的产品，推动整个行业的绿色发展。

（七）未来展望：持续创新，引领科技潮流

未来，小米将继续秉承"坚持做感动人心、价格厚道的好产品"的企业价值观，不断探索和创新。小米将加大在人工智能、物联网等领域的研发投入，推动"手机＋AIoT"双引擎战略的深入实施。同时，小米还将继续拓展海外市场，加强本地化策略，提升在全球市场的竞争力。在新零售领域，小米将继续深化线上线下融合的新零售模式，提升用户体验和品牌影响力。在社会责任方面，小米将继续履行社会责任，推动可持续发展，为社会的繁荣和进步贡献力量。

三、问题思考

（1）互联网对小米的营销方式有何影响？

（2）小米通过哪些方式提高了企业的品牌影响力？小米营销经验对相关行业营销创新有何借鉴？

（范雅楠、刘浩：《万物互联时代下智能家居行业营销创新研究——以小米公司为例》，《北方经贸》2024年第6期。）

案例6-6　京东旅游的营销策略

一、背景资料

目前，线上旅游市场已经形成了相对固定的竞争格局，以携程、美团、飞猪为首的行业巨头占据了市场主导权。京东旅行是京东旗下销售旅行相关非实物类商品的频道，作为这个行业的后发者，在进入市场时间较短的情况下，京东旅行还没有形成广泛的受众认知。大多数消费者并不知道在京东上还可以购买旅行相关的商品和服务。京东旅行亟须提升自身的知名度，在消费者心目中建立旅行品类认知。同时，在营销预算有限的情况下，面对行业巨头铺天盖地的传播声量，京东旅行的声音很容易被信息洪流淹没，所以如何开辟全新的营销传播赛道，也成为京东旅行品牌知名度建设面临的重大挑战。

二、基本案情

（一）营销目标

京东旅行的目标受众聚焦于年轻的新生代消费群体（"90后""95后"人群）。他们是综艺娱乐内容的核心观看人群，他们对娱乐明星的追捧程度较高。2018年几档热门的偶像养成节目轮番上线，让2018年成为"中国偶像元年"，年轻的流量偶像们也广泛吸引了"90后"人群的关注度。此外，"90后"还是社交媒体上最踊跃的舆论话题制造者和参与者。京东旅行希望围绕年轻圈层发力，借助创新的娱乐内容营销策略，转化流量偶像的话题热度，短期内提升品牌曝光和知名度。

京东旅行希望通过策划创新的娱乐营销内容,向年轻消费群体输出"奇妙旅行"的品牌内核。在内容营销的过程中,养成属于品牌自身的内容 IP 资产,形成长期价值输出和沉淀。

(二)营销策略

1. 化身综艺出品人,开创招商"自供血"模式

传统的综艺营销中,品牌方通常充当赞助者的角色,为内容制作方提供赞助以换取合作资源。这一次,京东旅行抛弃了传统的综艺赞助方的身份,而是以综艺出品人的全新角色,为自己量身定制了一款旅行真人秀综艺节目。通过选择定制综艺而不是赞助综艺,京东旅行获得了内容的主动权,从节目创作的源头出发,深度植入京东旅行的品牌概念,将京东旅行品牌的"奇妙"内核与综艺节目进行绑定。同时,京东旅行借助自身背靠京东大平台的平台优势,以节目出品人的身份进行招商,吸引来京东平台上的旅行商家和各大快消品品牌投资赞助节目。这种模式让内容营销不再是"花大钱,赌内容"的高投入玩法,而变成能够为京东旅行创收的营销产品。实现了营销 IP 自我供血、持续运营的良性发展,持续积累品牌资产。

2. 联手旅游卫视,定制《奇妙旅行局》旅行真人秀

旅游卫视是国内唯一一家旅游专业领域的卫星电视频道。京东旅行与旅游卫视有非常高的品牌契合度。围绕京东旅行品牌的"奇妙旅行"内核,京东旅行和旅游卫视定制出品了一档偶像旅行真人秀节目《奇妙旅行局》。每期节目邀请年轻一代消费者关注度极高的偶像艺人,去到全国各地体验当地民俗风情、科普本土知识、测评各色美食,带观众领略旅行中最奇妙的玩法、最直观的测评、最不可思议的遇见! 节目中出其不意的旅行任务和超高难度的挑战,让致力于打造完美形象的人气偶像们,展现出不为人知的"生动可爱"的另一面。

3. 全网宣发打透粉丝圈层,电商落地完成变现引流

节目内容在传统电视媒体和互联网视频媒体同步播出。借助节目内容本身的话题点和明星热度,在明星粉丝圈层内持续制造热度,通过粉丝的高度自传播属性,进一步扩散节目内容,实现品牌的大范围曝光。在京东站内搭建"奇妙旅行局"活动页面,打造内容播出和产品售卖结合的"即看即买"内容聚合中心,实现"内容→衍生话题→活动页面→更多内容"的受众关注和引流闭环。

4. 社交媒体主阵地

京东旅行的官方微博账号"京东生活旅行"和官方抖音账号"奇妙旅行局"是《奇妙旅行局》节目传播的主阵地。京东旅行自媒体发布节目悬念预热、独家花絮放送、节目话题运营等内容,持续将节目关注度和话题讨论集中汇聚,将节目话题与品牌曝光进行高度融合。

5. 京东平台内部招商,吸引赞助商为节目创收

节目内容在服务于京东旅行品牌的同时,还为其他赞助商的植入提供窗口。京东旅行借助背靠京东大平台的平台优势,吸引京东其他业务线和京东平台上的各种品牌进行合作,将《奇妙旅行局》打造成可持续运营的京东旅行品牌 IP。

三、问题思考

(1)结合案例思考商品名牌效应形成的难点。

(2)京东旅游市场营销过程中营销渠道的影响有哪些?

第四节　课外思考案例

 案例 6-7　格力手机不受待见背后：输在产品和渠道

一、背景资料

格力手机是格力电器于 2015 年 3 月发布的智能手机品牌，新一代格力手机已分别于 2016 年 6 月、2021 年 11 月上市。

如果说董小姐对生产技术的盲目自信算一个错误，那格力对营销和渠道投入不足则是大错特错，使其征战手机市场变成一出自娱自乐的"好戏"。

二、基本案情

自从 2015 年来势汹汹杀入手机行业以来，格力手机因保持神秘色彩和董小姐惊人言论，一直被外界视为玩票性质，甚至沦为笑话或闹剧。有趣的是，格力手机有一次上头条不是因为董小姐主动营销，而是员工闲鱼贱卖惹恼董小姐。不过，强势、自信的董小姐似乎并没有打算打退堂鼓，反而将一条道走到黑，无论外界看好与否。

这些年来，"空调专家"格力一直在积极推进多元化战略，目的是在智能家居时代占据一席之地，想要把各种家电连接起来并实现服务的高效流转，自然离不开手机的加持。格力做手机的初衷正是着眼于智能家居，未来手机将成为智能家居的控制中心、智能物联网的入口，而不是与雷军赌气后的贸然反击。

不过，理想很美好，现实很骨感，无论是多元化战略还是手机业务，只有规模达到一定量级才具有想象空间。这意味着，格力需要在保证主营空调业务继续增长的基础上，同时兼顾小家电、手机甚至汽车等业务，这对习惯单线作战的格力无疑是一大挑战，而且各个领域都面临诸多劲敌。

换言之，格力想要在各个业务线开花结果，首先必须把其视为独立业务。以手机为例，格力应抛弃浅尝辄止的心态，厘清其与空调业务的异同并了解资源整合的可能，尽可能调动资源支持、扬长避短，如此才算摆正"作战"姿态，具备与友商厮杀的本钱。

值得注意的是，手机行业的特殊性在于其比大多数小家电行业竞争都要激烈，因此各大玩家都必须全力以赴，全力以赴能有几分胜算尚不好说，但如果玩票则绝对会被市场边缘化。从格力手机现状来看，难以寻觅踪影、低配高价、简单粗暴的营销使其在手机市场存在感极低，在友商、用户心中口碑均极差。

在我看来，格力手机之所以在手机市场不入流，根本原因在于其对制造技术过于自信，且低估了在手机行业做大做强的难度。不可否认，致力于"让世界爱上中国造"的格力是中国制造的翘楚，其在空调生产上拥有不可比拟的优势，但手机生产与空调截然不同，生产技术的摸索和效率的提升成为摆在格力面前的首要难题。

格力手机一代选择与深圳代工厂卓翼合作，之后在珠海投资自建工厂，尽管可以最大程度把控产品品质，但工人磨合需要一定时间，经验尚浅的格力自主生产线整体生产效率势必低于卓翼。

早在 2015 年 11 月,格力手机二代便已经开始生产(备货),2016 年 5 月,董小姐透露格力手机二代发布不到一个月订单突破 35 万部,产能根本跟不上,格力手机生产效率可见一斑。董小姐曾扬言一天卖 10 万部,即便美梦成真,也会被格力落后的产能严重拖后腿。

如果说董小姐对生产技术的盲目自信算一个错误,那格力对营销和渠道投入不足则是大错特错,使其征战手机市场变成一出自娱自乐的"好戏"。营销方面,一向快人快语的董小姐很像 2014 年 12 月告别演讲之前的罗永浩,全凭自己为格力摇旗呐喊,附和者寥寥无几,看热闹的吃瓜群众倒不少。

这种通过语不惊人死不休的手段吸引路人围观,固然有利于提升个人和企业知名度,节省不少广告开支,但对转化为实际销量效果有限,而且一旦产品交付与用户期望存在落差,极其容易形成负面口碑。因此,在实际运作中,董小姐个人品牌始终凌驾于格力手机品牌之上,其本质是网红而非兢兢业业经营企业的企业家,对格力手机的帮助并不大,反而因低配高价、开机画面而饱受用户诟病。

要知道,经过市场教育的用户购机理念已发生变化,情怀或概念对用户的吸引力大不如从前,越来越多的用户转向为实用价值买单。董小姐眼中格力手机的最大卖点莫过于品质过硬,她曾信誓旦旦称世界一流品质的格力手机二代 3 599 元售价不算贵,三年不换机和手机从 2 米高处摔下无损伤。不过,相信"中国制造"形象有助于格力手机大卖只是她一厢情愿,并不足以构成用户购机的理由。

格力手机的营销策略是董小姐为主、董明珠自媒体为辅,前者时不时抛出犀利言论为格力手机带来海量关注和话题效应,后者主要用于活动策划、用户沟通,其尴尬在于吃瓜群众对格力手机的营销套路总有看腻的一天。除此之外,几乎看不到格力手机进行任何广告投放、产品宣传,市场存在感极低,与友商动辄上亿元广告投放形成鲜明对比。况且,低成本撬动大影响的前提是产品给力,但遗憾的是,这是不接地气的格力手机的死穴。

渠道方面,2015 年格力手机一代问世后与用户玩捉迷藏的场景仍历历在目,官方解释称格力手机只在内部销售,并未全面投放到市场。格力手机二代只在自家格力商城销售,而未在战略合作伙伴京东销售,天猫也未见其身影,产能稳定后也只在格力线下专卖店销售,对与运营商合作兴趣不大。

事实上,格力在全国各地的销售公司也承担部分格力手机的销售任务,各地销售公司会向格力空调经销商少量地"摊派"出售。不难看出,格力手机在渠道建设、运营上缺乏一套完整的体系和打法,导致昏招频出,线上亲格力商城远京东和天猫、不发挥线下渠道优势,给人留下随意、任性的印象。

在手机厂商纷纷转向重视线下渠道的大背景下,格力投入不足且打法随意,格力手机二代注定销量不佳,不仅无法获得用户认可,而且连内部员工也颇为不屑,将作为年终实物奖的格力手机在闲鱼贱卖就是最好的证明,尽管董小姐的强势姿态可以逼迫员工使用自家产品,但无法改变员工对格力手机前景黯淡的固有认知,经销商亦如此。

值得注意的是,除了在主流销售渠道不见踪影,格力手机在供应链管理上也不受待见,更别谈掌握一定的话语权。一直以来,供应链从未把格力手机视为大客户,只是将其看作一年 2~3 万台级的小客户。手机代工厂通常把客户分为 100 万台级、50 万台级和 10 万台级,格力手机的需求量在 5 万台级以下,因此供应链没把格力手机当回事。

一言以蔽之,格力手机单凭"网红"董小姐助威而不脚踏实地深耕产品、渠道和品牌三大核心环节,想要在强敌环伺的手机市场有所作为,是非常难的。

三、问题思考

格力手机渠道不完善的地方有哪些?

 案例 6-8 小罐茶的全域营销

一、背景资料

小罐茶的创始人杜国楹作为背背佳、好记星、E 人 E 本、E8848 钛合金手机现象级营销的打造者,是名副其实的营销大师,在打造了一系列爆款产品后,他打算做一个生命周期长的长线品牌,并瞄准了规模巨大的茶行业。

他在仔细研究了茶行业的现状之后,发现茶行业亟须标准化的痛点,针对这一现象,他深知直接改造生产环节的难度,于是采用"倒做"的办法,从消费者的需求和痛点切入,开始了改造认知之路。

二、基本案情

他潜心研究了茶叶消费者的人群画像,发现买茶的人可以分为四类:喝茶懂茶的人,喝茶不懂茶的人,送茶懂茶的人,送茶不懂茶的人。

其中懂茶的老茶客他们常年喝茶一般有自己的购买渠道,而真正未被攻破的需求点其实在那些喝茶不懂茶和送茶不懂茶的人身上。

所以针对这个场景,杜国楹定位送礼场景,瞄准不懂茶但有送礼需求的高端人群,以明码标价的形式强势重新打造了消费者的认知。

(一)产品分析

他通过走访以及消费者数据最终选定了 8 大名茶供货链,找了 8 位制茶大师分别为这 8 款茶背书,每一款名茶对应一位大师,号称每一罐茶都是大师监制,严格按照大师工艺制作,用大师信用背书的方式成功转移了消费者对于产地、山头、年份的追求,重新定义了"好茶"。并设计了统一的精美铝罐包装,每一小罐 4 克,正好一泡,折合 1 000 元/斤,用这种方式对茶叶的定价方式进行了改革,同时精简 SKU,只做两个系列,高端金罐系列和中端银罐系列,2017 年,小罐茶销售额 6.5 亿元,2018 年,小罐茶销售额 20 亿元,小罐茶一跃成为茶界零售第一品牌。

1. 从生产端来看

在打通消费者端之后,杜国楹重点开始向改造供应链端发力,对全产业链进行了标准化、规模化改造,自营生态茶园,斥资 15 亿元建立黄山超级工厂,如今小罐茶已经拥有安溪、凤庆、休宁三大生态茶园,中游凤庆滇红、安溪铁观音、休宁红茶、武夷山大红袍、广西茉莉花六大核心产区初制工厂,还有黄山超级工厂,一起形成"6+1"产业布局。

2. 从小罐茶的产品来看

做了几大改变,杜国楹开始布局第二增长曲线。首先,小罐茶系列产品线丰富化,针对逐渐形成喝茶习惯的消费者开发了多泡茶,这也说明小罐茶逐渐从礼品市场开始向自饮市场进军。同时开始布局年轻消费群体市场,针对年轻人开发了性价比更高的莫兰迪色 INS

风彩罐系列,同时开发了三大子品牌——茶几味·新国民生活茶、年迹·年份茶和 C.TEA.O 智能泡茶机。

3. 从产品的定价来看

现在小罐茶及其子品牌已经全方位覆盖高中低三个价位,虽然小罐茶高端产品最早切入市场且销量最好,但杜国楹曾算过一笔账,本质上小罐茶 6 000 多块一斤的市价,刨除给渠道的分配、原料、加工制作、市场推广和人工等费用,只剩下 5% 的净利润。而市面上其他茶叶的净利润为 8%~10%。

（二）营销策略

在渠道探索方面,小罐茶坚持线上线下结合,传统代理分销模式与寻找新兴流量洼地相结合,积极创新,探索 ROI 最低的获客方式。

1. 第一阶段:线下直营试点体验店＋央视权威媒体强势建立小罐茶认知

很多人最早认识小罐茶是从央视铺天盖地的广告开始的,但实际上小罐茶在开启线上营销攻势之前,首先开了第一批线下直营体验店做试点,他邀请了苹果体验店的设计师设计了门店,营造了极致简约大气高端的体验感受,让进入店的消费者全方位沉浸式地感受到了小罐茶的品质。

2. 第二阶段:全国线下分销渠道＋线上电商社媒全面铺开

直营店的建设效率和成本整体来说偏高,在 2016 年小罐茶开始启动全国的渠道建设,主要分为代理商和渠道商。第二部分主要是渠道分销商,分为两类,一类是专业的茶叶店销售渠道,一类是烟酒店销售渠道。

同时,小罐茶也开始尝试线上电商渠道的建设。2016 年,小罐茶与逻辑思维合作,在线上平台上推广小罐茶,上线一天,实现百万元销售额。之后又拓展了其他线上渠道,官网、小程序商城、天猫、京东、抖音直播电商等。

在线上社媒方面,同期开始布局微信公众号和微博,到今天微信微博都有几十万粉丝了,通过节日氛围营造、商品推荐的方式营造小罐茶的品牌调性。

3. 第三阶段:多场景、多人群全覆盖,着重瞄准年轻人,时尚化、年轻化

2018 年后,小罐茶开始调整广告投放策略,配合整体产品线的拓展,广告投放的渠道和内容覆盖的人群开始发生变化。

(1) 从渠道来看。小罐茶的渠道从央视媒体到覆盖地方卫视重点频道,实现了从一二线城市到地方的人群下沉,人群的覆盖面也更广,更能覆盖到一些年轻群体。

(2) 从社媒方面。配合更年轻的产品——彩罐系列,开始布局更多年轻人爱玩的抖音、小红书和 B 站,甚至为了 2022 年 6 月 20 日老杜的科学做茶直播玩起了红黑路线。

(3) 从内容来看。Slogan 发生了变化,从最初引起风波的"小罐茶,大师作"到"高端大师做好茶",到"建立好茶的标杆概念""小罐茶卖的不是茶,而是以茶为载体的一种现代的、时尚的、高级的生活方式"等。

（三）营销活动

从营销活动形式上来看,小罐茶为了迎合年轻人的喜好,对于当前营销界的"联名"整合营销、KOL& 明星、新科技的形式十分热衷。

联名方面,小罐茶在 2020 推出了"致敬大师系列"联名定制茶礼,瞄准年轻人的各个生活场景,针对养生咖主打办公室健康茶饮,针对颜值控主打闺蜜下午茶新宠,针对尝鲜族主

打年轻人专属潮饮,针对品质控主打时尚买手伴手礼,把年轻人喜欢的博物馆 IP 达芬奇的各类油画融入了茶礼设计。

还用了年轻人喜欢的马卡龙色 Ins 风彩罐,选的茶叶口味也是年轻人比较喜欢的清淡高香型的茶:茉莉花茶、金骏眉红茶、清香型铁观音。

并且针对年轻人推出了"潮饮实验室",解锁年轻人喜欢的"茶＋N"的泡法,DIY 无糖冷泡茶、DIY 白桃冷香乌龙,还有小罐重生计划,利用小罐解锁年轻人爱的绿植。

与各种时尚文化品牌做联名,邀请视觉艺术家陈漫亲自操刀,并且邀请实力派演员陈乔恩拍摄茶园时尚大片。

注重节日营销的小罐茶每到中秋、过年必定来一波营销活动。特别是春节,营销年年玩,年年都不同。

2019 至 2021 年,小罐茶与恭王府联合推出"天下第一福"新年礼茶,2022 年小罐茶春节"福气"营销,就与蚂蚁链合作创造了《百福》数字藏品。2023 年与新华网合作的春节"福气"营销,运用数字人"筱竹"作为福气官送福气,让小罐茶整体品牌既有传统又有科技感。包括 2022 年老杜的科学做茶大会打造出的黄山小罐茶智能工厂极简、极端现代化和科技感,极具年轻人喜欢的现代美感。

小罐茶营销的"老",或者说"传统"体现在对传统媒体传播方式的应用上,这也是杜国楹的看家本领,如何有效做好电视广告也是一门学问,老杜坚信电视广告要做就要从最厉害最核心的媒体开始做起,所以以小罐茶一开始的策略就是直攻央视顶配,同时也在机场和电梯大量曝光小罐茶,短时间内强势进入消费者心智。

但是在小罐茶的场景及产品线逐渐从礼品拓展到生活中,人群从商务人士拓展到年轻人时,小罐茶也愿意用年轻人爱玩的抖音、微博、视频号这些新媒介去更广泛地接触他们,呈现形式上也更加生活化、接地气,用年轻人爱的联名 IP、明星、科技吸引更多年轻人爱上小罐茶。

三、问题思考

(1) 试述小罐茶营销的核心卖点。

(2) 小罐茶营销渠道的优势有哪些?

(许昂、吴丽娜:《茶叶品牌建设探析——以"小罐茶"为例》,《山西农经》2023 年第 14 期。)

案例 6-9 爆火背后:茶颜悦色的营销策略

一、背景资料

茶颜悦色是长沙本土知名奶茶品牌,更是被全国奶茶爱好者所知的"网红"品牌,2013 年创立于长沙,在长沙地区有 100 多家直营门店。在奶茶行业泛滥的大环境下,茶颜悦色展现出品牌别具一格的个性和品质,在茶饮行业中,走出属于自己的一片天地。排队超 8 小时、外卖跑腿费 100 元,黄牛炒到 150 元一杯……之前在深圳开业的茶颜悦色快闪店大排长龙,一杯奶茶的黄牛价格已经炒到了两百多元,开业当天的盛况更是令人惊叹,在烈日下排了几百米的长队。不仅进店要排队,购买奶茶也需要拼手速抢号。

二、基本案情

（一）文化附着

前段时间周董对"华流"的肯定言论视频刷屏抖音,各大博主纷纷展现起了中国传统文化,有汉服、国风舞、戏曲等。习近平一直在强调文化强国,那为何要传承中华文化,彰显文化自信呢? 有一句话说道自己看不起自己,别人怎么看得起你。中国的传统文化博大精深、历史悠久,是民族的智慧结晶,使许多中国人感到亲切与自豪。国潮盛行,说明了新一代消费者对中国文化的接受度和喜爱度都变高了。茶颜悦色的成功,让其品牌成为长沙的地标之一,很多人慕名来打卡只为求一杯奶茶。美食的魅力不仅在于为顾客带来感官享受,更在于从骨子里、精神上与顾客形成一种情感的共鸣。

那茶颜悦色是如何进行文化营销的呢? 首先它的切入点是基于弘扬国风之美、彰显文化自信。茶颜悦色除了将门店的装修设计打造成中国风主题之外,就连品牌的 Logo 都是带着浓厚的江南女子味道。茶品的名称:蔓越阑珊、人间烟火、浮生半日等也极具中国文字和诗词的美感。在颜值即正义的时代,包装意味着传播力。奶茶的盒身印有众多中华传统元素,有古典美人、戏曲扮相、诗词歌赋、山水画等,估计很多人喝完杯子都想收藏。如此精美、别树一帜的包装,对于爱拍照发朋友圈的小伙伴,茶颜悦色无疑备受青睐。

（二）饥饿营销

在竞争激烈的奶茶市场,茶颜悦色爆火并迅速成长为网红奶茶品牌,其中不乏其区域性饥饿营销的功劳。基于宗旨"只开在长沙的奶茶店",在一定程度上满足了长沙消费者的优越感,加深长沙消费者对茶颜悦色的好感度。茶颜悦色的区域性饥饿营销就是利用了一杯奶茶难以在不同区域之间流通的特点。像零食、玩偶、衣服之类的商品都是可以通过快递邮寄到全国各地的,但奶茶过了半个小时一个小时后,味道就会变得没有那么好。尤其是茶颜悦色的很多招牌奶茶上还有奶油,奶油很容易融化,连外卖都不配送,需要堂食,就更别说邮寄了。在其他地方喝不到的奶茶极大程度上激起了消费者的好奇心和购买欲望。全国各地的奶茶爱好者不远千里都想来一探究竟这家只在长沙才有的奶茶店。

（三）联合营销

奇怪的 CP 又增加了。茶颜悦色和喜茶梦幻联动了。两个品牌化身于漫画角色来呈现故事。茶颜悦色的角色延续 Logo 上古风女子形象,喜茶则是古代君子装扮,颇有牛郎织女的韵味。在这个年轻人爱嗑 CP 的时代,两个品牌立刻被"锁死",在微信、微博、B 站掀起广泛讨论,并被网友赐名"喜笑颜开"。两者原本应该是竞争对手却合作起来了,这番操作让大伙迷惑不解啊。

一家独大不是美,百花齐放才是春。没有永远的朋友,也没有永远的敌人。合作营销的最大好处是可以使联合体内的各成员以较少费用获得较大的营销效果。有时候我们在发抖音、微博时,会加上一些热门的标签,这样内容更容易被搜索、推送。联名合作用网络词语形容可以说是"蹭热度"。品牌之间互相蹭对方的知名度,以获得更多的关注,使流量最大化。茶颜悦色和喜茶分别推出了"喜茶版"和"茶颜悦色版"联名礼盒,内含玻璃杯、钥匙扣、便利贴等物件,并限量上架于自家官方店铺。

御泥坊联名茶颜悦色。从品牌调性来看,御泥坊坚持古法技艺与现代护肤科技的结合,茶颜悦色则用千年茶文化发起新中式主张,两者对国风的传承与创新达到同音共律的合作目的。产品的包装以"茶"元素为核心,将茶颜悦色经典奶茶杯花鸟图样作为灵感,以经典国潮蓝色为主色调,背景令人想起御泥坊"泥"质感的特色产品,呈现出宛如花瓣或海浪的即视感。

三、问题思考

根据案例试述茶颜悦色渠道联合营销的利弊。

（赵学凤:《网红茶饮品牌营销传播策略研究——以茶颜悦色为例》,《中国地市报人》2023 年第 5 期。）

第七章　促　销　策　略

　　产品仅仅有良好的品质、完美的包装、适中的价格,以及顺畅的渠道,并不能完全保证营销活动的成功,因为在竞争激烈的现代市场经济条件下,产品再好,如果不为人知,其最终的命运将是产品积压。因此,企业需要采用各种有效的方法和手段,促进产品的销售,使消费者认知你的产品、购买你的产品。

　　● 自天猫 2009 年首创双十一购物节以来,每年的这一天已成为名副其实的全民购物盛宴。2022 年是"双十一"的第十四年,这一全民购物狂欢节迎来了新玩家。10 月底,B 站联合天猫开启了一场大型社区生态种草活动"多彩生活尽情 UP",通过内容、场景与 UP 主三要素的结合建构起了区别于其他平台的种草新闭环,而天猫也借由 B 站拉近了品牌与年轻人间的距离。通过本次整合营销传播活动,B 站原有的社区文化向更多维度拓展,其商业氛围正在逐步积聚,为当年"双十一"也为其三年战略的实施开了个好头。

　　● 经历了过去两年疫情的短暂低迷后,综艺行业正在迅速回温,走进全新爆发期。品牌们也迎来又一轮植入热潮。而就在各行各业品牌准备加大娱乐营销投入,拿下新一季植入红利时,一个电动车品牌抢先一步,走出了爆款之路。

　　2023 年 3 月 2 日,《快乐再出发》第二季以一场充满惊喜与温情的演唱会圆满收官。截至收官日,这档节目在全网累计播放量超 9 亿次,屡屡霸屏各大社交平台热榜,引发现象级的传播,也为合作品牌绿源带来超预期的高回报价值增长。而作为官方合作伙伴,绿源从最开始的高频显眼露出,到艺人在零下 20℃ 的哈尔滨轻松骑行,将绿源产品科技力与节目内容无缝融合,绿源借助节目热度,实现了品牌和产品的高度曝光,将"一部车骑 10 年"的耐用品牌形象深深烙印在用户心中。

　　● 对于一个日本快消品品牌来说,三得利乌龙茶近几年在国内都市年轻消费者群体中的口碑高得出奇,甚至成为一种白领必备饮料。大家对其印象普遍是精致、健康、减肥。还有不少人用它来当调酒、调奶茶的软饮。但有趣的是,如果你去研究三得利乌龙茶的发家史,你就会发现,三得利的乌龙茶是一个非常神奇的产品。在中国吃日本品牌和渠道红利,在日本吃中国原料和文化红利。两头吃,而两边都是暴利。2021 年三得利年收入高达 1 100 亿元,是农夫山泉的 4 倍,并且身价已达 93 亿元,其创始人更是凭此连续三年登顶日本首富。

学习目标

　　(1) 塑造"以社会福祉为根本、利益相关者共赢"的新时代促销传播的价值理念,增强社会责任感。明确促销传播的目的和意义所在。

　　(2) 围绕习近平总书记的新闻舆论观,培养对新时代公关营销的深入思考和批判性思维。结合促销传播新模式,培养以发展的眼光看问题和不断创新的意识。

　　(3) 树立顾客导向以及公平交易、诚信经营的营销价值观,提高职业素养。重视消费者利益、引导绿色消费,从而实现社会长期福利。

第一节　理论教学要点

一、促销与促销组合

　　促销是促进销售的简称,英文叫"Promotion",意思是"促进",是指企业通过人员推销或非人员推销的方式传播商品信息,帮助和促进消费者熟悉某种商品或劳务,并促使消费者对商品或劳务产生好感和信任,继而使其踊跃购买的一种市场营销活动。

　　促销组合是指企业在市场营销过程中,对人员推销、广告、营业推广和公共关系等促销手段的综合运用。促销组合运用得好坏,关系到企业的产品能否顺利流转到消费者手中,关系到企业经营活动的成败。

　　促销是企业整体营销活动中不可缺少的重要组成部分,具有不可忽视的作用: 传递信息,沟通渠道;引导需求,扩大销售;突出特点,树立形象;稳定销售,巩固市场。

　　整合营销传播是以顾客为导向,以建立长期稳定顾客关系为目的,整合各类传播信息及各类传播渠道,综合运用传播策略,制定并执行协调的、持续的、一致的传播计划的营销战略管理过程。其内容包括识别目标受众、确定传播目标、设计传播策略(包括说什么、如何说、谁来说、何时说、何地说)、选择传播渠道、编制传播预算以及传播组合决策等。

二、人员推销

　　人员推销是指推销人员在一定的推销环境里,运用各种推销技巧和手段,说服用户接受企业的商品,从而既能满足用户需要,又能扩大企业销售的活动。

　　人员推销的核心问题是说服,即说服用户,使其接受所推销的产品或劳务。人员推销具有双重目的性,即既要满足用户需求又要实现扩大销售。现代销售是一种互惠互利的活动,必须同时满足企业和用户双方的利益,解决各自的问题,而不能仅考虑一方利益,一厢情愿就无法达成交易。

　　按照现代营销观念,人员推销的最终目标应是为企业带来最大的、长期的、稳定的利润及有利的市场,因而,强调推销人员不仅要懂得推销艺术,而且要懂得整体营销战略,并且运用于推销实践。

　　现代市场营销认为,要发挥人员推销的特点,完成推销目标和任务,企业推销人员必须掌握一定的推销技术,把握好推销的进程。人员推销的进程有各种不同的划分方法,但总的来说,一个有效的人员推销过程至少应包括三个程序,即寻找顾客、进行推销和售后追踪。

对企业营销人员的管理是企业整个管理中的一个重要环节。一般来说,人员推销的管理包括以下几个方面:招聘、培训、报酬、激励、监督、考核。

三、广告

广告有广义和狭义之分。广义的广告是指利用传播媒介向社会公众表达广告主愿望的活动,它不仅包括以营利为目的的广告,还包括非营利的广告,如政府公告、政党、教育、文化、宗教、社会救济和社会团体等方面的启示、告示、声明、通知、海报等;狭义的广告是指商业广告,它是指广告主采用付费的方法,借助大众媒体将商品、劳务或观念等信息向公众传播的一种宣传方式。

(一) 广告的作用

1.广告对市场经济发展的作用

2.广告在企业生存与发展中的作用

3.广告对消费者产生的作用

4.广告对美化环境和陶冶人们情操的作用

(二) 广告设计

1.广告设计原则

广告设计原则包括:真实性、思想性、艺术性、民族性、创造性。

2.广告设计技巧

广告设计技巧包括:明确的概念、深刻的印象、激发兴趣、促进购买。

(三) 广告媒体

包括广播、电视、报纸、杂志、新媒体。

(四) 广告效果

①回忆测定法;②认知测试法;③实验室测试法。

四、营业推广

营业推广是指能够迅速刺激需求、鼓励购买的各种促销活动。这些活动可以诱发消费者和中间商迅速大量的购买,从而促进企业产品销售的迅速增长。

(一) 营业推广的方式

营业推广的方式包括:赠送样品、优惠券、有奖销售、现场演示、竞赛、购买折扣、津贴、展销、推销奖等。

(二) 营业推广的目标确定

①针对消费者的目标;②针对中间商的目标;③针对推销员的目标。

五、公共关系

公共关系是指企业或组织为了适应环境,争取社会公众的了解、信任、支持和合作,树立企业良好的形象和信誉而采取的有计划的行动。

（一）公共关系的对象

①顾客；②供应商与经销商；③政府机关；④社区；⑤媒介。

（二）公共关系的活动方式

①通过新闻媒介传播企业信息；②加强与企业外部组织的沟通；③强化公关广告；④举办专题活动；⑤参与公益活动。

第二节　教学引导案例

案例 7-1　B 站牵手天猫"双十一"，建构种草新闭环

一、背景资料

2022 年，"双十一"这一全民购物狂欢节迎来了新玩家。10 月底，B 站联合天猫开启了一场大型社区生态种草活动"多彩生活尽情 UP"，通过内容、场景与 UP 主三要素的结合建构起了区别于其他平台的种草新闭环，而天猫也借由 B 站拉近了品牌与年轻人间的距离。

B 站此次入局"双十一"并非没有迹象，"双十一"前在 B 站独播的《所有女生的 offer 2》9 期视频拿下超 2 600 万次播放量，成为网友口中下饭必备的"电子榨菜"。节目播出后，还有许多品牌方因 B 站高浓度的互动与黏性偶像化出圈，比如"喜剧公司"希思黎（Sisley）、"带了一群社恐"的花西子社恐老板，逐本 CEO 也首次入站收获了大量粉丝。综艺破圈背后不仅体现了 B 站原有的社区文化正在向更多维度拓展，还凸显出其商业氛围正在逐步积聚，为当年"双十一"开了个好头。

二、基本案情

（一）B 站联动天猫"双十一"，从平台资源开放开始

在强社区文化的主导下，曾经 B 站对于商业化相对克制，这与其独特的用户生态相关。而今，B 站在对内容创作者做多维拓展后，囊括了更多内容垂直分类下具有影响力的 UP 主，丰富了自身的社区生态，也为平台开启商业化种草打下了一定基础。

通过观察 B 站"双十一"能够发现，B 站补足了基建。比如 B 站直播分区正式上线了购物专区，这意味着 UP 主们开直播时有了公域流量入口；而官方也发起带货主播招募活动，小黄车功能向 UP 主全面开放；货品端，B 站选品中心上线并与电商平台上万 SKU 优质商品池打通，至此，电商闭环所需要的人、货、场条件均已备齐。值得注意的是，此次"双十一"的成交在天猫进行，B 站则主要承担种草引流角色。而为了营造"双十一"大促氛围，B 站还首次开放了多个站内推广入口资源。首页 Tab 页、热门频道下圆形 icon、定制播放页，以及通知条、热搜及热门话题等位置均能看到"双十一"的活动入口……如此大手笔的资源开放也拉动了站内购物节的热闹氛围。

B 站发力背后的原因，可以从 B 站财报中提到的"未来三年核心战略"中找到答案。在第二季度财报电话会议上，B 站提出了未来三年的核心战略，即以增长为中心，坚持社区优先，生态与商业双驱动。这是第一次把商业化和社区生态提到了一样的位置。回想起 B 站的组织架构调整，一批从一线成长起来的年轻高管走上平台商业化前线，他们深谙 B 站社区

文化,也更懂如何在商业化与保护社区之间权衡。此次联合天猫首次入局"双十一",是结合双方优势打造B站站内种草闭环的一次尝试。而从本次B站"双十一"活动整体上看,的确能觉出与其他平台的差异。通过浏览活动主页能够发现,B站此次狂欢节共分为三个阶段,与其他平台"双十一"大促活动不同的是,B站没有围绕货品大肆宣传,而是靠深入生活场景的UP主内容与福利抽奖两大方向打造站内活动。这一方面基于B站年轻用户群体对游戏机制的喜爱,另一方面也是基于对过度营销可能招致用户反感的洞察,内容与抽奖是更能激发用户参与、获得用户认可的方式。

(二)以内容、场景、UP主为要素,B站如何构建种草闭环?

细看B站此次种草活动,其主要通过一个主会场和六个分会场展开,横跨美食、时尚、科技、萌宠、家居、运动出行品类,安利种草活动主要依靠联动站内多圈层UP主及全站用户来进行。种草闭环主要依靠内容、场景、UP主构成,最终在天猫完成流量收口的建立。

众所周知,天猫的优势在于全品类的供应链与售后体验,其在交易方面所累计的用户信任支撑起了声势浩大的"双十一"狂欢季。而B站的优势则在两个方面,一是依靠站内UP主生产的优质内容建构起的时长与黏性,二是以UP主为代表的青年消费态度,可升华品牌情感价值。

以美妆产品种草为例,宝剑嫂就拍了一期视频《用唱歌代替说话一整天,男友直接疯了……》,通过软性植入为天猫引流。整个视频以UP主细节化妆+惊艳变装为男友唱歌为主题,通过搞怪的视频内容抓住用户好奇心,在轻松幽默的氛围下引出天猫"双十一""每满300减50"的优惠福利,引导用户消费认知。

在美食品类下,B站美食区千万粉UP主绵羊料理则拍摄了一支自制脆皮鸡视频,在反复尝试失败却最终成功的励志故事后,在视频末尾以"炸鸡配可乐"的梗引出了可口可乐Anime魂境温变礼盒、奥利奥《三体》IP联名版礼盒。

华农兄弟就更"离谱"了,一则建树屋的视频看到最后,观众发现原来是个鸟窝,而UP主则在鸟窝里带起了各种产品,让人哭笑不得的同时也将产品卖点不知不觉植入用户脑中。

可以看出,无论是宝剑嫂的变装整男友,还是绵羊料理在厨房自制脆皮鸡,抑或是华农兄弟在农场奔跑逮鸡,三则头部UP主的种草视频皆发力于粉丝们熟悉的视频场景,以抓人有趣的内容持续吸引用户注意力,最终以轻松自然的方式向用户传递"双十一"大促信息。一方面,粉丝黏性极高的UP主们拍摄的视频本身即具备号召力,这保证了视频的基础流量,另一方面,熟悉的内容场景加UP主们为狂欢节"量身定做"的视频脚本构成了种草力的关键,粉丝对UP主们的信任感也使得视频种草效率更高。

而从宏观上看,B站为了打造一次全品类、多维度货品的种草狂欢节,从多领域内容出发,深入用户可能产生消费的生活场景,通过高人气UP主以接地气的种草视频激发用户的消费欲望。在6大分会场,B站则通过不同主题的征稿为站内种草打下了基础,譬如在时尚好物种草品类下,涵盖"'双十一'超强购物攻略""彩妆护肤超值回购清单"等4大主题;而在美食品类下细分"各地值得一试的特色"等4大主题,涵盖多类目食品。在不同品类的热门选题灵感下,均有海量腰部UP主参与,带动用户购买。譬如美妆品类UP主@Achiooo就从自身经历出发为粉丝们带去了真诚的建议;而在美食品类下@声控郭嘛则为大家分享了自己在"双十一"买的零食并进行了试吃。二者均在视频中与视频下方评论区为天猫"双十一"主场进行了引流。能够明显看出的是,这些UP主所拍摄的视频大都以自身生活为切入口,以粉丝们习惯的视频风格进行真诚推荐,而非商业意味浓厚的满减标语。感受粉丝们的生活,并传递自身生活中的小技巧与小确幸,给人以鼓励和生活的新视角,这是 B 站 UP 主们在此次"双十一"中通过内容构建起的核心脉络。正如天猫携 B 站百大 UP 主共同发布的品牌短片一样,"把 11·11 写成 1 句 1 句 1 句 1 句动人的散文诗",不是喧嚣的叫卖,而是更加聚焦生活里具体的幸福,1 是美好生活的基本单位,也让 11·11 有了新的注解。

除了种草内容闭环与平台的资源导入以外,在产品侧特型弹幕捕获用户互动刷屏、UP 主视频相继登上热门排行榜,更是为平台整体种草氛围的形成打下了坚实基础。而在平台侧,B 站官方推出带货赏金计划、精选有奖话题等激励活动,拉动更多中小 UP 主的参与。

总结来看,B 站此次"双十一"从活动出发,拉动 UP 主积极参与造势,进而引发更多创作者投稿种草视频,为整体"双十一"造势,而通过视频中贴近生活的场景化产品展现,再加上粉丝对 UP 主们的高黏性,B 站得以构建起独特的社区种草闭环。

(三)更开放的 B 站,如何释出更多电商红利?

过去,B 站对于商业化一直比较克制,但不得不承认的一点是,区别于如今大热的短视频,B 站内容首先有着理性种草的优势,不同于一般带货以感性冲击和刺激消费为目的,B 站上的专业解析更容易带动用户的理性认同。此外,B 站上 UP 主的视频为场景营销提供了良好的土壤。不但场景更加多元化,而且相较于短视频而言,UP 主拍摄的视频通常会呈现更完整的生活片段,让品牌融入更加自然。更重要的则是 UP 主们在粉丝侧的高黏性与高信任,结合理性种草与场景营销两大长处,越来越开放的 B 站确有机会打造出一个区别于其他平台的种草生态。值得注意的一点是,"双十一"前,B 站还与淘宝联盟进一步深化合作,实现了对种草前后链路数据的统计分析,从而帮助商家查看转化效果。具体来说,品牌在淘联下达种草任务后,就能看到周期内,对观看了视频的 B 站用户产生了怎样的种草效果,如搜索、浏览、收藏、加购等。过去 B 站对于社区的保护有目共睹,也因此形成了独特的内容生态,未来在 B 站逐步开放的背景下,更多电商品类的机遇正在释放,譬如此前一条带货"海洋至尊男士香水"的视频周播放量已经达到 930 万次,在 B 站做好选品的卖点可视化和卖点场景化后,打造爆品也未尝不可能。总结而言,从单一品类走向更多品类,未来 B 站与其他平台的联动可以期待,而商业化潜能也将在"开放"的大趋势下逐步释放,值得品牌商家好好把握。

三、问题思考

(1) B 站为什么要和天猫进行"双十一"联动布局?

(2) B 站的"双十一"是如何围绕年轻人进行布局的?

(3) 你如何看待 B 站的"双十一"布局?

四、分析点评

(1) 本次活动是以战略为导向的整合营销传播活动。天猫的优势在于全品类的供应链与售后体验,其在交易方面所累计的用户信任支撑起了声势浩大的"双十一"狂欢季。联合天猫首次入局"双十一",是结合双方优势打造 B 站站内种草闭环的一次尝试。

(2) 与其他平台"双十一"大促活动不同的是,基于年轻用户群体对游戏机制的喜爱,B 站没有围绕货品大肆宣传,而是靠深入生活场景的 UP 主内容与福利抽奖两大方向打造站内活动。内容与抽奖不仅不会引起用户反感,还更能激发用户参与、获得用户认可。

（3）区别于如今大热的短视频,B站内容首先有着理性种草的优势,不同于一般带货以感性冲击和刺激消费为目的,B站上的专业解析更容易带动用户的理性认同。"双十一"前,B站还与淘宝联盟进一步深化合作,实现了对种草前后链路数据的统计分析,从而帮助商家查看转化效果。未来在B站逐步开放的背景下,更多电商品类的机遇正在释放,未来B站与其他平台的联动可以期待,商业化潜能也将在"开放"的大趋势下逐步释放,值得品牌商家好好把握。

案例 7-2　综艺营销：绿源电动车的爆款之路

一、背景资料

2023 年 3 月 2 日,《快乐再出发》第二季以一场充满惊喜与温情的演唱会圆满收官。截至收官日,这档节目在全网累计播放量超 9 亿次,屡屡霸屏各大社交平台热榜,引发现象级的传播。这一季兄弟团相约在冬季出发,从哈尔滨到漠河,体验祖国北端的风土人情和当地特色,一起收获了无数欢笑场面与治愈能量。作为国内现象级火爆的综艺节目,《快乐再出发第二季》延续前作的口碑,豆瓣评分高达 9.5 分,屡屡霸屏各大社交平台,热度居高不下。

《快乐再出发》第二季取得现象级爆款节目的成绩,相关节目话题累计热度超百亿,也为合作品牌绿源带来超预期的高回报价值增长。作为官方合作伙伴,绿源与节目内容进行了深度融合,实现了品牌和产品的高度曝光。从最开始的高频显眼露出,到艺人在零下 20℃ 的哈尔滨轻松骑行,将绿源产品科技力与节目内容无缝融合,绿源借助节目热度,将"一部车骑10 年"的耐用品牌形象深深烙印在用户心中。

二、基本案情

（一）剧情式植入

品牌综艺植入的第一要义,就是要让观众"看得进去"。口播、花字、中插广告等硬性植入模式,固然可以加强品牌在节目内对于观众的高频触达。但品牌过多依赖硬性植入,也会因中断观看体验,引发观众反感。

《快乐再出发》第二季中,绿源将硬性植入平衡在观众们可接受的范围内,并玩转了"剧情式植入"。从东北到海南,跨越整个中国的超长旅途中,绿源电动车作为"全球液冷电动车开创者"的地位,以趣味、真实的情节全面呈现。

当再就业男团完成东北之旅,步入海岛故事线时,绿源液冷电动车继续丰富着剧情式表达。再就业男团在海南骑车旅途中曾偶遇粉丝,并由此诞生了一波粉丝自发路透,在播出前收获了极高热度,让网友们纷纷猜测"陈楚生后座到底是谁?"直到节目播出后,网友们又聚集到了路透名场面打卡,进一步加强了节目互动感。

在节目需求场景中,趣味演绎产品卖点创造的真实体验,也可让观众更具代入感和联想力。从这个角度来看,绿源液冷电动车等于在节目里完成了一场大型的"场景化内容种草"。

（二）花式外围传播

不少品牌专注热门节目内曝光,却往往忽略社交平台上的 IP 影响力。"综艺营销,还决胜于综艺之外",绿源液冷电动车就不只更新了节目里的植入玩法。节目播放期间,绿源结合节目亮点,以花式二创和互动陪伴粉丝们"沉浸式追综",将 IP 热度引导为品牌话题讨论,从而将 IP 粉丝导入品牌流量池。

1. 花式二创,拉升粉丝社交讨论热情

预热期开始,品牌就以微博为主战场,持续输出路透、预告、追综日历等,抢先绑定绿源与《快乐再出发》第二季,并积蓄了不少粉丝期待。节目播出期间,绿源官方创意物料更是层出不穷。绿源电动车与再就业男团同框精彩片段 cut、男团"骑遇记"新闻和风景帅照,期期有新意;兄弟团们的搞笑日常被做成动图表情包,全网疯传;还有结合"阳光大男孩""模仿媒体人视角宣传"等热梗的创意混剪笑倒了一众粉丝。"边看节目边去绿源官微打卡",几乎成为粉丝圈内的追综新流行。

与此同时,绿源电动车还借势节目热门话题,拉升粉丝们主动讨论、传播的热情,推动品牌出圈。例如品牌发布的二创视频,就曾引来了苏醒"蹭车"的搞笑互动。结合节目里苏醒"不差钱"的人设梗,绿源迅速推热了"原来苏醒的钱是这样省下来的""苏醒的钞能力能屈能伸",不仅吸引来众多娱乐、段子 KOL 的争先报道,更有不少粉丝主动安利起了这位"金主爸爸"。

无独有偶,抓住"陆虎向嘘嘘求婚成功"节目热搜的绿源,又抢先发布祝贺海报,带动网友四处"整活儿"。各种浪漫同骑、接亲表情包涌现,一时间,绿源电动车竟然成了网友们的指定"婚车",牢牢占住话题 C 位。

结合各大平台用户的触达偏好,绿源与 KOL 们共创出不少优质内容,收获不少网友的正向评价。内容创作与节目内植入相呼应,以更多元的角度强化着目标人群对品牌、产品的认知,为品牌导入粉丝流量的同时,也强化了品牌的粉丝黏性。从开播到收官,不少"节目粉＋品牌粉"都在"为爱发电"产出了不少与绿源电动车相关的创意图和周边。

2. 惊喜互动,撬动网友主动传播力

除了品牌主导的传播与讨论外,绿源也将舞台充分开放给了粉丝。在节目上线之初,品牌便开启了"快乐补给包解锁挑战"的互动活动,以丰厚奖励吸引粉丝们前往线下门店打卡,或在每期节目中打卡绿源电动车出现场景,截图发博。低门槛的互动玩法,打下了"高参与度"的基础,线上、线下的互动参与也持续强化了追综的"沉浸感",补给包奖品也带来额外的惊喜感。沉浸与惊喜中,品牌与节目粉丝的距离不断拉近。

在吸引粉丝主动传播品牌二创内容,加入讨论,参与互动的过程中,品牌放大节目之外的社交声量,也树立起了一种更具辨识度的品牌"社交形象"——绿源能与网友们说到一起、玩到一起,活泼且敢玩的人格化形象,未来也将收获源源不断的用户好感。

(三) 全局思维,联动营与销

《快乐再出发》第二季的节目是在 2022 年年底上线,并于 2023 年 3 月初收官。这个时间段刚好卡住了春节、开年复工、复学三大天然消费增长节点,绿源完全踩中了"天时"。而巧妙的植入和外围传播,则创造了"人和"的氛围。

基于此,品牌更在线上、线下的"后链路转化"场域中充分开发着"地利"。一方面品牌在微博等线上渠道,结合节目内容,强势种草;另一方面,通过互动吸引用户到店的同时,绿源还在新春节点上在门店中趁势打造了新春开门红、春节盲盒等优惠、福利活动,促成转化。从线上到线下,全面提效销售增长。从节目内的内容种草、认知深化,到节目外的热点打造、全域聚流量,再到最终的渠道福利承接、转化——绿源以全局思路,完善了营销联动的全链路。

回顾 12 期节目,绿源携 S70、INNO9 等众多时尚爆款车型与陈楚生、王栎鑫等组成的兄弟团同框出镜,实力展现绿源的强劲性能和液冷超续航技术,将绿源液冷电机的产品优势植入用户心智,让用户对绿源液冷电动车有深入了解,快速捕获了大批用户的好感,不少网友甚至开始奔赴线下门店寻找"节目同款"。

三、问题思考

阅读上述案例,结合绿源电动车创新的综艺营销策略,谈谈你受到哪些启发?

四、分析点评

(1) 绿源电动车与《快乐再出发》第二季不再是"品牌单方面借势 IP 人气、流量"的传统关系,而是朝着互相成就的方向转变。IP 为品牌热度、流量赋能,同时品牌也在丰富节目的看点,并为节目外围影响力加码。共促共进的综艺营销合作,才能循环向上发展。

(2) 品牌综艺合作要有延展性目光,综艺营销的合作点,在于品牌能否将 IP 价值发挥到极致。如同绿源在节目内、外,以及合作周期的前、中、后期,对 IP 进行全盘运营。同时,品牌不只看中当下热度,更需关注长期价值。沉淀品牌卖点、理念认知,树立起品牌人设,不仅能作用于节目周期里的节点营销,更将在未来长期影响目标人群的消费决策。

(3) 绿源液冷电动车能够通过《快乐再出发》第二季出圈,本质上是真正洞察了消费者的核心体验诉求。电动车用户的核心痛点是续航,电机是电动车的心脏,直接影响着电动车的持久续航能力。绿源通过对"液冷电机"这个关键技术的升级突破,很好地避免了电机内磁钢退磁或烧线圈等现象,让电机的寿命更加持久,弥补了在真实骑行过程中产生的大量能量损耗。绿源和《快乐再出发》第二季跨界联合,摆脱了传统的"说教式"卖车方式,以明星艺人和电动车的高频互动,展现多元场景下更高端的骑行体验。

案例 7-3　三得利乌龙茶的"茶饮霸主"之路

一、背景资料

饮料行业就目前来看,依旧是属于各个行业中的朝阳行业,尤其是有不少品牌已经在饮料市场上盘踞了很多年,我们所熟悉的就有:娃哈哈、康师傅、农夫山泉,等等。目前看来,这些企业依旧是我国主流的饮料企业,但是还有一个日本的品牌也已经在我国市场上扎根 30 多年了,它就是日本饮料企业——三得利。2021 年三得利年收入高达 1 100 亿元,是农夫山泉的 4 倍,并且身价已达 93 亿元,其创始人更是凭此连续 3 年登顶日本首富。可以说,就目前来看,三得利企业已经在中国的饮品市场上拥有了很高的地位。

创立于 1899 年的日本三得利株式会社,早在 1929 年就开始威士忌的销售,开拓了日本洋酒文化之先河。此后三得利更是不断地接受挑战,致力为顾客提供高品质的产品。1963 年,三得利进入啤酒生产销售领域。在 1981 年,三得利开始在日本生产和销售中国福建省特产"乌龙茶",并由此在清凉饮料市场里开创出了全新的无糖茶领域,成为业界之先驱。

对于一个日本品牌来说,三得利乌龙茶近几年在国内都市年轻消费者群体中的口碑高得出奇,甚至成为一种白领必备饮料。大家对其印象普遍是精致、健康、减肥。还有不少人用它来当调酒、调奶茶的软饮。但有趣的是,如果你去研究三得利乌龙茶的发家史,你就会发现,三得利的乌龙茶是一个非常神奇的产品。在中国吃日本品牌和渠道红利,在日本吃中国原料和文化红利。两头吃,两边都是暴利。

二、基本案情

三得利本身是一个非常老的牌子,但在瓶装茶领域,其实是后来者。在日本,瓶装茶的开创者是伊藤园。从1979年开始,伊藤园就和中国土产畜产进出口总公司合作,开始在日本销售乌龙茶,并生产了世界上第一个罐装乌龙茶产品,进军软性饮料市场。它成功预见了快消时代的来临,开创了茶品的罐装饮料时代。

1981年,伊藤园率先推出罐装乌龙茶,这是全球第一款真正的即饮茶。两年后,三得利跟进推出三得利乌龙茶。后发者如何跟先行者竞争呢? 三得利的答案是,摸着伊藤园过河。日本当时流行乌龙茶的原因,一方面是当时的"中国热潮",一方面是1979年山口百惠一句"我靠喝乌龙茶减肥"将这一产品推向了大众。

虽然乌龙茶很火,但伊藤园作为先行者在日本市场的扩张上并不理想。三得利发现在日本人的认知中,乌龙茶是来自中国的最好。所以伊藤园的乌龙茶原料也是进口自中国。但问题是伊藤园并没有强调这个。伊藤园没有意识到的弱点,就成为三得利的突破口。

三得利敏锐的发现,乌龙茶的核心卖点就两个,"来自中国+有助减肥",前者文化,后者功能。基于此,1983年,三得利推出瓶装乌龙茶。主要宣传三点:其一,乌龙茶有助于分解脂肪;其二,三得利乌龙茶为0糖0卡0脂的健康饮料;其三,三得利乌龙茶采用来自中国福建的正宗乌龙茶茶叶。凭借0糖+分解脂肪这一核心卖点,三得利将客户群体升级到了餐桌上的中年人。由此,三得利乌龙茶成为一种饭后消食减肥用的功能性饮料,直接跟餐饮绑定。饭后一根烟+一瓶乌龙茶,成为日本人的餐桌常态。《孤独的美食家》里,主角吃完烤肉吃包子,吃完拉面吃炒面,但唯独不变的,是饭后的一杯乌龙茶。流水的菜肴,铁打的乌龙,成为一种日本文化模式。直到今天,日本大量饭店依然为顾客提供乌龙茶。

在日本,三得利用的是中国牌。在日本,为了给品牌打出文化效果,三得利狂打中国牌。日本人对手工业和农业有着近乎刻板的迷恋,因而崇尚"仙人"文化。寿司有寿司之神,煮饭有煮饭仙人,在乌龙茶上也是如此。日本消费者潜意识里认为乌龙茶原产地是中国,因此乌龙茶仙人在中国。

三得利在洞察这一点的基础上,更进一步细分为"乌龙茶之间,亦有高下,而最好的乌龙茶,在福建",并将福建茶叶与三得利进行关联。把产品定位为来自中国的正宗乌龙茶,并依据这个定位进行了近乎完美的品牌形象操作。三得利用的茶叶来自中国福建,广告语也体现中国特色:"乌龙茶,皇帝的骄傲茶。"它这样介绍乌龙茶:很久以前,中国就有向皇帝提供最好的茶的传统。在明朝时代的初期,人们就设计出独具匠心的产品,旨在为皇帝提供更香的茶,产生的茶是乌龙茶。这样一下就让日本消费者觉得三得利的乌龙茶很正宗。从而形成一种"三得利就是最好的乌龙茶"的二次认知。

三得利将"福建"两个字直接印在了瓶身上,直接把地点锁定在福建,比同行多了细节,效果更好。同时,围绕乌龙茶好福建茶好这一认知,三得利进行了无数营销。所有营销的主题只有一个——"中国＋福建"。所有的营销,旨在将三得利的茶园打造成一个宁静、淡薄、田园牧歌式的梦幻国度,一个远离世俗的桃花源。为的就是让消费者一看到三得利就想到那个世外桃源般的福建,想到三得利就是神仙的茶。

既然乌龙茶是来自中国的茶,那么中国元素最显著的三得利乌龙茶就是更好的乌龙茶了。从 1984 年开始,三得利就在中国拍摄广告,把北京相声、大闹天宫、中国舞蹈等中国特色的文化元素与三得利乌龙茶的品牌内涵相关联。2012 年之前,三得利乌龙茶几乎所有的营销,请的都是中国演员,打的都是福建牌。在数十年的"中国营销"下,三得利坐稳了日本乌龙茶龙头之位。

日本知名哲学家、眼镜爱好者蓝染惣右介老师曾经说过:憧憬,是距离了解最遥远的一种感情。在三得利的营销之下,福建成为日本人的憧憬。就像中国人说到普罗旺斯就会想到薰衣草一样,日本人说到福建就会想到乌龙茶。一个日本人,可能不知道广东、广西、湖南、湖北,但他一定知道福建。因为,那是产乌龙茶的地方,是他的精神伊甸园。

在中国,三得利用的是日本牌＋持续的产品创新。中国是有名的茶道大国,三得利进入中国市场的本意就是为了获取中国的乌龙茶原料,然后制作符合中国人口味的乌龙茶饮品。在最初的乌龙茶推出之后,不少中国的消费者都认为三得利的乌龙茶没有太大的特色。早期的茶饮料都是放糖的,三得利开创出全新的无糖茶领域,是业界之先驱。但无糖的饮料,当时没有多少人买,直到近几年来,随着消费升级浪潮的兴起,人们对健康饮食的追求更高了,尤其是年轻的白领群体,对于日常喝的饮料有着更高的品质追求,既要不失口感,又要兼顾健康,养生饮品成为不少国人的首选,所以三得利乌龙茶凭借 0 糖 0 卡 0 脂又迎来了一波热度。

最能说明三得利产品创新的应该是前几年从日本火到中国的透明奶茶。这款透明奶茶并不是香精加水,而是通过蒸馏法将红茶和牛奶的香气和风味提炼出来。这个过程中,为了还原不溶于水的部分材料的风味,三得利还用到了 HHS(high temperature high pressure steam)技术。所谓 HHS 技术就是将水进行高温高压处理,利用高反应性高密度水蒸气来提取原料中不溶于水的部分。在透明奶茶获得海内外的关注后,三得利又用这个蒸馏技术相继推出"透明无酒精啤酒味饮料""透明柠檬茶""透明白桃茶"等一系列透明饮料。

早期,三得利在国内吃到的是日剧流行的红利。凭借在日剧中无处不在的身影,三得利被刻进了中国消费者的认知里。近年来在品牌推广上,三得利也进行了持续的创新。

在传播策略上,三得利通过主题联名、潮文化、品牌周边发售等年轻人钟爱的元素,为品牌进一步"破圈"积蓄力量。同时三得利乌龙茶也抓住了年轻消费群体喜欢猎奇的心理,推出了茶饮的各种 DIY 玩法,与其他牛奶、酒类进行结合就成了新品"奶茶",使得产品用途多样化,更具吸引力。

在广告设计上,三得利也表现出色,邀请了日本著名的平面设计师葛西薰来参与产品广告设计,自成一派,清新自然的三得利,在产品包装上贯彻了日式美学,把简洁之美发挥得淋漓尽致。比较让人印象深刻的是那个茶叶堆起的富士山,山顶的"雪"是一小撮糖,很形象地表现出"少糖"这一信息。

快消品的有效推广,还要看渠道。便利店在日本是一个成熟的快消渠道,近些年各大便利店品牌在国内的流行,给了三得利渠道机会。日本的全家、罗森、711,三得利和他们原本就有合作,进入中国市场后更是搭上了这个便车。很多中国人第一次喝到的三得利乌龙茶,都是在便利店买到的。随着日剧的流行以及便利店的扩张,三得利乌龙茶的口碑在国内市场不断攀升。

在不断的品牌形象深化中,越来越多的消费者树立起了"三得利是正宗乌龙茶"的印象,而且能明确获取产品的差异化特征,与其他同类产品区别逐渐明显,健康 0 脂 0 糖还刮油的产品定位,在国内市场一样吃香。无数年轻消费者对其趋之若鹜,觉得这个茶,好喝、健康、刮油,有品位。唯一的问题,就是有点贵,于是,大家开始在网上找三得利同款……许多消费者表示越喝越上头,几乎是一箱一箱地囤,还调侃道身体里流的不是血液而是茶,"茶中含有少量血液"。

继"奶茶瘾""咖啡瘾"后,三得利的"乌龙茶瘾"正在悄然袭击着当代年轻人。

三、问题思考

（1）三得利乌龙茶是如何进行品牌推广的?

（2）你认为快消品的品牌推广应该注意哪些问题?

四、分析点评

（一）品牌推广从定位开始

在日本,三得利把产品定位为来自中国福建的正宗乌龙茶,品牌战略打了中国牌,将日本对中国乌龙茶的认可与产品本身挂钩。还在广告营销中把北京相声、大闹天宫、中国舞蹈等中国特色的文化元素与三得利乌龙茶的品牌内涵相关联,不断用广告加深品牌记忆,让品牌有瘾。三得利把产品定为"0 糖、0 卡、0 脂"的健康饮品,形成了产品差异化,还不断强化品牌战略,生长在福建省的茶叶在半发酵乌龙茶中具有较高的发酵度,含有大量的乌龙茶多酚。不断强化"来自中国的乌龙茶最好"这个概念。在进入中国市场之后,三得利定位高品质、瞄准白领女性,在制作符合中国人的乌龙茶口味的饮品上持续创新,在品牌传播上,凭借在日剧以及日本便利店渠道无处不在的身影,再通过个性化的广告设计以及主题联名、潮文化、品牌周边发售等传播策略,并推出茶饮的各种 DIY 玩法,使得产品用途多样化,更具吸引力,从而刻进了中国消费者的认知里。

（二）做好品牌推广至关重要

快消品行业是一个竞争激烈、变化快速的行业。完整的品牌推广工作包括品牌定位、品牌形象设计与传播和各种营销策略整合等多个方面,需要全面综合考虑。

（1）品牌定位是品牌推广的第一步,需要找到消费者的需求和购买习惯,确定产品在市场中的定位,找到品牌核心竞争力和独特卖点。

（2）品牌形象是品牌推广的重要组成部分,需要通过品牌物质属性和精神属性两个方面来打造。品牌形象需要与品牌定位相一致,传递清晰的信息和价值观念。品牌传播是品牌推广的核心内容,需要通过多种渠道和方式来传递品牌信息和产品特点。快消品行业品牌传播的媒介很多样,如电视广告、户外广告、网络宣传以及零售终端等,需要综合考虑不同渠道的宣传效果和回报率,选择合适的宣传渠道和方式。

（3）针对不同的消费者群体和市场情况制定相应营销策略。

第三节　课堂讨论案例

 案例7-4　麦门文学火了,官方玩梗最"致命"

一、背景资料

近年来国内西式快餐的市场竞争依然胶着。首先是以麦当劳、肯德基、必胜客、华莱士等为首的品牌竞争仍在不断激化,其次还要面临更多新锐本土化西式快餐的迅速崛起,抢夺市场份额的问题。随着国内西式快餐竞争不断加剧,如何能更精准洞察到消费者需求,与消费者达成深层次链接也成为每个品牌都要思考的问题。

不知从何时起,肯德基"疯四文学"突然像风一样从年轻消费者每周必聊的话题中消失。"V我50"梗似乎没能再继续以前两年病毒式的速度继续传播。疯四文学劲头过去,麦当劳又开始接棒整花活了。这一次,麦当劳比肯德基更加"疯狂"一些,官方下场召集了无数麦门信徒,开启了一场很新的"精神营销"。

如果说疯四文学多是用无厘头搞笑段子感染消费者参与节日促销,那么麦门文学则是以一种近乎信仰的姿态呼唤万众麦门信徒们在平淡的生活中时刻挂记住麦当劳的陪伴,保持内心深处那份最忠实的追随与推崇。当然,创意内容营销的传播也一定离不开网感和幽默感。2022年下半年,越来越多官方搞笑梗伴随着麦门文学涌现出来,在频繁的与麦门信徒互动过程中,活跃的麦当劳官博显现傲娇风格,创造出不少的欢乐,也成功让麦门文学进一步破圈。

二、基本案情

(一)麦门文学的突然兴起和信徒们的大范围集结

从2022年开始,麦当劳营销动作产生了非常明显的变化。在小红书等社交平台,你会频繁看到有人晒出在麦当劳外卖配送单上搞的神秘创作——譬如:"我是麦门信徒,可以多给我放几根脆脆薯条吗? 麦门永生!"甚至还有:"重生之我是麦门信徒,多年前被肯德基暗算,偷偷多塞给我一盒甜辣酱跟你讲述我的复仇故事,谢谢你麦门!"麦门信徒无处不在,集体变身为野生文豪,挥笔成就一场互联网狂欢,把"麦门文学"烙印在无数年轻人的DNA中。

麦门全称是"麦门信徒忠实门徒",模仿基督教和犹太教用语,以"阿门"展示门徒对麦当劳的信仰和喜爱。踏入这个门,你就是无条件拥护和喜爱麦当劳所有美食的信徒,就自发地沉浸式体验以"直白赞美麦当劳"为主要形式的文学体系。不是一家人,不进一家门。当一群门徒聚集在网络上,"同意的,请敬礼""既入麦门,便随文法""开始赞美吧,开始祈祷吧,麦门""麦区房"等一波接着一波的梗来袭。画风开始清奇又搞笑,看着他们用祷告的语气,一本正经地胡说八道,无厘头却好笑。

更神奇的是,信徒们非常真诚,自发为"麦当劳国"改编了一首歌曲。"麦当劳汉堡,好～好～好～,麦当劳薯条,条～条～条～"一首《麦当劳无限好》唱出粉丝汹涌澎湃的心声。这首歌成为麦门信徒的入门暗号,如果没立马接住下一句,你会被拒之门外。不得不说,被歌曲洗脑后,原版陈奕迅的《夕阳无限好》再难正常听了。

当然,对麦门信徒而言,吃麦当劳才是最重要的。麦门文学横空出世的背后,是粉丝对麦当劳产品的真正热爱,也是对自由选择的倔强。作为"穷鬼套餐",麦当劳推出的随心配1+1可谓是风头无二,收获了无数拥趸。只用一点点钱就能拥有一种可自由组合、性价比高的幸福满足感。这对刚刚成为社会人的年轻人来说,"天天换着样儿吃随心配,就是我喜欢的'回血方式'"。即使是精打细算,也要自由选择,这是打工人最后的倔强。吃麦当劳甚至不用担心卡路里,因为信徒们算出了最佳搭配,一个 435 大卡的双层吉士,再加一杯 0 卡的无糖可口可乐,简单轻松就能得到"优质蛋白+碳水"。更甚者,自创菜式,在社交平台上大秀创意,推出"四层吉士堡""六层吉士堡",还有看起来就酸死人不偿命的"多层酸黄瓜堡"。麦门信徒喊着"今天是疯狂星期四,所以要吃麦当劳",并视吃肯德基为背叛,将吃麦当劳的行为在社交媒体上打造得极富仪式感。有网友调侃:"以前在社交媒体大秀贵价餐饮新包包,现在改为大秀 12 块麦当劳和拼夕夕 3 元可爱拖鞋。"没错,麦当劳的经典产品已经成为品牌的社交货币,在网络上迎合冲浪的语言习惯,精准地连接起相同兴趣圈层的人,把他们感化入麦门,成为麦当劳卫士。

麦门正式成立尚未满两个月时间,麦门信徒们已经分化为了以下三类。

1. 忠诚纯爱信徒

这类信徒主要大范围活跃于线上,是麦门文学的主力共创者,多以各类信仰麦门的段子进行分享、交流与学习。当然除纯粹的热爱外,这类麦门信徒在日常实力"氪金"的时候还会贴心在外卖单上备注独特的"麦门暗语",以此换取麦门多"恩赐"几根新品尝鲜,或是多拿两包酱料。在大多数情况下,信徒们的心愿基本会被满足,而别样的订单暗语也构成了麦门文学的一部分。

2. 潮流穿搭信徒

一直以来,麦当劳在广告界还有另一个响当当的名头,那就是创意设计公司,一直和全球各大服装品牌也都有联名合作款。自从麦门走红之后,麦门精神开始植入更多当代年轻人的穿搭 DNA 中,包包、手工改造包、帽子、手机壳、短袖、背带裤、小皮鞋、配饰……如今麦门信徒又开始了一场"万物皆可搭麦门"的市场运动。很难说这不是麦门文学独有的深刻且强大的内在精神引领力。

3. "教籍难辨"信徒

除了前两类忠实跟随的麦门信徒之外,近期最让麦当劳出圈的,要归功于这类"教籍"难辨的一众粉丝们。他们常会活跃于和麦当劳官方的互动中,总是用其他帮派吸引麦当劳的注意,比如说肯德基。不仅让麦门文学和疯四文学产生了魔幻联动,更让官方互动产生了一丝诡异又带有一丝无奈的幽默感……

(二)麦当劳官方玩梗最"致命"

不止于麦门文学的突然兴起和信徒们的大范围集结,官方也下场,放开了玩。2022 年12 月末,麦当劳官方微博运营连续三周的"狂热祈祷式发言",在评论区成功集结了大批自称为麦门信徒的到来,开始了麦门教内部的小范围狂欢。麦当劳官方创办了《鸡不可失》表情包大赛,收获有梗有传播点的猫猫 Emo 表情包。甚至推出一波"麦门卡片",麦当劳经典食物在闪闪发光,配上无脑歌颂、上升价值的彩虹屁文案,将这场狂欢推向新高潮。2023 年年初,为了庆祝中国兔年春节,麦当劳特意推出创意海报,整个品牌 Logo 化身萌感十足的兔耳朵。为农历新年增添了更多可爱的气息,也收获了不少网友的好感。随后在国际妇女节,麦当劳延续了其创意设计公司的调性,历史上第一次将品牌 Logo 倒置,变成代表"Women"的W 型,以纪念世界各地女性的特殊成就。这样的操作,没有凸显女性地位,简单又不简单的祝福,可以说是依旧发挥稳定,在广告界也赢得了一波喝彩。

总之,麦当劳官方敏锐地察觉到粉丝自发的狂热,果断下场参与互动,甚至亲自输出一波有梗好玩的创意设计,将麦门文学推上一个新台阶。对比肯德基"疯四文学"的欧·亨利式转折,麦门文学以虔诚的信仰为优势,成功打入互联网阵营。

可以很明显地看出,麦当劳在努力地将品牌 IP 化适应国内市场。2022 年奥斯卡奖项公布之后,官方紧跟时事"应蹭尽蹭",以一种异常活跃的状态和年轻消费群体实现深层次的互动。原本就自带一丝人文基因的麦当劳,开始用年轻化的内容进入年轻消费者的语言体系中,很明显地增强了与消费者的情感链接,顺势还开拓了更多元的消费场景。

除了用生动的 IP 化抢占用户心智和开拓消费场景外,麦当劳还在 2021 年下半年直接入驻多个电商平台,麦当劳线上产品的性价比普遍高于其他快餐品牌,甚至部分套餐比麦当劳会员卡的优惠力度更大,自然受到了消费者们的欢迎。相关数据显示,截至 2021 年"双十一"那天,仅是麦当劳某主力直播间的销售额,就已经实现了一个月 7 500 万~1 亿元。这也就意味着,当时麦当劳的一日线上销售额就能超过千万元。

多平台的内容、场景的年轻化设计,加之产品在新渠道的发力,麦当劳品牌的年轻化形象及用户好感度进入了一个新高度。麦当劳能诞生出麦门文学,离不开品牌靠长期投资积累的口碑和品牌差异化属性,这为信徒带来了重要的情绪价值和归属价值。

三、问题思考

(1)你认为麦门文学的突然兴起和信徒们的大范围集结与麦当劳官方是否相关?

(2)查阅相关资料梳理分析麦当劳官方是如何进行"麦门"舆论的管理的?

(3)为了吸引我国年轻群体,麦当劳做了哪些努力?你认为"麦门文学"是否能够持续获得年轻消费者对其品牌价值的认同和追求?

 案例 7-5 从大火的"佛系营销"中,品牌学到了什么?

一、背景资料

2023 年开年,疫情放开后,北京雍和宫限流,灵隐寺限购,很多寺庙的门口都排起了长队……打开社交媒体,你会发现"寺庙热"已经在年轻群体中蔓延开来,他们分享着各地寺庙的打卡攻略以及如何买到最热门的周边。携程数据显示,寺庙相关景区门票订单量同比增长超 300%。从搜索热度来看。预订寺庙景区门票的人群中,"90 后""00 后"占比接近 50%。寺庙,正成为这届年轻人游览观光的"必去"C 位。

当然,不只是报复性旅游的垂青,也不限于寻求庇佑的祈福,寺庙对年轻人的吸引力,更关键在于一份情感刚需,禅意击中了人们心底的柔软之处。往内去看,寺庙"佛系营销"的秘诀,很值得我们深入学习体会。

二、基本案情

(一)这届年轻人,为何爱去寺庙?

去寺庙,大都有自己的心愿和诉求。"出分之前,我特意和朋友一起去灵隐寺拜了拜,希望能有个好成绩。"今年的考研党小张告诉记者。"求成功上岸!""希望能拿到 Offer!""升职加薪!"……

寺庙里祈福,在北京,雍和宫是顶流。它有多火?通常早上 9 点开门,从 7 点起就开始排起了长队。一出北京地铁 2 号线的雍和宫站,就能闻到空气中弥漫的焚香味。年轻人奔赴的理由也很简单:雍正是工作狂,来雍和宫拜事业肯定灵。而北京植物园内的卧佛寺,因"卧佛"听起来与 Offer 相似,同样颇受欢迎。其他寺庙也有类似场景。在素有"东南佛国"之称的杭州,仅"灵隐寺攻略"在某社交平台上的帖子就超过 1 万篇。数据显示,全国范围内热度较高的寺庙景区,有灵隐寺、普陀山风景区、寒山寺、雍和宫、佛光寺、白马寺等。

其实,也好理解。年轻人爱说"内卷",他们在紧张的工作生活中,正面临多重压力,急需倾诉、缓解。在寺庙相对超脱的环境中,现实压力和焦虑情绪短暂退场,对不少人来说是一剂心理安慰的良药,试图对抗现实生活中的不确定性。架上飘满红色的祈福条,从学业、事业、姻缘到生活中的方方面面。"求佛不一定有用,但是能缓解自己焦虑的心情。在这个场所里,我能获得安全感,内心也淡定从容了一些。这并不是消极对抗生活,而是平静后的再次出发。"最近迷上逛寺庙的李女士说。再说,年轻人爱上逛寺庙,某种意义上也是一种文化传统的回归。相比漂洋过海而来的各类主题乐园,寺庙类景区串起的是中华历史文化发展的脉络。比如"南朝四百八十寺,多少楼台烟雨中""不识庐山真面目,只缘身在此山中"等经典诗词,都是写于山寺之中。在"入庙"与"出庙"的转化中,得以与历史对话。

(二)体验营销,IP 禅文化巡礼的双向奔赴

蜂拥而至的年轻人,给沉淀了千年岁月的古刹吹来新风,也打破了寺庙旅游原本的陈旧形态。寺庙景区,因此延展出更多元的"生长空间"。如果说过去寺庙是凭借"红墙黄瓦、绿树荫翳"而成为拍照打卡圣地,那么如今寺庙的火热,则在于其为游客们提供的是一整套"文化巡礼"的价值感。何为"文化巡礼"?即以 IP 为中心的创造性发散,不仅是单一的游览观光、祈福上香,更能从多角度为游客提供一套解决方案。

有趣,是吸引年轻人的第一要义。在 IP 延展的创新表达上,现在的寺庙"卷"起来可谓不遗余力。部分旅行社推出了寺庙跟团游等文旅产品。万物皆可潮,除了"游",当然少不了"买"。比如曾火上热搜的灵隐寺十八籽,由十八种不同材质的珠子串成,寓意身体健康、平安顺利;位于普陀山的普济寺推出御守、琉璃手串、祈福香囊等周边,涵盖姻缘、学业、健康、时运多个领域;在法喜寺的寺庙文创店,仅"桃花运"御守一年销量就超过 10 万个。最近成为新晋"网红"的,则是雍和宫的香灰琉璃手串,手串的不同颜色对应不同寓意,比如健康、姻缘、平安、学业、招财等。尽管一条手串需要排队购买,价格动辄两三百元,但这笔钱年轻人还是花得心甘情愿。

"寺庙咖啡"是一个寺庙"佛系营销"的经典出圈案例。杭州永福寺、台州龙兴寺、厦门的南普陀寺、上海的玉佛寺等寺庙,都纷纷开出咖啡馆。一个是中式符号,一个是西方味觉,当寺庙与咖啡碰撞,其中美妙的"反差感",支撑起得天独厚的情感空间。当下的咖啡,已经成为都市人的社交货币,而寺庙独特禅意文化的"加持",把这份社交"能量"加倍了。

比如,杭州永福寺的"慈杯咖啡"成为现象级爆款,甚至跻身为杭州市热门打卡地。不同于刻板认知中的"景点咖啡",慈杯等新生代寺庙咖啡,走胃也更走心,颠覆消费者观念的同时,又以文化赋能带来惊喜。动人心处在于细节。慈杯,与出家人的"慈悲"谐音,仅此一词的轻巧,便以千钧之力将寺庙咖啡的定位站稳。再看产品,诗书气息满满,美式叫"涤烦"、拿铁叫"停雪",更佛系的一款产品叫"随缘",所见即所得,盲盒体验,禅意也被拉满。寺庙更是提供了一个自然景观、人文景观融合甚好的"第三空间",为渴望宁静的心灵创造了一个休憩角落。同质化营销流行的当下,寺庙咖啡就像一股清流,以反差感刷新认知,以空灵感荡涤身心。

"佛系营销"的创意文化表达,可以很多样。载体不仅可以是守正出奇的咖啡,形式不限于茶咖、文创、法物,都对人们的尝鲜心理、祈福心情、社交需求一击即中。比如五台山等寺庙的文创雪糕,"不被定义"地将寺庙IP演绎得生动精彩。外形上以莲座托起寺庙的佛韵集锦,气韵感十足。更创意惊喜的,在于吃掉雪糕后展露出的雪糕签,"祈福盲盒签",更是将寺庙的禅意价值具象化。清凉雪糕是第一重满足,雪糕高颜值打卡拍照是第二重满足,雪糕签美好祈福的吉祥寓意是第三重满足。丰富多维的寺庙创意,给文创插上了想象力翅膀。还有各类颜值与祝愿兼具的法物与文创周边,无论是传统的祈福手串,还是工艺摆件,或是香囊、书签这样的有趣小玩意,都提供了多维度的满足,以寓意取胜,以创意出圈。

不仅是文化表达层,寺庙业务层的延展也相当熟练。喝咖啡、祈福之外,福至心灵的年轻人还可以在寺庙收获独一无二的体验经历。南京的大报恩寺,运用光影构造和科技设计冲击着游客的视觉体验。其内部有一个由光纤条和8 000多个水晶珠子组成的3D立体佛首,被称为"赛博朋克佛像",科技感拉满。一些寺庙接受法律咨询、心理辅导,甚至各类禅意培训课程。就功能性而言,寺庙早已不再只能烧香拜佛,而真正进化成为"全知全能"的复合型公共场所。

寺庙建筑黄墙黛瓦,韵味十足,本身就具有很强的观赏性,加上社交平台的"推波助澜",更多年轻人走进寺庙也不足为奇。将寺庙内外的差异性放大,形成反差感;在与年轻人的互动之中,强调体验至上,又能很好将体验营销做到极致。于是,这场禅文化的IP巡礼,就成为寺庙与人们的一场双向奔赴。

从露营、飞盘到寺庙旅游热,旅游产品想要俘获年轻人的心,体验感和精神慰藉的属性至关重要。新的消费点,不就是这样创造出来的吗?

三、问题思考

(1) 你怎么看待寺庙旅游热?

(2) 你的家乡有何旅游景点?在体验营销策划上,你有何建议?

案例7-6 社会议题,中高端白酒品牌与大众的沟通新思路

一、背景资料

白酒一直是一个社会属性很强的品类,尤其老一辈的白酒管理人更是深谙此理。虽然本身的"品质""口感"也很重要,但"面子"在中高端白酒中尤为重要。这就类似为产品赋予"社交货币",新沟通情境下,如果年轻人愿意在社交媒体分享产品,就代表产品的社交货币属性越高,更有利于产品溢价与品牌效应。

　　"社交货币"这个道理同样也适用于白酒。但白酒品类的"社交货币"组成非常复杂,并不是单纯的来自一个好看的包装设计、一个讨巧戳心的文案,而是需要非常强大的品牌信用、广泛的知名度、美誉度以及品牌价值观。也因此,白酒品类极为重视品牌效应,甚至推动高端白酒往奢侈品的路线发展。而当一款白酒定位到中高端市场后,所采用的营销策略往往要"高举高打",需要权威电视媒体的背书,需要线下的高端核心商务场景的霸屏,需要在重点节日中做"海陆空"式的营销轰炸。

　　但事实上,传统的白酒营销也在面临困局。这是因为一个符合当代用户心目中的"高端品牌",是要频繁出没在消费者视野的,是有独特品牌个性与文化的,更是能够懂用户和用户聊天对话的。然而白酒在传统渠道的营销,其实很难完全满足这些需求,能看到的问题也很多。诸如,品牌同质化很严重,大多数营销内容雷同,只会强调历史、年份、香型、味道,缺少品牌个性、价值、文化的表达;同时传统营销渠道的输出,对于品牌塑造是单方面的,缺少用户互动;此外,消费者越来越需要多元化、高频率地接触、了解一个品牌,才会真正地认可它。从这些挑战来看,中高端白酒的确需要进一步拥抱灵活度高、话题多元、互动性强的社交营销。

二、基本案情

　　回想白酒营销的传统创意内容,普遍会高度还原相关用户的消费场景、用户的使用场景。久而久之,这种内容就会模板化。如果将这种思维下的内容,生搬硬套到社交平台,显然并不符合社交平台的属性以及社交用户的内容兴趣。所以我们需要一个很好的介质,来让白酒品牌可以更好地走进社交圈层。而通过盘点微博近年来的白酒营销案例,其实会发现一个有趣的现象。但凡和社会议题相关的事件,如节日节点类、社会情绪类、事实热点类、公益类,这些大众亲和度、关注度均很高的社会议题,就非常适合白酒品牌来参与。它可以借助这些软性的内容,去拉近白酒品牌与大众用户的关系,甚至可以呈现品牌的人文性与故事性。

(一) 以社会情绪为话题切入点

　　社会情绪是指大众在当下对某一事件或现象所产生的集体共情、共鸣。而在这类社会议题中,往往会自带普遍的情绪与情感价值,这是白酒品牌与普通用户沟通拉近距离的优质话题。酷暑时节,大家都特别需要"降暑"。而对于白酒这个品类来说,夏季作为白酒淡季,相应的也是营销传播的淡季。而此时品牌发声,其实很容易吸引用户。其次,大众对炎热的社会情绪很浓烈,提供了一个很好的话题切入点。

　　国窖 1573,当时在微博推出了一个话题"冰白酒到底有多好喝",并联手时尚先生Esquire 发布了创意微电影《冰·JOYS HOTEL》,同时又针对产品推出了 12℃ 冰镇体验的喝法,这样内容既贴合了夏日情绪,还通过与时尚媒体跨界,抓住喜欢尝鲜体验的年轻人的兴趣点。同时,由于是全新的饮酒方式,品牌还在微博上向大众"种草":"简单喝、氛围喝、轻松喝"等喝酒方式,用有趣的内容带动种草。整体来看,这个案例正是白酒品牌在难以发声的季节,通过贴合"大众情绪"的话题,与年轻时尚人群进行了一次不错的沟通尝试。

(二) 从节日、节点寻找社会议题

　　节日、节点具有全民的关注度。同时,它本来就是白酒品类的重要营销节点。但是传统渠道往往针对春节、中秋这些大型团聚节日投放,从而会错过其他的节点节日,此时社交渠道就能够进行补充,让白酒品牌营销占据全年的重要节日节点。

　　例如劲酒在品牌 30 周年期间,借助节点社会议题,与大众沟通。品牌当时发起一场

Vlog 大赛——"晒出我的中国劲",并设置 5 个不同的赛道,如"坚持无止劲""进取无止劲"。从创意的主要策略来看,这是典型的将品牌名称中的"劲",与国庆节这样的"大众议题"与"大众情绪"进行了高契合度的捆绑。

此外,年轻人积极参与赛道所生成的内容,也让品牌实现了传统渠道难以实现的用户互动、用户参与与用户自来水[①];微博庞大的权威媒体蓝 V 体系,亦能够推动白酒品牌获得重要媒体的集体背书。这对重视媒体价值的白酒品牌,也是社交渠道能带来的差异化价值。

(三)一些偶然性或既定的圈层热点事件也可以成为社会议题

偶然性或既定的圈层热点事件可以让白酒品牌营销变得更加灵活,同时有利于突破圈层壁垒。每一年社交平台都会发生许多偶然热点事件。对此,白酒品牌可保持高度的敏感度,对不同的热点内容进行分析选取,进行机动性的策划来避免密集的营销竞争。其次,还可以跨界去绑定一些圈层内的、既定的大型热点事件,如体育赛事、大型展会、公益活动等等来吸引相关人群,更能从中体现企业的社会价值。这就可以让白酒品牌掌握自己更加灵活的传播节奏,突破更多的圈层壁垒。

例如水井坊与世乒赛在微博所做的营销战役,就是一个典型的体育圈层热点事件,微博平台的兴趣圈层除了会通过电视观赛外,也会乐于在微博追踪体育健儿的微博,或者参与相关的话题讨论,这是微博平台特有的价值。

品牌在推出的话题中,抓住了大众对"国乒女团是冠军"的情绪价值,又利用"跟着水井坊看世乒"的媒体视角,来让用户和品牌产生社交黏性。通过策划系列博文,让用户可以借助社会赛事的热点,关注到一个白酒品牌,同时还乐于和品牌为伍,一起观赛,一起为中国乒乓女团喝彩,并在这个过程中不断对品牌产生更积极的情绪。

综上所述,不难发现,社交平台的多元化、爆发式的社会议题,可以为白酒品牌营销带来很多的想象空间。一方面,社会议题可以让白酒品类更加容易地融入大众关注的内容点中;另一方面,社交平台在具备声量曝光优势的同时,还具备传统媒体渠道不具备的互动性、参与性,以及海量官方权威媒体等资源优势。这些价值,足以让白酒品牌重视与社交用户的沟通。

三、问题思考

请进一步查阅相关资料,从整合营销传播的角度分析国窖 1573、水井坊、劲酒话题营销的目标受众、传播目标、传播策略、传播渠道以及传播方式。

第四节　课外思考案例

 案例 7 - 7　这家超市是如何打赢门对门的价格战的?

一、背景资料

价格战就是卖方为了挤占市场而采取的一种竞争手段,而今某些强势企业为了打击竞

---

① 自来水:网络用语,指一群因为发自内心的喜爱和欣赏之情,或不由自主,或满腔热情,去义务宣传某项活动或产品的粉丝团体。

争对手而采取薄利多销的手段,甚至某些企业为了把对手彻底挤出竞争市场,依靠自身的经济实力以低于成本的价格销售商品,从而获得垄断或者寡头垄断的地位。

价格战,是一把锋利的双刃剑,既能伤别人,也能伤自己;不仅能直"刺"对手"要害",让其"一剑见血",而且往往能"一剑封喉",从而将对手逼向一隅,甚至直接将竞争对手置于死地。这,就是"杀人不见血"的价格战。

对于价格战,很多人往往存在着误区,一提到价格战,就认为是拼价格,具体到怎样拼价格,以及通过价格战来达到什么样的目的,很多人更是知其然,但不知其所以然。因此,要更好地运用价格战来服务于市场与企业,就必须消除对价格战的片面理解和认识,从而建立一套合理、科学的评议价格战的评判体系。

二、基本案情

老曾从企业出来后,在很高档的梅凡小区开了一家北岛超市。他从来见人就说"超市多难做啊!生意多难做啊!每个月都在赔钱",就怕别人知道他这个小超市,其实每月利润都有两三万元之多!就在他偷偷摸摸闷声发财的时候,小区内又新开了一家胜业超市。

胜业超市的出现,使老曾变得愁眉苦脸,这家新开的超市整个一个反面典型!不会别的,就知道靠低价竞争!你一根大蒜卖七毛,他就卖五毛九。虽说这个高档小区内的消费者对价格不敏感,但相同的东西便宜点,谁都乐于接受。尤其是同质化的东西,例如娃哈哈纯净水、雕牌洗衣粉、可口可乐等,确实应了那句老话——"没有 2 分钱买不走的忠诚度"。

(一)方便策略和买赠策略

眼看着北岛超市的生意,在胜业超市的进攻下,一天一天地跌落;老曾再也坐不住了,便使出了第一招组合策略:即"方便策略"和"来就送、买就赠策略"。

所谓"方便策略",就是老曾规定:凡单次购买 6 元以上或上月购买超过 15 次或累计消费 90 元以上,均可免费送货。哪怕你在炒菜时仅需要一根七毛钱的大蒜,也能享受此项服务。虽说类似的单笔交易可能不划算,但这一策略却有效地满足了顾客方便快捷的购物需求。

"来就送、买就赠策略",就是老曾规定:凡到北岛超市来,即使不购物,也送小礼物,如带小孩来,可送小孩一个气球;若购买了价值不等的商品,可获赠价值不同的赠品。

在北岛超市购物,天天有特价,天天有惊喜。老曾与相关的厂家合作,每天在特定的时间推出一定数量的特价商品,售完为止,其价格往往略高于或等同于商品的成本;若顾客一次性购物价值达到规定的数额,还可免费抽奖一次,中奖率 100%,奖品包括几毛钱的小礼物到上千元的彩电、冰箱等。采取这一策略,则是为了提升超市卖场内的人气。

你还别说,老曾这一招组合策略的使出,一下子使北岛超市变得忙碌起来,忙着送货,忙着接购货送货的电话,忙着应对购买特价商品拥挤的人群;这使得顾客对北岛超市的忠诚度大大提升。

在小区内居住的小周偶尔炒个鸡蛋,发现家里没葱,打个电话,6 分钟后,一根六毛钱的葱就送上门了;没油没西红柿,也是快速送货。偶尔去北岛超市卖场内感受一下购物的气氛,感觉其人气旺盛的程度不亚于大型的超市。

自此以后,小周和小区内的许多人几乎就没怎么去过离家不远的沃尔玛,那里虽大,但得排队;更因为那里的商品 80% 都是他们不需要的,而他们需要的 20% 的商品,在北岛超市都有了!这样一来,他们为什么不享受方便?凭什么买一瓶洗发水之类的东西要他们专门下趟楼,走 25 分钟去沃尔玛?

蒜啊！葱啊！洗衣皂啊！能有多高的利润？有利润高的啊！例如品牌化妆品、保健食品、红酒等,在小超市里,整整一面墙都摆满了红酒,国产的国外的都有,价格从一二百到七八百元不等;一瓶红酒的利润,是不是超过了一大箩筐的大蒜？

(二)价值置换策略

不过,老曾的这一招组合策略,很快就被胜业超市抄袭模仿运用。

门槛低,当然竞争者的跟进抄袭模仿就很迅速。说白了就是,四岁的小孩子赚到了金元宝,谁不想抢啊？姚明拿着金元宝,你抢一抢试试？

经过思虑,老曾使出了第二招"价值置换策略"。即先用促销品的价值,解决消费者担心的风险问题;然后,用主销品实现超值体验,形成有震撼力的促销效果;通过促销品获得的成本优势,最终实现超额利润。

比如,北岛超市在"高档鞋油 5 元一盒试用,买 2 盒送雨伞"的促销活动中,一个月不到,3 000 多盒鞋油就被抢购一空。一盒鞋油的进价才 0.5 元,一把雨伞的批发价不过 4 元,这样一个"买二送一"套餐的成本就是 5 元,稳赚 5 元,这样一来,就创造了 8 000 多元的利润。

其成功原因有三:

第一,盘活存货的基础和药引。在当地,最便宜的雨伞也要 10 元,所以,对于消费者来说,雨伞和 10 元钱是等价物。由于消费者很容易判断伞的好坏,因此,促销活动几乎没有吃亏上当的风险。

第二,雨伞在本地是生活必需品,因此,很受欢迎。

第三,这款鞋油被宣传成高档品,消费者都有捡大便宜的心理。

这三点加起来,自然是无法抗拒的诱惑了。

明则卖鞋油,实则卖雨伞。消费者的感觉是花 10 元钱买到了伞,然后得到两盒高档鞋油。伞补偿了消费者的付出,使之成为无风险交易,而所谓的高档鞋油产生效用溢价,让消费者觉得大占便宜。正是通过这种价值置换,使促销变得极具吸引力。

老曾私下打探到,胜业超市也曾尝试过类似的促销,但最终的结果却很不理想,其原因就在于未能弄懂价值置换背后的真谛。

实行价值置换策略,必须遵循两点原则:

(1)明晰性原则。被赠、被搭、被联合的促销品,质量越标准化、价值越容易看到,效果越好。如案例中的雨伞。

(2)模糊性原则。主销品质量越不标准化、价值越难判断、价格变动范围越大、价值体验越强,则越有利于促销方案的高利润定价。反之,如果主销品的价值清晰可见,则无法实现暴利和震撼效果。主销品必须给消费者留有想象空间。在鞋油销售中,高档鞋油几十到一两百元一盒的都有,这相对于消费者的付出成本,冲击力就非常大了。

(三)绿色策略

价值置换策略的实行,使得北岛超市卖场的人气更加旺盛。为了稳固和增强所形成的竞争壁垒,老曾在实行价值置换策略的同时,还开始注重自身能力的增长和提高。

老曾发现,自己的顾客群,尤其是核心顾客群,都是一些高收入、高知识、30 岁到 55 岁之间的人。这些人有一个共同的特征,就是非常注重生活的品质。于是老曾使出了他的第三招策略"绿色策略"。在北岛超市大打"绿色牌"。

送货员将小周购买的西红柿送到他家时,就特意叮嘱小周说:"这些西红柿比上个星期的贵了两倍呢,不过可是'有机蔬菜'! 完全无农药、无化肥。您生吃一个,就知道味道比那些化肥催起来的,新鲜多了!"小周一试,嘿,还真是。

就这样,小周后来买西红柿、土豆等,都点名要有机蔬菜了。

老曾则趁势大批量地引进有机蔬菜,在满足顾客"绿色"需求的同时,也给自己带来了丰厚的利润,且因为大打"绿色牌",使得北岛超市逐渐在消费者心目中,区别于另一家超市,树立起了"健康"的形象。

另外,老曾还发现了一个竞争对手胜业超市暂时比不了的优势——红酒销售。因为红酒销售人员必须懂红酒才行,而培训一个红酒促销员通常需要几个月的强化培训:产地? 年份? 风格? 是黑莓子还是偏巧克力风味? 葡萄的种类? 以及每一个种类有哪些特征? 竞争对手一时半会儿难以将这些东西搞定,而这恰恰是利润的主要来源之一。

这时,北岛超市还强化了营业员其他产品知识的培训,特别是利润空间大的产品知识的培训,以便和竞争对手胜业超市形成有效的区隔。

三、问题思考

价格战作为一种最为直接的攻击装备,关系到一个企业的整体战略规划、产品定价策略、销售渠道调整,以及企业的销售与管理等等,然而,企业该如何打赢价格战呢?

案例 7-8　20 分钟,这款牙刷卖了 1 亿元

一、背景资料

不管你有没有用过,电动牙刷都不是个新鲜物件了。从小镇青年到都市白领,从青葱少年到中年大叔,电动牙刷作为保持日常口腔健康的重要工具,正在逐步渗透现代人的生活。据统计,2019 年中国电动牙刷实现销量 4 556 万支,淘宝的全年销售额达到了 57 亿元人民币。

作为口腔护理赛道的新锐国潮品牌,usmile 用了不到 5 年时间,就拿下了天猫平台电动牙刷类目 11.2% 的占有率,成为仅次于飞利浦电动牙刷,排名第二的新品牌,usmile 是如何理解电动牙刷这门生意的?

品牌总监 Amber 表示,usmile 一直认为好产品必然是好生意,同样,想做一门好生意的前提是,必须有帮助消费者解决问题的决心,这是不能动摇的品牌底线。

二、基本案情

(一) 先完成一个"小目标"

走进 usmile 的广州总部,墙上还挂着奋战"双十一"的标语,工作人员告诉记者,2020 年"双十一"开售 20 分钟就完成了一亿元的小目标,被称为"罗马柱"的 Y1 声波电动牙刷售卖超过 20 万支,同比 2019 年实现了 100% 的增长。

2020 年"双十一"期间,usmile 还在微博发起了一场"1 001 支电动牙刷心愿"活动,用户发微博许愿"我想要一支 usmile 的电动牙刷,送给×××"就有机会得到 usmile 送出的电动牙刷礼盒。每天实现 100 位用户的心愿。比如一位用户说,自己还是在校生,爸爸已经 50

多岁了,在他的生活中,手机和电脑就是生活中高科技的极致代表,他希望爸爸也能感受到电动牙刷给生活带来的幸福感。

据统计,活动话题"usmile 电动牙刷"共计收获了 3 500 万次的阅读量,有 73 万名粉丝参与了在线讨论。

在品牌总监 Amber 看来:"和数据相比,故事更有价值。"这些收集到的声音,被 Amber 称为"超级内容承载",用户不经意间对生活细节的透露,对消费场景的勾勒,可以帮助品牌还原一个活生生的人。Amber 表示,品牌与消费者的沟通不只要用心,更要主动,就像交朋友一样去沟通,才能洞察真实需求,创造内容唤起情感,产生品牌共鸣。

如果说过去几年,我们更多关注作为宏大叙事的"人",那么在场景纪元新规则刚刚开始之际,正需要用"新观念"来理解人。围绕用户,围绕新生活方式,品牌正在加速变革与创新。我们谈论所有产业都有机会重新做一遍,是在于品牌更加深入理解场景变化,理解新观念意味着什么。

(二) 洞察用户,要胆大心细

大众品牌对于当前的市场流量,核心由三部分构成,一部分是站内流量,所有渠道电商平台流量;一部分是信息流,比如抖音、小红书、快手等;最后一部分是品牌本身的势能。

最早进入市场时,usmile 也选择利用小红书、微博等社交媒体来破圈。那时的内容生态相对健康,通过给达人寄样品,他们真的喜欢就会做推荐,逐渐形成了"买得越多卖得越多,卖得越多买得越多"的良性循环,这也让 usmile 电动牙刷成为一款真正意义上的 UGC 产品,找到了第一波忠实用户。

这背后当然不只有流量做基础,usmile 认为自己真正的壁垒,其实是洞察用户、理解用户的能力,大到产品设计,小到电商页面的产品链接,在 usmile 看来,都是消费者决策的反映。这个能力建设,也为营销推广和产品研发提供了思路。

Amber 举了一个例子,针对当代年轻人爱吃甜食、喝肥宅水和奶茶的习惯,usmile 研发了一款具有抗糖功效的牙膏,不吃糖不等于没有糖,一碗米饭含有三颗棒棒糖的糖量。糖让你快乐,但是口腔的健康就让 usmile 抗糖小方瓶来帮你守护。这款牙膏上市时只做了冷启动,但因为对消费者的洞察足够敏锐,上市三个月,销量就超过了 3 万瓶。

这是为什么? Amber 表示:"这其实就是品牌重新理解用户的过程,所有消费者日常生活的行为就是品牌的机会点。"

同样的,用户思维在产品的研发和设计上也一以贯之,usmile 找到的切入点是科技和美学。

关于科技,很好理解但很难做到,就拿最基础的充电功能来说。无线充电虽然在技术上更高级,在大众认知中也更"高科技",但经过大量用户调研,usmile 发现中国的卫生间没有国外那么大,可以专门有一个插座来放充电器,以至于很多人找不到充电底座或者懒得充电,电动牙刷最终沦为"手动牙刷"。

续航也是让很多用户头疼的问题,市面上有些电动牙刷续航仅有几天到几周时间,充电却需要十几个小时,或是有些需要专属的电动牙刷充电器,日常和外出旅行使用并不方便。于是,一方面 usmile 把续航时间延长到了 180 天,充一次电可以用半年,另外也放弃了当时市面上流行的无线充电底座,转而用 USB 充电线接口设计,手机充电线也能直接用来给电动牙刷充电,使用更方便。

5G、智能互联也给电动牙刷带来了更多可能性,比如每日同步各项数据,监测口腔健康,通过口腔提前预防身体潜在疾病等,进而消费者也能获得更为精细化的口腔护理服务。这一切,都正在让生理健康变得更加可视、可评估、可执行。

除了产品的创新,usmile 在人群服务上会更细分。无论是学生党、初入职场的女性还是对生活品质有更高追求的用户,都可以在 usmile 找到适合自己的产品。这也是基于对用户洞察和消费趋势的理解,进而反向定义产品的结果。

在外观设计上,usmile 有自己的美学定义,先是摒弃了冰冷的医疗工业风,推出了第一款产品 U1,在外观上采用新的设计语言,选用马卡龙色系,明亮活泼,线条也更为柔和。U1上市半年,就迅速成为线上多平台电动牙刷销售黑马,这只牙刷也独揽 5 项国际顶级设计大奖。

2019 年 usmile 先后推出了青年艺术家限量合作款、限定国风系列,以及和 LV 设计师合作设计的联名限量孟菲斯系列,2020 年又和大都会博物馆做了联名,通过品牌合作、大 IP联名,收获了消费者的认可与高满意度,达到了与品牌文化的共振。

而美学到底是在服务什么? Amber 认为,其实就是与消费者的审美喜好高度契合,用品牌调性匹配用户喜好,通过产品沟通链路的重新拆解与融合,与消费者尤其是目标群体共振,为产品赋予更多美学和情感价值。

(三) 电动牙刷的快消品逻辑

不同于很多电动牙刷品牌定位小家电,usmile 认为,电动牙刷其实是一个快消品。可在大众的普遍认知中,电动牙刷除非坏了不会轻易更换,怎么可以称得上是快消品呢?

对此,Amber 给出的解释是,刷牙作为口腔护理最基础的清洁功能,带动了整个口腔护理的快消。当越来越多的消费者开始接受"像护肤一样护理口腔",也就带动了电动牙刷背后更大的品类消费,比如两三个月需要更换的刷头、牙膏、牙线还有漱口水等更多与口腔护理相关的产品。

对于一个快速成长的新锐品牌来说,现有消费者对电动牙刷的认知是一个稳定的支点,它们急需一个杠杆,尽可能多地撬动更多的全域流量。这一逻辑似乎正在被验证是正确的,目前 usmile 已入驻全国各大线下商场、机场店、潮品店、购物中心等,数量超 1 000 家。

既有快消思维,又有研发实力,让 usmile 很适合成为一个兼顾两者的品牌,一边覆盖电子类、对研发和技术有门槛的电动牙刷,另一边覆盖牙膏、漱口水等快消产品,定位全面口腔护理专家。

与此同时,usmile 发现越来越多的消费者,愿意把电动牙刷作为表达心意的礼品,送给身边人。但时至今天,一份好的礼物,必须能够引起双方的情绪共振,只搭配一个礼盒,是远远不够的,因此 usmile 利用数字化工具,让产品承载了更多用户送礼时想要表达的心意。

举例来讲,在消费者购买的礼盒腰封上,有一个附带的二维码,用户扫描后可以在 H5页面上传一段对收礼人的祝福,照片、视频或者语音,然后系统会生成一个独一无二的密令。收到礼盒的人输入密令就可以看到这段专属祝福。

当然,这还需要市场的持续教育,尤其在目前电动牙刷的市场渗透率很低的情况下。为了推动行业发展,usmile 与中国家电协会一起制定了电动牙刷行业标准,还签约牙医院士口腔专家帮助产品开发。在所有的官方发声渠道,usmile 也设置了专栏——usmile 口腔小课堂,由浅入深地为消费者科普口腔知识,并定期与消费者互动,解答他们日常遇到的口腔问题。

"科技"与"健康",是 usmile 迎来的行业机遇;"理解用户"与"洞察用户",是 usmile 安身立命的根本;快消品逻辑,是 usmile 切入多品类的武器。当创新求变、价值交付型的企业,逐渐被消费者们认可并追随,我们有理由相信,一亿元只是 usmile 的开始。

三、问题思考

请分析梳理,usmile 20 分钟实现 1 亿元销售额的原因是什么?

(彭春雨、徐梦迪:《20 分钟,这款牙刷卖了 1 个亿》,《销售与市场(管理版)》2021 年第 1 期,有改动。)

 案例 7 - 9　小米营销×美年达,教你用正确的姿势搞定年轻人

一、背景资料

每个时代都有"年轻人",当品牌要做"年轻人营销",就意味着品牌需要不断与时俱进,探索与打破自我边界,在不同层级市场中寻找新增长、制造营销新机会。近年来,品牌跨界合作愈演愈烈,已然成为一种潮流的品牌营销方式。泸州老窖推出了同名香水、旺旺跨界推潮牌服装、"大白兔"和"美加净"联名推出奶糖味润唇膏……一系列的跨界营销都在业内引起不错的反应。但是也并非每一次的品牌跨界合作都会获得成功,其中失败的同样也不在少数。而失败的原因就在于并没有找到两个跨界品牌之间的契合度。而此次的主角美年达和小米在目标受众、品牌调性等方面有着高度的契合。

一直倡导与年轻人们玩在一起的美年达,每年都会通过一系列深入消费者的调查,了解当下年轻人的心态和喜好,在洞悉时下流行风向的基础上推出新品。"个性、年轻、活力"是其给人们留下的印象。这与追求时尚、个性、科技范的小米在品牌定位上有着高度的契合之处。不仅如此,两者都极具"匠心"精神,力求给用户最好的产品体验。例如,美年达针对其具有鲜明品牌标签的产品——"水果瓶"进行了外观全新升级,新瓶型以爆开的水果为灵感,将美年达一贯的果味与感官刺激体现于瓶身,给消费者最直观的果味爆发体验;同时,在多果味的产品策略上,美年达今年选择了与香蕉娱乐合作,推出香蕉新口味,力求在深耕年轻消费市场的同时,也与年轻人更好地玩在一起。而这与小米一直强调的参与感、体验感有着异曲同工之妙。这样两个品牌达成合作自然也就在人们意料之中。

面对善变、"追求个性审美"的 Z 世代消费者,美年达希望能够以个性化、有趣的形式和年轻人玩在一起。而这也正是小米的优势,如今,小米不仅打造了新零售体系,还建立起了全新的智能营销生态。以此次合作为例,调动了手机主题、OTT 广告和线下新零售资源三大优势资源,并对这些资源进行有效地整合,从而为美年达打造一场 360 度环绕的品牌传播战役。

二、基本案情

(一)深入年轻人聚集地,触达年轻一代的消费新路径

"用户在哪里,广告就应该在哪里",这是营销不变的真理。不断探索如何与年轻人玩在一起,是美年达品牌一直不变的目标。美年达敏锐地洞察到如今年轻消费群体不仅仅可以通过传统媒体进行触达,更可以在年轻人线下娱乐的新兴场景进行资源布置,在达到展现的

同时潜移默化地培养年轻群体的认可度。雷石 WOW 屋便是这样一个年轻人休闲娱乐的重要场所。值得一提的是雷石 WOW 屋一般都设置在影院、商场、购物中心这样的人流聚集地,天然就是品牌传播的重要载体。不仅如此,为了更好地与年轻用户打成一片,此次合作中美年达在雷石 WOW 屋的包装上创意地采用了代言人刘昊然与卡通水果小人间的互动画面,将美年达独特的"果味爆发"与感官冲击很好地展现出来,让年轻消费者身在其中仿佛置身于美年达的果味海洋,激发消费者对于美年达浓郁果味的印象。

据了解,小米与美年达的此次合作针对品牌传播重点区域——东北,投放 29 台 WOW 屋包贴定制,覆盖线下 300 万余人,有效地将美年达全新水果瓶上市进行了曝光。

（二）OTT 端＋移动端重拳出击,创意吸睛百分百

在年轻人出没的多个场景下进行重点布局只是第一步,要想将品牌传播最大化无疑还需要借助更多年轻消费者喜闻乐见的媒介形式进行更大范围的触达。作为深耕年轻消费群体的美年达,在资源投放方面一直跟随着最新的趋势,不拘泥于传统的投放方式与点位,近年来也不断尝试着通过更新、更有趣的方式第一时间触达年轻人,融入新世代消费者的生活场景。

在市场沟通方面,美年达始终坚持通过深入消费者的调查,了解当下年轻人的心态与喜好。随着深入洞察,美年达发现兼具大屏、高清、互动、智能等众多属性于一体的 OTT 正受到越来越多的用户特别是年轻用户的喜爱,与互联网一起成长是他们鲜明的时代烙印,而 OTT 平台凭借着将互联网与传统大屏的融合将他们重新拉回客厅中心。

对于美年达来说,这部分用户无疑正是其需要触达的核心用户。为此,美年达×小米在 OTT 端根据品牌传播节奏,分别为美年达果味大爆发与香蕉味新上市,定制 OTT 创意 15＋5 开机和 mini 霸屏,向消费者展示超强视觉体验,快速引爆新品上市的信息,建立品牌强曝光,帮助品牌在大屏抢占消费者的关注。

同时,在手机不离身的当下,手机端同样是不容忽视的重要点位,不同于投放开屏广告、Banner 点位等传统营销方式,品牌年轻化创新营销的内核是赋予品牌生命力,不是一味地生硬迎合最新的趋势,而是通过将品牌、产品有机地结合,进行系统性的再造。此次美年达×小米合作创新地选择了定制主题这种形式,巧妙地通过将解锁与"果味大爆发"两个概念做了融合,不仅完美诠释了美年达跟年轻人玩在一起的品牌理念,而且每一次解锁都是一次"果味爆发"的直观体验。为了强化多果味、全新瓶型再到代言人刘昊然的品牌资产,此次合作中利用一套主题四种解锁特效的形式进行展示,特别是刘昊然主题画面,更是满足了粉丝与爱豆亲密接触的心理,深受米粉好评。而用户每次开启手机都是一次对于美年达品牌资产与产品特性的印象的加深,从而在潜移默化中占领用户心智。

（三）建造美年达揭盖有奖长线合作,与年轻用户更好地进行连接

在触达的基础上,为了更好地与用户进行连接,加强与用户的互动,美年达×小米搭建了长线的揭盖有奖合作,通过价值 110 万元、有趣好玩的奖品点燃年轻人的购买热情。

而在奖品的设置上,美年达×小米可谓"用心良苦"。为了强化美年达多果味的特点,共同定制了多颜色的果味小书包,每一款颜色都对应着美年达的一款产品。鲜艳颜色的视觉冲击也无形中强化了消费者对于美年达浓郁果味的印象。再到 WOW 屋优惠券的设置,4.3 亿张 WOW 屋优惠券的设计对美年达与小米而言都是一种成功的双向引流:消费者购买产品后被引导至美年达包贴的场景进行消费体验,延长了消费者对于品牌的接触时长,更是培养了年轻一代消费者从线上到线下的消费习惯,美年达一直陪伴在年轻人出现的每个场景中;对于小米而言,WOW 屋则接住了消费者线下购买的流量。这种模式有效地连接了两个场景,也实现了线上线下的融合互通。

通过这一系列步步为营的操作,美年达×小米成功构建了立体式、360 度的营销覆盖网络,不仅在年轻人心中树立起品牌有趣好玩的形象,同时,对用户的花式种草又助力了终端销售转化,完成了一场漂亮的营销战。

"百变"的小米营销总能给人们制造出不一样的营销惊喜,未来其又将携手品牌玩出怎样的新花样来强化与年轻消费者的沟通? 让我们拭目以待!

三、问题思考

(1) 美年达为何会与小米合作? 其合作的目的是什么?

(2) 在合作中,美年达与小米分别使用了哪些媒介? 传播了哪些信息? 实现了哪些传播目标?

第八章 市场营销组织、计划与控制

市场营销管理必须依托于一定的机构或部门即市场营销组织进行;市场营销计划是关于某个产品或具体品牌如何进行市场营销的安排和要求;在执行市场营销计划的过程中,难免会遇到各种意外事件,所以还要不断地对市场营销活动进行监督、评价,控制其发展方向。

● 我们正处于一个环境复杂、变幻莫测的时代,特别是全球经济危机爆发后,各行各业均受到了一定的冲击,在行业面临困境、企业面临危机的情况下,就需要企业应用危机营销的知识,积极应对和处理,弥补损失,甚至创造收益。本章案例"转移矛盾:腾讯老干妈广告纠纷""宝马MINI冰淇淋事件:一场失败的危机公关之诞生"等将为你提供有益的启示。

● 当今世界,市场环境不断变化,企业竞争日趋激烈,不论你是百年企业还是幼小企业,都需重视市场营销组织建设,加强市场营销计划和市场营销控制,才能站稳脚跟,不断发展。"家装行业的危机""实体书店复兴""阿里变革"给人们留下了深深的思考。

● 在近几十年中,伴随着大规模生产的兴起,大规模消费应运而生。人们在大规模消费的过程中积攒了大量物品,而其中有很大一部分是闲置的。在私人手中存在大量的"消费盈余"。面对大规模的私人消费盈余,可以通过互联网降低交易成本,提高过剩资源的配置效率,Uber、Airbnb等共享经济模式应运而生。互联网不再是虚拟经济、流量为王,而是从比特回归原子,回归到现实世界,改造传统产业,和实体经济对接成为互联网的主流。互联网也不再是简单的眼球经济,而是商业全流程改造,尤其是企业中后台运营的改造,以及组织本身彻底以用户为中心的再造。互联网+对传统产业的深层改造,必然会遭遇深层矛盾和深层冲突,必然涉及共享经济的"黑暗面"。共享经济一方面充分挖掘出闲置的资源并充分利用,一方面正不动声色却浩浩荡荡地撼动着传统行业的经济结构根基。它从底层经济关系上瓦解原有的经济秩序和商业逻辑,直击传统企业供与需不对称等死穴。

培养正确的政治方向和诚实守信的职业品质;提升风险防范意识。

（1）掌握营销计划的内涵及内容、营销组织结构、管理营销组织的措施，以及企业提升营销执行能力及进行营销控制的方法。

（2）将营销计划、组织、执行和控制与供给侧结构性改革相联系，提升在进行市场营销活动时的大局意识。

（3）通过对于中国企业营销控制的优秀案例的学习和了解，增强民族自豪感。

第一节　理论教学要点

一、市场营销组织

（一）市场营销组织的目标

市场营销组织的目标：对市场需求作出快速反应、使市场营销效率更大化、代表并维护消费者利益。

（二）市场营销部门的组织形式

市场营销部门的组织形式：职能型组织、地区型组织、产品（品牌）管理型组织、市场管理型组织、产品/市场管理型组织。

（三）市场营销组织设置的一般原则

市场营销组织设置的一般原则：整体协调和主导性原则、精简及适当的管理跨度与层次原则、有效性原则。

二、市场营销计划

（一）市场营销计划的形式和内容

市场营销计划的形式和内容包括：提要、背景或现状、分析、目标、战略、战术、损益预测、控制。

（二）市场营销计划的实施

市场营销计划的实施包括：制定行动方案、调整组织结构、形成规章制度、协调各种关系。

三、市场营销控制

（一）年度计划控制

年度计划控制包括对销售额、市场占有率、费用率等进行控制。

（二）盈利控制

盈利控制包括盈利能力分析、最佳调整措施的选择。

（三）效率控制

效率控制包括销售队伍的效率、广告效率、促销效率、分销效率。

（四）战略控制

战略控制的目的是确保企业的目标、政策、战略和措施与市场营销环境相适应。

四、市场营销审计

(1) 市场营销环境审计：宏观环境审计与微观环境审计。

(2) 市场战略审计：市场营销目标方面、市场机会方面、竞争者与竞争方面、内部资源方面、企业实力和弱点方面。

(3) 市场营销组织审计。

(4) 市场营销系统审计。

(5) 市场营销年度计划审计。

(6) 市场营销盈利水平审计。

第二节 教学引导案例

 案例 8-1 华为手机的品牌成长之路

一、背景资料

在今天，你即便不买华为手机，也多多少少对华为这个品牌和这家公司有所了解。围绕着华为展开的话题不计其数，而这其中，要数华为手机相关问题讨论最多。

华为从 2003 年开始做手机，到如今已超 20 年时间。如果不是因为受到制裁，华为手机很有可能仍然是中国第一、全球前三。有人说："在智能手机行业，美国有苹果，韩国有三星，而中国则有华为。"

如果华为按照被制裁前的势头发展至今，无疑将让这句话更加深入人心。但很不幸，如今无 5G 芯片可用的华为，已经从"欲与三星争第一"的勇猛，滑落到了"全球第十"的无奈。很多华为的粉丝都在期盼华为早日解决芯片问题，东山再起。有人则觉得，华为的手机业务算是"废了"。

那么，究竟华为手机在未来能不能重整旗鼓？

二、基本案情

据产业链人士透露，华为近期已上调 2023 年手机出货量目标至 4 000 万部，而华为年初将这一目标设为 3 000 万部级别。市场研究机构 Omdia 数据显示，2022 年华为手机出货量为 2 800 万部。这意味着，华为对 2023 年公司手机出货行情有信心。

在手机大盘日趋下滑、5G 缺失的双重困境下，华为依然保持了创新和竞争力。2023 年 3 月至 4 月，华为在一个月内连发三款手机，包括 P60 高端旗舰手机、MateX3 折叠屏手机、nova11 中端旗舰手机。业内人士认为，2023 年华为新品发布节奏有望恢复正常。下半年即将发布的 Mate60 系列将再次成为市场关注的焦点。

在外人眼中，自 2014 年 9 月发布 Mate 7 以来，华为手机产品意外崛起。同年，华为品牌首次进入全球品牌咨询公司 Interbrand 发布的"全球最具价值品牌百强"名单，排名第 94 位，此后在该榜单中位次连年稳步上升，2016 年排至全球第 72 位。这多少也说明，华为在品牌建设上的努力得到了外界认可。

　　但是,手机产业一向风云变幻,华为登上国内智能手机销量榜首不足两载,随之又迎来新一批强劲对手。IDC 在 2 月初发布的最新市场跟踪数据显示,2016 年全年,OPPO、华为、vivo 成为中国智能手机市场出货量前三的品牌,OPPO 以 7 840 万部的出货量首次超越华为成为年度冠军。

　　在全球市场上,华为与其一直努力追赶的苹果和三星,在产品、品牌、营销等方面仍有明显差距。而华为的志向也很明确——就是要做第一个走出中国本土市场的全球性高端手机品牌。

　　对于做品牌这件事,华为可以说是选择了最难的一条路:从 B2B 到 B2C,从"白牌"到自有品牌,从低端品牌到全球高端品牌。

　　"从一个 B2B 品牌转做 B2C 品牌,这在行业里还没有成功的先例,而华为品牌由低端到高端逆向发展的路径,也的确违背了通常品牌发展的规律,更不用说,一个中国品牌想在全世界取得成功,特别是在消费领域。这会非常难。"2016 年年末,华为消费者业务 CMO 张晓云在接受《第一财经周刊》专访时,首先剖析了华为在品牌拓展上所面临的几大挑战。

　　她认为,品牌与销量虽然是正向关联,但并不能做到 1∶1 等同计算。从华为有意识要运营自己的消费者品牌专访时已经有多年,但仍然只能算是"刚刚起步"。这期间,华为在品牌建设上获得的最大进展,是想清楚了"破局的方向"。

　　"这个圈子里大部分企业,也包括我们自己,用了很多时间其实都是在做 marketing(市场营销),很少有谁真正做到 branding(品牌)的层面。"张晓云表示,华为想到的破局之策,是首先将二者区隔开,从而有意识地发展两种不同的能力。

　　对于华为乃至本土品牌而言,破局之策均无经验可借鉴,华为是在真正深入欧洲市场的实践过程中,完成这种意识上的转变的。营销行为是解决"what"(产品是什么样)的问题,而 branding 则是要回答"why"(为什么是这样)的命题,但很多企业其实将二者混为一谈了。

　　对华为而言,整合全球的上市营销活动,更多是基于对自身产品及品牌价值的判断。正如德国品牌研究者沃兰特·兰道所言:"工厂制造产品,而头脑创建品牌。"

　　在中国市场,华为品牌已经基本解决了认知度问题,需要提升的是影响力。而在海外,华为则仍需先讲清楚"我是谁",那里的消费者更为理性,一味叫卖手机产品本身,强调其配置如何强大,这种营销方式并不奏效。改为由品牌拉动销量反而是更好的办法,虽然这条路意味着要下更大的功夫,花更多的时间,却是真正有可能影响和感化消费者的有效方法。

　　谈及彼时的市场环境,一方面,华为背着"中国制造"的标签走出去,进入欧美这类成熟市场,首先承袭的就是"低质量""便宜货"的品牌印象,加之中国企业在全球技术产业界另外有一个糟糕名声——"Copy to China",华为想扭转海外市场的固有认知、塑造一个有创新力和科技感的优秀品牌形象,显然并非易事。

　　"但这里面还是有规律的,首先要建立信任,才会变得喜爱,最后是忠诚。"2015 年 3 月,当张晓云从华为荣耀 CMO 的位置,调任成为华为终端 CMO 时,她承认自己曾经有压力,"我们希望能够撕开一个口子,撕开大家对中国的一个认知,但这个任务蛮沉重的。"

　　2014 年前后,华为的品牌管理仍处于混乱状态,旗舰机无论是 Mate 7 还是 P7,均冠以 Ascend 之名,其他产品线还有 D、G、Y 系列。此后几年,华为精减了产品系列,并试图对外强调,"我们未来只有一个品牌,它叫华为。"

如今,华为利用 P 系列、Mate 系列和 nova 系列,呈现主品牌的不同侧面。P 系列被定义为"时尚科技",Mate 系列主打"高端商务",2016 年下半年发布的 nova 系列,则用来迎合主流的年轻消费群体。

"华为"品牌之外,作为互联网手机品牌的"荣耀",又与其形成所谓的双品牌战略。按华为对外的表述,前者主打的是"新中产的生活方式",而后者的用户定位是发烧和极客气质的"新青年"。

"不确定的时候,就是犹豫的时候。"张晓云也同意,成功的品牌建设是要给消费者以确定感。华为试图让消费者清楚辨识每个系列独特的 DNA。但基于华为消费者业务旗下的产品版图,要达到这个结果,似乎并不容易。系列分支发展越多,要提升产品辨识度就越难。

因此,华为品牌破局之道的另一个层面是,"把自己最真实的一面抛出去",用心与消费者交互,做好每个细节。与此同时,有意识地不断向市场灌输和分享华为的创新成果,可以是技术研发,也可以是管理思路,甚至是生产流程上的革新突破。

2016 年 4 月的分析师大会上,华为对外介绍了"蜂巢模式"——这种聚合优势资源的方式,通过内部管理去中心化,转而采用分布式结构,强调集体智慧,同时通过与外部合作,塑造生态。华为举出的自身案例,包括其推行多年的每 6 个月轮换一次的"轮值 CEO 制度"、在全球建立 28 个联合创新中心推动创新研发,以及与全球合作伙伴实现叠加创新技术。

同月,华为在伦敦发布了 2016 年的 P 系列旗舰手机——与徕卡合作的第一款双摄像头手机 P9;11 月又发布了同保时捷合作设计的限量版 Mate 9。在这两次产品发布中,华为在品牌层面的宣传重点,都是"蜂巢模式"的叠加创新。

2016 年 4 月初的 P9 全球发布会,在华为消费者业务 Marketing 部门内部,也被视为品牌管理上里程碑式的事件。

以往,一款华为手机全球同时发布时,在品牌视觉、广告物料选择上,各个市场可以说是各自为政,同一产品在不同国家可以看到完全不同的主题视觉。用户在中国听到的是一套话术,广告宣传以黄色为主,到了欧洲,就换成了另一套说辞,颜色也变成了蓝色。

从 P9 开始,华为首次在手机营销上实施全球统一策略,这意味着消费者不论去哪个国家,看到的都是一致的品牌形象。

如今,大公司做品牌都在逐渐"去 4A 化",因为要找到高配合度的广告公司越来越难。张晓云告诉《第一财经周刊》,P9 发布会以来,华为的每一场活动,都没有借助外脑,而只凭自己摸索。

"没有特别好的外脑,我们也是走了很多弯路才得到这点经验——最终还是要靠我们自己去突破。策略上由 inhouse 完成,执行可以交给外部 4A。"张晓云的做法,是找来若干团队成员,组成项目组,其任务就是要解决掉每一轮产品发布的定调问题,"百分之七八十的东西都有了",然后再从外部寻找落地执行的合作商。

"4A 公司未来的命运到底会怎么样,如果它们不能拿出特别核心的东西,真正帮到这些品牌主的话,我倒是觉得这种生存模式本身也会遇到挑战。"张晓云说。

P9 发布会后,华为收集总结了活动中的各种方法论,首次汇总成一份"全球统一 campaign 指南",作为日后产品发布活动的执行参照。而这份指南,又在随后每次发布活动结束后,不断优化,细化到更为具体的各个操作场景中。

这正是华为在品牌管理方面,自我摸索出的一个重要经验。真正去管理品牌,就是要让这个品牌变得更加系统、更加可追踪、更容易管理。

指南的价值,恰在于"固化每一次活动的优点,固化成大家日后不会犯错的东西,形成流程,放到管理机制里去",其内容会涉及一场活动的方方面面——广告应该怎么去放,联合 logo 该如何处理,放什么样的组合,甚至是户外露出广告应该选择什么样的材质,一应俱全。

建立指南的目的,是要帮助华为在全球各个地区市场快速复制成功经验,形成共建局面。但是在具体落地过程中,基于不同市场之间的差异性,仍会出现诸多变数。

比如东北欧市场所辖国家众多,包括了波兰、匈牙利、挪威、捷克等 26 个国家,语言和文化差异极大,直接复制指南的操作方法过于生搬硬套,反而不明智。

当地负责人、华为消费者业务东北欧地区部部长汪严旻介绍说,东北欧国家的市场特点,是以首都等几个大城市的城市圈为主,且各个城市圈之间消费习惯差别不大。与国内存在很多手机卖场不同的是,东北欧市场智能手机多以专柜、专区等形式存在于商场内。

三星比华为早进入欧洲四五年,投入了大量人力物力做零售和品牌建设,几乎每一个卖场都能看到三星的品牌入驻,且整体视觉非常一致,显得高端。同时三星招募了大量促销人员,有些国家的三星促销员工数量是华为的 2 倍还多。华为在投入不及三星的时期,选择了提供超出期待的服务。

依照欧洲居民的消费习惯,店家周末打烊,售后一般提供的也是 5×8 小时,最多 5×10 小时的服务。华为东北欧地区部则率先打出 7×24 小时的服务,对用户的 VIP 服务也从三星等公司普遍采用的 18 个月或 2 年,延长至 3 年。

此外,从 2015 年年初 P8 上市开始,汪严旻在东北欧各个国家启动一年两次的全员巡店,驻扎每个国家分公司代表处的所有人都要参与,实地拜访销售网点,带上调查问卷了解具体销售情况,熟悉各个地方的产品仓储、类型、每周产出效率,并且直接访谈店员和消费者。

这种做法部分灵感来自华为在国内执行的"站店"活动,即研发或产品规划人员需要利用周末时间到华为专区或品牌店实地销售。

P9 上市同期,对东北欧市场的品牌投入也迅速增加,仅在波兰一国就投入了数千块户外广告牌。

这种 360 度无死角的巡店活动,随后也扩大到对每一块广告牌展示效果的检视。华为派员工根据广告牌的位置信息,利用 Google 地图,逐一检查广告牌的选址是否合适、灯光角度效果如何等。

"如果一个广告牌地处荒野,晚上灯光也不亮,被我们检查到了,就会告知供应商,要求赔偿。"汪严旻据此调整不同广告媒介投放的比例。

同样,电视广告也逃不开华为员工的人肉检查,比如是否按要求播放了 45 秒,在什么样的频道,在什么时间播放,这些在华为都有相应的考核标准。

选择如此细致的做法,也是其市场客观条件所造就的。华为在东北欧市场的占有率,从 2014 年年底的 2.6%,已经增长到 2016 年 12 月底的 20% 以上。在汪严旻看来,华为品牌初到一地,很多在中国国内看似已经成熟的经验都纷纷失效,所以"必须放下身段,从最基础的地方一步步走"。

"三星也好,苹果也好,我们根本没有办法跟它们去比广告宣传的预算。"张晓云表示,华为的路径只能是努力提升品牌的 NPS(用户净推荐值)。

2015 年年底,根据第三方机构 IPSOS 的调查显示,华为手机在中国市场的用户净推荐值首次赶超苹果,位列榜首。

的确,在中国市场,华为品牌已经赢得很大比例用户的尊敬,当然,你也可以认为华为手机品牌在国内,其实是整个华为公司文化的受益者,帮助其强化了在高端人群中的信赖感和受尊敬程度。

而谈及华为如今在海外市场已经获得的品牌印象,张晓云很谨慎,她觉得在情感培养层面上,"进步"是一个可以被提炼的关键词。

"他们发现华为手机真的是在不断进步,会看到我们的旗舰机型不断有很多创新的东西。"能获得"有进步"这样的正面评价,对于想要"撕开"固有认知的华为,应该算是一种不错的开局。

张晓云告诉《第一财经周刊》,P9 上市时从业界获得的反馈则是"相当敬业",与之呼应,P9 也实现了华为手机历史上首次与欧洲所有主流运营商的合作。

运营商是华为相当熟悉的群体,但从通信设备 2B 业务到手机终端 2C 业务,却是两套截然不同的打法。后者需要华为与运营商更紧密地捆绑,一起来想办法——怎么样来讲一个好故事,怎么把产品的卖点包装好,最终说服当地的消费者埋单。

张晓云也罗列了几个华为品牌在海外尚未得到的印象关键词:"当然我希望它变得更酷啊,当然我希望它变得更 stylish,因为毕竟是一个消费品,所以我们希望能够增加这上面的一些元素。"

P9 的消费者中,女性用户比例比过去提升了 27%。华为品牌建设的另一个目标,正是希望获得更为多样化的用户群。

此外华为还想获得主流年轻人市场的认可。2016 年 9 月推出 nova 系列手机,算是在这个方向上的起步。

"第一步就是找到合适的形象大使。"在中国市场操盘这款手机的品牌推广活动的大中华区市场营销部负责人 Leo Zhang 介绍说,在两位年轻形象大使的选择上,张艺兴是担任团中央的形象大使,而关晓彤是"学霸型"女孩,以文化课专业课双第一的成绩考入北京电影学院。两个人被称为 nova 星人,这样的形象大使定位在华为尚属首次。

华为还第一次尝试了娱乐营销。在手机品牌争相冠名娱乐节目的当下,想在国内以综艺节目见长的四大卫视中,挑选收视率比较高且有望成为现象级的栏目,实属不易,华为认为更好的方式,是冠名一档新节目。通过对主持人、导师阵容、导演的层层考量,华为决定冠名浙江卫视《梦想的声音》,一档未经收视率验证的节目。而 Leo Zhang 也承认,这的确很像一场赌博。

"一指美拍、十级美颜"的产品广告语,在《梦想的声音》中反复播报。

在华为塑造品牌的历程中,有过一次明显的定位转折。以往华为在爬升高端路线时,曾创意过"似水流年""君子如兰"这样的广告语,但现在,华为认为,做品牌不应该走过多的情怀路线,而是要将产品的价值直接讲出来,并且向国际化和时尚化贴近,更多使用适于传播的短句,如 P9 的"瞬间定格世界的角度",nova 的"美好,触手可及"。

P9 发布会之后,张晓云主动转换了自己的工作重心,她已经意识到,华为在品牌建设上正逐渐进入真正的"无人区"。

之前,张晓云参与到很多具体运营事务中,每个月都会出差去到一个国家分部与当地团队沟通,每一轮产品发布会的主视觉,都是由她亲自策划和定稿,而每场活动她都会亲临现场,就连向媒体发布的新闻稿,她都会直接参与审稿、修改标题。

2016 年 4 月之后,她的思考重点,转移到华为的品牌治理架构该如何搭建。

要不断完善有关品牌建设的系统性思考,华为认为,虽然日韩也曾涌现不少成功的全球性品牌,但毕竟时移世易,现在从它们身上已经学不到什么太有用的东西。

当年,日本品牌的崛起是抓住了精密制造的机会,而韩国的品牌成功进入海外市场,则受益于国家政策。此外,三星手机品牌的成长,与体育赞助密切相关,2000 年对奥运会的 TOP 赞助已达到 4 000 万美元,时任三星会长李健熙认为要让三星品牌尽快变得家喻户晓,成为世界顶级品牌,TOP 赞助是唯一的一条路。此后不断持续的体育赞助加明星代言,让三星在中国市场顺利取代诺基亚,进入品牌和销量的快速上升期。

不过,对华为来说,苹果仍然是"很好的学习对象",苹果的品牌运营,显现出很多值得借鉴的内容,"比如它的文化层面,比如怎么更好地处理品牌认知,以及怎么通过漏斗再发散到不同的市场"。

作为现任华为消费者业务的 CMO,张晓云在华为已经工作了快 16 年。她曾在海外市场做过很多年的 2B 产品销售,也做过海外市场的市场营销,后来还做过华为公司第一任发言人。

有一段时间,张晓云曾负责香港地区的市场营销,其间华为签下彼时历史上最大一笔 3G 产品订单,但后期却出现严重滞销,因为它属于运营商的贴牌产品,所以在营销上,华为几乎无能为力。这件事对张晓云的触动很大,同时也缘于自己做销售的经历,她意识到,好的品牌营销,是要让那些放到市场上的产品"自己能够长脚",让销售团队真正有做甲方的感觉,而不是让他们辛苦低效地去敲门叫卖。

"我现在最着急的,是我们的改变还不够快。"张晓云说道。作为一个承担创意职能的部门,她用"自虐"一词来戏称自己团队每一次的集体脑力风暴场景。

一场成功的脑力风暴,对参与者的思辨能力和逻辑思考力,都会提出很高要求,这个团队自称为"魔鬼训练营"。每一次业务沟通会上都会出现很多反问——"为什么这场发布会要做这个开场视频?""你给我的东西,站在消费者的角度到底有什么价值?"

"团队会怕你吗?"

"可能会有一点吧。"

张晓云很在意团队成员的决策思考过程是否充分,以及在提炼每件事关键信息上所反映的个人素质。她也是部门里面试新员工次数最多的人:"我会看他是否符合我们这一群人的气息。"

华为消费者业务市场营销部门的结构比较扁平化。同时,华为的品牌部门中,并不以深圳(集团总部)或东莞(消费者业务总部)为中心,2016 年华为在伦敦开了市场分部,负责人是一名韩国人。

至此,华为在全球有五大市场分部,不同的区域完成不同的能力建设——伦敦优势在品牌管理,巴黎长于创意,新加坡则负责数据调研和处理分析。在这种"hub"模式中,按张晓云的想法,全球品牌中心永远不可能在深圳。深圳的角色,是负责建立流程、标准和验收,即运营管控。

2016 年 3 月，华为确认梅西将成为手机全球品牌代言人。此后，针对 P9 手机，华为也启用了两位全球代言人——女演员斯嘉丽·约翰逊和超人的扮演者亨利·卡维尔。

但很多中国用户，无感于卸下戏装的两位外国演员，至于他们对于华为在海外市场的品牌印象的提升究竟会有多大价值，也很难量化评估。最终，这桩代言人事件，成为华为手机品牌一次不愿被外界过多复盘的尝试。

当时的华为认为，代言人的选择，更多属于营销战术层面，究竟该怎么选择代言人，这个问题并不复杂。

W 广告公司创始人李三水也同意，选代言人一事，是营销行为，还是品牌推广行为，需要看情况。他分析认为，华为选择梅西是看重他的务实，而华为一直对外传达的品牌精神也是务实。

"通常品牌既会有提升知名度的需要，也会有销量短期暴增的市场需求，但作为一个成熟品牌或是有前瞻性的品牌主，从代言人的选择上，都会更多考虑他们能否成为品牌资产的增值点，而非短期借势于某个热点人物。"李三水说。

中国传媒大学广告学院新媒体系讲师刘珊的观点则是，marketing 和 branding 二者本身并不是完全割裂的，代言人的选择也必然会综合考虑到两者之间的关系。

"早期最简单粗暴的，我们遇到过，大概就是根据企业领导人的个人喜好来决定，或者是结合当下娱乐圈中的人气高低来选择。但现在大部分的成熟品牌在选择代言人时，则会越来越充分地考虑市场因素。"刘珊说。

华为选择品牌形象代言人的过程，显然不会如前一种情况那么草率，但越是属于全球范围的代言人，众口难调，选择难度也就越大。

华为产品有一句口号"Make it Possible"（把不可能变为可能），所以在代言人的选择上，也多是围绕这句广告语策划故事。

在不同国家的市场部门，华为有意选择该国的英雄式人物来诠释其品牌价值。在东北欧市场，著名足球运动员罗伯特·莱万多夫斯基（Robert Lewandowski）被选为华为的代言人。

莱万多夫斯基曾经在波兰踢球受伤，17 岁时，华沙莱吉亚俱乐部将他扫地出门，认为伤病会让他无法恢复之前的竞技状态。对于莱万多夫斯基，那是一段最艰难的岁月，离开球队后，他没有放弃，一直坚持训练，在经历了十年的磨炼后，从乙级队重返甲级球队，并最终加盟拜仁俱乐部。

在汪严旻看来，莱万多夫斯基的故事，恰好很符合"Make it Possible"倡导的意境。最终，讲述他个人成长故事的广告，在 2015 年的圣诞节播出。这也是华为第一次推出品牌广告。

华为对代言人的选择也经历了不易察觉的转变，从一开始"大开大合"，重在鼓舞人心，体现华为奋斗的精神，到 2016 年开始讲述普通人的情感。彼时负责东北欧市场营销的张京武，便亲历了这一变化。

修改过 20 多个版本和细节打磨，华为《Be Present》品牌广告于 2016 年圣诞节推出。它描绘了一家人对手机的依赖，但是在圣诞节这一天，华为鼓励大家放下手机，跟亲人在一起。

"智能手机厂商更多提供给消费者的是一种服务。这种服务性，就是我们品牌需要呈现的。"张京武说。

这支花费数月时间制作的《Be Present》广告，柔化了华为的形象，强调回归生活本身。

视频在当地视频网站获得了几千万次的浏览量,并成为 2016 年年底 YouTube 在欧洲地区最火的圣诞视频之一。

在品牌的投入力度上,华为不断调整,往年会赞助欧洲的十余个俱乐部球队,2016 年以来则大幅减少。在汪严旻看来,赞助做不到高效传播,并且当消费者更想了解你的故事时,赞助没法提供,只提供 logo 讲不了一个公司的故事。

华为一直想树立沉稳的品牌形象,但从市场的反馈来看,也有很多声音指出,华为在很多问题的姿态上都显得过于保守。

"我们曾经走到过一个极端,没有特别重视和媒体、消费者的沟通,现在情况好一些了。"张晓云如是说。当问及华为是否有计划制造价位超越 5 000 元、与苹果和三星旗舰手机真正比肩的产品系列时,张晓云的回答则是:"一切都需要等市场反馈,华为不会只为了 PK 哪个友商而开发一个产品系列。"

不仅是品牌建设,很多事情的确都不能太过心急。2016 年,华为消费者业务部门实现总营收 1 789 亿元,同比增长 42%。但据 The Information 报道称,期内华为消费业务的利润增长,不仅远未达到公司年初的乐观预期,甚至比 2015 年的 151 亿元还有所下降,仅获得 138 亿元。

利润下降的外部因素中,元器件采购成本在过去一年的大幅上涨是主要原因,但同时华为内部反思认为,公司在产品供应链管理上也存在很多不足。

于是,2017 年被确立为华为消费者业务的"精细化运营变革年",一切要以利润为中心。但一波未平,一波又起,在网络上曾出现有关"华为变相裁员"的传闻。业绩低于预期和收缩成本行动,很容易被视为负面消息而对品牌造成损害。正如余承东在今年年初自己总结的那样——"终端行业瞬息万变,激流险滩不断",在这种大背景下,华为品牌业务会遇到哪些调整和收缩,则又生悬念。

越是处在高速前进的上升期,华为越不能过度乐观。对于这家距离"全球化品牌"目标最近的中国企业来说,眼下面临的,仍然是一场艰苦的"基础战争"。

在存量市场博弈下,越来越多的消费者在面临换机需求时,优先将票投给了华为。从 2022 年 Q4,到 2023 年 Q1,在整体市场趋于下行的大背景下,华为手机已经连续两个季度实现同比上年逆势增长。上个月举办的华为手机创新科技媒体沟通会上,华为终端 BG CTO 李小龙公布了华为两款旗舰机的近期销量情况。其中,华为 Mate X3,中国区销量第一。华为 P60 系列,中国区 4 000～6 000 元价位段销量第一。"没想到华为 4G 手机也能卖这么好。"李小龙说。

三、问题思考

在华为不断走出国门的今天,华为品牌的国际市场营销策略计划该如何制定?

四、分析点评

在国际市场营销中,产品整体的概念包括三个层次:核心产品、形式产品和延伸产品。华为深刻理解产品的整体概念,推出了一系列包括服务外包、通信设备、软件、智能终端(手机)在内的产品和服务。其中仅仅手机就有荣耀、Mate、P 等多个品牌系列。不仅满足了消费者多层次的需求,也为它的国际市场定位提供了依据。

（一）国际市场产品策略

1. 注重新产品开发和创新

华为的研发投入不少于销售收入的 10%，它每年的营业利润中都会抽取相当大一部分用于新产品的研制，华为在瑞典斯德哥尔摩、美国达拉斯及硅谷、印度班加罗尔、俄罗斯莫斯科，以及中国多个省份设立了研发机构，通过跨文化合作，实现全球异步研发战略。

2. 产品生产线的广度和双向延伸策略

华为在中档市场获得巨大成功时，采取产品线双向延伸策略，同时向低端市场和高端市场两个方向延伸，它的产品生产线覆盖移动网络、固定网络、光网络、业务与软件、数据、移动终端六大类，并配套 20 多种产品种类和解决方案，有广度的生产线和多层次的产品，都是打动消费者的重要原因。

3. 产品始终以消费者需求为导向

消费者需求是产品开发设计的出发点，当今信息技术飞速发展，华为顺应时代潮流，响应消费者需求，对产品不断更新，如指纹识别、强大摄影功能、电池续航，都是华为满足消费者更高层次需求的表现。

（二）国际市场品牌策略

品牌价值是品牌的量化分析，是企业品牌竞争力的集中表现。在同类商品市场上，一个品牌的竞争力就表现为开拓市场、占领市场的能力。华为是中国最具代表性的民族企业，它正是打着民族品牌这一旗号，拼杀国内市场，冲向国际市场。华为的品牌价值赢得了广大消费者的青睐，无论是在品牌知名度、品牌美誉度还是品牌认识度上，华为都在消费者心中树立了较高地位。它的国际市场品牌战略，无疑领先于其他企业。

（三）国际市场价格策略

价格历来是最重要的竞争手段和市场因素，华为公司地处深圳，劳动力价格相对国外厂商要低很多，在成本控制环节上要求严格，建立了较好的成本和预算控制策略，使华为在产品生产成本上极具优势。在很长一段时间内，华为产品的价格只有国际市场上同种同质商品的一半，这使华为在短时间内赢得了大片市场。但是这种低价策略会给人低价低质的错觉，不易取得客户信任，华为在美国、巴西等地也遇到过此种情况。与此同时，低价也压低了华为的利润，随着国际营销进程加快，研发成本逐渐提高，华为从成本领先向技术领先转移。在低价的基础上，华为还针对不同国家的市场制定了不同的价格策略，使价格具有伸缩性，更好地适应当地环境。

（四）国际市场渠道策略

国际企业要开拓海外市场，渠道策略是其成功的决定因素之一。华为经过多年的打拼已经营建出适合自己发展的渠道策略。按市场难易程度划分，华为采取先易后难的策略，先与和记电信合作，随后开拓市场规模相对较大的俄罗斯和南美地区，其次进入东南亚市场和发达国家。在不同国家，华为的进入方式也有所差别，比如俄罗斯市场广阔，民众受教育程度高，劳动力价格低，华为选择对外直接投资的方式，在当地建立了合资公司。在德国，由于技术严格，投资周期长，成本高，所以华为采取出口方式，与当地著名代理商合作。代理商和自建营销网络的结合，铸就了华为的一大亮点。

现如今，在国内市场上华为正在摆脱低端市场，避开其他品牌的缺点，借鉴中高端产品策略，同时与 OPPO、vivo 展开激烈竞争。而在国际化方面，华为远远领先于国内其他相关企业。华为公司营销模式的成功,值得国内甚至国外企业的深思。对中国企业来讲,国际化道路面临着严峻挑战,从华为企业的发展道路来看,中国的民族企业需要做到:

（1）在营销环境上,企业要充分利用政治权力和公共关系这两把"刃剑",为企业营造稳定的市场环境。

（2）在竞争策略上,要避开竞争对手的正面封杀,学习华为以快速、灵活、成本低的特点来贴近客户。

（3）在科技研发上,要培养一支强大的人才队伍,华为尽管在这方面做得较为完善,但是相对世界领先电信商仍有一定差距,加强人才队伍建设和注重科研结果,应是今后华为的主攻方向。

（4）在市场细分上,须利用好国内国外两个市场,以守为主,守中有攻,做好协调,实现全球战略目标。

（邢钰:《国际市场营销视角下的华为》,《中国商论》2017年第2期。）

案例 8-2　破圈营销:《黑神话:悟空》爆火背后

一、背景资料

8月20日10时,国产3A游戏《黑神话:悟空》上线。24小时内,这款以中国神话为背景的动作角色扮演游戏的图片、视频、直播、讨论铺天盖地地袭来。

游戏圈以外的人还没有来得及了解什么是《黑神话:悟空》,应接不暇的文旅营销、联名合作等便已刷屏社交网络。瑞幸咖啡、海信等品牌入局;二手交易平台上,原本售价1998元的《黑神话:悟空》实体收藏版,价格已被炒至数倍,有卖家直言"明天升价到10 000元";海外玩家也参与到这场狂欢之中……

"《黑神话:悟空》的出现,填补了国产3A游戏的空白,且拥有国产西游文化内核。"业内人士向南都、N视频记者分析道。这场"破圈"首秀有迹可循,四年前发布演示视频、两年前山西文旅已结合游戏做宣传、一年前举行线下试玩等,《黑神话:悟空》的一举一动都牵动外界的关注。

于是,游戏上线当天,制作人冯骥便自信道:"哪怕你从没玩过任何动作冒险游戏,我也有信心,黑猴（游戏昵称）会是你合适的初恋。"

二、基本案情

（一）文旅"跨圈",两年前已造势宣传

上线首日,《黑神话:悟空》收获了游戏圈内外的关注,霸占热搜榜,形成了全民讨论之势。

小米中国区市场部副总经理、Redmi品牌总经理王腾发文称,其到公司第一件事情就是下载《黑神话:悟空》,相关话题一度冲上热搜。艺人王勉、杨迪也在社交媒体上晒出自己玩游戏的照片。

相比于部分被游戏热度吸引的玩家,游戏同行更能体会首部国产3A游戏开服的意义。

"从业20余年,我绝不敢想,全世界最牛的单机游戏,是中国人开发的,跟做梦一样。"IGN中国主编Charles Young激动发文。

游戏公司心动网络的 CEO 黄一孟公开评价道："《黑神话：悟空》是个巨大的里程碑，能影响中国游戏行业未来的方向，激励更多有才华的创作团队，走下网络游戏这条独木桥，尝试做一款体面的单机游戏，并赢得更多尊重和回报。"

"这款游戏不仅承载了国产游戏行业的希望与梦想，而且是我们作为支持者共同期待的佳作。"为《黑神话：悟空》上线特意宣布放假一天的四川木子杨科技有限公司在其放假公告中写道。

国内多家游戏公司都在 8 月 20 日这天决定放假，让员工体验该款游戏。其中，成都游茶科技有限公司不仅放假半天，还为员工报销购买该游戏的费用。

游戏发行商 Gamera Game 有关负责人告诉南都记者，公司在 8 月 20 日放假一天，以便员工在家体验该款游戏。"我们本身就是游戏发行公司，所有同事都是热爱游戏的玩家，遇到游戏大作都会放假让员工在家体验玩游戏。"

《黑神话：悟空》正式上线后，各地文旅和宣传部门也纷纷借势进行文旅营销。

四川"安岳融媒"发布视频，对比展示游戏内和现实中的安岳石刻，并配文称"现实中的安岳石刻，比游戏中更多更美"；安徽"安庆文旅"发布视频，分享游戏中出现的当地景点天柱山、白崖寨；浙江"丽水文旅"微信公众号发布文章，介绍《黑神话：悟空》取景地丽水时思寺……

山西文旅被称为此轮流量狂欢中的"最大赢家"。游戏上线之前，当地就已经开展相关宣传。据介绍，《黑神话：悟空》公开的游戏取景地大部分在山西。早在两年前，山西省文旅厅就已结合《黑神话：悟空》展开宣传，其 B 站官方账号推出"跟着悟空游山西"系列视频。目前，该系列合集已有 9 个视频，累计播放量近 500 万次。

（二）充分利用不同社交平台的优势和特性，做精准预热和打透

2020 年，《黑神话：悟空》发布的第一支视频就是在 B 站率先爆火，2 小时冲至 B 站热门第一，24 小时播放量破千万次，之后蔓延到其他平台，成为全网热门。在此后的宣传中，B 站便成了《黑神话：悟空》的重点平台。无论是每年的视频预告，还是线下试玩的独家直播，都绕不开 B 站。

在游戏上线前，B 站专门设置了《黑神话：悟空》专栏，增添媒体评测与 up 主试玩视频，吸引更多核心玩家关注。在游戏正式上线后，站内头部及垂类游戏 up 主自发直播《黑神话：悟空》的通关全程。

抖音自带活跃且巨大的流量池，在发酵热点方面有天然优势。

《黑神话：悟空》在抖音的玩法更强调"互动"，它联动抖音游戏发起"直播首通大赛"，玩家在抖音直播过程中通关，可以获得对应奖金，以此来吸引更多玩家购买并加入直播。

抖音特别将站内精彩内容整合到一起，用户搜索"黑神话悟空"便会跳转到专题页，里面包括了游戏攻略、跨界整活二创以及抽奖活动，其设置玩法相对更适合新手玩家。

（三）借力品牌，IP 联名实现共赢

在平台营销之外，IP 联名也是打出认知的一种方式，品牌可以借 IP 的热度与内容属性，提升销量；IP 也可以借助品牌的影响力，扩大受众群。

据统计，在游戏正式上线前，《黑神话：悟空》就与英伟达、海信、联想、致态、联想、京东、滴滴青桔、瑞幸等 11 家品牌达成联名合作，覆盖了多个行业品类。

其选择合作品牌的思路也显而易见：一是与大众消费品合作，看中其影响力；二是与 3C 电子品牌合作，看中其适配度。

在大众消费品牌中,瑞幸这两年的国民度有目共睹。《黑神话:悟空》与瑞幸推出了联名饮品"腾云美式",与饮品附赠的还有联名杯套、联名纸袋以及黑神话 3D 限定海报,IP 的流量价值与咖啡的性价比效应加持下,联名周边推出即售罄。在抖音直播间里,瑞幸店铺的主播透露"连着直播了七小时,库存都卖光了"。瑞幸 CGO 杨飞更是直接发朋友圈表示"比 10 个父亲节都靠谱"。

另外,户外广告牌的强势曝光价值仍在。《黑神话:悟空》与滴滴青桔达成官方合作。游戏上线当天,联名共享单车正式上路,借着线下的影响力来吸引更多用户。

对电子消费品牌来说,游戏内容是展示自身技术和品牌实力的"最佳载体",《黑神话:悟空》技术能力、流量优势兼具。

海信和《黑神话:悟空》联动推出了旗舰新品海信电视 E8N 系列,以及官方合作显示器——海信显示器 27G7K Pro;联想拯救者推出了 Y9000P《黑神话:悟空》联名定制版。京东也和《黑神话:悟空》达成合作,在站内打造了一个游戏专题页,整合了游戏本、显卡、耳机、投影仪等游戏装备推荐,方便消费者一键购买。

《黑神话:悟空》与各家平台、品牌开启了一场有"蓄谋"的合作,品牌获得更大的背书和影响力,游戏则能进一步破圈,进入"寻常百姓家"。

(四)蓄力海外,社媒达人双管齐下

作为首个国产 3A 游戏,《黑神话:悟空》更大的价值在于,代表着中国本土游戏厂商在 3A 游戏上迈出的第一步。

根据全球游戏评分网站 Metacritic 统计,截至 8 月 19 日,54 家全球媒体给出了平均 82 分的评价,其中 GamingBolt、God is a Geek、GamersRD 更是直接打了满分。这种好评度也反映在了销量上,Valve 公布的 Steam 平台最新一周销量榜,《黑神话:悟空》位列 Steam 全球周销量冠军,在美国、新加坡、泰国、加拿大、巴西、意大利等地区霸榜。游戏上线之后,《黑神话:悟空》Steam 的同时在线人数引发了海外网友热议,称"太神奇了,简直不敢相信这些数字"。

三、问题思考

《黑神话:悟空》与其他游戏相比有哪些营销优势?

四、分析点评

《黑神话:悟空》与其他游戏相比,在营销方面展现出了独特的优势,这些优势主要体现在以下几个方面:

(一)文化认同和情感共鸣

国产 3A 游戏突破:作为首款纯国产 3A 游戏大作,《黑神话:悟空》成功打破了欧美国家在这一领域的"垄断",激发了玩家的爱国情怀和文化自豪感。

传统文化元素:游戏将中国传统文化元素,如孙悟空的"七十二变"、经典场景"大闹天宫"等巧妙融合,通过现代游戏技术进行了创新性呈现,使玩家在享受游戏乐趣的同时,加深了对中国传统文化的理解和认同。

(二)高质量制作和技术创新

国际先进水平:从画面表现力、游戏机制、音效设计等方面来看,《黑神话:悟空》均达到

了国际先进水平,这种高质量的制作为游戏赢得了广泛的关注和好评。

技术创新:游戏开发团队在技术创新方面投入了大量资源,如采用先进的实时渲染技术、物理引擎,为玩家提供了沉浸式的游戏体验,提升了游戏的竞争力。

(三)多维度的营销策略

持续而有节奏的营销:游戏开发商通过陆续发布多支视频,持续为游戏积累热度和期待度。这种持续而有节奏的营销方式,使游戏在玩家群体中产生了深远的影响。

社交媒体与玩家社群互动:游戏充分利用社交媒体和玩家社群的力量,通过精准的预热和深入的互动,让游戏的每一个细节都被玩家所熟知。在微博、B 站、知乎等平台上,游戏的相关话题屡屡成为热搜,引发了广泛的讨论和关注。

跨界合作:游戏与瑞幸咖啡、滴滴青桔、京东、英伟达、联想等多个品牌进行跨界合作,不仅扩大了游戏的商业价值,而且极大地扩散了游戏的影响力。这种跨界合作不仅增加了游戏的曝光度,而且提升了玩家的参与感。

(四)口碑效应和破圈营销

玩家自发传播:游戏通过玩家之间的自然传播和推荐,形成了良好的口碑效应。这种由玩家自发形成的讨论和推荐,不仅提升了游戏的热度,而且让游戏在社交媒体上的讨论度持续上升。

破圈营销:《黑神话:悟空》的营销案例是一次成功的破圈营销,它通过持续的内容发布、多平台的互动营销、社群的口碑传播以及跨界合作的创新策略,成功地将一款游戏推向了全社会。

(陈映其:《〈黑神话·悟空〉与文学创作如何碰撞出"跨界"火花?》,《中国财经报》2024 年 9 月第 8 期。)

案例 8-3 转移矛盾:腾讯老干妈广告纠纷

一、背景资料

2020 年 6 月下旬,腾讯起诉老干妈拖欠其广告费 1 624 万元,并申请法院冻结老干妈 1 624 万元的资产。在 6 月 30 日,深圳南山法院裁定腾讯的申请符合法律规定。当天,老干妈公开对外发表声明,声明中提到"6 月 10 日接到法院送达的腾讯起诉文书,老干妈与腾讯之前无任何商业合作,并向公安机关报案,6 月 20 日公安机关立案侦查。"

二、基本案情

这原本是一个很正常的经济纠纷案,但由于事件双方的特殊身份,两地法律机关的参与,以及众多媒体的关注和舆论发酵,不可避免的让事件成为社会热点,让涉事双方直面公众的关注和议论,这本身对双方企业和品牌都是一场不敢掉以轻心的公关战役。随着更多细节的披露和事态的峰回路转,老干妈和腾讯都经历了危机公关的考验,他们双方在面对危机公关时,如何做出事实判断、价值判断,在引导公众情绪方面如何把握态度、速度和高度,以及双方有哪些亮点,存在哪些不足?

(一)老干妈危机公关

腾讯素有"南山必胜客"之称,有互联网最强的法务团队,法律诉讼战无不胜,又有深圳南山法院的裁定,公众基本认定老干妈违约是既定事实。再加上网传老干妈由创始人儿子掌权后,产品创新不足、营销失利,市场开始萎缩,让公众不得不联想到老干妈管理和运营出现了问题,并对老干妈这种不诚信的行为充满愤怒。这将对老干妈品牌、企业信誉以及市场销售造成怎样的负面影响,可想而知。

对此,老干妈在 6 月 30 日当天发表声明,明确表示老干妈和腾讯无任何商业合作并报案,交代公安机关已立案侦查,并对影响公司声誉的行为,保留追究法律责任的权利。第二天,贵阳警方通报案件侦破,是曹某、刘某利、郑某君三名犯罪嫌疑人伪造老干妈公司印章与腾讯签署营销合作协议,目的是骗取腾讯游戏礼包。至此,该事件对老干妈造成的负面印象以及给公众带来的负面情绪一扫而空。

那老干妈是如何在短短两天化解一场危机的呢?首先,是老干妈对事件本身、相关利益和潜在风险的准确判断,在接到法院诉讼文书后,开始内部自查,发现与老干妈无关后收集好相关证据,这足以应对诉讼风险。但,老干妈意识到金额巨大,腾讯或法院肯定会采取进一步措施,也极有可能成为公众事件,所以选择第一时间报警并积极准备应对预案。

其次,应对措施得当。当面对法院介入,老干妈直接选择报警,用同等的法律手段来应对,是最有效的办法。面对公众质疑,再以官方形式发表声明,阐述自查的结果、相应的行动措施和明确的态度。同时通过媒体发声,向公众传达老干妈从不做推广营销的事实。

再者,反应迅速,节奏把握恰到好处。6 月 30 日法院裁定诉讼有效,并冻结老干妈银行1 624 万元资产,同时通过网络引发公众关注。老干妈当天发表声明,予以积极回应。第二天,贵州警方发布通告,宣布案件侦破。老干妈很好地掌握了危机公关黄金 24 小时法则,使事件还未多次发酵至失控的情况下,就得到及时处理,减少了对品牌及市场的影响。案件侦破是需要时间和程序的,我们有理由相信案件在 7 月 1 日前已被侦破,公安机关发布通告的时间选在第二天而不是当天或其他时间,也是值得我们借鉴学习的。老干妈在这次危机公关中,最大的亮点是准确评估各种风险,并制定相应预案,将危机公关的工作前置到危机事件之前。这才是最有效降低危机公关负面影响的最佳手段。其实,企业经营过程中难免出现负面状况,我们只有充分预估风险,并积极制定相应措施,才能避免或减少危机公关的发生。专业和负责的处理态度以及高效的 GR 工作管理,才能赢得公众好感。

(二)腾讯危机公关

随着老干妈的澄清和贵州警方的案件侦破,事件和结论已变得非常清晰,原来这次腾讯是被骗子骗了!并且还是用"萝卜章"这种拙劣的手段。风向一变,腾讯成了公众关注和质疑的焦点。公众质疑主要有以下几点:第一,3 个骗子竟然能骗过腾讯层层内部审核,这使公众对这家互联网巨头的管理,产生了巨大质疑;第二,在未充分调查的情况下,就贸然通过法律途径起诉老干妈,凸显腾讯做事风格的霸道和草率,最终让自己身处尴尬之境;第三,腾讯游戏作为社会问题一直被大家诟病,再加上此次霸道不负责的表现,更是激发了公众对其各种不满的情绪。这对腾讯公关团队提出了极高的挑战!

腾讯公关团队应该是对整个事件进行了全面严谨的分析,被骗已是既定事实,直接反映出来的就是管理存在漏洞。腾讯公关明白过多的辩解骗子是多么高明,腾讯个别"临时工"是多么不负责任,都是无法扭转公众对腾讯管理漏洞的质疑,反而因为推诿而产生更大厌恶。另外,公司管理流程属于内部问题,让公众窥探太多也对公司不利。最好的处理办法就是转移公众视线。另外,腾讯公关清楚处理危机公关最最核心的就是引导公众情绪,这个情绪可能不单单是针对事件本身,而是腾讯表现出来的草率、不负责任的态度,所以,接下来腾讯的态度和转移公众视线,成为公关的核心要点。

当大家拭目以待腾讯如何回应时,腾讯微博首先发声,以一句"一言难尽"对被骗过程进行说明,给公众一种"宝宝心里苦,但宝宝不说"的感觉,把一个人被骗的委屈表现得淋漓尽致,让公众产生了共鸣并激发同情心,腾讯立刻变成一个上当受骗的弱者形象。因为公众总是倾向同情弱者保护弱者的,所以危机公关中适当示弱,以博得公众同情,往往是最有效的处理办法之一。

另外,腾讯官方回应中还提到"欢迎广大网友积极提供线索,我们自掏腰包,准备 1 000 瓶老干妈作为奖励",一是表达欢迎通过网友监督来加强公司管理,二是也拉近了和公众的距离;三是委婉地向老干妈表示了歉意。知错就改、心胸开阔的良好形象跃然出现在公众面前。公众是情绪全无,好感油然而生。

随即,腾讯高管和旗下各个品牌转发,并围绕"腾讯你个憨憨"来集中发声,一个"傻白甜"可怜又略带可爱的企鹅形象出现在公众面前,这使公众对该事件造成的负面情绪烟消云散,同时也对腾讯这家公司有了更新的认识。通过一番"自嘲式"危机公关,不仅化解了尴尬,还重新获得了网民的同情及好感,公众对腾讯的印象也由霸道、遥不可及的"南山必胜客"一下变为憨憨可爱的小企鹅,到此为止,腾讯的表现可算得上危机公关的经典案例。

(三)借势营销,实现共赢

这么一场公关事件在短短的时间内,就吸引了众多媒体争相报道,以及广大吃瓜群众的关注,成为不折不扣的社会热点。一向拥有敏锐嗅觉的腾讯和其他互联网公司,可不想浪费掉这次免费的营销机会。微信支付、支付宝、老干妈等等品牌,开始大肆蹭热点,使"腾讯和老干妈事件"演变成娱乐营销,正义和真相暂被放在一边。随即被竞争对手"字节跳动"抓住把柄,攻击"基础事实都没调查清楚,就可以直接启用公检法手段,竟然还成功冻结了对方1 600万元! 说明这家公司已经形成了用公检法打击一切不利于它的日常思维,而且简化到连调查都懒得去调查了。"随即,网络出现大量质疑声音,直指腾讯把危机公关变成娱乐营销,玩弄公众感情,借助自身影响力通过公检法打压中小企业。

随即,腾讯在7月9日会同老干妈发表联合声明,"腾讯正式向老干妈道歉,撤销之前诉讼,并表达出积极探索未来双方合作的意愿","腾讯和老干妈事件"告一段落。

整个事件,老干妈无疑是最大的受益者,免费做了一次非常不错的营销,也一改这两年营销不利的局面,对像老干妈这样传统的品牌,无疑是上了很好一堂互联网营销课,老干妈在未来将有怎样的突破和发展,也让我们拭目以待。

腾讯在这个事件中,无疑犯了几个致命的错误,一是管理存在漏洞,二是态度霸道傲慢,缺少必要的沟通和详细的调查,这都是公司管理和危机公关中最值得反思的。

腾讯作为一家在互联网中厮杀出来的巨头公司,经过当年"腾讯360大战"的洗礼,及时将公司战略调整为以用户价值为中心,才有了今天的腾讯。通过这个事件,我们也看到了腾讯作为一家互联网巨头,可以放下身段真诚道歉,并直面自身问题,我们也愿意相信未来的腾讯更强大更有担当。

危机出现是对企业和管理者最大的考验,选择怎样的态度和措施,将直接影响到品牌和企业的生死,腾讯和老干妈这次的表现是最好的借鉴。危机和生机本身就是一对双胞胎,我们唯有拿出真诚积极的态度、及时有效的措施,危机才能转化为生机。

三、问题思考

（1）网络对企业危机公关的影响有哪些？

（2）企业该如何进行网络环境下的危机公关？

四、分析点评

（一）网络对危机公关的影响

危机公关即处理危机时设置的相关机制，具体是指企业或者机构规避潜在危害时制定的一系列对应的策略或方法。这些策略和方法是有组织、有计划的。这些策略包括控制及解决危机，以及危机解决后自我总结和学习的过程。危机公关现普遍用于国家、企业甚至个人等对象，起着非常重要的作用。

互联网时代信息在传播过程中所显示的新特点对传统的危机公关方式有不小的影响。

1. 基于互联网的虚拟性产生了很多虚假信息

现阶段，网络信息高度发达，人们可以通过各种社交媒体如微信、微博、空间来表达自己的观点，信息的传播渠道呈现了多样性和开放性的特点，这些信息是不可控的，是不确定的，有的夸大事实，还有的甚至是恶意捏造和抹黑。这些不实信息的传播不仅扰乱视听，如果被别有居心的人利用还很可能会对企业形象造成极其严重的影响。

2. 网络的互动性和网民的广泛参与，扩大了危机的影响范围

正是因为有着庞大的网民群体，网民们又可以直接地参与其中进行讨论，与过去相比同样的危机事件在网络时代就像被放在了放大镜下，其影响的范围会被放大很多倍。

3. 网络信息的高速传播迫使危机公关的化解需要与时间赛跑

在互联网时代，企业的一个负面报道会在非常短的时间内呈现在互联网的各个角落，从而使得公关人员的应对时间被极大地压缩，带来了非常大的挑战。

（二）企业该如何处理网络环境下的危机公关

网络环境下危机公关的处理，不仅要保持传统危机公关处理的良好策略，还需要适应网络环境发展的新特点，采取更加积极有效的方法。

1. 企业一定要建立危机预警机制

其实化解危机最好的办法就是早发现。这就需要企业建立完善的网络检测体系，把网络危机检测纳入日常的企业管理中去。要不断监控互联网上的各种传播平台，诸如各种有影响力的新闻网站、论坛、微博等。留意是否出现有关信息，时刻监督网上的关于企业和品牌的信息，防微杜渐早发现早处理。

2. 企业应树立正确的危机公关意识

危机事件的发生一般都是突发性的，它会将企业组织在很短的时间内置于舆论的中心，一般而言大众此时会处于较激进的状态，他们的观点和言论在此时也都是比较激动和犀利的。面对这样的状况时，企业最恰当的做法就是积极正面地面对事实并向大众坦诚道歉，并在道歉后做出一系列行之有效的补偿性的措施以挽回自己的企业形象并重新获得消费者的信赖。

3. 保持与各大媒体的沟通与监测

媒体机构作为信息的发布者，其跟踪报道对事态的发展走向具有重大的影响。在危机

发生以后相关的企业组织需要对各个媒体机构坦诚相待实事求是。媒体是把双刃剑,切不可对媒体机构恶言相向掩盖事实,这样只会让危机事件进一步恶化。同时企业需要密切关注各大媒体的相关报道以及大众对危机事件的持续反应。

第三节　课堂讨论案例

 案例 8-4　家装行业的市场危机

一、背景资料

　　20 世纪 90 年代初,中国商品房刚进入市场,住宅装饰需求增加,但是国内没有出现较为正规的家装公司。随后几年,部分从事工程装修企业开始设立家装部或成立家庭装修装饰公司,一些民营家装公司在北京、深圳等一线城市逐渐成立,家庭装修开始进入产业化时代。但当时家装市场还是以装修游击队为主,这些装修团队的设计水平参差不齐,施工标准不规范,不能满足用户需求。

　　1998 年,随着房地产政策陆续出台,国内房地产得以快速发展,从而带动了其下游产业装修的全面繁荣。装饰行业市场形成,部分家装公司根据市场需求挖掘自身优势,开始走上了专业化的道路。

　　进入 21 世纪后,时代变革,经济快速发展,居民生活水平提高,居民对装修的需求与要求大大增加。我国家装行业也开始进入繁荣时代,家装公司更是如雨后春笋般崛起,家装行业竞争空前激烈,一度出现"僧多粥少"的局面。而这些现象注定了行业洗牌局势加快到来。

　　直到 2014 年前后,随着互联网热潮的到来,互联网家装兴起后疯狂抢占传统家装市场,将传统家装的痛点一一揭露,迫使传统装饰企业解决痛点,从而推动了整个装饰行业的发展。但不久后,大批互联网家装因忽视口碑积累、品质与体验而引发倒闭潮、跑路潮。在市场环境复杂多变的情况下,家装企业如何进一步深化变革?

二、基本案情

(一) 产业工人无法规范

　　产业工人是一个行业的基石,所有好的服务和产品要想最终呈现在消费者的面前需要最底层的产业化工人。产业化工人需要具备专业的工作能力、专业的方法论作为支撑,还要有正确的价值观。很可惜,目前家装工人的能力是参差不齐的,也没有专门的培养机制和公认衡量标准。国内高等学府也未建立专业的学科,在理论层面提供指导,完全靠工人自己的经验摸索,这就造成了怎么做都对,怎么做好像都错。同时,好的技术、好的想法很难扩散,更不要说被市场认可,并且得到正向反馈。最终指向的就是干好、干不好,和收入不挂钩,偷工减料反而获得额外收益,每天都要和良知作斗争,正确的价值观没有土壤。

(二) 管理混乱

　　要想把一个项目管理好,需要具备自上而下的一套树状管理体系,同时管理者要有三大武器:"权""责""利"。现有的装修体系却是平行体系,需要同时对几个甚至几十个对象产生商业关系,这样的超级管理能力实非常人所能具备。另外,项目负责人的三大法宝很难同时具备,有时甚至一样都不具备,如何能够指望没有武器的管理者把装修这样一个复杂的工程管理好呢?

(三)生产力无法得到释放

家装行业困境的其中一条根源在于生产力得不到释放。生产力要想得到释放,一是先进的生产工具得到运用,二是先进的生产关系取代落后的生产关系。很遗憾,在家装行业先进的生产工具根本进不来。家装工程是分散的、极端低频的,先进的工具无法发挥出效率优势,使用者无法从中获益,进而也就没有动力去采购先进的工具。旧有生产关系匹配的是落后的生产力,当生产力得不到释放,生产关系很难有所变化。

(四)能效低下

装修工程环节多,分工不合理,能效自然低下。由于没有统一的流程规划,中间出现大量的重复工作和浪费。一幢房子要重复量尺 5 到 10 次,工程无序规划出现返工、重做的概率极大,这些都应该可以避免的,但是光靠现有机制却很难实现。做木门的不相信设计师量的尺寸,做窗帘的不相信全屋定制的尺寸,诸如此类,没有统一规划就没有统一的责任归属,重复工作就成了当下的必然结果。有些工序错了可以修补,有些工序错了只能砸掉重新做,这些都造成了极大的浪费。

(五)"价值行业"蜕变成"价格行业"

正常的市场规律是价格围绕价值上下浮动,在装修行业却没有看到这样的正常关联,没有一个企业、一个行业持续采用恶性底价或者不稳定的虚高价格策略能够把市场、产品、服务做好,这不符合商业规则属于畸形发展。

综上所述:依靠目前装修行业的市场机制无法良性运转,即使有个人或者小单位想要作出改良最后也会被淹掉。前日种"恶因",今日得"恶果"。装修行业目前爆发出来的种种问题是根子上的问题,是架构的问题!

三、问题思考

目前装修行业的从业者在思维上进行"主观封闭",看不到客观市场、"90 后"业主需求的开放性。这种封闭性又必然带来"趋同性",人不喜欢"动脑子"是天性,一旦习惯了,人的思维活动总是朝着单向选择性进行,不去寻找新的视角,开辟其他可能存在的认识途径。

上述问题的主要表现为:

(1)既得利益方占领信息制高点。

(2)既得利益方为了占据主导地位加工信息,使之对己有利,完全不顾长远利益。

从这个角度来说,家装企业的变革该何去何从?

(张臻钰、吴爱萍:《传统房地产家装行业精装修转型研究》,《合作经济与科技》2021 年第 12 期。)

案例 8-5　盛大新浪收购战背后的新闻公关较量

一、背景资料

2005 年春,被国内几乎所有媒体的财经和 IT 新闻报道最多的事件便是"盛大 VS 新浪"收购战。连海外媒体如路透社、美联社以及华尔街日报等,也都不遗余力地对此事给予了大量报道。这场收购战是从网络游戏商盛大 2005 年 1 月 6 日在公开市场购入新浪股票时开始的。

二、基本案情

并购是企业通过资本市场寻求战略发展的一种模式。在企业发展壮大的过程中,这是很正常的事。但这场收购战却引起了国内外电视、报纸、网络等多类媒体铺天盖地的报道和关注,可以说隐藏着一场高手过招式的新闻策划较量。

(一) 将计就计:盛大招数

2005 年 2 月 19 日,上海盛大网络发展有限公司宣布持有新浪 19.5% 的股份,盛大网站第一时间发布了这个消息,由此开始了一场收购与反收购大战。盛大为了收购行为的顺利进行,同时发起了一场空前浩大的新闻公关宣传攻势。首先,盛大借事件营销制造轰动效应,利用媒介舆论为收购服务。作为深知媒体公关动作的互联网知名企业,盛大很清楚这个爆炸性收购事件的新闻性,事件发生后定会受到媒介广泛关注,这会对收购和盛大的品牌形象起到非同一般的推动作用。盛大此次的媒体公关招数是“将计就计”,充分利用这起收购事件的重大意义,多角度、多层次地挖掘有关话题,展开强大的新闻攻势,为收购新浪的第一战略目标服务。从媒体公关专业角度看,这是事件营销常用的新闻公关策略。从实际情况来看,各路媒体确实展开了疯狂报道,盛大一夜之间成为焦点中的焦点。据统计,2005 年 2 月 21 日一天时间,全国各地媒体共有 66 条有关盛大收购新浪的报道。报道媒体几乎覆盖了全国各地的所有主流报纸、网络媒体,央视经济频道也在当晚 21:30 经济半小时节目以“盛大‘突袭’新浪”为主题,对盛大收购新浪事件做了详细的报道。在这场新闻攻势中,盛大的一举一动,某个重要人物的几句话,都被媒体耐心、认真、充满热情地从背景到现实、从现象到内涵等多角度进行详细分析,巧妙地引发了外界对事件的持续性关注,借机对传播要素展开强势新闻轰炸。盛大企业的相关经营、内部管理、股权结构、发展动态都得到了详细的披露,外界对盛大企业有了更深层次的了解和认识。更重要的是,盛大的这个媒体公关举措及结果,为实现收购新浪的战略目标,创造了非常有利的惊人的舆论氛围。然后,盛大巧妙利用媒介对收购性质的讨论,引导舆论,控制不利信息,消除舆论压力。2005 年 2 月 22 日媒体的追踪报道,使外界对盛大收购新浪事件的关注进一步深入,对盛大的关注也不断升温。媒体围绕盛大是否有意收购新浪,展开了大量的评论性报道和推测。如果外界舆论认为这是恶性收购,那么将会给盛大很多压力,最终对盛大收购行为产生很不利的影响,而盛大巧妙地利用了这场讨论。盛大没有大张旗鼓予以证实和反驳,只是在舆论方向有可能不利于盛大的时候,站出来有选择地向媒体透露部分信息,引导媒体的注意力。许多媒体都报道了“盛大从二线市场收购新浪股票,属非恶性收购”的信息,最后各种猜测都归于平静,盛大也避免了陷入被舆论定性为恶性收购的可能。

一项调查显示,有 52.5% 的受访者认为此次收购事件是“商业行为,很平常”,近两成(17.8%)受访者表示这是“强强联手”,两者合计达到 70%,而对此次收购事件持“盛大恶意收购”观点的只有 9.6%。这个调查结论背后,暗含着盛大新闻公关的功劳。

(二) 无招胜有招:新浪剑法

面对有可能被收购的危机,新浪选择了“无招胜有招”这一客观、公开、明智的新闻公关策略。新闻公关策略里有一条法则,强调要尽量详细地、公正地、负责地公开事情的真相,遮遮掩掩只会使事件变得更复杂。首先,新浪设置了“盛大收购新浪股票”专栏,充当媒体攻势先行军。在盛大宣布收购新浪股票事件发生后,新浪科技频道特别设置了"盛大收购新浪股票"的专题栏目,对事件的发展进行全方位的报道,以自身强大的新闻舆论力量,对抗盛大强大的新闻公关攻势。"盛大收购新浪股票"几乎链接了所有媒体对此事的报道,并且在几天内邀请了数位业内人士到新浪聊天室做客,点评收购事件。这些"声音"显然是新浪对盛大新闻公关的一种对抗。这其实是在大起大落的互联网经济浪潮中磨砺了十多年的新浪的高明所在,每个人都想知道新浪会如何应对这场收购大战,每个人都想从新浪网的报道中找到一些蛛丝马迹,而新浪网正反两面的报道、多个专业人士的专访也正好符合外界的口味。然后,新浪借"毒丸计划",两次发起新闻公关攻略。毒丸计划就是目标公司向普通股股东发行优先股,一旦公司被收购,股东持有的优先股就可以转换为一定数额的收购方股票。一旦"毒丸计划"被触发,其他所有的股东都有机会买进新股。这就大大地稀释了收购方的股权,继而使收购变得代价高昂,从而达到抵制收购的目的。新浪借这颗"毒丸"再次在媒体上展开了一次广泛的新闻公关。面对盛大的收购行为,新浪开始在媒体上正式表态,宣称盛大并未控制新浪股票,其将执行"毒丸计划",抵制盛大的收购。媒体开始对"毒丸计划"这个较新鲜的术语进行了全方位的诠释。围绕新浪执行"毒丸计划"的背景、作用、后果、执行时机等方方面面,国内媒体进行了一番深入报道,许多业内人士也作了专业的分析和讨论。经过这样的报道,新浪想透露的、想表达的都公开了。"毒丸计划"的宣布,在新闻公关方面又充当了反收购的攻击武器,对盛大的新闻宣传攻势起到了一定的压制效果。

最后,新浪表态"欢迎战略投资",再次吸引媒体关注。2005 年 2 月 25 日新浪定性盛大不是恶意收购,并表态欢迎盛大作为战略投资入主新浪。新浪的这种态度再次被全国媒体关注,成为全国主流媒介的头版头条。尽管盛大入股新浪已成事实,但新浪依然希望通过努力,在媒体宣传上得到更多支持,并获得更多谈判筹码。借势造势是新闻公关的一个手法,借事件本身具有的影响,延续并制造出新的受关注的主题,为企业服务。做新闻出身的新浪自然会意识到这一层,即使面对已成事实而不得不做出的表态,也不会放弃来一次漂亮的新闻公关反击战。

（三）沉默是金：高手过招

让人有所困惑的是,在各路媒体展开疯狂跟踪报道,大量不同立场、观点、猜测铺天盖地涌来的时候,主角双方却在大部分时间里保持着沉默。除了盛大的收购声明、新浪宣布"毒丸计划"和几次双方重要人物发表的简短言论,面对媒介的种种猜测,双方均未做出回应。当企业处于一个敏感、难以预测事件发展动向、前景不明了的突发事件当中时,唯一的办法是以静制动,在新闻公关策略上保持冷静,不轻易做出反应。此时的盛大和新浪,在面对这场复杂的收购战中,表面上保持沉默,但背后却都在思考如何进行收购和反收购的较量,他们都运用了媒介的猜测,让外界对这起收购事件进行广泛的讨论,以获取缓冲时间,伺机而变,从而做出冷静的决策。也许,盛大和新浪早有预谋,也许盛大和新浪没有刻意这样去做,但是,不管有意还是无意,盛大收购新浪这起事件引起新闻媒介史无前例的报道,对事件双方来说,达到了一个成功的新闻公关策略要达到的目的。

三、问题思考

（1）新浪营销的策略特征是什么？

（2）新闻公关在营销过程中的作用有哪些？

（赵驹、王小玲：《公关策划》,北京大学出版社 2006 年版。）

案例 8 - 6　宝马 MINI 冰淇淋事件：一场失败的危机公关

一、背景资料

2023 年 4 月 20 日，在第二十届上海国际汽车工业展览会（以下简称"上海车展"）上，一位网友爆料上海车展的宝马 MINI 展台疑似在发放冰淇淋时区别对待中外访客——当中国访客领取时便被告知已发完，而当外国访客领取时甚至被热情款待。此事被曝光之后，冲上了多个社交平台的热搜榜，"喜提"新闻媒体们的报道。在这些新闻的评论中，负面评价远远压过正面评价，多数声音都在表达着对这种"崇洋媚外"之事的震惊和唾弃，广大网友的民族情怀被激发，宝马的公关危机正在发生。

二、基本案情

2023 年 4 月 20 日，有网友爆料称在昨天下午，上海车展宝马 MINI 展台工作人员发放冰激凌疑似区别对待访客，对中国访客声称"没有了"，随后来了个外国人，冰淇淋又"神奇"地出现了，工作人员甚至帮忙打开冰淇淋包装。

拍摄者质疑时，两位工作人员表示需要海外账号、下载 App 等才能免费领冰淇淋。但是从视频里看，那位外国人来了就直接领了冰淇淋，工作人员并没有查看手机。之后工作人员直接把整个冰淇淋箱子都搬走了。

该视频曝光后舆论哗然，宝马 MINI 陷入双标争议。

20 日 14:12，"MINI 中国"发布致歉声明：

MINI 发起的"上海车展现场礼-甜宠"活动本意是给逛展的大小朋友送上一份甜蜜。因我们内部管理不细致和工作人员失职引起了大家的不愉快。对此我们真心道歉！

我们检讨自己并改善管理、加强内部培训，努力为每位朋友提供好的服务和体验。再次真诚向各位道歉！

20 日 14:52，涉及冰淇淋品牌"Luneurs"发布澄清声明：

Luneurs 品牌未参与上海车展期间宝马旗下 Mini 品牌活动的任何现场运营，我们是仅提供冰淇淋产品的供应方。视频中出现的两位工作人员及其具体服务并非由我方负责，与本品牌无关。

而 4 月 17 日，上海车展前一晚，BMW 举办创想未来品牌之夜活动，宝马集团董事长齐普策还表示：

中国之动向将引领世界的方向。中国是宝马最大的单一市场，宝马参与并支持中国汽车行业的发展，致力于成为中国迈向现代化征程的同路人。

宝马 MINI 的道歉并没有收获较好的效果，事件进一步发酵。

20 日下午，多位直播博主来到宝马 Mini 展台，向参观者免费发放冰淇淋。在发放冰淇淋时曾遭到现场工作人员的阻挠，汽车博主孙先生表示："他们把我的冰淇淋拿走了，后来又还回来了。"

另有一女子在该品牌展台前直播时，和工作人员发生冲突并被强制带走。上海市公安局青浦分局国家会展中心治安派出所民警回应此事表示，"事实没有网传那么严重。"

4 月 21 日 9 点,"MINI 中国"二发道歉声明,解释称事件中的"老外"实为同事。

各位 MINI 的新老朋友们,大家好。

首先要跟大家郑重道歉,因为这次上海车展事件,MINI 占用了公共资源,对给大家带来的负面体验和心情,我们再次深深地表示歉意。

来过车展的朋友们应该都知道,车展现场温度一般比较高,MINI 这次原意是想为来到我们展台的朋友们提供一份初夏的"凉爽",让大家能够更开心、舒适地参观我们的展台,在 18、19 号两天,我们通过 MINI App 领券的方式,共发放了 600 份冰淇淋给到来到我们展台的朋友。事实上,除了每天 300 份的发放外,我们还预留了非常少的一部分给我们现场非常辛苦的同事,大家视频里看到的 4~5 个"老外"就是同事,他们佩戴了员工胸牌。

另外,由于我们流程的疏忽和管理的不细致,导致了不好的体验,事件当中的两位礼仪小姐姐也是刚刚踏入社会的年轻人,可不可以请大家给她们多点宽容和空间?

就此我们再次致歉,如果大家对我们还有什么意见或建议,欢迎大家在评论区评论,我们会虚心接受、认真改正、积极反馈。

但从网络评论区来看,网友接受度仍是不高。

公开报道显示,宝马集团方面近期表示,宝马作为汽车产业变革时代的引领者,深知中国汽车市场的重要性,将进一步升级在中国的战略。从过去的"在中国,为中国"到"在中国,为世界",再到"家在中国",可以看出,宝马集团并不是简单地将中国视为其全球最大的销售市场,而是要长期扎根中国。

宝马 2022 年财报显示,宝马 2022 年全年营收 1 426.1 亿欧元,归母净利润 179.4 亿欧元,其中汽车部门归母净利润 143.7 亿欧元,同比增长 57%。

中国在 2022 年仍为宝马最大的汽车市场,占比高达 33.1%。宝马 2022 年中国交付量为 79.35 万辆,较 2021 年下降 6.4%,不过来自中国的营收(基于客户所在地)增长 65.3%,至 418.81 亿欧元,按当前汇率算约合人民币 3 162 亿元,占总营收的 29.3%。

近日,宝马在公司官网发布 2023 年第一季度汽车销量数据。宝马公司期内向全球客户交付了合计 588 138 辆宝马、MINI、劳斯莱斯汽车,总销量同比下降 1.5%。其中,宝马期内销量 517 957 辆,同比降 0.4%;劳斯莱斯销量 1 640 辆,同比增 1%;MINI 销量 68 541 辆,同比降 9.2%。宝马公司称,MINI 品牌对第二季度充满信心,原因是 2023 年 3 月公司在中国推出以代理商作为销售代表的直销模式等。

分地区看,宝马期内在中国销量达到 194 773 辆,占总销量 37.6%,与上年相比,销量同比下滑 6.6%。另外,宝马在欧洲总销量为 215 917 辆,同比降 1.9%;在美洲销量 107 367 辆,同比增 8.8%。

半个董事会败给了一个冰淇淋?

疫情政策调整之后上海车展重启,这是 2023 年开年以来首个国际 A 级车展,不仅吸引了上千家企业、百余款全球首发车在此亮相,更是吸引了多名大型跨国车企全球董事会主席和全球 CEO 亲临现场。

4 月 18 日,宝马集团董事长齐普策在上海车展期间表示"中国是未来所在"。他介绍,去年在中国市场,宝马纯电车型的销量几乎翻了一倍,预计今年纯电动车型将占集团全球销量的 15%,到 2030 年前纯电动车型将占集团全球销量的一半以上。

就在车展开幕前的 17 日,宝马大中华区总裁兼首席执行官高乐在宝马"创想未来之夜"

开场全程用中文致辞，足见其对中国市场的重视。高乐反复强调宝马"家在中国"，更表示宝马集团近半个董事会都来到了活动现场。

"我们对中国市场的发展非常有信心，并将继续扩大我们在这里的足迹，"宝马首席执行官奥利弗·齐普斯近日在上海车展更是表示，"我们在中国有宾至如归的感觉。宝马在中国的发展和成功为中国和德国创造了繁荣。"

足见中国市场以及上海车展的重要性。

但说一万句漂亮话，不如做一件实在事。发放冰淇淋的初衷，算得上暖心之举和精巧营销，却在大众的审视下走了形。

正如中央财经大学刘春生在接受采访时谈道，中国消费者对于每一个进入中国市场的品牌而言，毋庸置疑非常重要，发生"冰淇淋事件"，宝马后续肯定会进行公关，但是再好的事后公关都不如提前做好对消费者的尊重，对消费者的理解，对消费者的真诚对待更为重要。

宝马这场史诗级的舆论危机，表面上看是因为这两位展台工作人员区别对待，给了一方，而没给另外一方，而实际上可以看作是国人对此前很长一个时期里"崇洋媚外""月亮总是国外圆"等俯视国人、仰视国外不正之风大行其道的集体反抗。也就是说，如果展台工作人员将冰淇淋给的是自家亲戚，而没有给展厅顾客，动静绝不会像现在这样闹得这么大，甚至压根就不会发生。

因此，导致这场舆论危机的深层次原因并不是"展厅工作人员的冰淇淋是不是区别对待"，而是区别对待的对象是老外。舆论的本质是大众心理、社会心态，舆论研究者也好、公关专业人也罢，都要从研究大众心理、社会心态的角度入手，通过跟踪和分析每一起热点舆论事件动态演变中的微妙变化，来尽可能精准地把握好群体心理的动态演变及整个社会心态的时代变迁，进而通过一些针对性的措施和引导加以精准安抚，只有这样才能真正达到治标又治本的目的，这就好比是医学上的诊断，基于精确诊断的药方和处方才有实际意义。

以这次宝马 MINI 冰淇淋事件为例，我们基本可以从当前的舆论反馈得出以下二个基本诊断。

一是当前国人的社会心态正在发生悄然改变。即从早些年的"仰视西方"正在逐步转为平视西方，这种变化一方面是缘于中国日益上升的国际社会地位，源源不断地支撑着国人的精神底气，特别是青少年群体，越来越适应平视心态，甚至还会有俯视的心态。

二是此前不断被爆出的"仰视西方"事件形成了语境铺垫。分析可以发现，这场风波之所以会连续登上热搜这么多天，除了宝马公关团队的反向拱火操作外，有相当一部分是因为经历了此前"地铁保安强制要求国人给老外让座""老外享受特权不戴口罩坐高铁"等一系列"双标"事件，已经对当前仍较大层面存在的"仰视西方"不正风气产生了强烈抵触情绪。看起来是针对展台工作人员表达不满，而实际上则是对当前这股不正的社会风气表达不满。

这里面需要注意的是，社会风气的矫正、群体心态的安抚、舆论氛围的营造，是需要政府、媒体、社会和企业等方方面面的共同协作的，仅仅依靠所谓的"成功公关"，其实难以起到实际效果。这也是为什么无论宝马多么成功的公关回应，也难以达到根本性"止损"，当然好的公关回应的确会降低一些负面影响，但解决不了问题。

也就是说，即便没有宝马，也一定会有其他公司成为事件的主角，只要这股"俯视国人、仰视国外"的风气依然没有根本性转变，这样的舆论风波就会源源不断地出现。

分析认为，这会是一个长期而缓慢的修复过程，需要方方面面加以逐步努力。比如政府方面,要把重心放到"平视西方"氛围营造的顶层设计上,懂得基于日益上升的经济社会发展实力,推出更多类似《中国诗词大会》《典籍里的中国》《舌尖上的中国》这样具有广泛中国标识的精神文化产品,从文化滋养入手来帮助全社会扭转此前仰视西方的思想观念,懂得欣赏中国古籍、民族传统,并进一步以此为傲、以此为豪。比如媒体方面,要懂得及时改变过于追求新闻价值主义的专业惯性,尽可能地在新闻报道中淡化老外点赞、老外欣赏这样的主角区别,即便选择老外作为新闻主角具有新闻价值,从媒体氛围营造的角度,也应对老外与国人一视同仁。再比如企业角度,要懂得当前的危机公关已经大大区别于此前的传统媒体时代,要将危机公关摆到与业绩同等重要的地位,要清楚地认识到:新媒体时代的危机公关工作已经不仅仅是事后的"止损弥补",而是更为侧重事前的风险评估和事中的过程指导。

最后纯从公关角度来谈谈对宝马这两份回应稿件的看法。

其一,公关,千万不能陷入原因解释,这是因为既然后果已经造成,过多的解释都只会增加舆论的反感。"为什么会发生这样的情况""当初是处于什么样的考虑"都是陷入了原因讨论的陷阱,这是因为讨论原因是对既往史的讨论,而每一个人眼中的原因都不一样,纠结于什么原因导致的后果,只会徒增话题争论,特别是在社交媒体排他性逻辑的作用下,会让舆论的情绪烈度越来越大,这是公关的禁忌。

其二,公关,要重在安抚已经被点燃起来的社会情绪。也就是说,既然展台工作人员将冰淇淋给了老外,而没有给国人顾客,这个事实为真,无论老外是不是"同事",都要学会接受。然后给出针对这一情况的社会心态补偿,而不是拼命地将责任推给人们。比如,在冰淇淋事件引爆全网后,有人开始在展台搞直播、发免费冰淇淋等情绪化行为,这时候组织保安以扰乱秩序为由将其抬走、撵走是应对大忌。基于情绪补偿这一应对方向,完全可以"逆向思维"来操作。在他们进行网上直播时,反而报以欢迎和善意,微笑相待、和善处之,甚至可以在宝马展台为其划出特定区域,提供好相应的茶水服务,来体现补偿姿态。

其三,公关,要懂得有意识地将线上舆论线下化。我们知道,网上讨论话题,往往会出现"你一言、我一语"的反复对话过程,导致舆论热度不断攀升的同时,很难有一个大家都认同的基本共识。这时候,为了有序疏导网上引起的无谓争论,作为专业的公关团队,要有意识地将线上舆论线下化。以此为例,完全可以在通稿中表达"公司已针对性开通专门意见收集专线电话""邀请热心市民、媒体朋友通过电话来电提供意见建议",然后公司将从中选出 10 个(或 20 个)最有价值的意见和建议,作为下一步整改方向,并且邀请相关人员参加座谈,颁发类似宝马公司社会监督员等称号,将关注焦点逐步转到如何帮助宝马公司改正的中性话题讨论上。

纵使品牌方有无数个理由来说明自己"不是故意的",这些内容也将以"甩锅"的标签贴在自己的脸上。但很明显,消费者不是上级领导,"甩锅"并不能解决企业与外部的公共关系危机,这其中的实质就在于品牌没有摆正自己的立场。这篇道歉声明是写给消费者的,首先就应该洞察消费者的诉求是什么,在阐述事实的基础上,围绕着诉求进行细致说明、深刻检讨、许下承诺。

此次危机公关事件中,受众们的诉求可以被概括为:承认品牌方本身管理的失误、采取必要的惩罚措施、作出实质性的补救措施承诺。道歉声明本应该用大篇幅围绕这几个点来阐述,但 MINI 恰好对这几个诉求只用了只言片语,而将重点放在了其他地方——品牌的本意是好的、网民们误解了"老外同事"、大家必须宽容两位礼仪,以及后来也没有实现的"积极反馈"。

MINI 已经丧失了一次有效危机公关的机会,如果仍有意挽回品牌口碑损失,可以尝试重新制造话题焦点,转移消费者的注意力,甚至可以达到逆转口碑的效果。2020 年新冠疫情时期,钉钉因为成为全国大部分中小学所使用的远程教学软件,被无数中小学生在各大应用商店"刷低分",对于未成年人这部分群体来说一度丧失口碑,但随后其发布的"在线求饶视频"将自己的口碑逆转。不仅站稳了远程教学软件领域的重要位置,而且用其诚恳而幽默的态度打动了受众,维护了自己的品牌形象。

对于 MINI 来说,仍可以利用这次冰淇淋事件进行"自嘲式公关",调侃自己的失误,并且在线上线下开展免费送冰淇淋的限时活动,冰淇淋品牌 Luneur 甚至可以与其合作,实现双赢的局面。但是事件过去十余天之后,@MINI 中国没有再就此次事件发表过任何言论,采取了明显的冷处理态度来解决此次公关危机。

在具有记忆的互联网上,一次失败的危机公关会成为留在品牌身上一辈子的伤疤。危机公关的失败,究其原因在于对消费者诉求的忽视和对消费者态度的傲慢。在这个过程中,越来越主动参与的受众扮演了重要的角色,揭开了品牌的真实面目,为更多消费者提供了更加全面、真实、客观的品牌信息。其他品牌更要引以为戒,维护好自己的品牌形象,与受众建立平等的关系。

三、问题思考

在此次宝马危机公关过程中,其营销策划存在哪些失误?

第四节　课后思考案例

案例 8-7　小米汽车的市场策略选择

一、背景资料

小米汽车 SU7 的正式发布,标志着小米品牌正式加入竞争白热化的纯电动中大型轿车细分市场。在 2024 年 3 月 28 日的官方发布会上,小米公布了 SU7 的定价策略,售价定位于 21.59 万元至 29.99 万元人民币,并宣布在 29 个核心城市同步启动销售渠道布局。此举瞬间引发了业界的高度关注,市场对 SU7 车型的综合竞争力、市场渗透潜力以及长期的市场表现力充满了期待,期待其能在新能源汽车领域占据一席之地。

二、基本案情

小米汽车 SU7 在市场选择上展现了精准定位的策略,专注于对智能科技和新能源汽车有较高接受度的年轻消费群体。这一群体通常对新兴技术和环保理念持开放态度,愿意为创新和科技支付溢价。小米 SU7 以其时尚的设计语言和智能化配置,迎合了年轻消费者对个性化和科技感的追求。同时,小米 SU7 在价格上采取了亲民策略,提供了一个相对合理的价格区间,使得这款中大型纯电轿车在性价比上具有竞争力,满足了年轻消费者对高品质生活的追求,也考虑了他们的经济承受能力。通过深入分析这一细分市场的需求和偏好,小米 SU7 不仅在产品力上满足了消费者对性能和智能化的期待,而且在情感层面与年轻消费者建立了共鸣。这种精准的市场定位使得小米 SU7 能够更好地抓住目标消费者的心理,在竞争激烈的新能源汽车市场中占据一席之地。

小米汽车在销售网络布局上采取了分阶段、有重点的市场拓展策略。这一策略体现了其对市场精准定位的深刻理解。小米汽车选择在经济发展水平较高、新能源汽车市场成熟度较高的 29 个城市启动销售。这些城市不仅具有较好的新能源汽车基础设施,而且消费者的购买力也相对较高。这样的布局有利于小米汽车快速积累市场经验,同时迅速建立起品牌影响力和消费者信任度。

通过在这些城市的布局,小米汽车能够更好地理解消费者的需求,优化产品和服务,也为后续的全国推广打下了坚实的基础。预计到 2024 年底,小米汽车的销售网络将扩展至 39 个城市,拥有 211 家销售门店;服务网络将覆盖 56 个城市,设立 112 家服务中心。这一扩张计划显示了小米汽车市场拓展的雄心和决心,也表明了其对于提供高质量服务的重视。

小米汽车的这种策略不仅有助于其在竞争激烈的新能源汽车市场中站稳脚跟,而且通过逐步扩大销售和服务网络,更好地满足不同地区消费者的需求,提升用户体验,从而在长远经营中建立起品牌的忠诚度和市场竞争力。

小米汽车的营销推广手段多样且富有创新性,充分利用了互联网营销的优势,以适应数字化时代消费者的行为习惯。通过社交媒体平台,小米汽车与目标消费者保持频繁互动,发布最新动态,分享用户故事,提供产品信息。这些都极大地提高了品牌的知名度和产品的曝光率。此外,小米汽车还利用线上直播这一新兴媒介,通过直播展示产品特点、试驾体验和互动问答,让消费者即使不在现场也能有身临其境的感受。

与 KOL(关键意见领袖)的合作也是小米汽车营销策略的一部分。通过与行业内有影响力的人物合作,小米汽车能够借助他们的影响力和粉丝基础,将产品信息传播给更广泛的潜在客户群体。这种合作不仅能够增加品牌的可信度,而且能够在目标消费者中引发讨论和关注。

同时,小米汽车非常注重线下体验,这是其营销策略中不可或缺的一部分。通过举办新品发布会,小米汽车能够向媒体和消费者展示其最新技术和产品亮点,同时收集第一手的市场反馈。体验日活动则让消费者有机会近距离接触和体验产品,这种亲身体验对于提升消费者对产品的认知和好感至关重要。

小米汽车通过线上线下相结合的方式,不仅扩大了品牌的覆盖范围,而且增强了与消费者的互动和连接。这种全方位的营销推广策略,使得小米汽车能够在竞争激烈的市场中突出重围,建立起强大的品牌影响力。

小米汽车在价格策略上延续了其一贯的性价比路线,SU7 的售价被设定在 21.59 万元至 29.99 万元之间,这一价格区间不仅体现了小米汽车对品质的追求,而且保证了产品的市场竞争力。通过这一合理的定价,小米汽车旨在打破中大型纯电轿车市场的价格壁垒,吸引更多潜在消费者的关注。

小米 SU7 的定价策略经过了深思熟虑,既考虑到了消费者的购买能力,又兼顾了小米汽车的盈利空间。这一价格策略显然经过了精心设计,旨在避免与低端市场的直接竞争,同时在中高端市场中树立独特的品牌形象。小米 SU7 的定价比特斯拉 Model 3 低 3 万元,以展现其诚意和竞争力。此外,小米 SU7 的定价策略也充分考虑了消费者的需求,随着消费者对新能源汽车的认识不断提高,他们对于产品的性能、品质以及品牌形象的关注也日益增加。

小米汽车的定价策略还体现了其对市场环境的深入分析和精准把握。通过定价 21.59 万元并附赠昂贵赠品,小米 SU7 既避免了与低端市场的直接竞争,又能在中高端市场中树立独特的品牌形象。这种策略有助于小米汽车在激烈的市场竞争中脱颖而出,同时满足消费者对于高性价比产品的需求。

小米汽车深知售后服务体系对于提升消费者满意度的重要性,因此,在市场选择中特别注重售后服务的构建。小米汽车推出了一系列服务措施,旨在为消费者提供全方位的售后支持,确保用户在使用过程中的便捷与安心。这些服务包括免费基础保养,这不仅减少了车主的维护成本,而且体现了小米汽车对产品长期性能的自信。同时,小米汽车还提供远程诊断服务,利用先进的技术手段,帮助用户及时发现并解决潜在的车辆问题,减少了用户往返维修点的时间和精力。此外,小米汽车还承诺快速维修服务,通过优化维修流程和提高服务效率,缩短车辆维修时间,减少用户等待的不便。这些细致入微的服务措施,不仅提升了小米汽车的品牌形象,而且增强了用户对小米汽车的信任和忠诚度,为小米汽车在激烈的市场竞争中赢得了优势。通过这些周到的售后服务,小米汽车展现了其对用户承诺的重视,以及对提升用户体验的不懈追求。

小米汽车在密切关注市场反馈的同时,通过分析销售数据和消费者评价,不断调整和优化其市场策略。这种策略的调整体现在多个方面,以确保更好地满足消费者的需求和期望。

小米汽车通过收集和分析消费者的反馈,及时了解市场动态和消费者偏好。例如,根据消费者对个性化配置的需求,小米 SU7 系列新增了多项个性化选装配置,如车窗框装饰条、不同外观后视镜、黑色徽标、不同尾部字标、涂色卡钳以及不同外观轮毂。这些新增配置不仅提升了车辆的外观美感,而且为消费者提供了更多的个性化选择。对于追求运动风格和个性化设计的消费者来说,这些配置的增加无疑增加了小米 SU7 的吸引力。

此外,小米汽车还根据市场反馈,对产品进行了相应的技术升级和改进。例如,小米 SU7 Max 作为 SU7 系列的高性能版本,提供了 19/21 英寸运动轮毂的选装,相比 SU7 和 Pro 版本,轮毂外观的选装数量有了明显的增加。这种对市场反馈的快速响应和产品调整,显示了小米汽车对消费者需求的重视和对市场变化的敏感性。

在营销活动方面,小米汽车也根据市场反馈进行了调整。小米汽车擅长运用社交媒体、线上线下渠道进行全方位营销推广,通过精心策划的发布会和线上直播,吸引海量观众关注。同时,小米推出的限时优惠措施,如首日购车赠品丰厚、限时大定专享权益,刺激了消费者的下单热情。这些营销活动不仅提升了小米汽车的品牌知名度,而且增加了产品的市场竞争力。

三、问题思考

基于营销组织角度思考,在不断变化的市场环境中,小米汽车是如何调整和优化产品定位以吸引新的消费者群体的?

案例 8-8 涅槃重生? 沃尔玛线下突破之路

一、背景资料

在最具权威的《财富》世界 500 强排行榜中,沃尔玛排在首位,这已经是沃尔玛连续多年居于世界 500 强之首的宝座了,可见其能力之强悍。可以说,一个公司能把零售业做到领先于世界所有领域,其企业文化和经营模式甚至可以当成世界各地零售业的教科书。沃尔玛从登陆中国市场以来,扩张速度和盈利空间都增长得非常快。可是,这样的一位商界大拿,最近几年的盈利增长却是十分缓慢,并伴随着闭店的现象。那么究竟是什么原因限制了沃尔玛的发展呢? 沃尔玛又将如何面对?

二、基本案情

沃尔玛创立于 1962 年,经过几十年的发展,沃尔玛已经从一个默默无闻的小企业升级成为享誉全球的零售业之王。在美国甚至出现了这样一种情况:每家沃尔玛方圆 5 千米不可能出现其他大型连锁超市。当沃尔玛已经在西方世界独占鳌头之后,便开始向东方国家的市场进军,以求扩大企业市场规模和提高影响力。

中国市场对于沃尔玛而言,无疑是一个不错的选择。中国经济发展的速度和中国人民的消费水平,让沃尔玛对进军中国这一市场充满了信心,并做好了长期投资的准备,势必在中国的零售市场打开局面。1996 年在深圳建成的第一家沃尔玛和山姆会员店,成为沃尔玛正式进入中国市场的标志。

万事开头难,初期时沃尔玛在中国市场上的发展进程缓慢。在 2004 年前,沃尔玛在中国的店铺仅 20 多家,而且分布的跨度极大,都集中分布在东北和广州一带,这样的地域分布让刚进入中国市场的沃尔玛举步维艰。2001 年,中国加入了 WTO 给沃尔玛创造了机会,中国政府履行"入世"的承诺,积极扶持外资企业。2004 年对于沃尔玛来说意义非凡,有数据表明,2004 年年底就有多家店面在筹备开张,2005 年开店十多家,而在这一年中开的店铺数量抵得上 2004 年以前的所有的店面。从进入中国市场时的雄心满满到初期八年的坎坷不断,再到站稳脚跟,沃尔玛凭借的是什么?

第一,天天平价。天天平价是沃尔玛的核心企业文化和销售理念,这绝非只是口头上的一个承诺,沃尔玛确实在身体力行,即低入手,低出售,薄利多销,为每个顾客省每一分钱。沃尔玛拒绝供应商提供广告服务,回扣以及送货服务,一切都由自己内部人员自主管理,图的就是从供应商那里获得最低价。

第二,微笑服务。沃尔玛在顾客服务方面只有两个准则,第一顾客是正确的,第二是若有疑义请参照第一条。这种"顾客就是上帝"的服务态度不止贴合了中国市场的"以人为本"的原则,还极大地提升了消费者的消费体验,让消费者享有高品质商品和无条件退款权利的同时,也能享受高质量的服务。

第三,洞察敏锐。沃尔玛具有敏锐的洞察力,比如沃尔玛已经深耕中国市场二十多年,但其从未在中国的港澳地区开设任何一家店面。之所以如此,正是因为考虑到港澳地区消费者的购物习惯并不是漫无目的的闲逛,他们具有明确的购买欲,想买什么就去什么样的专营店,而"大一统"的沃尔玛难以适应这种消费习惯。若是沃尔玛冒失地进入港澳市场,将难以与当地流行的一层楼式的购物中心竞争。

种种细节,让沃尔玛逐渐站稳了脚跟。但是好景不长,近几年来,沃尔玛的发展再度陷入了瓶颈,沃尔玛在中国的盈利空间越来越小,年营收入同比增长也在降低。不仅沃尔玛如此,国内一大批大型连锁零售企业也都陷入了这样的境地,究竟是何方神圣阻碍了沃尔玛等零售企业的发展?

（一）沃尔玛发展受阻,谁是罪魁祸首?

麦肯锡调研显示,自 2015 年起,我国互联网消费人群中仅 16％在实体店购物。互联网时代下,人们去超市的次数越来越少,实体超市线下客户流失严重,引发了实体超市关店潮。统计数据显示,2016 年全年在百货及大型超市业态中,46 家公司共关闭了 185 家门店。电商的出现,已经撼动了传统零售业在销售业上的主宰地位,其中传统零售巨头的沃尔玛更是首当其冲。

据联商网统计,2012 年沃尔玛在中国闭店 5 家,2013 年闭店 13 家,2014 年闭店 17 家,2015 年闭店 1 家,2016 年闭店 13 家,2017 年闭店 24 家。由上述数据可以看出,自 2012 年起,沃尔玛在中国市场开始遭受打击,而后沃尔玛在中国市场的闭店趋势愈演愈烈。

经商务部调查,2017 年全国电子商务交易额高达 29.16 万亿元,同比增长 11.7％。同年,全国网上零售额为 7.18 万亿元。这份数据就意味着中国的电子商务已经处于一个相当繁荣的阶段,也意味着电子商务会对传统零售业造成空前绝后的打击。人们享受着足不出户、价格低廉的电商服务,同时消费者在选择电商这条路径后其消费习惯也在被潜移默化地改变着。电商之所以能对传统零售业冲击这么大,主要因为三个方面。

第一,成本低。实体店铺的租金每年都在上涨,人力资源成本同时也在高升。实体店铺的成本如此之大,让实体企业的盈利越来越困难。但电商行业恰恰相反,电商无须租借场地,只需要相应的网站或是平台就可以完成商品的销售,也不需要那么多人力去运营店面,节省了很多的成本。

第二,没有地域限制。电商不容易受地方经济的影响,在已有自己旗下的配送公司或者是长期与物流配送公司合作的情况下,地方经济对电商的影响几乎为零。而传统零售业受地方经济的影响较大,比如地方政策、店铺租金、消费水平等。

第三,抗风险能力高。电商的成本投入没有传统零售高,在遇到经济波动时更加灵活多变。传统零售业如果遇到经济波折,轻则裁员减薪,重则闭店整顿。

尽管电商来势汹汹,但传统零售业终究有它不可替代的一面。为了能在电商时代下有更好的发展,传统零售业需要进行相应的调整,想好对策。这也让沃尔玛为首的传统零售业纷纷闭店整顿,主动止损,以退为进寻求新的道路。

（二）沃尔玛积极应对,寻求摆脱桎梏的方法

沃尔玛在电商潮流中寻求变革,既然无法抵制,那不如加入他们。众所周知,山姆会员店是沃尔玛旗下的一个品牌店面,而沃尔玛此番调整也押宝在山姆会员店上,山姆会员店的发展将成为沃尔玛转型的标志。那么沃尔玛在山姆会员店上有哪些突破呢?

一来,山姆会员店区别于沃尔玛卖场的地方就是会员制,会员制可以让山姆会员店精确地锁定消费人群和该类人群的消费需求。山姆会员店中国业务总裁文安德表示:"对会员制零售来说,商品是最重要的。当我们在为会员采购商品时,我们特别重视品质、信赖、差异化和食品安全,并严格筛选可靠的供应商及合作伙伴。"在山姆会员店消费标准虽高,但在中国每年仍有 70％的山姆会员选择续费,山姆会员店也将这 70％的顾客视为高忠诚度的优质顾客,有了这样一批固定的消费人群,且会员续费率如此之高,沃尔玛在扩大山姆会员店规模方面也更加有底气。从 1996 年在深圳开出第一家山姆会员店,到 2020 年(编者补充),沃尔玛已经在中国开出了 36 家山姆会员店。

二来,沃尔玛与电商巨头合作。面对电商业如此发达的中国市场,沃尔玛选择将从中国平安收购的 1 号店股权卖给京东。虽然沃尔玛在中国自主发展电商的这条道路上走得并不

是很顺利,但其不断增持京东股份也不失为一条捷径。在与京东合作的基础上,山姆会员店现如今在生鲜领域上火力全开,力争"一小时达"。

山姆会员店于 2017 年在北京和上海开通了京东的 O2O 配送服务,并于 12 月在深圳部分地区实行了满 99 包邮并"一小时达"的服务。这意味着山姆会员店在主动寻求加入线上线下产业即时配送市场的竞争。

沃尔玛能屈能伸,在面对困境时依然可以对症下药,在电商崛起的情况下选择与电商合作这条道路,并逐渐从传统零售向新零售转型。随着沃尔玛在新零售业态上的起步和发展,沃尔玛打破瓶颈指日可待。

(三)置之死地而后生,沃尔玛的破局之路

沃尔玛在电商业冲击如此猛烈的情况下,选择了以退为进的战略性亏损策略,其目的就是给自己一个喘息的机会,在积极变革经营模式的情况下重新确定自己未来的发展方向。那么沃尔玛未来该怎么样走才能更好地发展呢?

首先,沃尔玛应该结合全球电商战略,继续与电商巨头进行深度合作。线下全力加速山姆会员店的扩张,线上主打山姆会员网络店铺,打开线上线下双赢的局面。如果说电商的来临引起了社会经济的变革,那么实力雄厚的沃尔玛趁这个趋势完全可以将自己从传统零售业巨头变为线上线下全面发展的巨头。

其次,沃尔玛应该选择暂避一二线城市电商冲击,下沉至国内三四线城市。一二线城市市场已经趋向饱和,并且这些城市是率先受到电商潮流的冲击,因此沃尔玛应放缓在一二线城市的进展。而国内三四线城市都是新城镇,这些新城镇经济发展迅速,在这些新城镇开设沃尔玛可以成为当地商圈的地标,有利于消费需求的释放,同时在这些新城镇采购的成本较低,沃尔玛在商品价格竞争上具有天然的优势。

在面临电商冲击的困境下,国内许多零售业依然相信等熬过了这段时间春天依旧会到来,而即便强如沃尔玛这样的传统零售商,在电商时代里也改变了以往自力更生的习惯,全力与电商巨头联姻,努力成为新零售的巨头。而沃尔玛的成功转型,为国内其他零售企业做了很好的示范。

三、问题思考

(1)在互联网环境的影响下,传统的商超零售面临着不得不变、必须求变的市场状态。其实现有的传统零售业受到冲击的原因不是互联网打败了中国零售企业,而是传统零售企业自身没有做强,给纯电商平台创造了机会。现在,传统电商的黄金时代已结束,沃尔玛超市的多渠道零售探索已然有了突破,天平正在重新倾斜,"纯电商平台刚起来的时候,很多人说实体店不行,现在看,他们流量、物流以及人工成本低吗?"

(2)请基于计划组织营销理论,讨论沃尔玛转型之路给国内同类型商超的参考意义。

案例 8 - 9　付费会员制能否成为国内零售企业的一种盈利模式?

一、背景资料

从一定意义上讲,获客成本的不断上升是制约零售企业盈利能力的重要因素。获客成本上升的原因主要有两方面:一方面是伴随智能手机的普及,网民增速明显减缓,零售行业竞争日益激烈,流量增长驱动型的发展模式面临终结;另一方面,"85后""90后"年轻消费者成为零售市场的主导力量,对商品和服务的个性化、品质化需求不断提高,并且愿意为更高的品质和服务付出溢价,我国零售市场进入提质升级新阶段。因此,在流量红利消失、拉新成本升高和消费升级的多重压力下,增强消费者黏性和活跃度、挖掘用户长期价值成为零售企业增强盈利能力的关键,而付费会员制作为提升顾客忠诚度的重要机制,越来越受到国内零售企业的重视。

亚马逊、Costco 等国外企业的实践表明,付费会员制不仅是提升顾客黏性、形成企业稳定收入的重要途径,而且是一种具有内在逻辑的商业模式和盈利模式。

二、基本案情

付费会员制,即向注册会员定期收取一定的会员费并向其提供差异化服务;基于会员数据,分析并定义市场需求,推动反向定制和自有品牌开发,在减少渠道成本的同时,增强企业自主定价权,进而为推出高性价比商品奠定基础;通过规模采购提高议价能力,降低采购成本,进而采用低价格—低毛利零售策略;付费会员制促进企业经营从以商品为中心转向以会员为中心,并且通过对会员需求的持续迭代,实现从商品经营到会员经营再到商品经营的闭环式运营,并赢得会员的心理认同。

差异化的高性价比商品是吸引付费会员最主要的权益类型。为了吸引付费会员,零售企业往往提供多种类型的会员权益,包括差异化的高性价比商品、优享服务(如无条件退换货、免运费、专属客服)和视频、音乐等跨界权益。但其中最主要的权益应是有特色、高性价比的商品。首先,随着消费升级时代的来临,消费者更加关注商品品质和特色,并且愿意为高品质和差异化付出一定的溢价,但高性价比仍是促进购买的重要因素。其次,零售企业采取的许多促销措施(会员权益)都是以商品为载体的,包括折扣、返利、积分等,但如果消费者对商品的价值感知低并缺乏购买意愿,那么这些促销措施就失去了意义。此外,尽管跨界生态权益对于消费者有一定的吸引力,但由于跨界合作生态不够成熟,使得消费者获得这些权益的过程中经常会遇到一些障碍,进而影响消费体验。因此,在较长时期内,有特色的高性价比商品是吸引会员高频消费的真正动因。

通过反向定制和自有品牌,获取定价权是规避渠道冲突、有效实施付费会员制的重要条件。首先,零售商拥有自主定价权,才可以采用低价策略,为付费会员提供更多高性价比的商品。其次,拥有定价权能够有效避免纵向和横向的渠道冲突,进一步提升会员的品牌认同感。零售商在缺乏完全定价权的情况下,如果强行采用低价策略,不可避免地会导致渠道冲突,进而失去品牌商的支持。反向定制和开发自有品牌是零售企业获取定价权并提供差异化商品的两种基本途径。一方面,会员店基于商品定制能够形成一定的渠道区隔,定制商品只出现在会员店,增加了零售商渠道的权力,为会员提供专属的低价商品。另一方面,零售企业大力开发自有品牌商品,不仅有助于降低渠道成本,而且可以将品牌资产和定价权完全掌握在自己手中。

规模是付费会员制的重要支撑条件。要想做到低成本,唯一方法就是规模采购,只有靠规模采购,才能获得超强的议价能力,才能为消费者提供高性价比的产品。不断开发新店或开发线上平台,增强需求集聚能力是扩大规模的基本路径。此外,零售企业基于付费会员制对消费者市场进行细分和选择,进行精准营销,实现商品精选;而通过精选形成的商品组合具有周转速度快的基本特征,也成为扩大采购规模的路径。进一步,零售企业通过规模采购增强商品议价能力,降低采购成本,才能为消费者提供"低成本、低毛利"的商品。

基于数据分析实现供求匹配的精准营销。实施付费会员制的零售商不仅掌握交易数据,同时掌握更多的线上线下会员数据、流量数据等资源。大数据对供求的精确匹配正是会员价值驱动盈利模式的精髓所在。因此,会员制企业依托数据资源,运用大数据技术实现精准的会员定位,明确会员群体的差异化需求,进而为商品精选、产品开发和精准信息推送打下良好的基础。会员制零售企业用有限选择和精准推送来满足目标市场需求,实现供求匹配,提高商品运营效率。

从商品经营到会员经营再到商品经营,赢取会员心理认同。首先,付费会员制促使零售企业经营从以商品为中心转向以会员为中心。付费会员制促使会员对会员店形成一种整体的形象认知,即会员店成为付费会员生活的全方位"买手",不断为会员提供高品质商品和优享服务,进而让付费会员感受到"与众不同"。其次,以会员为中心,要求零售企业必须在数据分析的基础上,通过规模定制和自有品牌,不断提供高性价比商品。反向定制和自有品牌是零售企业增强商品经营能力的重要途径。因此,为了实现以会员为中心,零售企业又必须回到以反向定制和自有品牌为基础的商品经营上。

(一)有效实施付费会员制的条件

零售商能否有效实施付费会员制,与企业的需求集聚能力、需求分析能力、商品经营能力和持续迭代能力密切相关。这些资源能力决定着企业能否有效开展反向定制和开发自有品牌,进而决定着企业能否掌握品牌、定价权、质量、规模等方面的供应链控制力,并为会员提供高性价比的商品。从一定意义上讲,目前国内企业正是由于缺乏这些关键性资源能力,使得企业难以有效实行付费会员制。

需求集聚能力指零售商吸引和保留顾客、形成需求规模的能力,直接影响商品的销售规模,进而影响采购议价能力和供应链控制力。需求集聚能力主要与零售商经营规模扩张、顾客经营等因素相关。在规模扩张方面,零售企业通过自营、加盟和跨界合作等方式实现门店扩张和消费需求集聚。在顾客经营方面,零售企业主要通过高性价比商品、优享服务和跨界权益等手段吸引并留住会员。同时,零售企业运用先进技术形成强大的数据资源储备,为需求分析、商品经营和持续迭代提供有效的数据支撑。

会员制零售企业需要基于精准的需求分析,推动自有品牌商品开发、商品采购和商品促销,进而实现需求端和供给端在产品数量、质量等方面的精准匹配,并提升供应链控制力。零售企业基于需求分析对消费者进行精准画像和智能推荐,还能实现"千人千面"。需求分析能力不仅与零售企业的数据获取能力、加工处理能力、分析能力有关,还与企业的数字化转型有关。

零售企业应根据市场需求和竞争状况,对付费会员精准定位,设计并执行有效的商品精选、新产品开发、定价、品牌营销和顾客沟通等策略。消费升级趋势下,零售企业应以商品经营为核心,推动规模定制和自有品牌开发,获取充分的定价权,才能推出高性价比的商品赢得会员青睐,同时避免同质化竞争和渠道冲突。此外,在商品经营基础上,零售企业更应加强以定价权为核心的供应链控制力,构建闭环的新型供应链,改善企业的盈利能力。

零售企业持续吸引会员消费的关键点在于,能够长期性为会员提供高性价比的商品和服务,契合消费升级趋势。这就要求零售企业必须快速响应消费需求变化,及时调整商品组合和服务,持续为会员创造价值。除了产品外,整个会员权益体系也要持续迭代,即在不同的发展阶段,零售企业按照当前会员需求设计不同的权益体系,保持和提升会员权益。在动态升级过程中,零售企业逐渐树立起独特的品牌形象,获得会员的品牌认同,促使会员进行续费和口碑推荐。

（二）典型案例：京东 PLUS 会员制

2015 年 10 月,京东正式推出"PLUS 会员"付费会员制。近年来,京东 PLUS 会员持续快速增长,截至 2020 年 10 月,PLUS 会员已超 2 000 万名。与此同时,京东盈利能力不断改善。京东在打造本土化的付费会员制方面发挥了领头羊作用。

京东 PLUS 会员权益体系主要聚焦购物特权,并形成了"价格折扣＋优享服务＋增值服务"的组合拳。其中,价格类权益主要通过商品折扣和优惠刺激消费,包括每月优惠券、会员价商品、专属购物节和运费券礼包等。优享服务类权益包括免费退换货、专属客服等。增值服务包括视频、出行、教育和健康等跨界权益,通过跨界合作为付费会员提供全生态服务。但从目前情况看,京东 PLUS 会员权益并未突出商品的核心作用。京东自 2012 年开始实施自有品牌战略,并开发了 dostyle、佳佰、LATIT、京造等自有品牌。京东对自有品牌拥有自主定价权,能够更多让利会员和实现薄利多销,这正是有效实施付费会员制的重要条件。并且,线上平台优势为京东积累了丰富的数据资源。基于该资源优势,京东可以精准分析市场需求,主导新产品开发,进而推动自有品牌发展,并增强品牌、价格、质量等方面的供应链控制力。

三、问题思考

基于营销控制视角,以京东 PLUS 会员制为例,推广付费会员制未来应如何发展?

（刘文纲、曹学义：《付费会员制能否成为国内零售企业的一种盈利模式——基于供应链控制力的分析》,《商业经济研究》2021 年第 7 期。）

第九章　市场营销的应用与创新

本章导读

营销创新是根据营销环境的变化情况，并结合企业自身的资源条件和经营实力，寻求营销要素在某一方面或某一系列的突破或变革的过程。在这个过程中，并非要求一定要有创造发明，只要能够适应环境，赢得消费者的心理且不触犯法律、法规和通行惯例，同时能被企业所接受，那么这种营销创新即是成功的。还需要说明的是，能否最终实现营销目标，不是衡量营销创新成功与否的唯一标准。

• 优衣库数字化营销的成功经验为国内服饰品牌提供了极大的参考价值。然而，随着消费者多元化和注意力分散的趋势日益增强，新媒体平台如微博、微信备受消费者青睐，具有较高的吸引力。因此，企业需要相应地改变营销观念，以应对消费者的新需求。

• 盒马鲜生通过建立会员制度、社群互动、线上线下联动等方式来布局关系营销。首先，盒马鲜生建立了会员制度，通过积分、优惠券等方式来吸引消费者成为会员，并提供更加个性化的服务和优惠。其次，盒马鲜生在 App 上布局了丰富的消费场景和社群互动，让消费者可以根据自己的需求进行消费或分享自己的生活，从而增强消费者与盒马鲜生之间的互动和关系。此外，盒马鲜生还通过线上线下联动的方式来推进关系营销，例如在门店内设置线上下单取货点，让消费者可以更加方便地购物。同时也增强了消费者与盒马鲜生之间的互动和关系。通过这些方式，盒马鲜生不仅提供了优质的商品和服务，还建立了与消费者之间的良好关系，从而提高了消费者的忠诚度和口碑。可见关系营销是盒马鲜生市场营销策略中不可或缺的一环，那么盒马鲜生是怎么布局关系营销的呢？

• 随着智能手机的普及，抖音直播营销正引领消费者通过移动终端获取产品信息并在线上完成购买行为。与传统线下购物的"人—货—场"相分离的情况不同，抖音直播将用户、产品和销售场所都迁移到了移动终端上。消费者可以在抖音直播平台上完成从获取产品信息到购买产品的整个过程。在当前的移动营销环境下，抖音直播成为一个重要的营销手段，它连接并重构了"人—货—场"关系。抖音直播营销成功地将品牌、产品和消费者融合在一起，创造了全新的商业模式和消费体验。通过抖音直播，品牌商家可以直接与消费者互动，展示产品特点，并通过直播购物等功能实现直接销售。这种移动营销模式不仅提升了用户的购买便利性，也为品牌商家带来了更广阔的市场和销售机会。抖音直播营销作为移动营销的成功代表，正引领着移动时代的消费趋势。

学习目标

（1）弘扬中华优秀传统文化，了解中国品牌故事，增强文化自信。密切关注国潮热、国货崛起、新经济下的中国新品牌问世与成长等营销现象，从中汲取营销创新的灵感和力量。

（2）强化法治观念，恪守商业道德，树立做人经商的底线思维。切实遵守《中华人民共和国产品质量法》《中华人民共和国消费者权益保护法》等法律法规，培养契约精神和规则意识，做好合规经营，彰显社会公平。

（3）将营销的核心和宗旨上升到中国梦以及新时代我国社会主要矛盾的解决上，追求经济价值与社会价值同构。培育对于国家的热爱和对于社会民生的关怀，理解在营销创新过程中不仅追求要经济效益，更要考虑社会效益，为实现中国梦和新时代我国社会主要矛盾的解决贡献自己的力量。

第一节　理论教学要点

一、国际市场营销

（一）国际市场营销特点
国际市场营销特点：复杂性、风险性、激烈性。

（二）国际市场营销环境
国际市场营销环境：国际政治法律环境、国际经济技术环境、国际社会文化环境、21世纪国际市场营销环境的重大变化。

（三）国际目标市场选择
国际目标市场选择：国际市场细分、国际目标市场选择、估计市场潜量与销售潜量。

（四）进入国际市场的方式
进入国际市场的方式：出口进入方式、合同进入方式、投资进入方式、对等进入方式、加工进入方式。

（五）国际市场营销策略
国际市场营销策略：产品策略、渠道策略、价格策略、促销策略。

二、服务市场营销

（一）服务市场营销的特征
服务市场营销的特征包括：无形性、同步性（相连性）、异质性（易变性）、易逝性（时间性）。

（二）服务质量管理
（1）服务质量评价标准：感知性、可靠性、适应性、保证性、移情性。

（2）提高服务质量策略：标准跟进（定点超越）、蓝图技巧（服务过程分析）。

（3）服务的有形展示类型：实体环境、信息沟通、价格。

（4）服务定价、分销与促销。

三、市场营销新领域与新概念

市场营销新领域和新概念包括：绿色营销、整合营销、关系营销、网络营销、营销道德、微博营销、移动营销、病毒营销、知识营销、数字营销等。

第二节　教学引导案例

案例 9-1　优衣库在中国的自媒体营销

一、背景资料

1984 年创立的优衣库是一家主打低价好物的快时尚服饰零售企业，采用了 SPA 模式，实现了商品的策划、制造和零售的垂直整合。在其长期经营中，优衣库始终秉承"服适人生"的经营理念，并将其融入产品中，这使得该品牌难以被其他同类竞争品所替代。随着日本本土市场的稳定和全球化趋势的不断深化，优衣库开始尝试进军海外市场。2001 年 9 月，其首家海外门店在英国开业。截至 2020 年 8 月，优衣库在日本拥有 764 家门店，在海外拥有 1520 家门店，发展势头强劲。据母公司迅销集团公告，2019 年优衣库海外市场销量首次超过日本本土市场，这主要是由于大中华区电商销售的高速增长。因此，大中华区尤其是中国大陆地区可能成为推动公司营收的主要力量。

二、基本案情

随着移动互联网技术的快速发展，数字化营销模式不断涌现，包括微博、微信公众号、短视频、直播带货等营销方式，为服饰品牌提供了更多的营销渠道。优衣库数字化营销的成功经验为国内服饰品牌提供了极大的参考价值。然而，随着消费者多元化和注意力分散的趋势日益增强，新媒体平台如微博、微信备受消费者青睐，具有较高的吸引力。因此，企业需要相应地改变营销观念，以应对消费者新需求的出现。

当前，我国移动互联网用户已经达到了 1.35 亿户，其中手机上网用户数更是高达 1.35 万户。广告主调查数据表明，企业将继续关注新媒体营销，并将营销预算向新媒体倾斜。对于像优衣库这样的服饰品牌而言，只有不断以消费者需求为导向，积极整合各大营销平台的优势，注重消费者互动，才能够不断提升企业竞争力，促进企业的长期发展。因此，优衣库如何实现自媒体营销成为一个重要问题。在不同的自媒体平台之间相互借鉴、互补互利也是未来自媒体营销的趋势之一，因此，优衣库需要积极探索各自媒体平台之间的联动，以实现自媒体营销的效益最大化。优衣库是怎么在中国做好自媒体营销的呢？

（一）通过微博的内容营销

优衣库官方微博最大的特点是持续不断的信息推广。例如，2020 年 9 月 23 日，优衣库官方微博发布了 26 条微博，其中包括宣传新品和回馈粉丝的抽奖活动等内容。这种频繁的信息推送可以使产品信息持续出现在粉丝主页上，从而增强产品的曝光率。此外，这种详细且及时的产品播报也成为消费者获取品牌信息的主要渠道，可以吸引消费者的主动关注。

此外,优衣库官方微博还擅长在微博内容中创建或添加相关话题,使相关联的内容有一个联系的纽带,从而使内容尽可能规整且具有相关性,这既便捷了粉丝收集官方产品信息,又能够引导粉丝在一个集中的领域分享对产品的看法和认识。从内容呈现上来看,优衣库官方微博除了文字描述设计理念和产品背景外,还通过画报图片或视频介绍产品技术和产品细节,文案风格以简洁明晰为主。

（二）通过微博的互动营销

微博平台的互动是指通过微博平台进行信息交换的活动,其中包括内容互动和人际互动两方面。内容互动主要指用户对微博信息的参与程度,例如发起话题讨论、投票活动等,而人际互动则是指用户利用微博平台进行人际交流。

为了促进内容互动,优衣库官方账号经常推出话题讨论,并邀请粉丝参与。例如,他们在 2020 年 7 月 17 日推出了话题"优衣库清爽夏日穿搭",鼓励粉丝分享自己喜欢的舒适色彩搭配,并且还为转发带有相关话题的微博提供了礼品奖励。此外,优衣库还经常发起投票活动,以了解粉丝的偏好。

（三）通过微博的代言营销

微博代言营销是品牌方利用代言人的高人气和良好口碑在微博平台推广产品开展营销活动。代言营销的成功往往取决于代言人的影响力和粉丝数量,以及代言人本身与品牌的契合程度。对于优衣库而言,其代言人倪妮和井柏然都是微博粉丝过千万的人气演员,通过代言人的私服穿搭来展示产品,成功地引起了广大粉丝的模仿效应,为品牌扩散起到了很好的支撑作用。

（四）通过微博的情感营销

微博情感营销是以情感角度为出发点,通过微博内容宣传和推广产品,旨在加强企业与消费者之间的情感连接,并在引起消费者情感共鸣的基础上提高品牌与消费者之间的黏性。例如,优衣库在 2020 年高考期间发布了一篇名为"通过新技术,优衣库想让高考生装备减负"的文章,既体现了品牌对高考学子的关心,同时也能够借此机会推广新产品,使广告变得更为亲切。此外,品牌还经常发布一些科普类小文章,以加强消费者对品牌的认同。例如,2020 年 9 月 9 日,优衣库发布了一篇名为"你今天的心情是什么颜色"的文章,从色彩心理学的角度解释颜色与情感的联系,试图以更专业的方式向消费者传递品牌的设计理念。

（五）通过微信公众号的营销

首先,优衣库通过吸睛标题激发消费者的关注度。优衣库公众号在 2020 年 8 月 7 日推送了《59 元起,人气爆款一网打尽》一文,2020 年 6 月 5 日推送了《SALE | 清凉好物提前抢,不用等 618》一文,2020 年 3 月 5 日推送了《99 元起 | 女神节新品优惠,活力新时尚》一文。这种把价格信息直接放在标题中的做法,可以让消费者更直观地感受到价格的优势,特别是当商品价格低于消费者的预期时,购买欲望更加强烈,营销效果也更好。2020 年 8 月 21 日推送的《新品剧透,未上市系列限时预览》、2020 年 6 月 16 日推送的《优胜考场！get 你的幸运色满分穿搭》,以及 2020 年 4 月 3 日推送的《必买经典 | 细节品质背后的故事》,虽然不是每篇文章都会使用"不容错过"这个词组,但是都用了这种强烈的暗示来激发消费者的潜意识,并以此获取关注。

其次,优衣库通过在微信公众号上进行情感营销引发消费者的共鸣。优衣库在 2020 年

5月8日发布的一篇标题为《母亲节好礼！妈,这次换我宠你》的推文,通过强烈的情感冲击力,让每个子女都想要给母亲一个特别的礼物。文章从"优雅妈妈""活力妈妈"和"健康妈妈"三个角度推荐服饰和产品,并标注了折扣信息和小程序购买链接,让消费者很难不被这种节日氛围和贴心的服务所吸引。2020年2月14日的一篇推文以《返工防疫小细节,你都了解了么?》为题,当时正值疫情防控的关键时期,文章以一系列防疫情景漫画和返工注意事项为开端,推荐便捷服饰,最后提到返工可能遇到的情况以及如何避免,全文贯彻了标题的中心思想。这些推文都是迎合消费者的情感需求,同时创造了特定的消费场景,增强了消费者对产品推广的认同感。

最后,优衣库通过微信公众号实现了对线上线下客户服务体验的串联。为了提高消费者购物体验并扩大回馈,优衣库逐渐开始利用科技力量来实现线上和线下的融合,以进一步丰富消费者的购物体验。优衣库在2015年率先推出了二维码服务,并直接将其与优衣库微信公众号关联,使消费者可以通过扫描二维码进入官方公众号,以获取更多消费资讯。随着优衣库微信公众号不断完善,如今通过扫描官方二维码,消费者不仅可以注册会员、累积积分来换取福利,还可以开启定位功能,以获取最近的门店信息,享受线上购买线下自提或门店送货服务。优衣库将微信公众号作为桥梁,将线上产品筛选与线下实景购物相结合,通过会员注册,不仅能够为消费者提供更便捷的服务和更好的回馈,也能够让优衣库掌握更准确的用户数据。

三、问题思考

优衣库的自媒体营销策略是如何帮助其在竞争激烈的市场中脱颖而出的?

四、分析点评

优衣库的自媒体营销策略是其成功的关键之一,能够帮助其在竞争激烈的市场中脱颖而出。自媒体营销是一种基于社交媒体的推广方式,通过各种社交媒体平台来宣传和推广品牌和产品。这种策略已成为当今市场中不可或缺的一部分,因为它可以让消费者更直接地与品牌互动,并提供更多的信息和便利。

首先,优衣库利用社交媒体平台,如微信、微博、抖音等,与消费者建立紧密联系,从而扩大了品牌的曝光率和影响力。通过开设优衣库官方微信公众号、微博账号和抖音账号等多种渠道,可以让消费者随时关注品牌最新动态,获取最新产品信息和促销活动,提高消费者的品牌认知度和忠诚度。此外,通过与消费者互动和回复评论,优衣库增强了与消费者之间的互动,增加了消费者对品牌的信任感和好感度,进一步提高了品牌影响力。

其次,优衣库通过自媒体平台提供更加丰富的内容,为消费者提供更多的信息和更好的购物体验。比如,优衣库官方微信公众号提供了品牌的最新资讯、时尚搭配技巧、产品推荐、优惠活动等内容,让消费者可以在了解产品信息的同时,获取更多有价值的内容。此外,优衣库还利用自媒体平台为消费者提供更加便捷的购物体验。比如,通过微信公众号可以实现线上购买、线下自提或门店送货等多种购物方式,为消费者提供更加灵活的购物选择和体验。

最后,优衣库的自媒体营销策略可以帮助其更好地了解消费者的需求和反馈,提高产品和服务的质量及消费者满意度。通过优衣库官方微信公众号等自媒体平台,消费者可以直接向品牌反馈产品和服务的体验,品牌可以更加直接和快速地了解消费者的需求和意见,并及时做出调整和改进。这不仅能够提高产品和服务的质量及消费者满意度,还能够进一步增强品牌的形象和信誉度。

 案例 9－2　从盒马鲜生看如何进行关系营销

一、背景资料

盒马是由阿里巴巴集团创建的新零售平台,致力于以数据和技术为驱动。借助阿里巴巴集团的技术实力和平台优势,盒马在线下零售、餐饮、物流和供应链方面深耕,并紧密关注消费者对食物方面的需求。盒马为消费者提供"新鲜每一刻""所见即所得""30 分钟极致配送"等服务,旨在打造一个社区化的新零售体验中心,为人们带来科技和人情味相结合的鲜美生活体验。

二、基本案情

自盒马 2016 年在上海金桥广场开设第一家线下门店以来,经过四年时间,截至 2020 年10 月,已在全国范围内开设了 230 多家门店。这些门店主要集中在北上广深等一线城市和省会型二三线大中型城市,服务于超过 4 000 万位消费者。盒马根据门店的业态进行差异化布局,将其划分为"盒马鲜生""盒马菜市""盒马 mini""盒马 F2"等不同的业态,以满足不同区域消费者不同场景下的多元化需求。这些门店的运营模式不同于传统商超,以线上和线下相结合的方式,依托阿里巴巴的大数据、人工智能、IoT 等硬件优势支持,以及新型营销体系和新型供应链体系为支撑。这种模式帮助盒马精准定位消费者需求,提供有价值和具有黏性的服务。盒马自第一家门店开业以来,就同步上线了盒马线上 App,用户可以在 App上就近选择门店进行线上商品的选购,一旦下单,最快可以在 30 分钟内收到新鲜货品。App 还布局了丰富的消费场景和社群互动,用户可以根据自己的需求进行消费或分享自己的生活。在门店内,盒马还布局了丰富的消费场景,包括熟食档口、奶茶档口、面包糕点档口、海鲜肉类档口等以及就餐区等,消费者可以深入体验不同场景带来的视觉、味觉和服务等体验。盒马也在积极打造自有品牌,与各类厂商合作以 OEM 的形式推出优质低价商品,吸引消费者的目光。盒马的发展目标是提供真正贴近消费者真实需求的商品和服务,让购物成为一种生活方式。关系营销是盒马鲜生市场营销策略中不可或缺的一环,那么盒马鲜生是怎么布局关系营销的呢?

（一）建立关系

盒马在 2019 年 4 月推出了"盒马 X 会员",仅两个月时间,该会员总数增长了 180%。该会员营销体系是一种付费制度,一年会员费为 258 元。成为会员后,可享受价值约 4 928元的权益,包括每周会员日 8.8 折的促销折扣,以及在店内消费即可享受免费领取蔬菜、肉票、牛奶票和餐票等优惠。此外,消费满 99 元还可免费换购,每月可申领 4 次运费券,优惠力度非常大。尤其是每天免费领取蔬菜的优惠,足以轻松赚回 258 元的会员费用。

盒马为了吸引更多的消费者,将会员的门槛降至最低,同时也采用了一种全新的会员营销模式。会员费支持支付宝花呗付款,并且实行先享后付的方式,只需冻结 258 元花呗额度,便可享受完整的盒马 X 会员权益。如果一年内无法省回 258 元,盒马将按比例退还会员费。这种会员体系在国内新零售品牌中是十分新颖的。与此同时,同类的生鲜电商京东 7FRESH 和永辉超市仍然采用会员积分占主导的会员体系,通过积分来兑换减免券。这种传统的会员模式优惠力度有限,无法与非会员形成差异化的权益优势,难以有效建立起与会员用户的互动关系,也无法增强用户的黏性。

(二) 维护关系

盒马鲜生通过线上和线下的场景化营销来维护和客户的关系。线下场景化是指在盒马门店内,根据消费者的购物需求和场景,提供不同的服务和体验。比如,在生鲜食品区域,盒马提供了摆放整齐、保持新鲜等优质服务,吸引消费者的注意力;在餐饮区域,盒马提供了多样化的菜品和餐桌环境,满足消费者的多种需求;在支付结算环节,盒马推出了无人支付等新型支付方式,提升了消费者的购物体验。线上场景化是指在盒马的电商平台上,根据消费者的使用习惯和感知关注点,推送不同的商品和服务。比如,消费者进行搜索时,盒马会根据搜索关键词推送相关的商品;消费者在平台上浏览商品时,盒马会根据其历史浏览记录和购买记录,推送相关的商品和促销活动。通过场景化的营销策略,盒马能够更好地满足消费者的需求,提升用户体验,增强用户黏性,并最终实现品牌价值的提升。

盒马在门店的动线设计上首先考虑了消费者的购物计划需求,将基本食材如蔬果、肉禽蛋等放在门店最前端。其次,盒马将日用品和零食放在门店中间位置,这一区域更吸引年轻人的驻足,年轻人往往会冲动消费,因此这些品类繁多、颜值高的小商品和网红零食成为他们的首选。第三,盒马将餐饮区放在门店后端,并布局了多个餐饮场景入口,如海鲜店、奶茶店和烘焙店等。这是因为人们在完成购物任务后,往往会选择购买食品并直接坐下就餐。同时,餐饮作为吸引消费者的重要流量入口,可以极大地降低门店和 App 的获客成本。在 App 获客成本不断攀升的当下,盒马成功地以较低成本完成了线下流量到线上流量的转化,餐饮业务功不可没。最后,从三维空间来看,盒马场景化布局的一大特点是门店透明开放的传送系统。每一笔线上订单都会通过传送系统以最快的速度将食材打包到位,保证了线上线下食材商品的一致性,增强了消费者的体验感。在商品摆放方面,盒马在细节处将场景化诠释得淋漓尽致。首先,按照场景来打包,不同于传统商超按照品类摆放商品,盒马售卖的是隐形套餐。就餐区的旁边往往摆放的是随手可拿品种繁多的饮料,火锅摊位旁边售卖的就是清凉解渴的酸梅汤,一个吃火锅的场景就这么呈现出来。而在糕点烘焙的区域旁边则是奶茶店铺,呈现的是悠闲的下午茶场景。这样的隐形套餐看似杂乱无章,实则符合消费者的消费行为习惯,精准满足了消费者的需求,极大地提高了消费者的体验感。

盒马并不仅仅在门店中构建场景,还在线上布局相关场景。它按照美食种类打造了"火锅到家""海鲜到家"等场景,以及按照一天的生活打造"早餐时光""下午茶""夜宵"等场景。此外,盒马还推出了"盒马小镇"等游戏场景,用户可以通过完成游戏任务与好友互动,并获得奖励,用奖励去购买商品。用户只需点开场景入口,即可选择相关食品选购下单,省去了搜索查找的时间。盒马场景化的最根本优势在于,它不仅仅是在出售冰冷毫无生气的商品,更是围绕"吃"这一需求出售一种现代的生活方式,传播新的生活观念,塑造新的消费态度。盒马从一个更高更深的层次与消费者沟通交流,触动了用户的情感和情趣,引发消费者的共鸣,建立相互的信任感和满意度。这不仅仅是对消费者的教育,也是对消费者的引导。从而形成了对产品或品牌的特殊情感,奠定了现场交易的基础,建立起买卖双方的能动性,这有利于建立长期的互相合作、互相依赖的营销关系。

(三)转化关系

为了传达盒马的品牌价值并让更多用户了解盒马,盒马采取了 KOL 营销的策略。KOL 是指拥有更多更准确的产品信息,被相关群体所接受或信任,并对该群体的购买行为有较大影响力的关键意见领袖。盒马将 KOL 分为三种类型:强关系多粉丝型、强关系少粉丝型和弱关系多粉丝型。强关系多粉丝型 KOL 是头部网红,他们的粉丝基础庞大且黏性高,与粉丝之间的互动性强;强关系少粉丝型 KOL 是中小网红,他们的粉丝数量一般,但忠诚度和黏性极高,与粉丝之间的互动性非常强;弱关系多粉丝型是政府官员、明星、科技圈名人等知名度较高的人群,这类型的 KOL 粉丝基础庞大,民间认知度较高,但与粉丝的关系性不强,互动频率不高,大部分是粉丝单向输出。盒马利用不同层级的 KOL 打造个性化营销,为其提供相应的资源和话题,以最大化营销效果。盒马利用强关系多粉丝型 KOL 快速扩大品牌知名度,例如利用李佳琦等网红进行直播带货等。对于强关系少粉丝型 KOL,由于其粉丝黏性较高,互动性很强,盒马更倾向于传播品牌的内涵,培养用户的黏性。对于弱关系多粉丝型 KOL,盒马利用其建立品牌公信力,这些 KOL 往往知名度高,权威性较强,因此粉丝更容易信任,通过他们背书,用户相信这些产品是优质的。盒马早期就邀请了阿里集团创始人马云和盒马 CEO 侯毅亲自去门店体验;2020 年 4 月,盒马的 CEO 侯毅做客直播间,5 秒内卖光 600 万只小龙虾;2020 年 6 月,盒马邀请了湖北省商务厅厅长做客直播间,为湖北"盒马村"带货,150 万个恩施盒马村的土豆顷刻间卖光。盒马利用各层级的 KOL 粉丝效应,快速扩大品牌知名度,迅速扩张用户数量,缩短信息传播的时间,再传递品牌价值,增强用户黏性,构建品牌权威公信力,从而提升了关系营销的高度。

三、问题思考

盒马鲜生主要采用了哪些关系营销策略来助力品牌的发展?

四、分析点评

盒马鲜生是一家线上线下相结合的新零售企业,采用了多种关系营销策略来促进品牌的发展。从 KOL 的分层到营销策略的制定,盒马鲜生一直致力于构建品牌的公信力和影响力,从而吸引更多的用户。

首先,盒马鲜生通过利用强关系多粉丝型 KOL 来扩大品牌知名度,迅速提升用户数量。这些网红的粉丝基础庞大,粉丝黏性高,KOL 与粉丝之间的互动性强,因此他们在直播带货中的效果非常显著。盒马鲜生通过和这些网红的合作,有效地提升了品牌的知名度和用户数量。

其次,盒马鲜生在利用强关系少粉丝型 KOL(例如中小网红)时更注重传播品牌的内涵,培养用户的黏性。由于这些 KOL 的粉丝黏性较高,互动性很强,盒马鲜生更倾向于通过他们来传播品牌的核心理念和品牌的价值观,从而培养用户的忠诚度和黏性。

最后,盒马鲜生利用弱关系多粉丝型 KOL(例如政府官员、明星、科技圈名人等)来建立品牌的公信力。这些 KOL 往往知名度高,权威性较强,由他们背书,粉丝更容易相信这些产品是优质的。

案例 9-3 抖音直播的粉丝经济营销

一、背景资料

在互联网经济快速发展的背景下,粉丝经济的出现对整个行业产生了重要影响。为了保持经营并寻求新的发展机遇,零售行业不得不迅速调整经营策略,积极采用线上和线下相结合的营销模式。在这种情况下,直播带货逐渐成为零售企业的主要营销方式。通过直播平台,企业可以实时展示产品特点和使用方法,吸引消费者的注意力并促使他们购买。同时,短视频平台的崛起也为直播带货的发展提供了重要支持。用户可以轻松地在短视频平台上观看直播,了解产品的基本信息,并通过链接或二维码直接购买商品。

二、基本案情

粉丝经济的出现对互联网经济的发展产生了重要影响。为了谋求发展,零售行业不得不积极地改变发展思路,采用线上和线下相结合的营销模式。直播带货成为大部分企业的主要营销方式。在众多短视频平台中,抖音以其强大的用户基础和优质的内容成为行业的领导者。抖音的推荐算法能够根据用户的兴趣和偏好,精确地推送相关的直播内容,提高用户的参与度和购买意愿。同时,一些网红用户凭借其独特的魅力和吸引力拥有大量的粉丝支持。这些网红用户在直播中推荐产品和分享购买心得,进一步推动了粉丝经济的发展。

(一) 从经营粉丝圈子到经营粉丝社群

企业根据事件、人物等信息将人群或地域进行划分,每个小圈子内的人群或地域具有一定的相似性。通过互联网作为媒介加强圈子内部的联系,并利用微博等社交平台进行交流和信息传递,以及进行产品交易等活动。粉丝群体的规模庞大,企业的这种营销方式逐渐获得了粉丝的认可和支持。在这种经营模式下,企业能够直接与消费者接触,获得更多样化的信息渠道。

抖音是其中的一个渠道营销方式,也被称为圈子经营。最初,抖音直播通过吸引用户创作和分享短视频内容,形成了一个粉丝圈子。但随着时间的推移,抖音平台逐渐强调建立更紧密的粉丝社群。粉丝社群的存在促进了抖音直播平台的持续发展和壮大,为用户和直播主提供了更广阔的交流和合作机会。

(二) 从 C2C、B2C、B2B 到 FFC

粉丝经济的发展模式经历了从 C2C 到 FFC 的转变。最初的 C2C 模式中,消费者之间的交易主要是由在实体经济中进行的二手物品交换,转变为虚拟网络交易。随着互联网的迅速发展,B2C 模式成为主流,随之而来的是 B2B 模式的出现,增加了商家之间的竞争。而现在的 FFC 模式,即放弃传统渠道和终端,通过粉丝将工厂的产品直接销售给顾客,也被称为社群粉丝经济。随着企业进入网络市场,营销模式和手段逐渐呈现多样化发展,为企业带来了巨大的收益。然而,商业模式并不止步于此,随着大规模定制工业模式的出现,传统的网络购物模式已经无法适应当今市场环境,这也成为粉丝经济发展的新动力。粉丝经济以互联网为基础,具备大规模业余化的特点。未来,许多公司都将拥有自己的粉丝团。FFC 模式将粉丝团的反馈收集起来,形成反馈循环,并参考反馈信息来研发产品和改善公司服务。这种模式为企业提供了更加精准的市场定位和产品优化的机会。通过粉丝经济模式,企业能够更好地满足消费者需求,并建立起稳定而忠诚的用户群体。

最初,抖音直播是一个C2C(消费者对消费者)的平台,用户可以自主创作和分享短视频内容。随着时间的推移,抖音平台逐渐引入了品牌商家,通过直播展示和销售产品,建立品牌与消费者之间的直接联系。这种转变使得抖音直播从C2C模式向FFC(粉丝对消费者)模式发展。在FFC模式下,抖音直播通过粉丝将品牌商家的产品直接销售给消费者,消除了传统渠道和终端的中间环节,实现了更直接、高效的商业交易。另外,抖音直播通过直播购物等功能,为粉丝提供直接的产品销售渠道。内容创作者可以在直播中推荐和展示商品,并提供购买链接,让粉丝可以直接在直播过程中购买感兴趣的产品。这种直接的产品销售渠道不仅方便了粉丝的购买,也促进了品牌的销售和推广。通过以上的改变和发展,抖音直播成功地从C2C、B2C和B2B模式转变为FFC模式。这种转变使得抖音直播能够更好地建立粉丝社群,提供个性化的服务,直接销售产品,实现了从粉丝到消费者的转变。抖音直播的FFC模式不仅满足了粉丝的需求,也为直播主和品牌提供了更直接、更高效的营销和销售机会。

(三) 从"O2O 1.0"到"O2O 2.0"

如今,电子商务模式仍在不断变化,而O2O(线上到线下)和大数据已成为当前最热门的电子商务模式之一。抖音平台的经营模式不仅实现了点对点和个人对个人的个性化发展,还建立了自己独特的开放性社群模式。通过加强商品与客户之间的接触,不仅可以推动商品销售,还有助于建立企业与消费者之间的信任度,促进产业的长远发展。O2O模式更深度地结合了企业的实际运营情况,更加强调粉丝经济的信息接收、使用和网络联系。这与之前的营销模式有微小的差异,因此可以将其称为区别于目前的"O2O 1.0"的"O2O 2.0"。通过O2O 2.0模式,抖音平台能够更好地整合线上和线下资源,提供更贴近用户需求的个性化服务。同时,通过大数据的应用,抖音平台可以更精确地定位用户需求,优化推荐算法,提升用户体验和满意度。抖音从"O2O 1.0"到"O2O 2.0"的转变是一个逐步发展的过程,其中主要体现在以下几个方面:

(1) 强化线上线下的整合:在"O2O 1.0"时期,抖音直播主要是线上活动,与线下实体店的联系较为有限。但是,在"O2O 2.0"模式下,抖音直播更加注重线上线下的整合。通过与线下品牌商家的合作、直播购物等功能,将线下商品和服务引入线上平台,实现了线上线下的无缝衔接。

(2) 强调个性化服务:在"O2O 2.0"模式下,抖音直播更加注重提供个性化的服务。通过大数据分析和推荐算法,抖音直播能够更准确地推荐用户感兴趣的直播内容和商品。这使得用户能够更好地与直播主和品牌进行互动,找到符合自己兴趣和需求的产品和服务。

(3) 加强粉丝社群建设:在"O2O 2.0"模式下,抖音直播更加注重建立和管理粉丝社群。通过推出关注和粉丝系统,用户可以关注自己喜欢的直播主,与他们建立联系,并参与到直播互动中。这种粉丝社群的建设不仅增强了用户参与度和忠诚度,还促进了用户之间的互动和交流。

(4) 引入更多的创新功能和活动:在"O2O 2.0"模式下,抖音直播引入了更多的创新功能和活动,以吸引用户的参与和关注。例如,抖音直播推出了各种挑战赛、线上线下活动等,让用户可以通过参与活动与直播主和品牌进行互动,增加粉丝的黏性和活跃度。

通过以上的改变和发展,抖音直播成功地从"O2O 1.0"模式转变为"O2O 2.0"模式。这种转变使得抖音直播能够更好地整合线上线下资源,提供个性化的服务,建立紧密的粉丝社群,引入创新的功能和活动,推动了抖音直播的发展和壮大。

三、问题思考

(1) 总结抖音直播粉丝经济营销的模式。

(2) 思考抖音直播粉丝经济营销模式中可能存在的问题。

四、分析点评

抖音通过多种移动营销手段提升了品牌知名度,包括在多个社交媒体平台上推广抖音的热门内容、知名博主、明星合作推广品牌,通过直播、短视频等形式向用户展示品牌特色,以及通过抖音广告推广等方式将品牌信息传播给更多潜在用户。此外,抖音还通过优惠券、折扣等活动吸引用户,同时注重用户体验和产品质量,确保用户获得优质内容和良好的消费体验。这些措施有效提升了抖音的品牌知名度和用户黏性,使抖音成为中国领先的短视频平台之一。但是抖音直播粉丝经济营销模式中也存在一些问题,例如抖音算法形成信息茧房、粉丝直播体验感和忠诚度不高、直播与粉丝互动性不足以及抖音平台相关法律监管机制不健全等。

(党钰喆:《直播模式下粉丝经济营销现状问题及对策研究——以抖音为例》,《全国流通经济》2023 年第 9 期。)

第三节　课堂讨论案例

案例 9-4　数字时代的品牌数字藏品营销

一、背景资料

在全球化经济竞争激烈的当下,品牌营销变得尤为重要。出色的品牌营销能够为品牌注入新鲜血液,使其保持活力。随着元宇宙(Metaverse)概念的提出,各行各业都在发生变革。在数字环境中,许多现实中的事物都可以被忽略或替换,因此元宇宙时代的到来为品牌营销带来了新的模式,品牌不再受限于传统的营销方式。品牌可以通过数字藏品活动的策划、营销系统的搭建以及数字藏品上链铸造等一系列过程,形成完整的 NFTs(非同质化通证)营销策略。NFTs 营销创造了一种数字化途径,为消费者以全新的方式参与品牌提供了途径,打破了以往消费者对品牌的认知方式。通过 NFTs 的"非同质化"特性,品牌得以在数字领域中提高附加值,构建数字化营销道路。

二、基本案情

迪特尔·雪莉(Dieter Shirley)提出了 NFTs 的概念,即非同质化通证。对于 NFTs 而言,每个资产都是独一无二的存在。NFTs 可以承载各种形式的商品或作品,例如一张图片、一段短视频或一幅画。NFTs 作品具备区块链数字资产的所有属性,包括唯一性、不可复制性和不可篡改性。NFTs 的出现是为了满足数字时代的需求。在充斥着海量数字信息的今天,数字内容的唯一性已无法得到保障。NFTs 的出现解决了这一问题,并为每件作品提供了唯一的身份码,形成了一种防伪体系。

与传统的品牌营销相比,NFTs 营销为品牌消费者提供了一种全新的体验和接触品牌的途径——数字路径。NFTs 营销通过发布数字藏品或数字产品进行线上销售。相较于单纯的实物销售,这种全新的营销方式更加便捷。品牌可以脱离当下的互联网平台,与数字消费者建立良好的关系。采用 NFTs 营销策略可以帮助品牌跟上潮流,吸引新一代的用户群体,从而为品牌带来新的消费者和创造新的品牌体验。越来越多的品牌如奈雪、耐克、雅诗兰黛和麦当劳等已经开始采用 NFTs 营销。

(一) 奈雪的茶:NFTs 盲盒 NAYUKI

奈雪茶庄在庆祝其成立六周年之际,宣布率先进入新茶饮元宇宙时代。为了在该领域取得成功,奈雪采用了 NFTs 数字营销组合拳,并取得了良好的反响。首先,奈雪宣布此次元宇宙的品牌大使是"NAYUKI",它是一个宇宙共生体,存在于虚拟和现实空间。其次,奈雪同步推出实物版 IP 潮玩 NAYUKI,并以盲盒形式在线上发售 NFTs 数字艺术品。这些潮玩有相应的身份,包括导演、画家、旅行家、茶艺师、烘焙师和摄影师,共计 7 款,包括隐藏款,全球限量发行 300 份。最后,利用当下流行的电商直播营销,在直播间发放福利。奈雪利用这套 NFTs 数字营销组合获得的营业额相当于其全国门店近一周的销售额,这一系列 NFTs 营销可谓非常成功。

(二) 雅诗兰黛:元宇宙营销

雅诗兰黛在赞助虚拟世界 Decentraland 的时装周时,推出了美妆品牌可穿戴 NFTs,用户可以进入小棕瓶的虚拟化身内,解锁数字徽章,享受小棕瓶精华带来的全新面容体验,这对于传统美妆体验而言,是一次历史性的突破。雅诗兰黛借助虚拟化身的体验效果,成功展示了其产品的功效,这对于广告行业也是一次颠覆。

雅诗兰黛的元宇宙营销旨在吸引新用户并为忠实用户提供更丰富的产品体验。越来越多的品牌加入元宇宙营销的行列中,虚拟世界打破了现实世界的限制,许多在现实世界中难以实现的体验在虚拟世界中变得轻而易举。品牌无须邀请消费者到专柜体验,只需向虚拟化身提供虚拟体验,就能够让消费者深入了解产品功效,虚拟世界让用户体验变得更加便捷。

(三) 江小白数字藏品

随着元宇宙概念的热度不断增加,年轻一代越来越关注数字藏品。江小白借助这一趋势,推出数字藏品,一度成为天猫酒类产品成交额第四名。江小白数字藏品于 2022 年 2 月 28 日上线,三分钟内全面售罄,销售转化率创下历史新高。该数字藏品是以两位情绪武装战士蓝彪彪和红蹦蹦为形象,蓝彪彪代表 40 度的白酒,红蹦蹦代表 52 度的白酒。数字藏品在原有的 IP 基础上,用酒作为 IP 形象的武器,解决当代年轻人的情绪问题,并配合实物套装销售,虚拟商品和实物商品共计发行 2 000 份。数字藏品正成为消费大趋势,它拥有唯一性、不可复制性和不可篡改性,并能提供独特的消费体验,越来越受年轻一代消费者的喜爱。

三、问题思考

结合案例,谈谈 NFTs 营销的未来发展方向与应用前景。

(张媛、周娴、张炎:《基于数字时代的品牌 NFTs 营销策略研究》,《中国商论》2023 年第 8 期。)

案例 9 - 5　从网络营销看无人商店

一、背景资料

随着互联网的发展,现代社会的科学技术也迅速进步,导致一些新型的产业模式的出现。这些新型模式包括 O2O 模式、无人商店以及 VR 商店等,取代了传统商店的一些传统做法。这种变化反映了社会的发展程度和当前的一些社会现状。

二、基本案情

无人商店是指商店内的全部或部分交易流程通过特定的技术手段进行智能化自动化处理,尽可能地减少或消除人工干预。这意味着消费者在无人商店购物时需要自行选择商品和支付。从消费者的角度来看,他们可以安静地购物,没有工作人员进行推销,也没有干扰。从零售商的角度来看,无人商店可以节省资源和资金。无人商店的存在为消费者提供了新型的购物方式,带来全新的购物体验。以缤果盒子为例,无人商店营销主要分为三个层次。

（一）无人商店的表现形态

无人商店是一种新型的高新技术产业,通过技术支持实现无人辅助的自主购物。作为一种别致而有吸引力的购物方式,无人商店的品牌名称非常重要。以缤果盒子为例,它是一家知名的无人商店品牌。

无人商店的出现代表了技术产业的一次突破。这种购物方式符合消费者的期望,它的出现也不负众望。缤果盒子是无人商店的典型代表,它的口号是“早日实现全民消费升级”,希望消费者可以拥有全新的消费体验,实现消费方式的升级。

（二）无人商店的信息传递

缤果盒子采用多种方式进行营销和信息传递,从官方网站、网络公关、搜索引擎推广、网络广告、知识营销、口碑传播和社交网络等多个角度进行宣传,以便吸引更多人了解无人商店。通过这些营销手段,消费者可以轻松了解无人商店的位置和详细信息,同时缤果盒子也可以利用网络公关制作宣传视频和回答公众关注度高的问题来加深消费者的了解。在搜索引擎和网络广告的帮助下,消费者可以轻松地找到无人商店并了解更多信息。消费者的好奇心和使用感受也会促使他们分享,从而进一步扩大无人商店的知名度。此外,消费者良好的购物体验会推动口碑传播,或者网络红人进行测评,吸引更多人了解无人商店。通过社交网络的传递,形成社会上的潮流,进一步扩大无人商店的知名度。

（三）无人商店的价值转化

无人商店是利用最新技术实现的智能化服务,消费者可以自主完成整个购买过程,从进入到离开,不需要任何人的帮助。这符合人们智能化服务的需求,也是未来发展的趋势。同时,无人商店提高了消费者的购买便利性,现代生活节奏快,时间宝贵,无人商店内消费者可以快速找到心仪的产品,完成购物,节省时间成本。

三、问题思考

结合案例,无人商店营销是否能够完全取代传统实体店营销?

(丁好婷、李姿莹:《网络营销中看O2O商店与无人店、VR商店》,《商场现代化》2019年第10期。)

 案例9-6　从京东618看节日营销

一、背景资料

随着互联网和经济的融合,人们越来越迷恋于在线消费。电子商务行业迅速发展,电商自主创办购物节应运而生,成为电商营销战中的重头戏。在京东618全球年中购物节、天猫"双十一"全球狂欢季、苏宁818等购物节的竞争中,消费者似乎无意识地养成了一种在购物节期间到电商平台逛逛的习惯,无论是否有购物需求都要去消费,将购物视为一种过节仪式来完成。

二、基本案情

京东是中国综合网络零售商,其零售集团包括六大事业群:3C家电零售事业群、时尚家居平台事业群、生活服务事业群、大商超全渠道事业群、企业业务事业群、V事业群。平台销售商品涵盖手机、电脑、家电、服装、箱包、家居用品、图书、宠物、文旅服务、母婴、生鲜等几十种品类。经过17年不断的营销进阶和创新,京东将原本的店庆日转化为影响力巨大的消费狂欢盛典,并在2020年肩负着提振疫情后消费市场信心的重要使命。那么,京东618为什么能够产生强大的影响力? 为什么让人们感觉"618购物节无论有没有购物需求都要逛一逛,买一买"?

(一)资本下的非理性狂欢

电商购物节的出现,重新创造了一个节日狂欢背景,在节日营销的运筹帷幄中发挥媒体和商家等多方参与者的能量,让消费者沉迷在资本下的非理性狂欢。传统节日带来的消费需求是商家看中的促销好时机,比如春节买年货、元宵节买汤圆、端午节买粽子等。然而电商购物节的出现,凭空给这一天被赋予了"周年庆""最优惠的一天""热爱"的核心价值,商家们为了能分一杯羹纷纷加入这场资本操控的节日中。营销策略的借鉴和数据等技术的赋能虽能给予商家一定的推动力,但不同品类、不同能力水平的商家情况纷繁复杂,一个营销神话的背后往往是无数商家的"死亡",商家在大促前几个月就开始备货,备货数量远超平时,但平台之间的价格战经常打穿商家底价保不住成本,为了参与营销活动咬着牙卖,无尽涌现的新品爆品抢夺消费者注意力让其他产品销售难,大促结果往往是"平台风光无限,商家一地鸡毛"。平台方面,一方面能借助资本优势充分吸纳商家入驻拓宽市场,打造多品牌宽领域的全场景促销氛围,另一方面能宣传平台针对商家投机取巧的行为进行严格把控的优质品牌形象,同时能借助商家的销售增长拉高自己销售增长呈现销售奇观,商家始终是资本狂欢游戏中的一员。

以京东 618 作为代表的购物狂欢节,要想让消费者参与、认同,最终形成共同消费主义信仰,媒体的传播是不可或缺的。无论是微博、微信高频率宣传大促话题,还是明星、KOL的微博活动发布和视频助力为受众设置购物节预热议程,或者仪式进程中的直播活动、长短视频,以及限时秒杀、零点开抢等铺天盖地的营销手段,都离不开媒体。消费者可以看到各种促销信息、热血沸腾的营销广告以及全平台商家提供的琳琅满目的新品爆品,在传播媒介打造的花花世界的引诱下产生了虚假的需求。他们看到爆款"女神色"口红,商品的物质属性已不起作用,其代表的"女神"符号满足了消费者的精神需求,为表达"理想自我"而服务。他们看到铺天盖地的"一起热爱就现在"的广告,便愿意以热爱的名义为自己一直喜欢的商品下单……资本使商家集结于一处,使传播媒介振臂高呼于一时,构建节日仪式让消费者闻声而来,在非理性的意识下参与了一场集体狂欢。

(二) 消费者主体性的瓦解

参与没有购物需求的节日活动是一种被节日氛围所渲染的从众行为,显示出仪式建构的消费狂欢带来的消费者主体异化的问题。在这种行为中,人们往往陷入无意识的模仿中,比如参加"砍价 0 元拿"活动需要转发给朋友帮忙砍价才有机会得到商品,参加"叠蛋糕"活动需要消费者之间组成战队进行游戏获得大额红包,还有像李现和张若昀作为京东品牌代言人等等,这些活动往往作为一种仪式来开展。总有一部分人作为仪式开展的先锋队,先加入购物节参与的队伍中,通过信息的分享和扩散囊括周边有意向群体,再通过线上线下时空氛围和人人参与的"群体效应"解除边缘群众的束缚,最终形成全民 618 的消费狂欢。在这种活动中,消费行为与是否有需求无关,人们往往夹在狂欢的群体中,容易失去自我意识,被漫天的广告、快节奏的促销信息和周围人的消费举动感染,来不及做出理性思考和判断,盲目跟风丧失个人意志,从而瓦解个人主体性。

(三) 消费至上的观念危机

电商为购物节赋予了仪式特征,将其打造成了一场盛大的庆典。消费者沉浸在火红的促销画面、琳琅满目的商品和诱人的广告中,不断分享裂变,形成了集体狂欢的现象。消费者群体失去了主体性,共享着电商建立的类似"拜物教"的信仰,为消费至上的非理性观念的滋生提供了可乘之机。在快节奏的工作生活中,人们积蓄了很多压力和情绪。当遇到电商打造的多样化营销手段和喜庆的购物节时,产生消费行为有几种影响因素:首先,意图通过与明星、KOL 和其他消费者的交流种草和共时性消费获得共享经验和虚拟情感交流,寻求一种生活态度的认可和趋同;其次,京东 618 站内不同会场和页面给消费者提供了实现自我个性化表达的机会,通过浏览购买"美妆会场""居家会场""电子会场"等彰显自我形象定位实现自我表达;最后,通过参与节日调整压抑心态转换到节庆的喜悦情绪中,通过下单、等快递的期待宣泄生活压力,购物节体验上的快感极大增强了人们在此期间的习惯性消费,形成共同信仰,带来了消费至上的观念危机。

三、问题思考

(1) 通过本案例的分析,试讨论节日营销的优劣。
(2) 从诚信角度,谈谈节日营销的注意点。

第四节　课外思考案例

 案例 9 - 7　数字化时尚新零售方式

一、背景资料

　　突如其来的全球性新冠病毒对世界经济造成了重大冲击,但也在一定程度上推动了数字经济与商业应用的融合进程。根据《中国城市数字经济指数白皮书(2020)》,病毒从另一个方面充分展示了数字经济的巨大潜力。全行业数字化改变的浪潮正在悄然涌现,数字经济正依靠大数据迅速发展。尽管时尚行业受病毒影响最严重,但其对数字经济的复苏需求更为迫切。消费者对时尚行业的高度关注也促使时尚行业向数字化时尚和时尚新零售转型,以满足个性化消费需求,引领未来发展。

二、基本案情

　　与传统时尚零售相比,数字化时尚新零售已经发生了变革。首先,数据化方面。时尚新零售是数字经济时代的产物,是一种以数据驱动为核心的新型零售模式,它利用人工智能、计算机、互联网和区块链等技术,整合各种身份角色的数据,以支持其发展。其次,基于数据化基础之上的"去中心化"。在市场或产品方面,决策权不再仅属于品牌、供应商和专业群体,流量、交易、供应等要素都会分散,用户将成为零售环节中独立的个体,并且产生点对点的输入和输出。第三,个性化方面。在物质极大丰富的今天,人们对于个性化消费的诉求越来越强烈,对品质要求也越来越高。时尚新零售通过大数据了解用户需求,提供相应的产品和定制服务,以最大化地满足用户需求。最后,全场景化方面。在时尚新零售模式下,消费场景无处不在,线上与线下深度融合,相辅相成。通过线上虚拟渠道和线下沉浸式体验,打开渠道。作为全球领先的时尚行业新零售品牌,Nike 公司也紧跟数字化时尚新零售的步伐。

　　(一)双线零售

　　双线零售,也称为线上线下融合模式,是指将线上和线下两种销售渠道结合起来,通过资源共享、同步销售等方式实现门店、仓库、服务体系等方面的融合。这种模式利用数据、技术等资源的整合,拓展消费场景,提升渠道服务深度及用户体验,增加消费者黏性,同时推进品牌的全方位发展,为品牌未来的跨界策略规划和渠道安排提供支持。

　　耐克公司采用了双线营销架构,通过线上应用程序(App)、第三方渠道的构建、各种线下门店以及快闪等活动,将定制、下单、发货等流程与线上线下相互挂钩。此外,耐克公司还通过同步发售、限量登记等活动,利用热门、联名产品的价值效应进一步玩转双线零售,促进双线的融合。耐克官方产品入驻多个第三方平台,使得用户拥有自由的购买选择,促进交易去中心化,同样的模式概念也适用于耐克产品的生产渠道。

　　(二)虚拟融合

　　虚拟融合是一个新兴的技术领域,包括虚拟呈现和虚拟试穿。虚拟呈现利用数字技术的 3D 模型,提供更直观、完整的体验,相比 2D 图片更具优势;虚拟试穿则主要基于 AR 技术,将数字技术生成的虚拟物体或场景叠加到现实生活中,提供模拟真实的穿着体验。目前虚拟呈现和试穿效果最好的品类是鞋类产品,耐克、得物和古驰等公司都在开展这种业务。其中,耐克开发的 Nike Fit 扫描技术可以通过一系列算法帮助用户做出最优选择,主要满足在线购买球鞋玩家的需求;而得物 App 采用 3D 空间和虚拟试穿的模式,提供 3D 全息球鞋展示和 AR 虚拟试穿功能,用户只需从单品界面进入虚拟试穿即可查看搭配效果。

除了以上两类模式,虚拟试衣间 App 也在逐渐发展。这种 App 主要基于 2D 技术,通过扫描提取数据、塑造虚拟模型、进行 2D 贴图来实现虚拟试穿效果,但存在试衣效果失真、模型获取困难、信息更新滞后等问题。当前虚拟呈现和试穿技术在增强消费者购物体验方面有巨大潜力,是数字技术赋能时尚新零售的重要形式之一。但其发展也受到技术层面的限制,例如不逼真、企业成本高、消费者隐私泄露风险和虚拟与显示不一致造成的视觉差异等问题。未来应更加注重视觉真实性、交互可控性、数据保护以及个性化使用。针对不同类型产品和消费者,可以结合当前迅速发展的软件,如"CLO3D",以及热门话题,如元宇宙,丰富虚拟呈现形式,提供享乐性价值。

(三) 无人零售

无人零售是一种新型的融合了 AI、大数据技术、互联网、智能机器人和云计算的零售模式,实质上仍然是线下零售,但融合了数字化手段并与线上模块关联。当前的无人零售已经形成了以开放货架、自动售货机、无人便利店和无人超市为主的线下零售格局,相关技术主要包括射频识别技术(RFID)或条码、自助机器人、机器视觉和多传感器等。根据不同开发商的理解,无人零售技术还涉及卷积神经网络、生物支付和生物识别等多传感器结合模式以及人工智能技术。消费者在无人零售商店购买的不仅仅是商品,还包括数字技术和无人技术驱动下的服务和体验。

目前,无人零售的一个成功案例是 Amazon Go 的"Just Walk Out"模式。消费者需要下载并绑定 App,进入商店后通过手机扫描商品进行购物。当消费者从货架上拿起商品时,重力传感器和扫描系统会自动将商品添加到虚拟购物车中。离开时,消费者的亚马逊账户将自动提供结账服务。此外,无人零售在时尚行业也有所发展,例如耐克推出的 NikePlus Unlock Box 数字自动售货机,NikePlus 会员每两周可以使用一次会员通行证兑换产品或奖励。此外,天猫的无人服饰店中,每个商品都有自己的"身份证",当消费者拿起商品时,智慧大屏幕会自动显示相关的购买信息。

总的来说,目前时尚行业的无人零售处于测试阶段,尽管 Amazon Go、NikePlus Unlock Box 等案例为无人零售的推广起到了推波助澜的作用,但实质上仍未被广泛应用。无人零售需要配合数字化进程以及社会、生活方式的变化和发展,才能逐渐得到深入运用。作为一种新兴业态,无人零售是数字化时尚新零售的重要组成部分,但其需依托更成熟的技术支持,并找到最适合新时代的呈现方式。

(四) 空间体验

时尚新零售空间的升级,是由数字化时尚新零售的提出和双线零售融合所预示的。以往的时尚零售空间主要是为时尚品牌建立商业空间、展示产品设计;而时尚新零售空间则重新定义了空间体验,更加注重"人与货、人与人、人与场"之间的交互体验,让消费者在空间中不仅能了解品牌产品和品牌文化,还能融入品牌社区和本地文化,传播品牌的生活态度、生活理念和生活方式。例如,耐克在上海开设的 House of Innovation 001 店是全球首家沉浸式体验店，它承载了耐克对数字化时尚新零售空间体验的理解和实践。该店的设计主要聚焦于"空间"和"体验"两个方面，通过门店环境和交互体验的改良实现业务延伸。其中，除了在传统的产品展示基础上增加了科技感和生产环节的呈现外，还通过限量登记、定制活动和会员系统等方式融合了线上渠道，并引入特殊装置模拟球鞋生产环境，提高了客户对鞋类产品生产的体验感。在游戏互动方面，利用数字屏幕和运动场地的设计营造出了品牌独特的趣味性。此后，耐克在中国陆续开设了 Nike Live 静安邻里体验店和 Nike Rise 广州体验店等数字化时尚新零售空间，丰富了数字化零售的形式。其中，位于广州的 Nike Rise 体验店的设计主要从"数字科技"和"文化理念"两个方面展开。在可持续发展、本地化融合和会员服务方面，该店的设计均有独特的体现。此外，开放的 Nike By You 定制活动结合了"粤"化特色，让会员亲身参与，输出城市限定向、个性化的商品，维系品牌、会员以及城市之间的情感纽带。从耐克上海 001 到 Nike Rise 广州体验店，可以看出 Nike 公司数字化时尚新零售空间布局的演变，已从最初的区分线上线下、注重线下向注重品牌理念传播、联动线上线下转变，越来越注重联动带来的数字化整体体验升级以及多元化品牌理念的呈现。

三、问题思考

　　根据案例描述，试回答什么是数字化时尚新零售？

　　（林禹晨、罗竞杰、顾鸣：《基于数据驱动的数字化时尚新零售模式——以 Nike 公司为例》，《纺织导报》2023 年第 1 期。）

案例 9 - 8　小红书的虚拟网络购物社区

一、背景资料

　　2018 年 5 月 31 日，中国社交电商平台小红书完成了一轮超过 3 亿美元的 D 轮融资，为这家五岁的企业献上了一份大礼。在投资机构名单中，阿里巴巴和腾讯的名字出现在其中，这似乎并不意外。对于热爱网购，尤其是海外购物的人来说，小红书一定不会陌生。作为国内最大的生活方式分享社区，小红书是基于 UGC（用户原创内容）的社交电商平台。用户们可以通过图片、文字和视频等方式记录生活，分享点滴。早期，小红书属于分享海淘社群应用，到 2014 年年底，小红书的"福利社"上线，开启电商业务。从社区到电商，用户起到了推动促进作用。截至 2018 年 5 月，小红书的用户数量已突破 1 亿人，每天在社区诞生数十亿份笔记，覆盖 200 多个国家，实现了真正的网络全球化和资源共享。内容涵盖时尚、护肤、彩妆、美食、旅行、影视、读书、健身等各个生活领域。

二、基本案情

（一）创新 UGC 营销

　　与许多社群平台非常相似，小红书在刚开始上线时只是一个纯分享平台。它依靠种子用户和原创分享，在海淘方面逐渐积累了一定的社交内容。通过 UGC，用户相互分享推荐购物建议。作为更受消费者欢迎的打开方式，小红书的首页没有商家的推销和宣传，仅有注册用户自发的消费分享。它以生活方式作为切入点，为用户建立一个平台，大家自愿分享一些日常生活中的帖子和购物心得,而不是商家的单纯宣传广告。这使得小红书可以通过口碑营销得到广泛传播,随着参与的用户越来越多,如雪球般滚动。在这个过程中,没有人为干涉,而是纯粹地利用口碑营销来提高用户数量和消费转化率。

(二)禁止商家直接推销

在淘宝、京东等电商平台购物时,消费者通常依赖于商品消费评价,但在这个过程中存在许多虚假评论,消费者很难分辨真假。而与其他平台不同,小红书没有商家的直接推销宣传,取而代之的是用户自发分享的消费帖子,这激励了用户分享大量的商品笔记。

(三)目标用户定位明确

2013 年,瞿芳和毛文超创立了小红书,其初衷是随着消费升级,年轻人的消费能力越来越强,他们希望能够快速找到符合自己需求的商品。但是由于专柜商品品类有限、网络销售鱼龙混杂、海淘难度大等原因,消费需求和信息获取不对等。小红书的出现恰好解决了这个问题,成为"85 后"和"90 后"的消费入口。

小红书的用户中,90%是女性,她们有着各自的消费需求却缺乏寻找这些需求的时间。小红书恰好满足了她们的需求。由于小红书的社区特色主要集中在女性关注的几个领域,因此有一定消费能力的年轻女性倾向于在小红书上寻找商品,这使得小红书在用户重叠率较高的圈子中享有一定的知名度。

(四)用户讨论分享

通过虚拟朋友圈的构建,用户可以在微信、通信录、微博等平台上发现自己认识的好友在线,消除了陌生感。这种社交方式是以内容为驱动,因为共同的兴趣爱好而成为好友,大家可以一起分享自己喜欢的东西,讨论购物心得,这很好地打破了隔阂。

(五)打造创新型文案

小红书创造了一系列网络用语、昵称和品牌代号,在用户之间广泛传播。作为一个标题党,它抓住了消费者的兴趣点,增加了文章的可读性,成为文案创新的经典案例。

(六)采取自营加保仓模式,保证商品品质

改写:当今网购用户最为关心的问题之一就是所购商品的真实性。如果像其他一般的网购平台一样只做 C2C 或者 B2C,很难在源头上把控商品真伪。因此,目前只有通过自营模式,才能最大程度上保证销售商品的品质。小红书通过建立自营仓库,并依赖自主管理团队的管理,可以最大限度地保证发货速度和商品质量。同时,在小红书上购买的商品都是经过品牌授权或品牌自营的,以确保商品的正品性。为了提供更好的服务,小红书在 29 个国家建立了专业的海外仓库,并在 2017 年建立了国际物流系统,以保证每一步国际物流环节的可追溯性。

(七)明星入驻,流量+带货实现双赢

将"明星带货"引入小红书是一种双赢的尝试。明星可以为小红书带来巨大的流量,而小红书也为明星带来巨大的商业价值。截至 2018 年 6 月,小红书上粉丝过百万名的明星已经超过了 10 位,粉丝过十万名的明星达到了 49 位。很多明星在小红书上的影响力远超其他平台。明星分享日常,这会使粉丝因想更多地了解自己的偶像而进入小红书。一旦品牌通过内容被用户发现和喜爱,用户就会购买。因此,充分利用明星效应,推动粉丝消费,对小红书和品牌来说都是非常有利的。

三、问题思考

根据案例描述,思考小红书的虚拟网络购物社区建设中,哪一项策略最为重要?

(李萌:《网络虚拟购物社区的营销技巧分析——以"小红书"App为例》,《中国市场》2019年第8期。)

 案例9-9　《明星大侦探》的整合营销

一、背景资料

随着市场的变化和发展,互动的、全球联系的、客户驱动的服务经济正逐渐占据主导地位。市场对于通过一种新的营销模式和现代消费者进行互动的渴求越来越强烈。在这种情况下,网络综艺作为一个代表网络时代新产品的形式,尤其需要在没有可供参考的先例的情况下探索新的传播途径。由于与在线平台密切相关,目前中国制作的网络综艺借鉴了从国外引入的整合营销理论,并在营销传播方面展现了整合营销传播的思路,使用多种营销渠道综合运用的方式。

2016年是中国网络自制综艺节目数量爆炸式增长的一年,《明星大侦探》就诞生于这一时期,并填补了中国悬疑推理类真人秀节目的空白。自播出以来,该节目一直保持着较高的点击量,同时也拥有良好的受众口碑。在改版为《大侦探》之前,该节目共播出六季74期,总播放量超过170亿次,豆瓣评分平均达到8.85分,在综艺节目中名列前茅。此外,该节目已经拥有了一批稳定的受众粉丝,为节目提供了稳定的流量。

二、基本案情

根据唐·舒尔茨等人提出的整合营销传播(IMC)概念,黄鹂与何西军对整合营销传播进行了定义。该定义包含五个要素,即整合营销传播是一种观念和过程的结合;以受众为导向;对多种营销渠道进行综合运用;注重与顾客建立长期互动的品牌关系;注重对传播效果进行测量。在《明星大侦探》的整个传播过程中,这些要素都得到了体现。

(一)互动营销

《明星大侦探》拥有网络综艺的特色,即时间上的自由度。作为一个在线上平台而非卫视播出的综艺节目,它能够在上线后自由观看和回顾。这与传统电视综艺节目的播出方式不同,符合受众的信息浏览习惯,并具有巨大的优势。此外,在在线视频平台上,《明星大侦探》拥有专题版块和连续的内容推送,包括显眼的版头宣传位。专题版块中还包括正片之外的衍生节目和花絮彩蛋。

在线上社交媒体平台上,节目针对不同平台的特性设计了互动宣传。例如,在微博上,节目官方账号发布了节目的精彩片段微直播和个人单线梳理总结的博文。在节目的微信公众号中,编剧原创推理故事及基于节目案件改编的角色扮演游戏也得到了发布,这为后来的剧本杀游戏的兴起奠定了基础。

除此之外,《明星大侦探》还有创新性的亮点,与一般网络综艺不同。节目已推出两部推理题材互动微剧,支持观众参与剧情推理,打破了传统节目或影视剧对观众的单向输出,并突破了"第四堵墙"。此外,节目还开设了线下实景主题旗舰店,允许有兴趣的观众像节目中的嘉宾一样进行实景推理,这也引领了线下剧本杀游戏的热潮。

（二）口碑营销

自 2016 年开播以来,《明星大侦探》在微博、知乎、豆瓣等平台一直保持着高讨论度和推荐度,已经拥有了一批忠实的粉丝,成为固定受众。观众是整合营销传播的核心,只有让观众和社会群体获得认同感和显著的社会效益,这个节目才能取得积极的传播效果。除了在综艺分区的高评分外,许多观众和关键意见领袖(KOL)自发创作长篇影评,并根据节目中的背景设定对故事进行二次创作。这充分增强了观众的忠诚度和活跃度,并有助于吸引新观众成为固定受众。可以看出,《明星大侦探》注重质量,保持高评分和观众强烈推荐的意愿,都基于节目本身的高水准制作,从剧本创作、嘉宾参与到后期剪辑都有着较高的制作水平,维持着良好的口碑。

（三）树立品牌形象

《明星大侦探》明确定位为悬疑推理类综艺,与其他网络综艺有明显差异,吸引了偏好推理类节目的观众。该节目不仅仅是一个单独的节目,还不断扩大其系列节目,形成了完整的"明侦宇宙"世界观。这个系列包括卫视播出的《我是大侦探》,网络综艺《密室大逃脱》和《名侦探学院》等。这些系列节目共用嘉宾阵容,包括设置素人侦探助理,将正片录制前的素人试玩部分同样做成节目,并邀请试玩素人成为固定合作的艺人。这些艺人与其他节目或平台也有联动,如参与狼人杀直播节目与选秀节目。这些尝试不仅增加了《明星大侦探》系列在其他领域的潜在受众,而且巩固了其品牌形象。

三、问题思考

根据案例描述,说说整合营销的内涵是什么。

（刘昕宇:《整合营销在中国网络综艺市场的实现途径探讨——以〈明星大侦探〉为例》,《老字号品牌营销》2023 年第 2 期。）

主要参考文献

[1]　张法梅.市场营销学[M].2 版.北京：高等教育出版社,2023.

[2]　郝文艺,于兰婷.市场营销学[M].北京：高等教育出版社,2022.

[3]　王永贵.市场营销[M].2 版.北京：中国人民大学出版社,2022.

[4]　金润圭.国际市场营销[M].北京：高等教育出版社,2012.

[5]　郭国庆.市场营销学[M].北京：中国人民大学出版社,2014.

[6]　吴健安.市场营销学[M].北京：高等教育出版社,2014.

[7]　晁钢令,楼尊.市场营销学[M].上海：上海财经大学出版社,2014.

[8]　林祖华.市场营销理论与实践[M].北京：中国审计出版社,2006.